BPB Gyan Series

मनहर लोटिया

सीखें:

ऑफिस OFFICE 2000

वर्ड	WORD	वर्ड प्रोसेसिंग
एक्सेल	EXCEL	स्प्रेडशीट
एक्सेस	ACCESS	डाटाबेस
पॉवर प्वाईन्ट	POWER POINT	प्रजेन्टेशन
आऊटलुक	OUTLOOK	ई-मेल, अपाईन्[redacted]

BPB PUBLICATIONS
B-14, CONNAUGHT PLACE, NEW DELHI-110001

FIRST INDIAN EDITION 2001, REPRINTED 2002

Distributors:

MICRO BOOK CENTRE
2, City Centre, CG Road,
Near Swastic Char Rasta,
AHMEDABAD-380009 Phone: 6421611

COMPUTER BOOK CENTRE
12, Shrungar Shopping Centre, M.G. Road,
BANGALORE-560001 Phone: 5587923, 5584641

MICRO BOOKS
Shanti Niketan Building, 8, Camac Street,
KOLKATTA-700017 Phone: 2826518, 2826519

BUSINESS PROMOTION BUREAU
8/1, Ritchie Street, Mount Road,
CHENNAI-600002 Phone: 8534796, 8550491

DECCAN AGENCIES
4-3-329, Bank Street,
HYDERABAD-500195 Phone: 4756400, 4756967

MICRO MEDIA
Shop No. 5, Mahendra Chambers, 150 D.N. Road,
Next to Capital Cinema V.T. (C.S.T.) Station,
MUMBAI-400001 Ph.: 2078296, 2078297, 2002732

BPB PUBLICATIONS
B-14, Connaught Place, **NEW DELHI-110001**
Phone: 3325760, 3723393, 3737742

INFOTECH
G-2, Sidhartha Building, 96 Nehru Place,
NEW DELHI-110019
Phone: 6438245, 6415092, 6234208

INFOTECH
Shop No. 2, F-38, South Extension Part-1
NEW DELHI-110049
Phone: 4691288, 4641941

INFOTECH
B-11, Vardhman Plaza, Sector-16,
Electronics Nagar, **NOIDA-201301**
Phone: 914-512329, 515917, 515918

BPB BOOK CENTRE
376, Old Lajpat Rai Market,
DELHI-110006 PHONE: 3861747

[redacted]-

ISBN 81-7656-518-0

Published by Manish Jain for BPB Publications, B-14, Connaught Place,
New Delhi-110 001 and Printed by him at Pressworks, Delhi.

अनुक्रमणिका

माईक्रोसॉफ्ट
ऑफिस 2000
OFFICE

परिचय

यह पुस्तक इस बात को ध्यान में रखकर बनायी गयी है कि आप अपने सॉफ्टवेयर का अधिक से अधिक उपयोग कर सकें। यह पुस्तक अनुभवी उपयोगकर्ताओं के लिए भी किसी निर्देश पुस्तिका के रुप में डेस्कटॉप रिफ्रेन्स के रुप में उपयोगी साबित होगी। प्रयुक्त हुए प्रत्येक चरण के चित्रण एवं स्पष्ट वर्णन से आप जटिल प्रक्रियाओं को भी आसानी समझ पाएगें एवं उनका अनुसरण कर पाएगें।

इस पुस्तक की प्रमुख विशेषता यह है कि इसमें विज्युअल (चित्रों) का प्रचुर मात्रा में उपयोग किया गया है। बटन्स, टूलबार्स, स्क्रीन्स, एवं कमाण्ड्स का चित्रण इस तरह से किया गया है कि उचित कार्य को करने में आपको किसी तरह का संदेह न रहे। इस पुस्तक की अधिकांश सूचनाओं को घने एवं जटिल निर्देशों को पढ़े बिना ही एक ही नजर में समझा जा सकता है। इस पुस्तक के उपयोग से आप जिस बारे में जानना चाहते हैं वह शीघ्रता एवं आसानी से सीख पाएगें।

इस पुस्तक में माईक्रोसॉफ्ट ऑफिस 2000 के व्यापक उपयोग के लिए एक सौ मूलभूत फंक्शनों का समावेश किया गया है। प्रत्येक भाग में अधिकाधिक किए जाने वाले फंक्शन्स एवं फीचर्स को कवर किया गया है।

यह पुस्तक, माईक्रोसॉफ्ट ऑफिस 2000 की क्षमताओं के साथ अपने आप को पहचानने की एक सुविधाजनक एवं सूचनात्मक प्रस्तुती है।

विज्युअल इन्डेक्स

वर्ड

फॉन्ट,
पेज नं. 38

BPB Publications

B-14, Cannaught Place, New Delhi - 110 001

टेक्स्ट अलाईन्नमेन्ट
पेज नं. 36

October 16, 2001

Dear Sirs,

What's in a Number?

While much of the world is preparing for the Year 2000, many will regard the new millennium as being of little importance. For example, according to the Chinese lunar calendar, the year 4698 begins on February 5, 2000. For approximately 1.2 billion people, this is 302 years away from the next millennium.

The Jewish calendar is a blend of the lunar and solar year. September 30, 2000 marks the beginning of the year 5760, which means that three-quarters of the year 2000 will actually be the Jewish year 5759.

Muslims date their calendars from the prophet Muhammad's move from Mecca to Medina. The Islamic calendar is based on a lunar year. April 6, 2000 marks the beginning of the year 1420, so part of the year 2000 will actually be the Islamic year 1419.

Sincerely Yours,

(Director)

मार्जिन सेटिंग्स,
पेज नं. 44

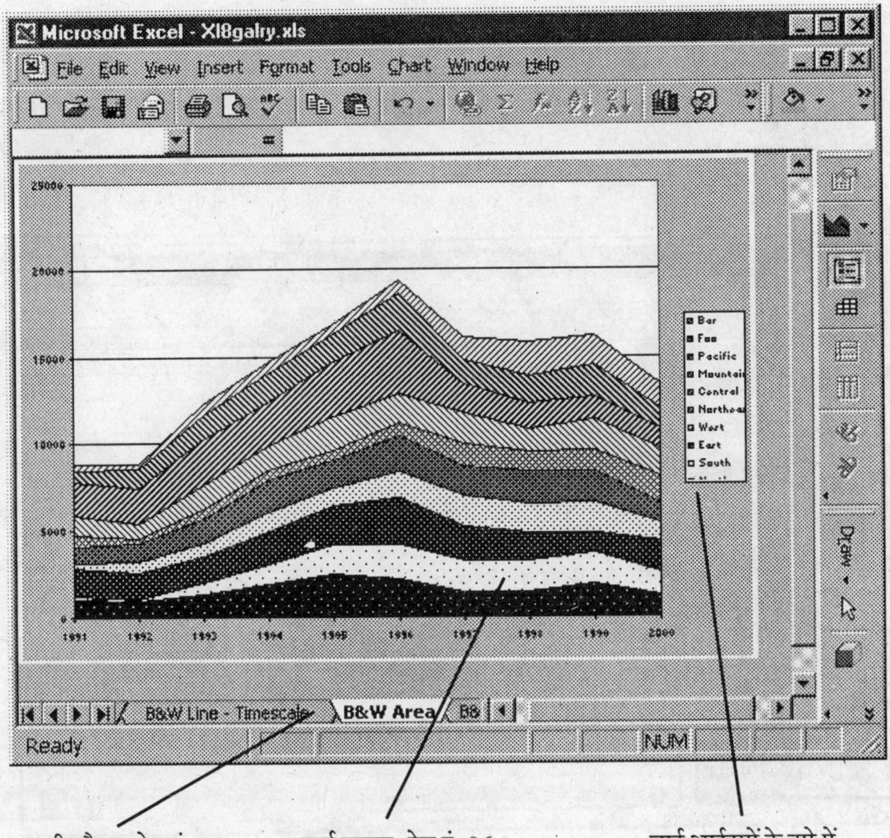

शीट टैब्स, पेज नं. 82 चार्ट बनाना, पेज नं. 96 चार्ट आईटमों के बारे में, पेज नं. 94

विज्युअल इन्डेक्स

(पिछले पेज से जारी)

एक्सेस

विजार्ड का उपयोग करते हुए डाटाबेस बनाना, पेज नं. 106

विजार्ड का उपयोग करते हुए टेबल बनाना, पेज नं. 114

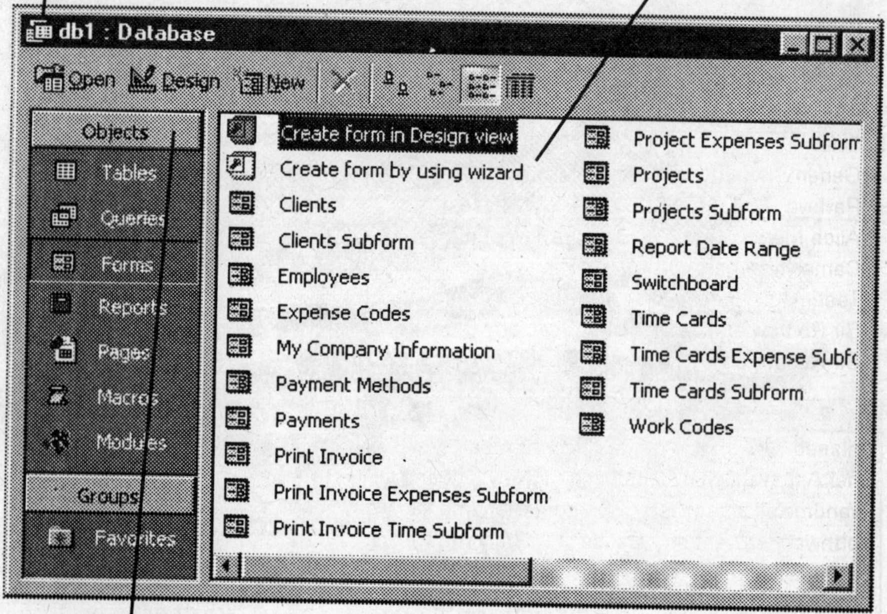

डाटाबेस विजार्ड में ऑब्जेक्ट्स को प्रदर्शित कराना, पेज नं. 100

डाटाशीट या फार्म में किसी रिकॉर्ड-विशेष को ही प्रदर्शित कराना, रिकॉर्ड्स को फिल्टर करना, पेज नं. 126

	Product Name	Supplier	Category
⊞	Chai	Exotic Liquids	Beverages
⊞	Chang	Exotic Liquids	Beverages
⊞	Aniseed Syrup	Exotic Liquids	Condiments
⊞	Chef Anton's Cajun Seasoni	New Orleans Cajun Deli	Condiments
⊞	Chef Anton's Gumbo Mix	New Orleans Cajun Deli	Condiments
⊞	Grandma's Boysenberry Sp	Grandma Kelly's Homes	Condiments
⊞	Uncle Bob's Organic Dried F	Grandma Kelly's Homes	Produce
⊞	Northwoods Cranberry Sauc	Grandma Kelly's Homes	Condiments
⊞	Mishi Kobe Niku	Tokyo Traders	Meat/Poultry
⊞	Ikura	Tokyo Traders	Seafood
⊞	Queso Cabrales	Cooperativa de Quesos	Dairy Products
⊞	Queso Manchego La Pastoı	Cooperativa de Quesos	Dairy Products
⊞	Konbu	Mayumi's	Seafood
⊞	Tofu	Mayumi's	Produce
⊞	Genen Shouyu	Mayumi's	Condiments
⊞	Pavlova	Pavlova, Ltd.	Confections
⊞	Alice Mutton	Pavlova, Ltd.	Meat/Poultry
⊞	Carnarvon Tigers	Pavlova, Ltd.	Seafood
⊞	Teatime Chocolate Biscuits	Specialty Biscuits, Ltd.	Confections
⊞	Sir Rodney's Marmalade	Specialty Biscuits, Ltd.	Confections
⊞	Sir Rodney's Scones	Specialty Biscuits, Ltd.	Confections

Product Name	Supplier	Category Name
Aniseed Syrup	Exotic Liquids	Condiments
Chef Anton's Cajun Seasoning	New Orleans Cajun Delights	Condiments
Grandma's Boysenberry Spread	Grandma Kelly's Homestead	Condiments
Northwoods Cranberry Sauce	Grandma Kelly's Homestead	Condiments
Genen Shouyu	Mayumi's	Condiments
Gula Malacca	Leka Trading	Condiments
Sirop d'érable	Forêts d'érables	Condiments
Vegie-spread	Pavlova, Ltd.	Condiments
Louisiana Fiery Hot Pepper Sauc	New Orleans Cajun Delights	Condiments
Louisiana Hot Spiced Okra	New Orleans Cajun Delights	Condiments
Original Frankfurter grüne Soße	Plutzer Lebensmittelgroßmär	Condiments

इस उदाहरण में सभी रिकॉर्ड्स में से उन रिकॉर्ड्स को फिल्टर कर दिखाया गया है जो कि केटेगोरी फिल्ड में Condiments दिखाते है।

विज्युअल इन्डेक्स

(पिछले पेज से जारी)

पॉवर प्वाईन्ट

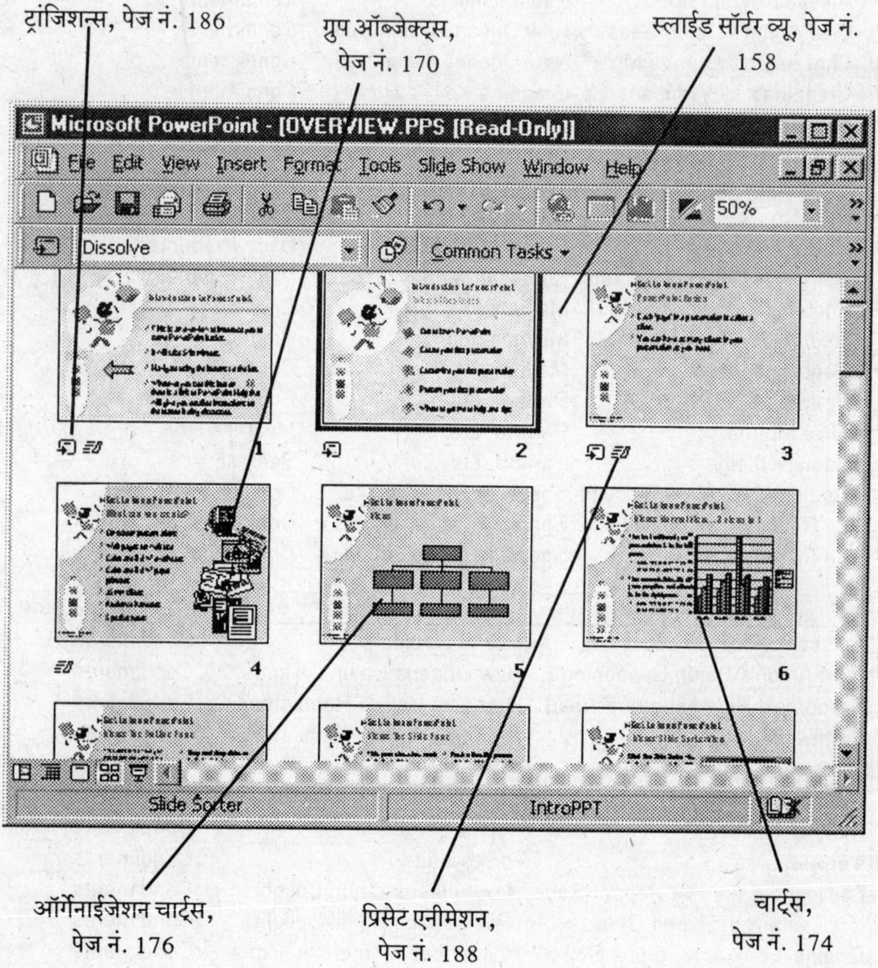

डिजाईन टेम्प्लेट,
पेज नं. 152

बैकग्राऊण्ड,
पेज नं. 160

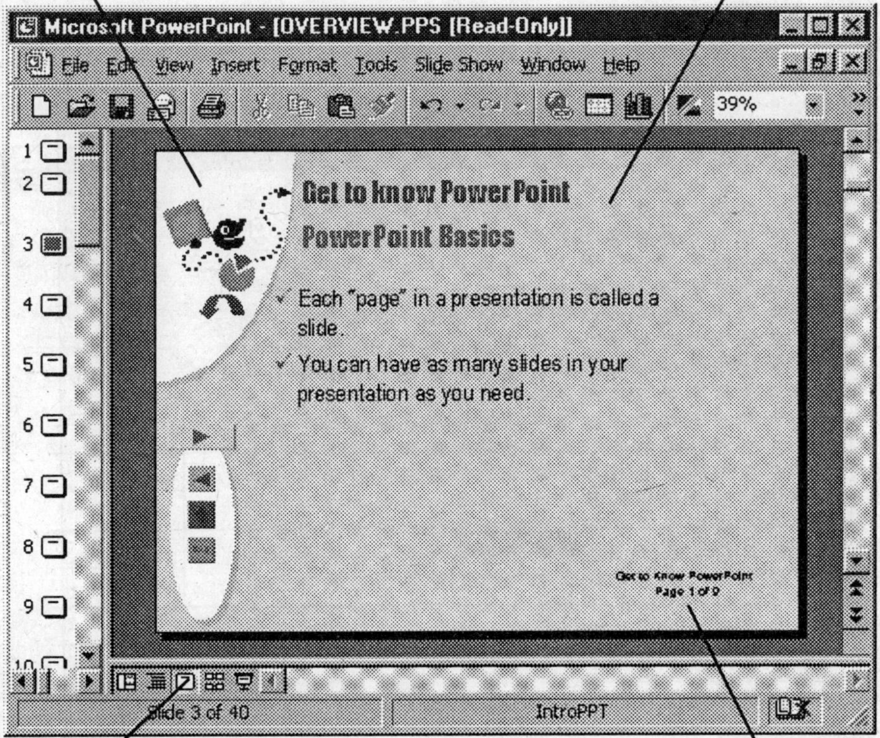
Microsoft PowerPoint - [OVERVIEW.PPS [Read-Only]]
File Edit View Insert Format Tools Slide Show Window Help
39%
Get to know PowerPoint
PowerPoint Basics
Each "page" in a presentation is called a slide.
You can have as many slides in your presentation as you need.
Slide 3 of 40
IntroPPT

स्लाईड लेआऊट,
पेज नं. 162

हेडर्स एवं फुटर्स,
पेज नं. 166

विज्युअल इन्डेक्स

(पिछले पेज से जारी)

आऊटलुक

रिकरिंग अपाईन्टमेन्ट बनाएं, पेज नं. 202

छुट्टी के दिन (हॉलीडे) जोड़ें, पेज नं. 204

अपाईन्टमेन्ट बनाएं, पेज नं. 200

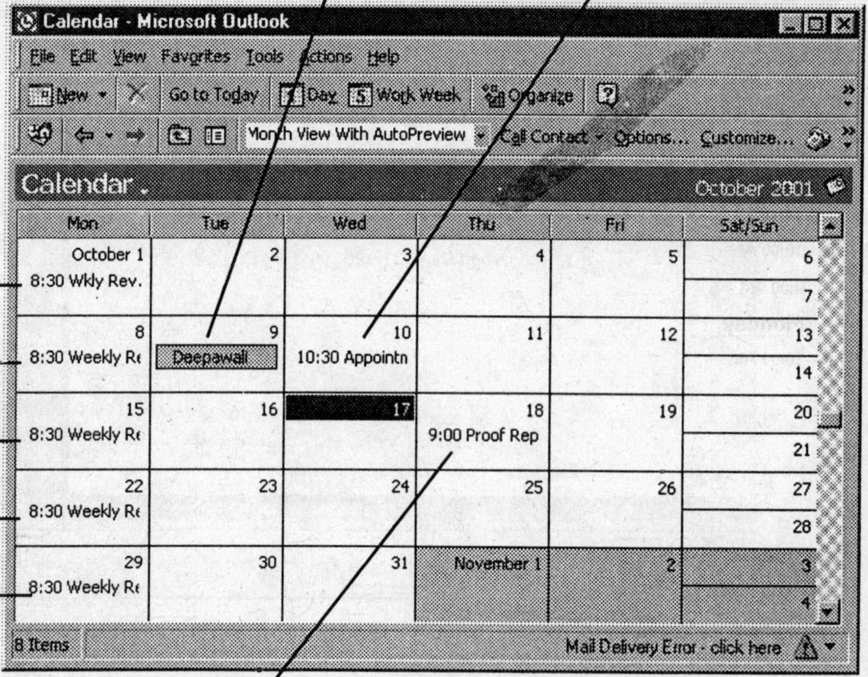

किसी टास्क के लिए निर्धारित किया गया समय, पेज नं. 232

आऊटलुक टुडे व्यू विभिन्न आऊटलुक कम्पोनेन्ट्स से सूचनाओं को एक विन्डो में संग्रहित करता है, पेज नं. 198

अपने केलेण्डर में छुट्टी के दिन जोड़ें, पेज नं. 204

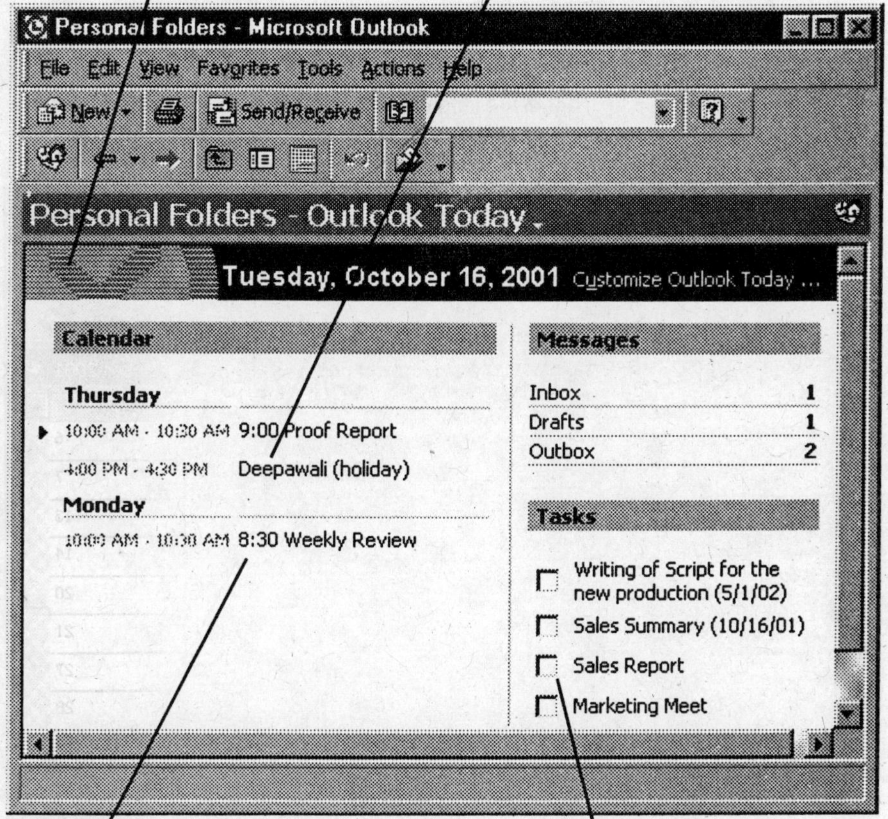

कोई अपाईन्टमेन्ट बनाएं, पेज नं. 200

टास्क बनाएं, पेज नं. 232

आधारभूत

माईक्रोसॉफ्ट ऑफिस सुईट में एक साथ कई टूल्स का समावेश किए गए होने की वजह से आप पाएगें कि विभिन्न फंक्शनों में से कई फंक्शन एक सरीखे ही कार्य करते हैं। आधार रुप में, विभिन्न विशेषताओं में से कई कॉमन विशेषताओं वर्ड, एक्सेल, एक्सेस, पॉवर प्वाईन्ट, एवं आऊटलुक इत्यादि को समझाया गया है। जब आप किसी एक ऑफिस एप्लीकेशन में निपुण हो जाएगें तब आप यह पाएगें कि आपकी निपुणता अन्य एप्लीकेशनों में भी काम आएगीं।

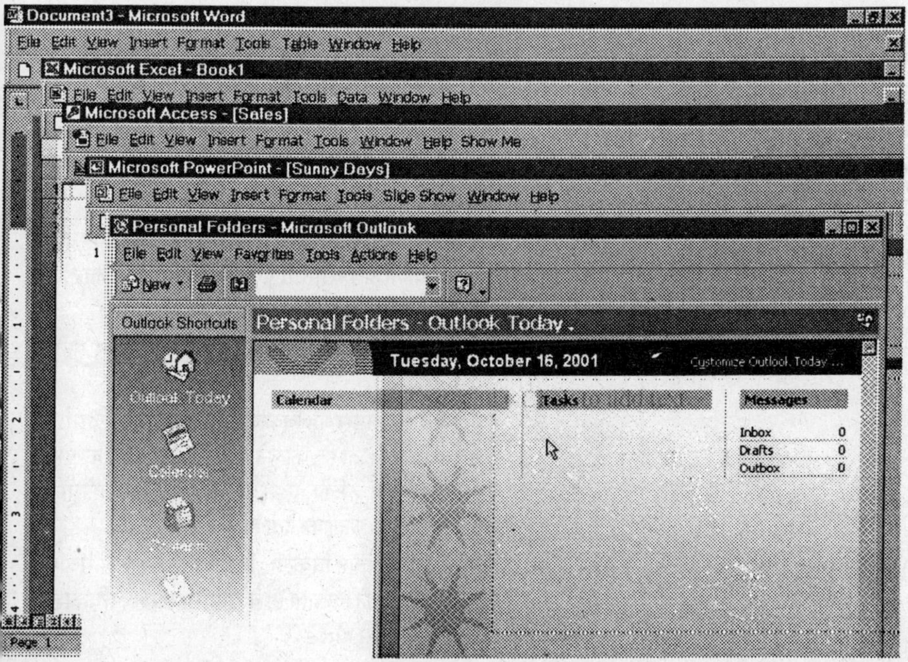

आफिस असिस्टेन्ट विकल्पों को सेट करना

आफिस असिस्टेन्ट एक आकर्षक व स्वचालित मददगार है, जो स्क्रीन पर तब आता है, जब आप कोई कार्य कर रहे होते हैं। यह, माईक्रोसॉफ्ट आफिस 2000 की सभी एप्लीकेशनों पर उपलब्ध है एवं बहुत सारे हेल्प विकल्प प्रदान करता है। अपने आफिस असिस्टेन्ट को नियंत्रित एवं व्यवस्थित करने के लिए निम्न प्रक्रिया अपनायें। विभिन्न आफिस असिस्टेन्ट कैरेक्टर को चुनने के लिए भी इनका उपयोग करें।

नोट्स :

★ आप सभी विकल्पों को बंद कर सकते हैं, ऐसा करने से आफिस असिस्टेन्ट अब कभी भी स्वतः शुरु नहीं होगा। आफिस असिस्टेन्ट को मेन्यूली स्टार्ट करने के लिए आफिस असिस्टेन्ट बटन [?] पर क्लिक करें।

1. यदि आवश्यक हो तो आफिस असिस्टेन्ट विन्डो को खोलने के लिए **आफिस असिस्टेन्ट** बटन [?] पर क्लिक करें।
2. आफिस असिस्टेन्ट डायलॉग बॉक्स को देखने के लिए **ऑप्शन्स** टैब पर क्लिक करें।

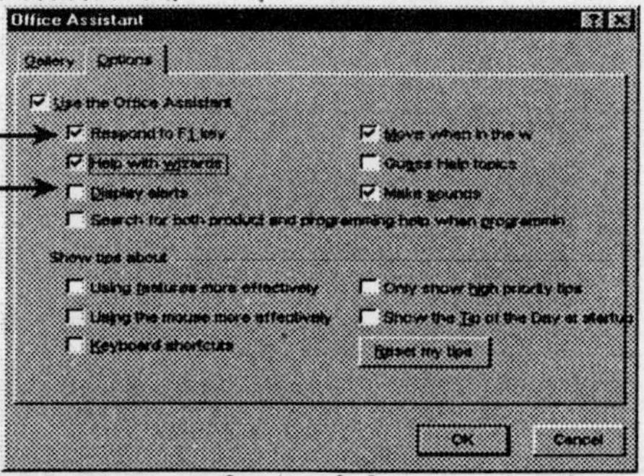

3. **रिस्पॉन्ड टू F1 Key** विकल्प को निम्नानुसार सेट करें ;

   यदि आप चाहते हैं कि जब कभी आप **F1** बटन को दबायें तब आफिस असिस्टेन्ट चालू जाए, तो इस विकल्प को चुनें।

   अथवा

   यदि आप चाहतें है कि जब कभी आप **F1** बटन को दबायें तब हेल्प की विषय-सामग्री एवं विषय सूची खुल जाए, तब ऐसा करने के लिए इस विकल्प डिसलेक्ट कर दें।

4. अन्य **असिस्टेन्ट क्षमताओं** के विकल्पों को निम्नानुसार सलेक्ट या डिसलेक्ट करें :

   ★ **हेल्प विथ विजाईस** यह विकल्प, उस कमाण्ड को जिससे कि कोई विजार्ड शुरु होता हो, को चुने जाने पर, असिस्टेन्ट को प्रस्तुत करता है। उदाहरण के लिए, एड्रेस बुक को इम्पोर्ट किए जाने पर यह इम्पोर्ट विजार्ड को चालू कर देता है।

   ★ **डिस्प्ले अलर्ट्स** यह विकल्प, किए जा रहे कार्यों से संबंधित सामान्य संदेशों को दिखाता है। ये सामान्य संदेश अधिकांशतः ट्रबलशूटिंग टिप्स होते हैं।

नोट्स :

★ विषय सामग्री (टेबल ऑफ कन्टेन्ट्स) या विषय सूची (इन्डेक्स) का उपयोग करते हुए हेल्प विषयों को खोजने के लिए **हेल्प** पर क्लिक करें, फिर **कन्टेन्ट्स एण्ड इण्डेक्स** पर क्लिक करें। इसके बाद असिस्टेन्ट को ओपन करने के लिए **F1** बटन को सेट करें।

★ **सर्च फॉर बोथ प्रोडक्ट एण्ड प्रोग्रामिंग हेल्प व्हेन प्रोग्रामिंग** यह विकल्प, किसी विजुअल बेसिक मॉड्यूल में कार्य करते समय विजुअल बेसिक और यूजर दोनों हेल्प विषयों को दिखाता है। यदि इस विकल्प को सलेक्ट नहीं किया जाता है, तो यह केवल प्रोग्रामिंग हेल्प विषयों को ही दिखाता है।

★ **मूव व्हेन इन द वे** यदि आप पांच मिनट के भीतर हेल्प के लिए नहीं कहेगे तो यह विकल्प असिस्टेन्ट को छोटा कर देता है, और असिस्टेन्ट विन्डो को हटा देता है ताकि अब यह खुले हुए डायलॉग बॉक्स के सबसे उपरी भाग पर नहीं देता है।

★ **गेस हेल्प टॉपिक्स** यह विकल्प, कन्टेक्स्ट-सेन्सिटिव असिस्टेन्ट हेल्प शुरु करता है। असिस्टेन्ट, आपके द्वारा किए जा रहे कार्यों पर लगातार निगाह रखता है एवं जब आप हेल्प मांगते हैं तो वह आप क्या कर रहे हैं, इस पर आधारित हेल्प विषयों की एक सूची को प्रदर्शित कर देता है। उदाहरण के लिए, हेल्प प्राप्त करने के लिए असिस्टेन्ट पर क्लिक करते समय यदि कोई अपाईन्टमेन्ट खुली हुई है तब असिस्टेन्ट का बेलून (फुग्गेनुमा आकृति), अपाईन्टमेन्ट्स की प्रविष्टि से संबंधित कई हेल्प विषय प्रस्तुत करता है।

★ **मेक साऊण्ड्स** यदि आपके कम्प्यूटर में साऊण्ड कार्ड लगा हुआ है तो यह विकल्प आवाज से संबंधित प्रभावों को सक्रिय (एनेबल) या निष्क्रिय (डिसेबल) कर देता है।

5. आफिस असिस्टेन्ट आपके लिए किस प्रकार की टिप्स प्रदर्शित करे, इसका निर्धारण करने के लिए **शो टिप्स अबाऊट** सलेक्ट या डिसलेक्ट करें।

★ **ओनली शो हाई प्रायोरिटी टिप्स** यदि आफिस असिस्टेन्ट के द्वारा बतायी जा रही टिप्स आपके लिए अनुपयोगी हैं, तो इस विकल्प को डिसलेक्ट कर दें।

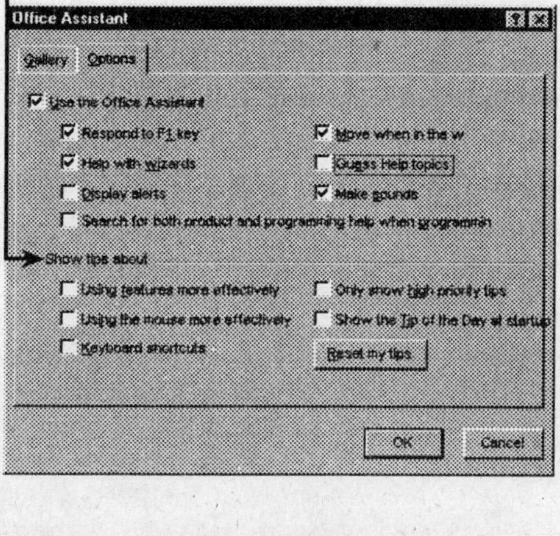

★ **शो द टिप ऑफ द डे एट स्टार्टअप** इस विकल्प को चुनने पर, यह विकल्प आप जब भी आऊटलुक को चालू करेंगे तब यह एक आऊटलुक टिप प्रदर्शित करेगा।

★ **रिसेट माय टिप्स** आऊटलुक इस बात को याद रखता है कि आपने कौन सा टिप देख लिया है, वह उस टिप को आपके लिए दुबारा प्रदर्शित होने नहीं देता है। आपके द्वारा देखी जा चुकी टिप्स को दुबारा प्रदर्शित कराने के लिए इस बटन पर क्लिक करें।

7. असिस्टेन्ट के रुप में किसी अन्य कैरेक्टर को चुनने के लिए **गैलेरी** टैब पर क्लिक करें।

8. अन्त में **ओ.के.** OK पर क्लिक करें।

टूलबार्स

माइक्रोसॉफ्ट आफिस के पुराने संस्करणों से अलग, आफिस 2000 में स्टेण्डर्ड और फॉरमेटिंग टूलबार्स अब एक लाईन में दिखाई पड़ते हैं, साथ ही ये एक मेन्यू के रुप में होते हैं। जब पहली बार आफिस एप्लीकेशनों को चालू किया जाता है, तो टूलबार केवल मूलभूत (बेसिक) विकल्पों को ही प्रदर्शित करता है। इसके बाद जब आप जैसे-जैसे एप्लीकेशनों को उपयोग करते जाते हैं, यह अपने आप उन बटनों जिन्हें कि आपने उपयोग नहीं किया है को उन बटनों से बदलने लगता है जिन्हें कि आपने अभी-अभी उपयोग किया है।

नोट्स :

★ इस पुस्तक में दिए गए कुछ चरणों के लिए आपको संभवतः **मोर बटन्स** वाले तीर के निशान के साथ अदृश्य या छिपे हुए बटनों को एसेस करने की आवश्यकता पड़ सकती है।

टूलबार्स को दो लाइनों में दिखाना

1. पहले **टूल्स** पर क्लिक करें, फिर **कस्टमाईज** पर क्लिक करें। इससे स्क्रीन पर **कस्टमाईज** डायलॉग बॉक्स दिखने लग जाएगा।
2. इस डायलॉग बॉक्स में **ऑप्शन्स** टैब पर क्लिक करें।

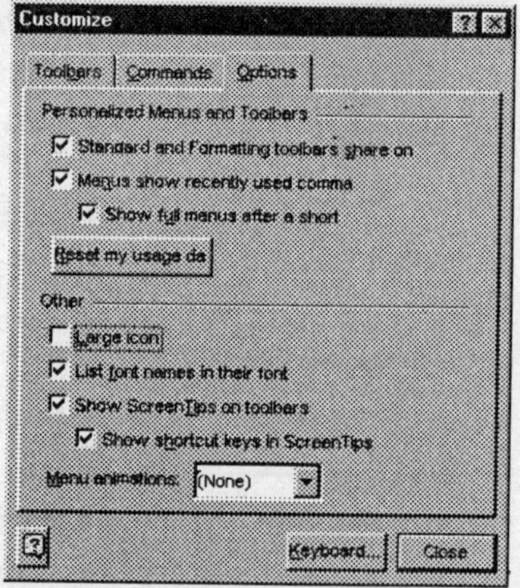

3. यदि आप चाहते हैं कि स्टेण्डर्ड एवं फॉरमेटिंग टूलबार एक ही लाईन में आंए तब **स्टेण्डर्ड एण्ड फॉरमेटिंग टूलबार्स शेयर वन रो** चेक बॉक्स को एनेबल करें।
4. **क्लोज** Close बटन पर क्लिक कर **कस्टमाईज** डायलॉग बॉक्स को बन्द कर दें।

फॉरमेटिंग टूलबार को स्टेण्डर्ड टूलबार के नीचे ड्रेग करने के लिए:

★ **फॉरमेटिंग टूलबार** साईजिंग हेण्डल को प्वाईन्ट करें। प्वाईन्टर चारों तरफ तीर के निशान के रुप में बदल जाएगा।

★ **फॉरमेटिंग** टूलबार को ड्रेग करते हुए **स्टेण्डर्ड** टूलबार के नीचे ले जाएं।

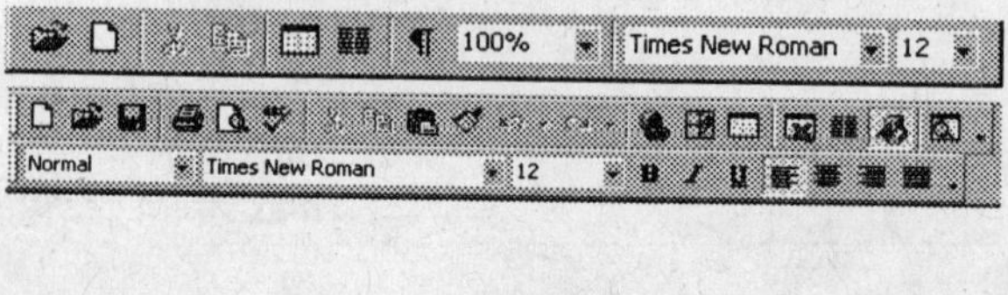

छिपे हुए (हिडन) बटन तक पहुंचना

1. टूलबार पर उपस्थित बटनों में से **मोर बटन्स** एरो पर क्लिक करें। **मोर बटन्स एरो**, टूलबार की स्थिति पर निर्भर करते हुए या के रुप में दिखाई दे सकता है।

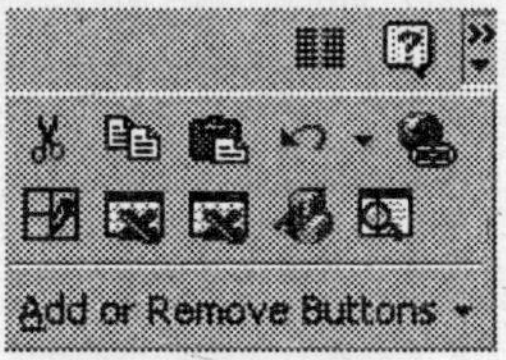

2. अब जिस बटन का उपयोग करना हो उसे क्लिक करें।

टूलबार बटन जोड़ना या हटाना

1. टूलबार पर स्थित बटनों में से **मोर बटन्स** एरो पर क्लिक करें। टूलबार की पोजिशन या स्थान पर निर्भर करते हुए **मोर बटन्स** एरो या के रुप में दिखाई दे सकता है।
2. **एड ऑर रिमूव बटन्स** पर क्लिक करें।
3. अब जिन बटनों को जोड़ना या हटाना चाहते हैं उन पर क्लिक करें। यदि कोई बटन प्रदर्शित नहीं हो रहा है तब
   a. **कस्टमाईज** सलेक्ट करें, इससे **कस्टमाईज** डायलॉग बॉक्स खुल जाएगा।
   b. इस डायलॉग बॉक्स में **कमाण्ड्स** टैब पर क्लिक करें।
   c. कैटेगरी (समूह) का चुनाव करें। चुने गए समूह के अन्तर्गत आने वाले कमाण्ड्स एवं बटनों के समूह **कमाण्ड्स** लिस्ट बॉक्स में प्रदर्शित हो जाएगें।
   d. इसमें से किसी बटन को जोड़ने के लिए उस बटन को ड्रेग करते हुए टूलबार पर इच्छित स्थान पर जांए।
      अथवा
      किसी बटन को हटाने के लिए, उस बटन को ड्रेग करते हुए टूलबार से दूर ले जांए।
   e. अन्त में क्लोज Close बटन पर क्लिक करें।

टूलबार को डिस्प्ले/हाईड कराना

1. पहले **व्यू** पर क्लिक करें, फिर **टूलबार्स** पर क्लिक करें।
   अथवा
   किसी भी टूलबार पर राईट क्लिक करें।
2. जिस टूलबार को डिस्प्ले या हाईड कराना है उसे सलेक्ट करें। वर्तमान में जो टूलबार्स प्रदर्शित हो रहे होगें उनके आगे चेक मार्क दिखाई देगा।

टूलबार्स

(पिछले पेज से जारी)

टूलबार के विकल्प

1. पहले **टूल्स** पर क्लिक करें, फिर **कस्टमाईज** पर क्लिक करें।
2. **ऑप्शन्स** टैब पर क्लिक करें।
3. इच्छित टूलबार विकल्पों का चयन करें ;
   - ★ टूलबार पर पर बटन की साईज बड़ी करने के लिए **लार्ज आइकॉन्स** विकल्प को चुनें।
   - ★ यदि आप चाहते हैं कि प्वाईन्टर को किसी बटन के उपर ले जाने से वहां पर उस बटन का नाम प्रदर्शित होने लगे तब इसके लिए **शो स्क्रीन टिप्स ऑन टूलबार्स** विकल्प को चुनें।

   - ★ यदि आप चाहते हैं कि प्वाईन्टर को किसी बटन के उपर ले जाने से वहां पर उस बटन के नाम के साथ-साथ उस बटन के लिए निर्धारित शॉर्टकट की का भी प्रदर्शन हो तब इसके लिए **शो शॉर्टकट कीज इन स्क्रीन टिप्स** विकल्प को चुनें।
4. अन्त में क्लोज Close बटन पर क्लिक करें।

टूलबार को सरकाना

1. टूलबार साईजिंग हेण्डल को प्वाईन्ट करें। इससे प्वाईन्टर बदल कर चारों तरफ तीर के निशान वाला हो जाएगा।
2. अब चारों तरफ तीर के निशान वाले प्वाईन्टर की सहायता से टूलबार को ड्रेग करते हुए नए इच्छित स्थान पर सरकाएं।

डायलॉग बॉक्स के विभिन्न अव्यव

किसी मेन्यू आयटम के बाद दिखाई देने वाले बिन्दु (...) यह दर्शाते हैं कि उस मेन्यू आयटम पर क्लिक करने से वहां एक डायलॉग बॉक्स खुलेगा। डायलॉग बॉक्सों में निम्नलिखित अव्यव हो सकते हैं।

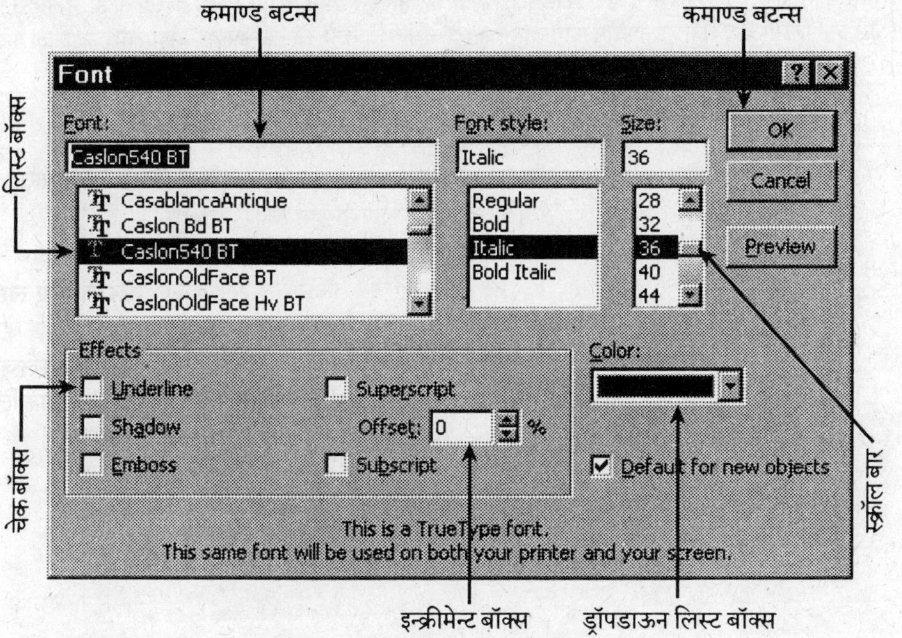

कमाण्ड बटन्स : बटन पर दिए गए नाम के अनुरुप कार्य करता है।

चेक बॉक्स : इसकी सहायता से आप किसी विकल्प को सलेक्ट या डिसलेक्ट कर सकते हैं।

ड्रॉपडाऊन लिस्ट बॉक्स : इसके साथ दिए गए ड्रॉपडाऊन एरो पर क्लिक करने से खुलने वाली सूची में से आप इच्छित आईटम को उस सूची में से चुन सकते हैं।

इन्क्रीमेन्ट या स्पिन बॉक्स : इस बॉक्स में आप इच्छित मान की प्रविष्टि कर सकते हैं। इसके साथ दिए गए इन्क्रीमेन्ट एरो के द्वारा माऊस का उपयोग करते हुए आप इच्छित मान का चयन कर सकते हैं।

लिस्ट बॉक्स : यह बॉक्स आयटमों की सूची (लिस्ट) प्रदर्शित करता है जिसमें से आप इच्छित आयटम को चुन सकते हैं।

टेक्स्ट बॉक्स : इस बॉक्स में आप इच्छित सूचना की टाईपिंग कर सकते हैं।

स्क्रॉल बार : इसके साथ दिए गए स्क्रॉल एरो का उपयोग करते हुए स्क्रॉल बॉक्स में अप्रदर्शित हो रही आईटमों तक पहुंच सकते हैं।

रेडियो बटन्स : ये गोलाकार बटन्स होते हैं जो कि विकल्पों के समूह में से किसी एक विकल्प को चुनते हैं।

नेम्ड टैब्स : यह कुछ एक डायलॉग बॉक्सों के सबसे उपरी भाग पर पायी जाती है। इनके अन्तर्गथ विकल्पों को टैब के नाम के अनुसार वर्गीकृत किया गया होता है।

मेन्यू

आफिस के नवीनतम संस्करण में दिए गए पर्सनलाईज्ड मेन्यू (अर्थात् ऐसा मेन्यू जो आपकी व्यक्तिगत आवश्यकताओं के अनुसार सेट हो सके) के कारण आप इसके विशेषताओं का अधिक तथा आसानी से उपयोग कर पाते हैं। जब पहली बार आफिस एप्लीकेशन को चालू किया जाता है तब पर्सनलाईज्ड मेन्यू एकदम मूलभूत विकल्पों को प्रदर्शित करता है। एडवान्स्ड मेन्यू विकल्पें छिपी हुई होती हैं, और इन्हें कभी भी प्राप्त किया जा सकता है। आप जैसे-जैसे आफिस एप्लीकेशनों का उपयोग करते जाते हैं तो वे बेसिक विकल्पें जिनका उपयोग आप अधिकांश नहीं कर रहे हैं उन विकल्पों का स्थान वे विकल्प ले लेते हैं जिनका आप अधिकांश उपयोग कर रहे हैं।

मेन्यू को पूर्ण प्रदर्शित कराना

एक पूर्ण मेन्यू, पर्सनलाईज्ड मेन्यू के सभी विकल्पों को प्रदर्शित करता है।

मेन्यू को खोलने के लिए मेन्यू पर डबल क्लिक करें।

अथवा

1. उस मेन्यू पर क्लिक करें जिसे आप खोलना चाहते हैं।

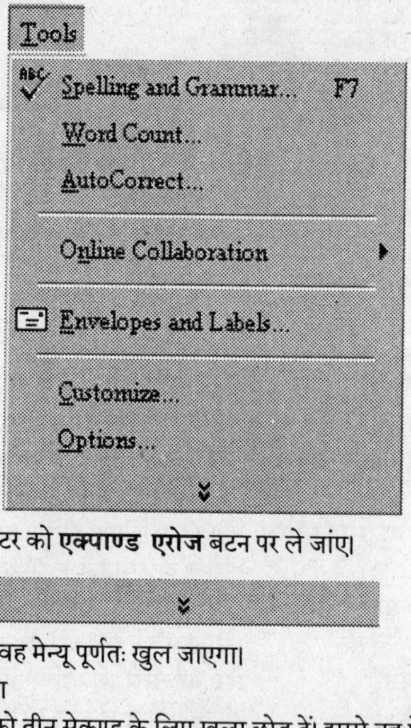

2. प्वाईन्टर को **एक्पाण्ड एरोज** बटन पर ले जाएं।

इससे वह मेन्यू पूर्णतः खुल जाएगा।

अथवा

मेन्यू को तीन सेकण्ड के लिए खुला छोड़ दें। इससे वह मेन्यू पूर्णतः प्रदर्शित होने लग जाएगा जैसा कि अगले पेज पर दिखाया गया है।

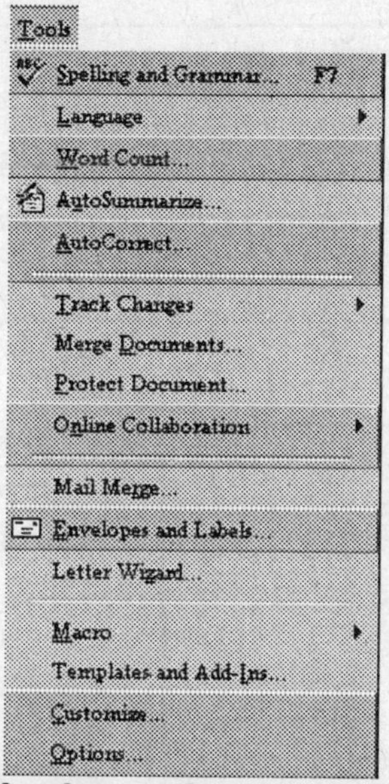

सभी मेन्यू को हमेंशा पूर्ण रूप में प्रदर्शित कराना

1. **टूल्स** मेन्यू पर क्लिक करें एवं फिर **कस्टमाईज** पर क्लिक करें।
2. **कस्टमाईज** डायलॉग बॉक्स से **ऑप्शन्स** टैब पर क्लिक करें।

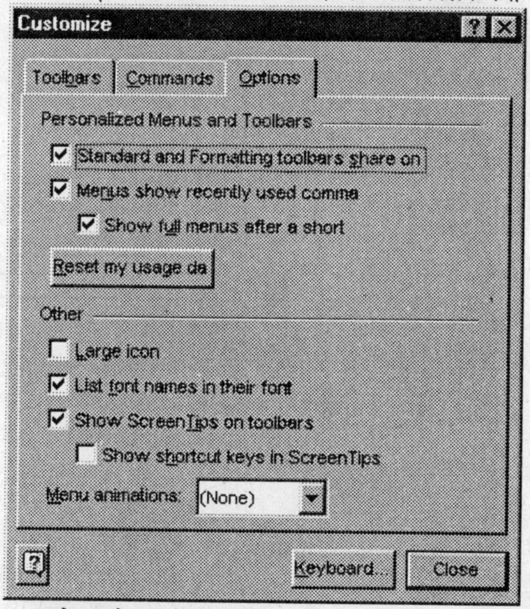

3. अब **मेन्यू शोज रिसेन्टली यूज्ड कमाण्ड्स फर्स्ट** को डिसलेक्ट करने के लिए इस पर क्लिक करें।

सेव (स्टोर करना)

जब तक किसी डॉक्यूमेन्ट को डिस्क पर सेव नहीं कर लिया जाता है, तब तक उस डॉक्यूमेन्ट में किया गया कोई भी परिवर्तन केवल कम्प्यूटर की अस्थाई मेमोरी (रैम) पर ही अस्तित्व में रहता है।

नोट : आऊटलुक तथा एसेस पर केवल **सेव एस** विकल्प ही मौजूद हैं। इनमें इन्क्रीमेन्टल टास्क जब पूर्ण हो जाती हैं तब वे स्वयं ही कम्प्यूटर ही हार्ड ड्राईव पर सेव हो जाती है।

नोट्स :

★ किसी डॉक्यूमेन्ट को सेव करने के लिए की-बोर्ड शॉर्टकट **कन्ट्रोल+S** है।

★ नये डॉक्यूमेन्ट्स एवं साथ ही साथ खुले हुए डॉक्यूमेन्ट में किया गया कोई भी परिवर्तन तब तक कम्प्यूटर की अस्थाई मेमोरी RAM (रैण्डम एसेस मेमोरी) में रहता है जब तक उस डॉक्यूमेन्ट को या डॉक्यूमेन्ट में किए गए परिवर्तन को सेव नहीं कर लिया जाता है।

★ यदि बिजली चली जाती है या कम्प्यूटर सिस्टम में कुछ खराबी आ जाए तो रैम में जो कुछ भी डाटा होगा वह नष्ट हो जाएगा।

★ इस प्रकार की परेशानी से बचने के लिए खुले हुए डॉक्यूमेन्टों को बार-बार थोड़े-थोड़े समय के अन्तराल में सेव करते रहने की आदत डालें।

★ डॉक्यूमेन्ट को पहली दफे सेव करते समय आप डॉक्यूमेन्ट का डिफॉल्ट नाम (जैसे कि डॉक्यूमेन्ट 1, डॉक्यूमेन्ट 2 आदि) को बदल सकते हैं।

1. **सेव एस** डायलॉग बॉक्स को प्रदर्शित कराने के लिए पहले **फाईल** पर क्लिक करें एवं फिर **सेव** पर क्लिक करें।
   अथवा
   सेव  बटन पर क्लिक करें।

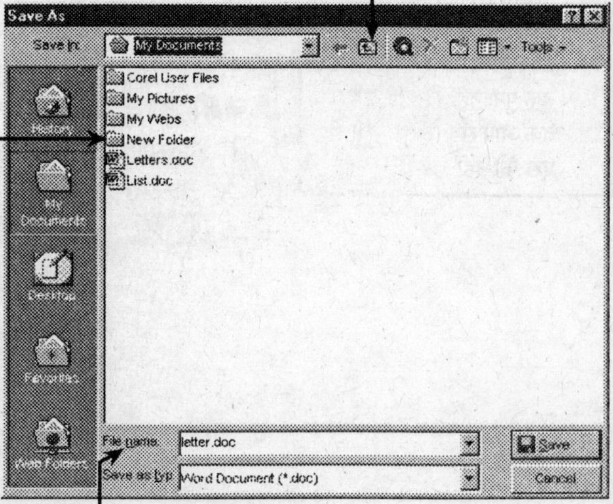

2. इस डायलॉग बॉक्स में, **फाईल नेम** टेक्स्ट बॉक्स में फाईल का इच्छित नाम टाईप करें।
   (आप जैसे-जैसे टाईपिंग करते जाएंगे वैसे-वैसे इस बॉक्स में दिया गया डिफॉल्ट नेम आपके द्वारा की जा रही टाईपिंग के अनुसार बदलते जाएगा)
3. अब उस फोल्डर पर डबल क्लिक करें जिसके भीतर आप डॉक्यूमेन्ट को रखना चाहते हैं।
4. वर्तमान में **सेव इन** टेक्स्ट बॉक्स में प्रदर्शित हो रहे फोल्डर के साथ जमा और फोल्डर्स को भी प्रदर्शित कराने के लिए **अप वन लेवल**  बटन पर क्लिक करें।

नोट्स :

★ जब किसी डॉक्यूमेन्ट को आप पहली बार सेव (स्टोर) करते हैं, तो इस समय कम्प्यूटर के द्वारा **सेव एस** आपरेशन की क्रिया की जाती है। इस क्रिया के कारण ही आप पहली बार डॉक्यूमेन्ट को एक नाम दे पाते हैं, और यह निर्देशित कर पाते हैं, कि इस डॉक्यूमेन्ट को कहां पर स्टोर करना है। इसके बाद प्रत्येक बार **सेव** किए जाने पर वर्तमान डॉक्यूमेन्ट पर बिल्कुल अभी-अभी (रिसेन्ट) किए गए परिवर्तन की ही सेविंग होती है। **सेव एस** डायलॉग बॉक्स इस डॉक्यूमेन्ट के लिए अब तब तक पुनः नहीं दिखाई देगा जब तक आप **सेव** के स्थान पर **सेव एस** को नहीं चुनेंगे।

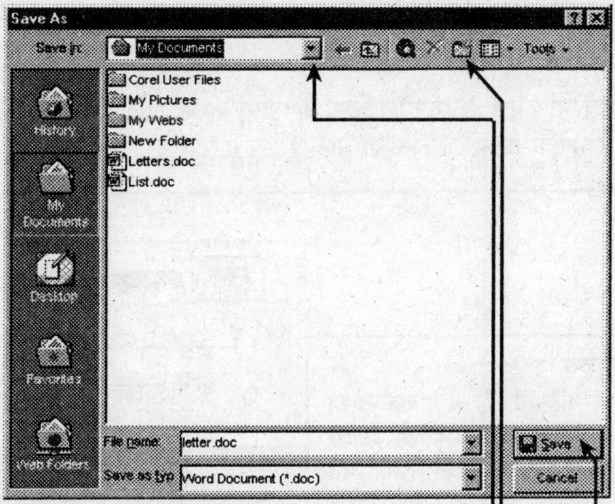

5. **सेव इन** टेक्स्ट बॉक्स में प्रदर्शित हो रहे वर्तमान फोल्डर में एक नया फोल्डर बनाने के लिए **क्रिएट न्यू फोल्डर** बटन पर क्लिक करें।
6. किसी दूसरी डिस्क ड्राईव या डायरेक्ट्री को चुनने के लिए **सेव इन** ड्रॉप-डाउन बटन पर क्लिक करें।
7. अन्त में **सेव** Save बटन पर क्लिक करें।

सेव एस

सेव एस कमाण्ड का उपयोग किसी डॉक्यूमेन्ट की मूल प्रति के अलावा एक अतिरिक्त कॉपी को एक अलग नाम से या एक अलग डायरेक्ट्री या अलग डिस्क में स्टोर करने के लिए किया जाता है।

नोट्स :

★ यदि आप किसी डॉक्यूमेन्ट का ठीक वही नाम देते हैं जो इस फोल्डर पर पहले से उपस्थित किसी अन्य डॉक्यूमेन्ट का है और फिर इस डॉक्यूमेन्ट को ठीक उसी फोल्डर पर सेव करने की कोशिश करेंगे तो ऐसा करने पर नया डॉक्यूमेन्ट, फोल्डर पर पहले से उपस्थित उसी नाम वाले डॉक्यूमेन्ट की जगह खुद स्टोर हो जाएगा।

★ सेव एस कमाण्ड का उपयोग कर लेने के बाद एक्टिव विन्डो में वह डॉक्यूमेन्ट हाल ही में खोले गए डॉक्यूमेन्टों की सूची में सबसे पहले आ जाएगा।

1. **सेव एस** डायलॉग बॉक्स को प्रदर्शित कराने के लिए पहले **फाईल** पर क्लिक करें फिर **सेव एस** पर क्लिक करें।

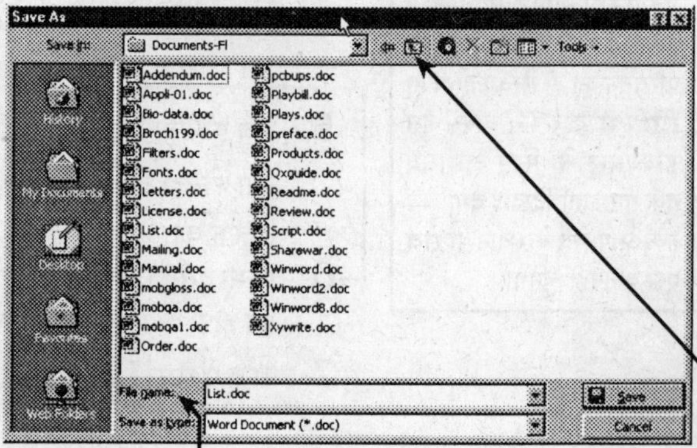

2. **फाईल नेम** टेक्स्ट बॉक्स में फाईल का मनचाहा नाम टाईप करें।
3. उस फोल्डर का चुनाव करें जहां पर आप डॉक्यूमेन्ट को स्टोर करना चाहते हैं।
4. **सेव इन** टेक्स्ट बॉक्स में, वर्तमान में प्रदर्शित हो रहे फोल्डर के साथ जमा अन्य फोल्डरों को भी प्रदर्शित कराने के लिए **अप वन लेवल** बटन पर क्लिक करें।
5. नीचे की विन्डो में प्रदर्शित हो रही सूची में से किसी फोल्डर के भीतर की सामग्री को देखने के लिए उस फोल्डर के आईकॉन पर डबल क्लिक करें।

6. आपके द्वारा चुने गए मनचाहे फोल्डरों को प्रदर्शित कराने के लिए **लुक इन फेवरिट्स** बटन पर क्लिक करें।
7. **सेव इन** टेक्स्ट बॉक्स में, वर्तमान में प्रदर्शित हो रहे फोल्डर के अन्तर्गत एक नया फोल्डर बनाने के लिए **न्यू फोल्डर** बटन पर क्लिक करें।
8. किसी दूसरी डिस्क ड्राईव को चुनने के लिए **सेव इन** ड्रॉप-डाउन बटन पर क्लिक करें।
9. अन्त में **सेव** Save बटन पर क्लिक करें।

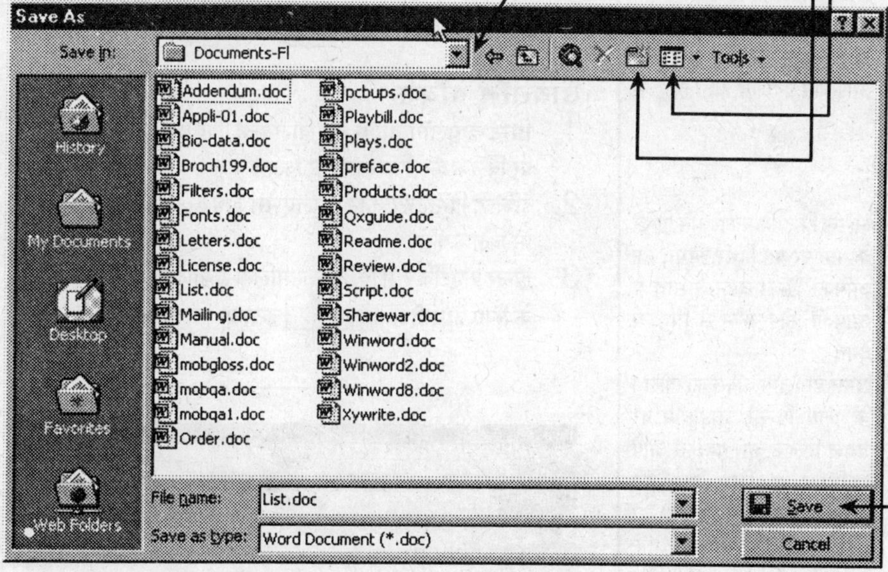

डॉक्यूमेन्ट को प्रिन्ट करना

जब आप प्रिन्ट कमाण्ड देते हैं तो यह कमाण्ड वर्तमान में सक्रिय डॉक्यूमेन्ट को प्रिन्टर पर भेज देता है। जब तक यह डॉक्यूमेन्ट प्रिन्ट नहीं हो जाता तब तक प्रिन्ट जॉब, प्रिन्ट मैनेजर पर स्टोर रहता है। प्रिन्ट डायलॉग बॉक्स प्रत्येक एप्लीकेशन के लिए भिन्न-भिन्न हो सकता है।

टूलबार

टूलबार पर दिए गए **प्रिन्ट** बटन पर क्लिक करने पर यह वर्तमान में खुली हुई विन्डो में प्रदर्शित हो रहे डॉक्यूमेन्ट को डिफॉल्ट प्रिन्टर सेटिंग्स का उपयोग करते हुए सीधे प्रिन्टर पर भेज देता है। इसमें कोई डायलॉग बॉक्स विकल्प नहीं प्रदर्शित होता है।

★ प्रिन्ट करने के लिए **प्रिन्ट** बटन पर क्लिक करें।

डायलॉग बॉक्स

1. प्रिन्ट डायलॉग बॉक्स को खोलने के लिए पहले **फाईल** पर क्लिक करें फिर **प्रिन्ट** पर क्लिक करें।
2. इच्छित प्रिन्टर को चुनने के लिए **नेम** ड्रॉप डाऊन बटन पर क्लिक करें।
3. प्रिन्टर प्रॉपर्टीज जैसे कि प्रिन्ट क्वालिटी इत्यादि, को बदलने के लिए **प्रॉपर्टीज** Properties बटन पर क्लिक करें।

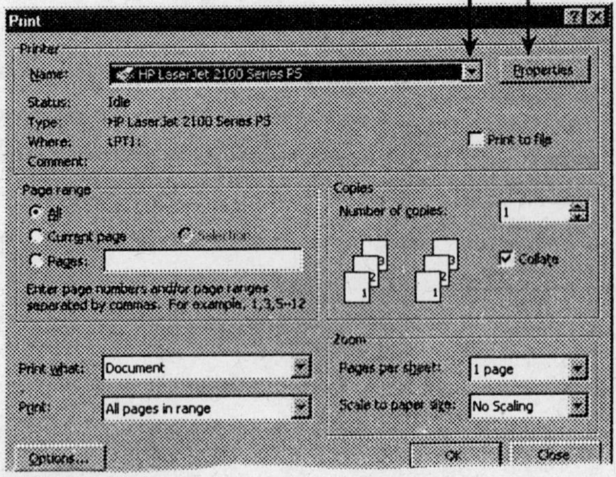

नोट्स :

★ किसी डॉक्यूमेन्ट को प्रिन्ट करने के लिए की-बोर्ड शॉर्टकट **कन्ट्रोल + P** है।

★ जब डॉक्यूमेन्ट प्रिन्ट हो रहा होता है तो मॉनीटर स्क्रीन के नीचे भाग पर दिए गए टास्क बार के एकदम दांए किनारे पर एक छोटा सा आईकॉन प्रदर्शित होता है।

★ आपके प्रिन्टर के प्रकार और प्रिन्टर के नाम पर यह निर्भर करेगा, कि आपका प्रिन्टर बटन वास्तव में आपको कौन-कौन से विकल्प देगा।

★ प्रिन्टर डायलॉग बॉक्स को खोलने के लिए प्रिन्टर आइकॉन पर डबल क्लिक करें। यहां पर आप प्रिन्टिंग के लिए बचे हुए डॉक्यूमेन्टों की सूची (लिस्ट) को देख सकते हैं, इन्हें आप पुनः व्यवस्थित (रिअरेन्ज) या डिलिट कर सकते हैं।

नोट्स :

★ आप डॉक्यूमेन्ट को विभिन्न पेज रेन्ज में प्रिन्ट कर सकते है। प्रिन्ट डायलॉग बॉक्स में पेज रेन्ज को सलेक्ट करने हेतु निम्न में से किसी एक पर क्लिक करें ;

ऑल : डॉक्यूमेन्ट के सभी पेजों को प्रिन्ट करने के लिए इसे क्लिक करें।

करन्ट पेज : इन्सर्शन प्वाईन्ट वर्तमान में जिस पेज पर रखा हुआ है मात्र उसी पेज को प्रिन्ट कराने के लिए इस विकल्प पर क्लिक करें।

सलेक्शन : वर्तमान में सलेक्ट किए गए टेक्स्ट और ग्राफिक्स को प्रिन्ट कराने के लिए इस विकल्प पर क्लिक करें।

पेजेस : इच्छित पेज नम्बरों को प्रिन्ट कराने के लिए इस विकल्प पर क्लिक करें। (पेज रेन्ज के निर्धारण के लिए हाईफन चिन्ह का उपयोग करें, जैसे कि पेज नं. 5 से पेज नं. 10 तक को प्रिन्ट कराने के लिए "5-10" टाईप करें। इसी तरह अलग अलग पेज नम्बरों को प्रिन्ट कराने के लिए उनके बीच कॉमा का प्रयोग करें, जैसे कि पेज नं. 5 और पेज नं. 10 को प्रिन्ट कराने के लिए "5, 10" टाईप करें।

★ पॉवर प्वाईन्ट एप्लीकेशन आपको स्लाईड्स, आऊटलाईन्स, हेण्ड आऊट्स या नोट्स पेजों को प्रिन्ट करने की सुविधा देती है।

4. प्रिन्ट करने के लिए एक इच्छित **पेज रेन्ज** का चुनाव करें। यहां पर पेज रेन्ज से संबंधित उपलब्ध होने वाले विकल्पों की जानकारी के लिए बाजू में दी जा रही नोट्स पढ़ें।

5. **नम्बर ऑफ कॉपीज** पर क्लिक करें और डॉक्यूमेन्ट की जितनी प्रतियां प्रिन्ट करनी हों उस संख्या की प्रविष्टि करें।

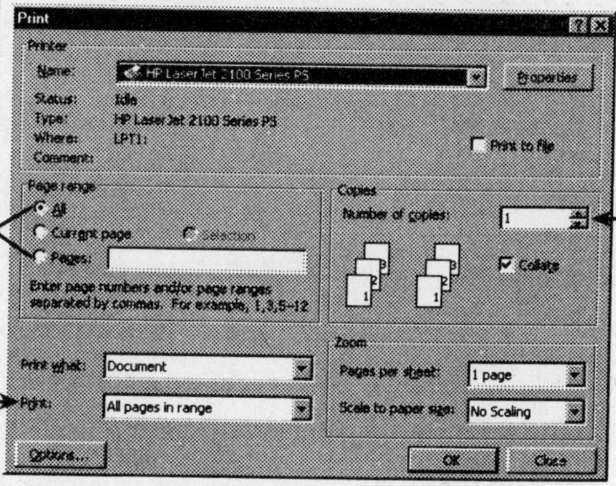

6. केवल सम या केवल विषम संख्या वाले पेज नम्बर के पेजों को प्रिन्ट कराने के लिए **प्रिन्ट** ड्रॉप डाउन बटन पर क्लिक करें।

7. अन्त में **ओ.के.** OK बटन पर क्लिक करें।

वर्ड

माईक्रोसॉफ्ट आफिस का वर्ड प्रोसेसिंग एप्लीकेशन एक बहुउपयोगी प्रोग्राम है, जो आपको अच्छे दिखाई देने वाले डॉक्यूमेन्ट, जिसमें चित्र टेबल, चार्ट इत्यादि हो सकते हैं, को तैयार करने की सुविधा के साथ ही साथ मूलभूत पत्राचार (कॉरेस्पॉण्डिंग) और रिपोर्ट तैयार करने की सुविधा देता है। पुस्तक के इस भाग में आप वर्ड डॉक्यूमेन्टों को तैयार करने, फॉरमेट करने, उन्हें प्रिन्ट करने इत्यादि चीजों से अवगत होंगे एवं साथ ही साथ उन सभी फंक्शनों के बारे में जानेगें जिनकी सहायता से आप वर्ड 2000 का भरपूर उपयोग कर पायेंगे।

किसी डॉक्यूमेन्ट को खोलना या ओपन करना

यह आपके हार्ड ड्राईव पर या यदि आप नेटवर्क पर हैं तो नेटवर्क ड्राईव पर सेव किए गए डॉक्यूमेन्ट को खोलता या ओपन करता है। डॉक्यूमेन्ट में किसी प्रकार का सुधार करने के लिए उसे ओपन करें।

नोट्स :

★ किसी डॉक्यूमेन्ट को खोलने के लिए की-बोर्ड शॉर्टकट **कन्ट्रोल + O** है।

★ जब आप किसी दूसरे फॉरमेट की फाईल, जैसे वर्ड परफेक्ट फाईल या वर्ड के पुराने संस्करणों की किसी फाईल, को ओपन करते हैं, तो वर्ड स्वतः ही उस फाईल को वर्ड 2000 फॉरमेट में बदलने लगता है।

★ किसी फाईल को ओपन किए जाने पर वर्तमान डायरेक्ट्री में स्वतः ही एक अस्थाई फाईल तैयार हो जाती है जिसका नाम टिल्ड (Tilde) कैरेक्टर (~) से शुरु होता है। जब डॉक्यूमेन्ट को सही तरीके से बन्द कर दिया जाता है, तो वह अस्थाई फाईल मिट जाती है।

★ यदि आपके सिस्टम में कोई गड़बड़ी आ जाती है और आपका डॉक्यूमेन्ट नष्ट हो जाता है, तो अस्थाई फाईल को ओपन करने की कोशिश करें। आपके अस्थाई फाईल के स्थान का निर्धारण ऑप्शन्स विन्डो में होगा।

1. **ओपन** डायलॉग बॉक्स को खोलने के लिए पहले **फाईल** पर क्लिक करें फिर फाईल मेन्यू के अन्तर्गत **ओपन** पर क्लिक करें।
अथवा
स्टेण्डर्ड टूलबार पर दिए गए ओपन  बटन पर क्लिक करें।

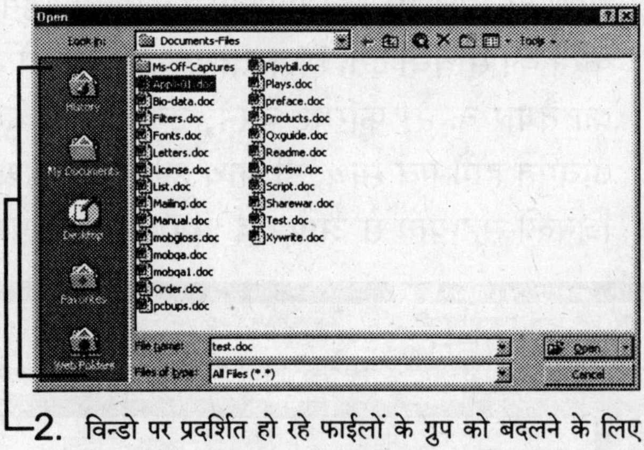

2. विन्डो पर प्रदर्शित हो रहे फाईलों के ग्रुप को बदलने के लिए निम्नलिखित फोल्डर बटन में से किसी एक पर क्लिक करें ;

★ **हिस्ट्री**  - बिल्कुल अभी-अभी (रिसेन्टली) एसेस किए गए डॉक्यूमेन्ट के लिए।

★ **माय कम्प्यूटर**  - उस फोल्डर के लिए जहां आपकी फाईलें डिफॉल्ट के द्वारा सेव की गई हैं।

★ **डेस्कटॉप**  - आपके कम्प्यूटर के ओवरव्यू के लिए।

★ **फेवरिट्स**  - आपके द्वारा पिछली बार चुने गए फेवरिट फोल्डरों तथा फाईलों के लिए।

★ **वेब फोल्डर**  - वर्ल्ड वेब से फेवरिट फोल्डरों को संग्रहित करने के लिए।

3. अब इच्छित फोल्डर का चुनाव करें ;

   a. **लुक इन** टेक्स्ट बॉक्स में वर्तमान में प्रदर्शित हो रहे फोल्डर के साथ जमा अन्य फोल्डरों को प्रदर्शित कराने के लिए **अप वन लेवल** बटन पर क्लिक करें।

   b. लिस्ट विन्डों में प्रदर्शित हो रहे किसी फोल्डर के भीतर की सामग्रीयों को देखने के लिए उस फोल्डर के आईकॉन पर डबल क्लिक करें।

   c किसी दूसरी डिस्क ड्राईव को चुनने के लिए **लुक इन** ड्रॉप डाऊन एरो पर क्लिक करें।

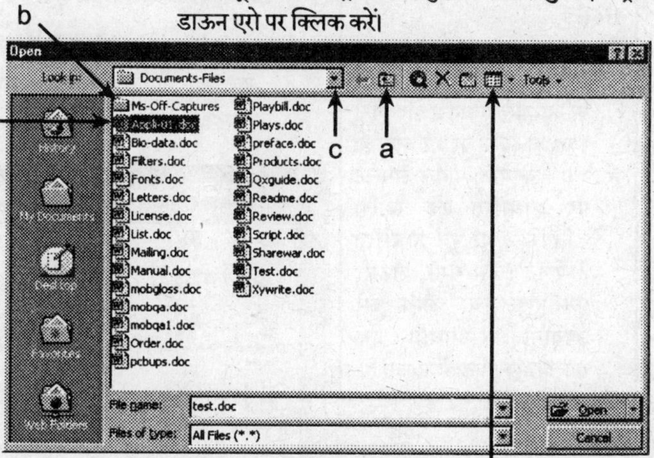

4. फोल्डर तथा फाईल की सूची के प्रदर्शित होने के तरीके को बदलने के लिए **व्यू** बटन के बाजू में दिए गए ड्रॉप-डाऊन एरो पर क्लिक कर निम्न में से किसी एक को चुनें।

   ★ संभावित अधिक से अधिक फाईलों को देखने के लिए **लिस्ट** का चुनाव करें।

   ★ फाईल से संबंधित सूचनाओं जैसे कि फाईल की साईज, प्रकार और उस फाईल के साथ अन्तिम बार किए गए कार्य की तारीख इत्यादि को देखने के लिए **डिटेल्स** का चुनाव करें।

   ★ वर्तमान में चुनी गयी फाईल के बारे में और अधिक जानकारी के लिए **प्रॉपर्टीज** का चुनाव करें।

   ★ फाईल की थम्बनेल इमेज को प्रदर्शित कराने के लिए **प्रिव्यू** का चुनाव करें।

   ★ लिस्ट में दिए गए क्रम को बदलने के लिए **अरेन्ज आईकॉन्स** का चुनाव करें।

5. अब खोली जाने वाली फाईल के नाम पर क्लिक करें।

6. अन्त में ओपन बटन पर क्लिक करें।

नया डॉक्यूमेन्ट बनाना

न्यू डॉक्यूमेन्ट से एक नयी खाली फाईल बनती है जिसका उपयोग आप सम्पादन (एडिटिंग), फॉरमेटिंग, एवं प्रिन्टिंग के लिए कर सकते हैं।

नोट्स :

★ जब वर्ड को पहली बार चालू किया जाता है तो नार्मल टेम्पलेट पर आधारित एक नया डॉक्यूमेन्ट स्वतः ही स्क्रीन पर आ जाता है।

★ नया डॉक्यूमेन्ट, नार्मल टेम्पलेट पर आधारित एक खाली डॉक्यूमेन्ट या पूर्व निर्धारित टेम्पलेट (जैसे मेमो, लेटर्स, फेसीमाइल, या अन्य दूसरे उपयोगों) पर आधारित एक खाली डॉक्यूमेन्ट हो सकता है।

टूलबार से नया डॉक्यूमेन्ट बनाना

1. न्यू ब्लैन्क डॉक्यूमेन्ट बटन पर क्लिक करें।
2. एक नया, नार्मल टेम्पलेट पर आधारित, बिना नाम वाला डॉक्यूमेन्ट विन्डों में प्रदर्शित होने लगेगा।

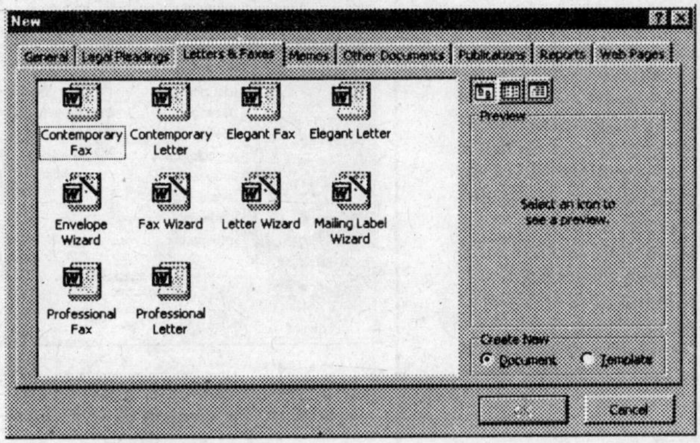

डायलॉग बॉक्स से

1. न्यू डायलॉग बॉक्स को खोलने के लिए पहले **फाईल** पर क्लिक करें फिर न्यू पर क्लिक करें।

नोट्स :

★ नये डॉक्यूमेन्ट को जब तक कोई नाम देकर डिस्क पर स्टोर (सेव) नहीं कर लिया जाता है तब तक वह केवल स्क्रीन पर तथा मेमोरी (रैम) में ही रहता है। यदि इस बीच बिजली चली जाती है या सिस्टम में कोई गड़बड़ी हो जाती है तो रैम में जो कुछ भी होगा वह नष्ट हो जाएगा। अतः खुले हुए सभी डॉक्यूमेन्टों को थोड़ी-थोड़ी देर में सेव करने की आदत डालें। वर्ड एप्लीकेशन सभी खुले हुए डॉक्यूमेन्टों को स्वतः ही समय-समय पर लगातार सेव करते रहता है।

★ नये डॉक्यूमेन्ट को जब तक कोई नाम देकर सेव (स्टोर) नहीं कर लिया जाता है तब तक उसका डिफॉल्ट नाम (डॉक्यूमेन्ट 1, डॉक्यूमेन्ट 2, इत्यादि) ही अस्तित्व में रहता है।

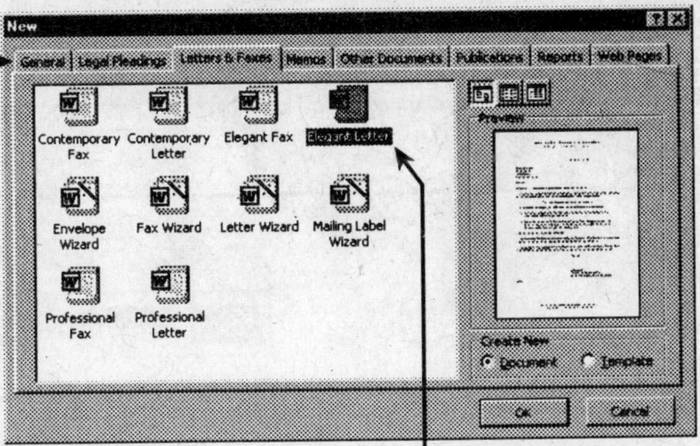

2. **न्यू** डायलॉग बॉक्स में, आप जिस प्रकार का नया डॉक्यूमेन्ट तैयार करना चाहते हैं उसके अनुसार उचित **टैब** पर क्लिक करें।
3. नये डॉक्यूमेन्ट के लिए इच्छित टेम्पलेट आईकॉन पर क्लिक करें।
   चुने गए टेम्प्लेट का प्रिव्यू, स्क्रीन के **प्रिव्यू** एरिया पर दिखाई देने लगता है।
4. अब **ओ.के.** [OK] बटन पर क्लिक करें।

अन डू

यह फिचर आपके द्वारा अपने डॉक्यूमेन्ट पर की गई किसी गलती को नकारे जाने की सुविधा देता है।

1. जब कभी आपको लगे कि आपने कोई गलत कार्य कर दिया है तब **अन डू** बटन पर क्लिक कर दें।

   अथवा

   एक से अधिक कार्यों को अन डू करने के लिए **अन डू** ड्रॉप-डाऊन एरो पर क्लिक करें एवं फिर जितने कार्यों को अन डू करना हो अन डू की सूची में उन पर क्लिक करें।

   अथवा

   पहले **एडिट** Edit मेन्यू पर क्लिक करें, फिर **अनडू** कमाण्ड पर क्लिक करें।

2. किसी चरण को पुनः करने (रि डू) के लिए रि डू बटन पर क्लिक करें।

   अथवा

   एक से अधिक कार्यों को पुनः करने के लिए रि डू ड्रॉप-डाऊन एरो पर क्लिक करें, फिर यहां पर जितने कार्यों को पुनः करना है, उन पर क्लिक करें।

   अथवा

   पहले **एडिट** मेन्यू पर क्लिक करें एवं फिर रि डू कमाण्ड पर क्लिक करें।

नोट्स :

★ किसी कार्य को अन डू करने (नकारने) का की-बोर्ड शॉर्टकट **कन्ट्रोल + Z** है, तथा किसी कार्य को पुनः करने (रि डू) का की-बोर्ड शॉर्टकट **कन्ट्रोल + Y** है।

★ जब आप किसी कार्य को ड्रॉप-डाऊन लिस्ट के उपयोग से अन डू करते हैं, तब अन डू की सूची में एक चरण के उपर दिए गए सभी चरण अनडू हो जाते है।

★ मटेरियल कट या क्लिपबोर्ड पर कॉपी हो चुके कार्य अन डू के द्वारा प्रभावित नहीं होते हैं अर्थात् इन्हें अन डू नहीं किया जा सकता है।

अगले पृष्ठ पर जारी

डॉक्यूमेन्ट में चारो ओर धुमना

कुछ डॉक्यूमेन्ट इतने बड़े होते हैं कि वे वर्ड की विन्डो पर पूरी तरह दिखाई नहीं पड़ते हैं। यहां यह बताया जा रहा है कि आप किस तरह शीघ्रता से अपने डॉक्यूमेन्ट में चारो ओर घुम सकते हैं।

नोट्स :

★ आपके द्वारा देखे जाने वाले टेक्स्ट में परिवर्तन करने पर भी इन्सर्शन प्वाईन्ट की स्थिति नहीं बदलती है। डॉक्यूमेन्ट के जिस भाग को आप परिवर्तित करना चाहते हैं उस स्थान को प्वाईन्ट कर वहां पर आपको क्लिक करना पड़ेगा।

★ विशेष रुप से अधिक बड़े डॉक्यूमेन्ट में घुमने का एक अन्य रास्ता है ; डॉक्यूमेन्ट मेप फीचर।

स्क्रॉल बार का उपयोग डॉक्यूमेन्ट में इच्छित स्थान पर पहुंचने के लिए करें,

a. डॉक्यूमेन्ट के अन्त पर पहुंचने के लिए
b. डॉक्यूमेन्ट के प्रारम्भ पर पहुंचने के लिए
c. डॉक्यूमेन्ट के किसी भाग विशेष पर पहुंचने के लिए - स्क्रॉल बार के बॉक्स पर क्लिक कर उसे ड्रेग करें
d. वर्तमान पेज के दाहिनी ओर जाने के लिए
e. वर्तमान पेज के बांयी ओर जाने के लिए
f. पिछले पेज पर जाने के लिए
g. अगले पेज पर जाने के लिए
h. यहां ब्राऊज ऑब्जेक्ट को सलेक्ट करें, उसके बाद अगली या पिछली ऑब्जेक्ट पर पहुंचे।

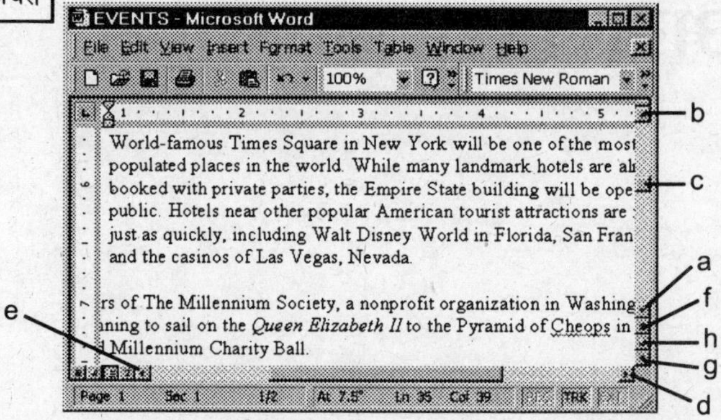
EVENTS - Microsoft Word
File Edit View Insert Format Tools Table Window Help
100%
Times New Roman
World-famous Times Square in New York will be one of the most
populated places in the world. While many landmark hotels are al
booked with private parties, the Empire State building will be ope
public. Hotels near other popular American tourist attractions are
just as quickly, including Walt Disney World in Florida, San Fran
and the casinos of Las Vegas, Nevada.
rs of The Millennium Society, a nonprofit organization in Washing
ning to sail on the Queen Elizabeth II to the Pyramid of Cheops in
l Millennium Charity Ball.
Page 1 Sec 1 1/2 At 7.5" Ln 35 Col 39 TRK
a
b
c
d
e
f
g
h

सलेक्ट ब्राऊज ऑब्जेक्ट बटन पर क्लिक करें एवं फिर निम्नलिखित में से किसी एक का चुनाव करें ;

- किसी पेज नं. विशेष पर जाने के लिए
- टेक्स्ट को खोजने के लिए।
- एडिट्स के अनुसार ब्राऊज करने के लिए
- हेडिंग्स के अनुसार ब्राऊज करने के लिए
- ग्राफिक्स के अनुसार ब्राऊज करने के लिए
- टेबल (सारिणी) के अनुसार ब्राऊज करने के लिए
- {a} फिल्ड के अनुसार ब्राऊज करने के लिए

एन्डनोट के अनुसार ब्राऊज करने के लिए

फुटनोट के अनुसार ब्राऊज करने के लिए

कमेन्ट के अनुसार ब्राऊज करने के लिए

सेक्शन के अनुसार ब्राऊज करने के लिए

पेज के अनुसार ब्राऊज करने के लिए

इन्टेलिमाऊस पर दिए गए व्हील के उपयोग से स्क्रॉल करना

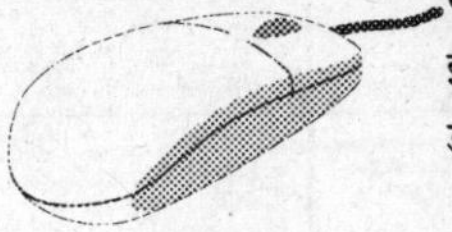

इन्टेलिमाऊस पर बीच में एक व्हील या चकरी होती है जिसका उपयोग डॉक्यूमेन्ट को स्क्रॉल करने के लिए किया जा सकता है।

डॉक्यूमेन्ट में उपर/नीचे स्क्रॉलिंग करने (आने/जाने) के लिए माऊस पर दिए गए व्हील को घुमाएं।

अथवा

1. वर्टिकल स्क्रॉल बार को परिवर्तित करने के लिए डॉक्यूमेन्ट विन्डो पर व्हील क्लिक करें।

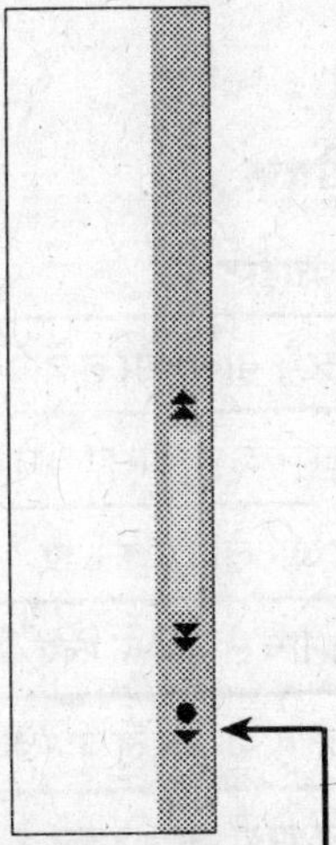

2. डॉक्यूमेन्ट पर उपर या नीचे आने/जाने के लिए सेन्टर डिवाईडर के उपर या नीचे प्वाईन्ट करें। आप सेन्टर (या बीच भाग) से जितनी अधिक दूरी पर प्वाईन्ट करेंगे, उतनी ही तेजी से आप स्क्रॉलिंग कर पाएंगे।
3. सामान्य स्क्रॉलिंग पर वापस जाने के लिए व्हील-क्लिक करें।

इन्सर्शन प्वाईन्ट को सरकाना

इन्सर्शन प्वाइन्ट सामान्यतः एक खड़ी लाईन के रुप में दिखाई पड़ता है। माऊस या की-स्ट्रोक (की-बोर्ड बटनों को दबाना) का उपयोग करते हुए इन्सर्शन प्वाईन्ट को पेज में कहीं पर भी रखा जा सकता है।

नोट्स :

★ आप इन्सर्शन प्वाईन्ट को मार्जिन्स या मार्जिन एरिया के अन्दर नहीं रख सकते हैं।

★ हेडर या फुटर पर इन्सर्शन प्वाईन्ट को रखने के लिए वहां पर डबल क्लिक करें।

माऊस

इन्सर्शन प्वाईन्ट को सरकाने के लिए इच्छित स्थान को प्वाईन्ट करें और वहां क्लिक कर दें।

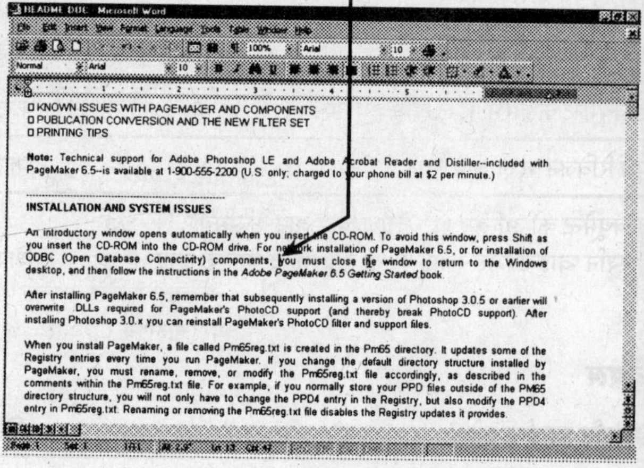
README.DOC - Microsoft Word
File Edit Insert View Format Language Tools Table Window Help
100% Arial 10
Normal Arial 10
KNOWN ISSUES WITH PAGEMAKER AND COMPONENTS
PUBLICATION CONVERSION AND THE NEW FILTER SET
PRINTING TIPS
Note: Technical support for Adobe Photoshop LE and Adobe Acrobat Reader and Distiller--included with PageMaker 6.5--is available at 1-900-555-2200 (U.S. only; charged to your phone bill at $2 per minute.)
INSTALLATION AND SYSTEM ISSUES
An introductory window opens automatically when you insert the CD-ROM. To avoid this window, press Shift as you insert the CD-ROM into the CD-ROM drive. For network installation of PageMaker 6.5, or for installation of ODBC (Open Database Connectivity) components, you must close the window to return to the Windows desktop, and then follow the instructions in the Adobe PageMaker 6.5 Getting Started book.
After installing PageMaker 6.5, remember that subsequently installing a version of Photoshop 3.0.5 or earlier will overwrite .DLLs required for PageMaker's PhotoCD support (and thereby break PhotoCD support). After installing Photoshop 3.0.x you can reinstall PageMaker's PhotoCD filter and support files.
When you install PageMaker, a file called Pm65reg.txt is created in the Pm65 directory. It updates some of the Registry entries every time you run PageMaker. If you change the default directory structure installed by PageMaker, you must rename, remove, or modify the Pm65reg.txt file accordingly, as described in the comments within the Pm65reg.txt file. For example, if you normally store your PPD files outside of the PM65 directory structure, you will not only have to change the PPD4 entry in the Registry, but also modify the PPD4 entry in Pm65reg.txt. Renaming or removing the Pm65reg.txt file disables the Registry updates it provides.

की स्ट्रोक्स :

इन्सर्शन प्वाईन्ट को	की-बोर्ड पर इन बटनों को दबाएं
एक केरेक्टर के बांयी ओर ले जाने के लिए	लेफ्ट एरो बटन
एक केरेक्टर के दांयी ओर ले जाने के लिए	राईट एरो बटन
एक लाईन उपर ले जाने के लिए	अप एरो बटन
एक लाईन नीचे ले जाने के लिए	डाऊन एरो बटन
एक शब्द के बांयी ओर ले जाने के लिए	कन्ट्रोल + लेफ्ट एरो बटन
एक शब्द के दांयी ओर ले जाने के लिए	कन्ट्रोल + राईट एरो बटन
एक पैराग्राफ के उपर ले जाने के लिए	कन्ट्रोल + अप एरो बटन
एक पैराग्राफ के नीचे ले जाने के लिए	कन्ट्रोल + डाऊन एरो बटन
लाईन के अन्त में ले जाने के लिए	एन्ड बटन
लाईन के प्रारंभ में ले जाने के लिए	होम बटन

इन्सर्शन प्वाईन्ट को इस तरह सरकाने के लिए	की-बोर्ड पर इन बटनों को दबाएं
विन्डो के सबसे उपर ले जाने के लिए	ऑल्ट + कन्ट्रोल + पेज अप
विन्डो के निचले दाहिने हिस्से पर ले जाने के लिए	ऑल्ट + कन्ट्रोल + पेज डाऊन
एक स्क्रीन पीछे (पिछली स्क्रीन पर) ले जाने के लिए	पेज अप
एक स्क्रीन आगे (अगली स्क्रीन पर) ले जाने के लिए	पेज डाऊन
अगले पेज के उपर के भाग पर ले जाने के लिए	कन्ट्रोल + पेज डाऊन
पिछले पेज के उपर के भाग पर ले जाने के लिए	कन्ट्रोल + पेज अप
डॉक्यूमेन्ट के अन्त पर ले जाने के लिए	कन्ट्रोल + एन्ड
डॉक्यूमेन्ट के प्रारंभ पर ले जाने के लिए	कन्ट्रोल + होम
पूर्व रिविजन पर ले जाने के लिए	शिफ्ट + **F5**
डॉक्यूमेन्ट को अन्तिम बार क्लोज किए जाने के समय इन्सर्शन प्वाईन्ट जिस स्थान पर था वहां पर ले जाने के लिए	शिफ्ट + **F5**

टेबल

इन्सर्शन प्वाईन्ट को	की-बोर्ड पर इन बटनों को दबाएं
अगले खाने (सेल) पर पहुंचाने के लिए	टैब या राईट एरो बटन
पिछले खाने (सेल) पर पहुंचाने के लिए	शिफ्ट + टैब या लेफ्ट एरो बटन
पिछली रो (लाईन) पर ले जाने के लिए	अप एरो
अगली रो (लाईन) पर ले जाने के लिए	डाऊन एरो
रो (लाईन) के पहले खाने (सेल) पर ले जाने के लिए	ऑल्ट + होम
रो (लाईन) के अन्तिम खाने (सेल) पर ले जाने के लिए	ऑल + एन्ड
कॉलम (स्तंभ) में पहले खाने (सेल) पर ले जाने के लिए	ऑल्ट + पेज अप
कॉलम (स्तंभ) में अन्तिम खाने (सेल) पर ले जाने के लिए	ऑल्ट + पेज डाऊन

सेव (स्टोर) करना

जब तक किसी डॉक्यूमेन्ट को डिस्क पर स्टोर नहीं कर लिया जाता, तब तक उस डॉक्यूमेन्ट में किया गया कोई भी परिवर्तन केवल कम्प्यूटर की अस्थाई मेमोरी, रैम (RAM) पर ही रहता है।

नोट्स :

★ किसी डॉक्यूमेन्ट को सेव (स्टोर) करने के लिए की-बोर्ड पर **कन्ट्रोल + S** बटन दबाएं।

★ यदि बिजली चली जाय या सिस्टम में कोई गड़बड़ी आ जाय तो कम्प्यूटर की अस्थायी मेमोरी (रैम) में जो कुछ भी होगा वह नष्ट हो जाएगा। इसलिए खुले हुए सभी डॉक्यूमेन्टों को समय समय पर लगातार सेव करने की आदत डालें।

★ आप अपने डॉक्यूमेन्ट को सेव करते समय उनके अस्थायी नाम जैसे कि डॉक्यूमेन्ट 1, डॉक्यूमेन्ट 2 आदि को बदल सकते हैं।

★ सेव एस डायलॉग बॉक्स आपको केवल तभी नजर आएगा जब आप अपने किसी डॉक्यूमेन्ट को पहली दफे सेव कर रहे होगें। इसके बाद प्रत्येक बार डॉक्यूमेन्ट को सेव करते समय केवल वे ही परिवर्तन सेव होते हैं जो कि आपने डॉक्यूमेन्ट को अन्तिम बार सेव किंए जाने के बाद से किए हैं एवं पहली बार सेव कर लेने के बाद प्रत्येक बार डॉक्यूमेन्ट को सेव करने पर सेव एस डायलॉग बॉक्स दिखाई नहीं देता है। सेव एस डायलॉग बॉक्स केवल पहली दफे सेव करते समय या फिर सेव एस कमाण्ड चुनने पर ही दिखाई देता है।

1. **सेव** बटन पर क्लिक करें।
   अथवा
   सेव एस डायलॉग बॉक्स को खोलने के लिए पहले **फाईल** मेन्यू पर क्लिक करें फिर वहां पर **सेव** पर क्लिक करें।

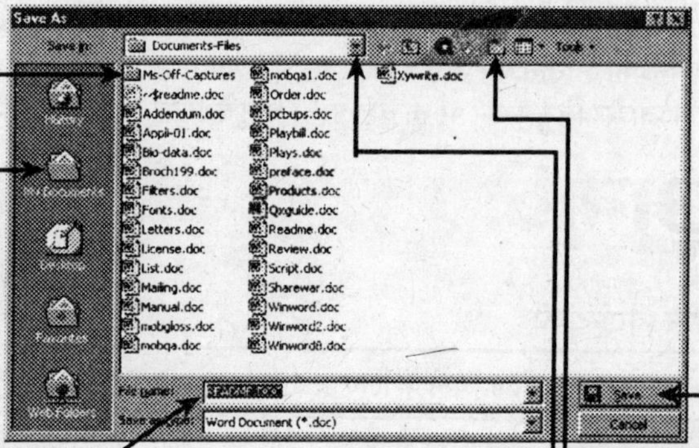

2. अपनी फाईल को एक विशेष फाईल ग्रुप में सेव करने के लिए इच्छित वर्किंग फोल्डर बटन पर क्लिक करें।
3. आप अपने डॉक्यूमेन्ट को जिस फोल्डर पर रखना चाहते हैं, उस फोल्डर पर डबल क्लिक करें।
4. **फाईल नेम** टेक्स्ट बॉक्स में डॉक्यूमेन्ट के लिए इच्छित नाम को टाईप करें।
5. **सेव इन** टेक्स्ट बॉक्स में, वर्तमान में प्रदर्शित हो रहे फोल्डर के भीतर एक नया फोल्डर बनाने के लिए **क्रिएट न्यू फोल्डर** बटन पर क्लिक करें।
6. किसी अन्य फोल्डर या डिस्क ड्राईव को चुनने के लिए **सेव इन** ड्रॉप -डाऊन एरो पर क्लिक करें।
7. **सेव** Save बटन पर क्लिक करें।

अगले पृष्ठ पर जारी

टेक्स्ट को सलेक्ट करना

वर्ड प्रोसेसिंग के अन्तर्गत टेक्स्ट, ग्राफिक्स, टेबल्स, और अन्य सूचनाओं को चुनना (सलेक्ट करना) एक मूलभूत प्रक्रिया है। बहुत सारे कमाण्डों और फीचरों को इस तरह से डिजाईन किया गया है कि वे केवल सलेक्ट की गई सूचनाओं (टेक्स्ट, ग्राफिक्स, टेबल) को ही प्रभावित करें।

नोट्स :

★ जब टेक्स्ट, ग्राफिक्स या टेबल्स को सलेक्ट किया जाता है तो वे एक कलर बॉक्स के भीतर दिखाई पड़ते हैं (बॉक्स का कलर या रंग, विन्डोज सेटिंग्स के अनुसार भिन्न-भिन्न हो सकता है)। माऊस एवं की-बोर्ड का उपयोग करके सूचनाओं को भिन्न-भिन्न तरीके से सलेक्ट किया जा सकता है।

माऊस

इन्हें सलेक्ट करें	ऐसा करते हुए
टेक्स्ट एवं ग्राफिक्स की परिवर्ति मात्रा को	उस सूचना पर क्लिक कर उसे ड्रेग करें
एक एकल शब्द को	उस शब्द पर डबल-क्लिक करें
एक एकल ग्राफिक को	उस ग्राफिक पर क्लिक करें
टेक्स्ट की लाईन को	बांयी ओर की (लेफ्ट) मार्जिन पर क्लिक करें (इससे प्वाईन्टर तीर के निशान वाला हो जाएगा)
टेक्स्ट की कई लाईनों को	बांयी ओर की (लेफ्ट) मार्जिन पर क्लिक करें एवं फिर ड्रेग करें (इससे प्वाईन्टर तीर के निशान वाला हो जाएगा)
एक वाक्य को	कन्ट्रोल बटन दबाकर उस वाक्य पर क्लिक करें
एक पैराग्राफ को	बांयी ओर की (लेफ्ट) मार्जिन पर डबल-क्लिक करें (इससे प्वाईन्टर तीर के निशान वाला हो जाएगा) अथवा उस पैराग्राफ पर ट्रिपल-क्लिक (तीन बार क्लिक) करें
कई पैराग्राफ्स को	बांयी ओर की (लेफ्ट) मार्जिन पर क्लिक करें एवं फिर ड्रेग करें (इससे प्वाईन्टर तीर के निशान वाला हो जाएगा)
टेक्स्ट एवं ग्राफिक्स की बड़ी मात्रा को	टेक्स्ट एवं ग्राफिक्स की जितनी बड़ी मात्रा को सलेक्ट करना हो उतनी बड़ी मात्रा वाले ब्लॉक के प्रारंभ पर क्लिक करें, शिफ्ट बटन दबाकर रखें एवं ब्लॉक के अन्त पर क्लिक करें
सम्पूर्ण डॉक्यूमेन्ट को	बांयी ओर की (लेफ्ट) मार्जिन पर ट्रिपल-क्लिक करें (इससे प्वाईन्टर तीर के निशान वाला हो जाएगा)
टेक्स्ट के वर्टिकल ब्लॉक को	ऑल्ट बटन दबाएं एवं फिर टेक्स्ट के उपर क्लिक कर ड्रेग करें।

की-बोर्ड

की-बोर्ड से किए जाने वाला सलेक्शन इन्सर्शन प्वाईन्ट की वर्तमान स्थिति के सापेक्ष होता है।

इन्हें सलेक्ट करें *इन्सर्शन प्वाईन्ट से लेकर.....*	इन्हें दबाकर
दाहिनी ओर का एक केरेक्टर	शिफ्ट + राईट एरो
बांयी ओर का एक केरेक्टर	शिफ्ट + लेफ्ट एरो
शब्द का शेष बचा हुआ भाग	कन्ट्रोल + शिफ्ट + राईट एरो
शब्द के प्रारंभ तक	कन्ट्रोल + शिफ्ट + लेफ्ट एरो
लाईन का शेष बचा हुआ भाग	शिफ्ट + एन्ड
लाईन के प्रारंभ तक का भाग	शिफ्ट + होम
एक लाईन नीचे तक	शिफ्ट + डाऊन एरो
एक लाईन उपर तक	शिफ्ट + अप एरो
पैराग्राफ का शेष बचा हुआ भाग	कन्ट्रोल + शिफ्ट + डाऊन एरो
पैराग्राफ के प्रारंभ तक का भाग	कन्ट्रोल + शिफ्ट + अप एरो
एक स्क्रीन नीचे तक का भाग	शिफ्ट + पेज डाऊन
एक स्क्रीन उपर तक का भाग	शिफ्ट + पेज अप
डॉक्यूमेन्ट के प्रारंभ तक का भाग	कन्ट्रोल + शिफ्ट + होम
सम्पूर्ण डॉक्यूमेन्ट को	कन्ट्रोल + **A**
टेक्स्ट के ब्लॉक विशेष को	**F8** + एरो बटन्स, एवं फिर केन्सल करने के लिए एस्केप बटन

टेबल के अन्तर्गत टेक्स्ट एवं ग्राफिक्स को सलेक्ट करना

इन्हें सलेक्ट करें	इन्हें दबाकर
अगले खाने (सेल) को	टैब
पिछले खाने (सेल) को	शिफ्ट + टैब
अतिरिक्त खानों (सेल्स) को	शिफ्ट + इच्छित एरो बटन
कॉलम (स्तंभ) को	शिफ्ट + अप एरो या डाऊन एरो (रिपिट)
अतिरिक्त कॉलमों या रो (पंक्तियों) को	कन्ट्रोल + शिफ्ट + **F8** केन्सल के लिए एस्केप बटन
कुछ/कम खानों (सेल्स) को	शिफ्ट + **F8**
सम्पूर्ण टेबल को	ऑल्ट + **F5** (केवल न्यूमरिक की-पैड से जब नम-लॉक ऑफ हो)

कॉपी फंक्शन से संबंधित जानकारीयां

टेक्स्ट, फॉरमेटिंग और ग्राफिक्स को कॉपी करके उन्हें डॉक्यूमेन्ट में कहीं और रखने या किसी दूसरे डॉक्यूमेन्ट में रखने के लिए कॉपी कमाण्ड का उपयोग किया जाता है। चूंकि यह एक बहुत ही सामान्य वर्ड प्रोसेसिंग कार्य है अतः सूचनाओं को कॉपी करने के कई तरीकें हैं।

नोट्स :

★ सलेक्ट की गई किसी सूचना को कॉपी करने के लिए की-बोर्ड पर **कन्ट्रोल + C** बटन दबाएं।

★ ड्रेग-एण्ड-ड्रॉप विधि का उपयोग करके टेक्स्ट को कॉपी करने के लिये वर्ड के ही ड्रेग-एण्ड-ड्रॉप फीचर का उपयोग करें। इस फीचर को ऑन करने के लिए **टूल्स** पर क्लिक करें, **ऑप्शन्स** पर क्लिक करें, फिर **एडिट** टैब पर क्लिक करें फिर **ड्रेग-एण्ड-ड्रॉप टेक्स्ट एडिटिंग** को सलेक्ट करने के लिए इस पर चेक मार्क लगा दें।

★ कॉपी की गई सूचनायें क्लिपबोर्ड पर रहती है। यहां पर वह तब तक बनी रहती है जब तक इस पर कोई नई सूचना कॉपी या कट नहीं हो जाती है। (क्लिपबोर्ड की आयटमें रैम मेमोरी पर ही रहती हैं, अतः जब सिस्टम को शट डाऊन या बन्द किया जाता है तो ये विषय-सामग्री सेव नहीं होती हैं)।

★ एक से अधिक आयटमों को कट एवं सेव करने या क्लिपबोर्ड पर सेव की गई अन्य आयटमों को प्राप्त करने के लिए **पेस्ट ऑल** कमाण्ड का उपयोग करें।

★ एप्लीकेशनों के बीच किसी सूचना को कॉपी करने के लिए आप एम्बेड (Embed) या लिन्क (Link) फीचर का उपयोग कर सकते हैं।

ड्रेग-एण्ड-ड्रॉप विशेषता

1. आप जिस टेक्स्ट या ग्राफिक्स को कॉपी करना चाहते हैं, उसे क्लिक कर ड्रेग करते हुए सलेक्ट करें।
2. **कन्ट्रोल** बटन को दबाकर रखें, और फिर सलेक्ट किए गए सलेक्शन पर क्लिक करके ड्रेग करते हुए नये स्थान पर ले जाएं (इससे इन्सर्शन प्वाईन्ट ग्रे कलर वाले चौकोर डिब्बे में बदल जाएगा तथा इस चौकोर डिब्बे के भीतर एक धन का निशान + दिखाई देगा जो यह प्रदर्शित करता है कि आप कॉपी को ड्रेग कर रहे हैं)।
3. कॉपी किए जाने वाले सलेक्शन को आप जिस स्थान पर दिखाना चाहते हैं, वहां पर माऊस बटन को छोड़ दें।

टूलबार के उपयोग द्वारा

1. आप जिस टेक्स्ट और ग्राफिक्स को कॉपी करना चाहते हैं उसे क्लिक कर ड्रेग करते हुए सलेक्ट करें।
2. **कॉपी**  बटन पर क्लिक करें।
3. कॉपी किए गए उपरोक्त सलेक्शन को आप जिस स्थान पर पेस्ट करना चाहते हों उस स्थान पर पहुंच कर वहां पर क्लिक करें।
4. **पेस्ट**  बटन पर क्लिक कर दें।

मेन्यू के द्वारा

1. आप जिस टेक्स्ट और ग्राफिक्स को कॉपी करना चाहते हैं उसे क्लिक कर ड्रेग करते हुए सलेक्ट करें।
2. **एडिट** मेन्यू पर क्लिक करें, फिर **कॉपी** कमाण्ड पर क्लिक करें।
3. कॉपी किए गए उपरोक्त सलेक्शन को आप जिस स्थान पर पेस्ट करना चाहते हों उस स्थान पर पहुंच कर वहां पर क्लिक करें।
4. अब पहले **एडिट** मेन्यू पर क्लिक करें, फिर उसके अन्तर्गत दिए गए **पेस्ट** कमाण्ड पर क्लिक कर दें।

सूचनाओं को कट एवं मूव करना

ेक्स्ट फरमेट और ग्राफिक्स को कॉपी करके उसे उसी डॉक्यूमेन्ट के किसी दूसरे स्थान पर या किसी दूसरे डॉक्यूमेन्ट र रखने के लिए कट एवं पेस्ट कमाण्ड का उपयोग करें। चूंकि यह एक बहुत ही सामान्य वर्ड प्रोसेसिंग कार्य है, अतः ूचनाओं को कट एवं पेस्ट करने के कई तरीके हैं।

ड्रेग-एण्ड-ड्रॉप द्वारा

1. आप जिस टेक्स्ट और ग्राफिक्स को मूव करना चाहते हैं, उसे क्लिक करके ड्रेग करते हये सलेक्ट कर लें।
2. चयनित भाग पर क्लिक करके ड्रेग करते हुए इच्छित स्थान पर ले जांए (इससे इन्स्र्शन प्वाईन्ट पर एक ग्रे डिब्बा आ जाएगा जो यह सूचित करता है कि आप अपने सलेक्शन को ड्रेग कर रहे हैं)।
3. ड्रेग किए जा रहे अपने सलेक्शन को आप जिस स्थान पर रखना चाहते हैं उस स्थान पर इसे ले जाकर माऊस बटन को छोड़ दें।

टूलबार के द्वारा

1. आप जिस टेक्स्ट एवं ग्राफिक्स को मूव कराना चाहते हैं, उसे क्लिक करके ड्रेग करते हुए सलेक्ट कर लें।
2. **कट**  बटन पर क्लिक करें।
3. इस सूचना को आप जिस स्थान पर मूव करना चाहते हों वहां पर क्लिक कर दें।
4. **पेस्ट** बटन  पर क्लिक कर दें।

मेन्यू के द्वारा

1. आप जिस टेक्स्ट एवं ग्राफिक्स को मूव कराना चाहते हैं उसे क्लिक करके ड्रेग करते हुए सलेक्ट कर लें।
2. पहले **एडिट** मेन्यू पर एवं फिर **कट** कमाण्ड पर क्लिक करें।
3. इस सलेक्ट की गई सूचना को आप जिस स्थान पर मूव कराना चाहते हों वहां पर क्लिक कर दें।
4. अब पहले **एडिट** पर क्लिक करें फिर **पेस्ट** कमाण्ड पर क्लिक कर दें।

ट्स :

- सलेक्ट की गई किसी सूचना को कट करने का की-बोर्ड शॉर्टकट **कन्ट्रोल + X** है।
- यदि ड्रेग-एण्ड-ड्रॉप फीचर कार्य नहीं कर रहा है तो इसका अर्थ है कि वर्ड का ड्रेग-एण्ड-ड्रॉप फीचर ऑन नहीं हुआ होगा। इस फीचर को ऑन करने के लिए **टूल्स** पर क्लिक करें, फिर **ऑप्शन्स** पर क्लिक करें और फिर **एडिट** टैब पर क्लिक करें, इसके बाद **ड्रेग-एण्ड-ड्रॉप टेक्स्ट एडिटिंग** को सलेक्ट करें।
- कट की गई सूचना क्लिपबोर्ड पर रहती है। यहां पर ये तब तक रहती है जब तक इस पर नया कुछ कॉपी या कट नहीं हो जाता है।
- एक से अधिक आयटमों को कट एवं सेव करने
  अथवा
  क्लिपबोर्ड पर सेव की गई अन्य आयटमों को प्राप्त करने के लिए **पेस्ट ऑल** कमाण्ड का उपयोग करें।
- विभिन्न एप्लीकेशनों के मध्य किसी सूचना को कॉपी करने और सोर्स प्रोग्राम में दी गई सूचना को उसी वक्त (वहीं-वहीं) संपादित (एडिट) के लिए आप एम्बेड (Embed) या लिन्क (Link) फीचरों का इस्तेमाल कर सकते हैं।

स्पेलिंग की जांच

वर्ड एप्लीकेशन स्वतः ही आपके द्वारा टाईप किए गए शब्दों की स्पेलिंग की जांच करता है, और वह जिन शब्दों को नहीं पहचान पाता है उन शब्दों के नीचे लाल रंग की तरंग के आकार वाली अण्डरलाईन बना देता है।

1. गलत स्पेलिंग वाले शब्द पर राईट क्लिक करें।
2. संभावित स्पेलिंग की सूची में से, इच्छित स्पेलिंग पर क्लिक करें।

   अथवा

   शब्द जिस रुप में डॉक्यूमेन्ट में है उसे उसी रुप में ग्रहण करने के लिए **इग्नोर ऑल** पर क्लिक करें।

   अथवा

   किसी शब्द को वर्ड की डायरेक्ट्री में स्थायी रुप से जोड़ने के लिए **एड** पर क्लिक करें।

नोट्स :

★ स्पेलिंग की जांच शुरु करने का की-बोर्ड शॉर्टकट **F7** है।

★ लाल रंग की तरंग की आकृति वाली अण्डरलाईन, गलत स्पेलिंग वाले शब्दों के नीचे होती है। यह लाल रंग की अण्डरलाईन प्रिन्ट नहीं होती है।

डायलॉग बॉक्स के उपयोग से

1. **स्पेलिंग एण्ड ग्रामर** डायलॉग बॉक्स को ओपन करने के लिए पहले **टूल्स** पर क्लिक करें फिर वहां पर **स्पेलिंग एण्ड ग्रामर** पर क्लिक कर दें।

   अथवा

   टूलबार पर दिए गए **स्पेलिंग एण्ड ग्रामर** बटन पर क्लिक करें।

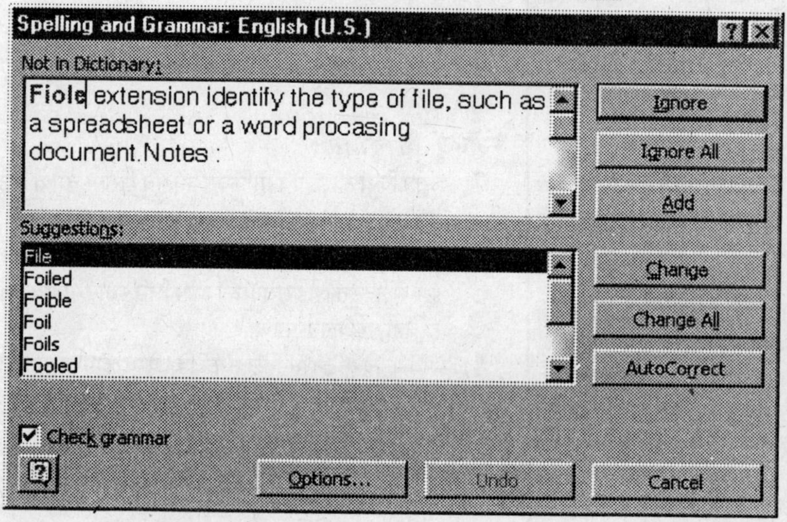

2. **स्पेलिंग** डायलॉग बॉक्स में, पहला गलत स्पेलिंग वाला शब्द **नॉट इन डिक्शनरी** टेक्स्ट बॉक्स में दिखाई देने लगेगा। अब आप निम्नलिखित में कोई एक कार्य कर सकते हैं ;
   a. **सजेशन्स** की सूची में से सही स्पेलिंग वाले शब्द पर क्लिक करें और फिर **चेन्ज** Change बटन पर क्लिक कर दें।
   b. **सजेशन्स** की सूची में से सही स्पेलिंग वाले शब्द पर क्लिक करें और फिर ठीक इसी गलत स्पेलिंग वाले डॉक्यूमेन्ट के शब्दों को सही करने के लिए **चेन्ज ऑल** Change All बटन पर क्लिक कर दें।
   c. सजेशन्स की सूची में से सही स्पेलिंग वाले शब्द पर क्लिक करें और फिर भविष्य में टाईप किए जाने पर इसी प्रकार की स्पेलिंग में गलती होने पर उसे ऑटोमेटिकली (स्वतः) ठीक करने के लिए **ऑटो करेक्ट** AutoCorrect बटन पर क्लिक कर दें।
   d. वर्तमान शब्द को उसी प्रकार छोड़ कर अगले शब्द की स्पेलिंग की जांच करने के लिए इग्नोर Ignore बटन पर क्लिक करें।
   e. सभी शब्दों को जैसे का तैसा रहने देने के लिए **इग्नोर ऑल** Ignore All बटन पर क्लिक करें।
   f. किसी शब्द को भविष्य में स्पेलिंग चेक करने में उपयोग में लाने के लिए उसे स्थाई रुप से वर्ड की डिक्शनरी में स्टोर करने के लिए **एड** Add बटन पर क्लिक करें।

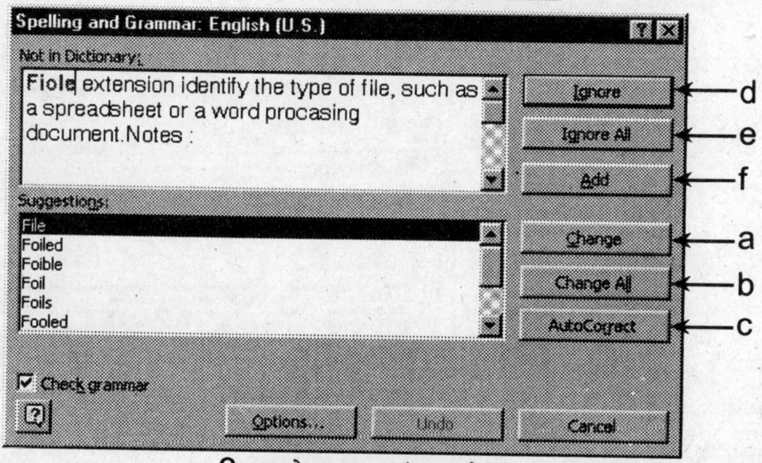

3. उपरोक्त चरण क्रमांक 2 को तब तक दुहराएं जब तक कि सारे शब्दों की स्पेलिंग चेक न हो जाए।

टेक्स्ट का अलाईन्नमेन्ट

किसी डॉक्यूमेन्ट पर लिखे गए टेक्स्ट को दांए या बांए मार्जिन के अनुसार, दोनों मार्जिनों के ठीक बीचो-बीच या एक लम्बवत् अक्ष (vertical axis) के बीचों-बीच जमाया जा सकता है।

Format
Paragraph...

नोट्स :

★ एक लाईन पर टेक्स्ट को एक से अधिक तरिके से अलाईन्न करने के लिए टैब का उपयोग करें।

★ टेक्स्ट के अलाईन्नमेन्ट के विभिन्न शॉर्टकट निम्न प्रकार से हैं ;
लेफ्ट अलाईन्नमेन्ट के लिए **कन्ट्रोल + L**
राईट अलाईन्नमेन्ट के लिए **कन्ट्रोल + R**
जस्टिफाईड अलाईन्नमेन्ट के लिए **कन्ट्रोल + J**
सेन्टर अलाईन्नमेन्ट के लिए **कन्ट्रोल + E**

टूलबार के द्वारा टेक्स्ट का अलाईन्नमेन्ट

1. फॉरमेट किए जाने वाले टेक्स्ट पर क्लिक करके ड्रेग करते हुए उ सलेक्ट कर लें।
अथवा
जिस स्थान पर आपको नया टेक्स्ट टाईप करना है उस स्थान क प्वाईन्ट कर वहां क्लिक करें।

2. निम्नलिखित में से इच्छित टूलबार बटन पर क्लिक कर दें ;
   ★ टेक्स्ट को बांयी मार्जिन पर जमाने के लिए अर्थात् लेफ् अलाईन्नमेन्ट हेतु **अलाईन्न लेफ्ट** बटन पर क्लिक क
   ★ दांयी मार्जिन पर टेक्स्ट को जमाने के लिए अर्थात् राई अलाईन्नमेन्ट हेतु **अलाईन्न राईट** बटन पर क्लिक क
   ★ टेक्स्ट को दांयी एवं बांयी दोनों मार्जिनों के बीच बराबर जमा के लिए अर्थात् जस्टिफाईड अलाईन्नमेन्ट के लि **जस्टिफाईड** बटन पर क्लिक करें।
   ★ टेक्स्ट को डॉक्यूमेन्ट के लम्बवत् अक्ष (vertical axis) प जमाने के लिए अर्थात् सेन्टर जस्टिफिकेशन के लिए **सेन्ट** बटन पर क्लिक करें।

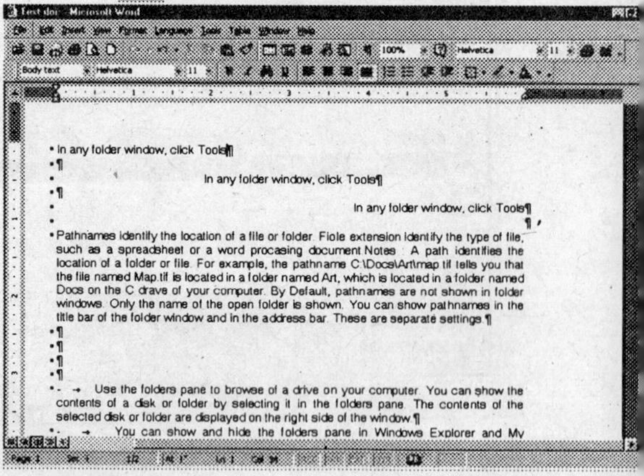

In any folder window, click Tools¶
In any folder window, click Tools¶
In any folder window, click Tools¶
Pathnames identify the location of a file or folder. Fiole extension identify the type of file, such as a spreadsheet or a word procasing document Notes : A path identifies the location of a folder or file. For example, the pathname C:\Docs\Art\map tif tells you that the file named Map.tif is located in a folder named Art, which is located in a folder named Docs on the C drave of your computer. By Default, pathnames are not shown in folder windows. Only the name of the open folder is shown. You can show pathnames in the title bar of the folder window and in the address bar. These are separate settings.¶
Use the folders pane to browse of a drive on your computer. You can show the contents of a disk or folder by selecting it in the folders pane. The contents of the selected disk or folder are displayed on the right side of the window.¶
You can show and hide the folders pane in Windows Explorer and My

> **नोट्स :**
> ★ लाईनों को समान लम्बाई के लिए एक दूसरे के पास-पास लाने के लिए हाईफनेशन जोन बदलें।

डायलॉग बॉक्स के द्वारा

1. फॉरमेट किए जाने वाले टेक्स्ट पर क्लिक करके ड्रेग करते हुए उसे सलेक्ट कर लें।
   अथवा
   जिस स्थान पर आप नया टेक्स्ट टाईप करना चाहते हैं उस स्थान को प्वाईन्ट करते हुए वहां पर क्लिक करें।
2. **पैराग्राफ** डायलॉग बॉक्स को खोलने के लिए पहले फॉरमेट पर क्लिक करें एवं फिर **पैराग्राफ** पर क्लिक करें।
3. **पैराग्राफ** डायलॉग बॉक्स में इण्डेन्ट्स एण्ड स्पेसिंग टैब पर क्लिक कर दें।

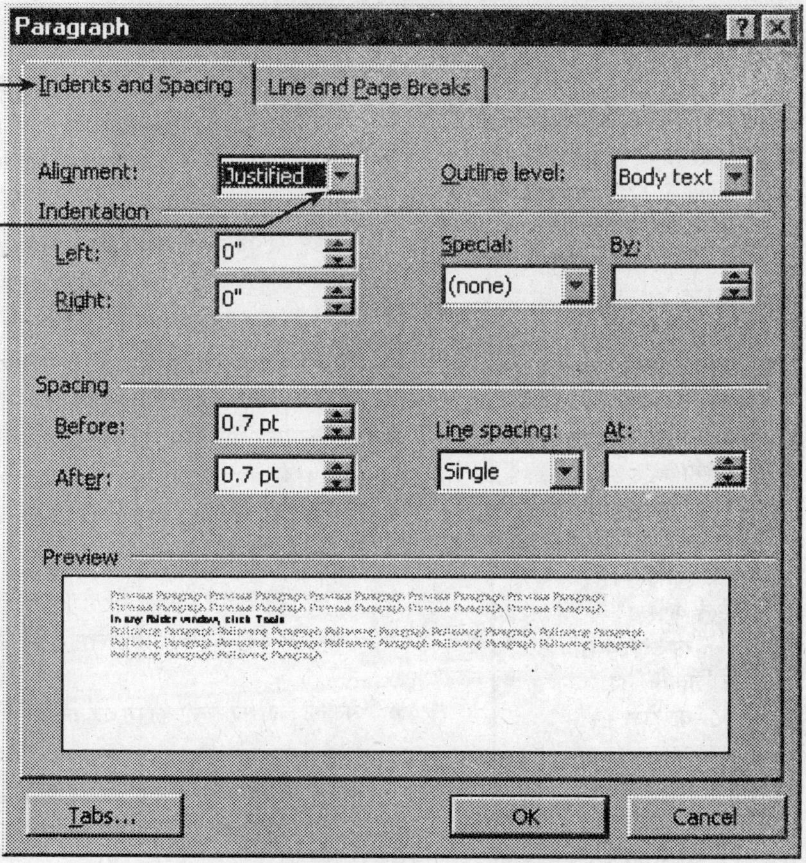

4. **अलाईन्नमेन्ट** ड्रॉप-डाऊन एरो पर क्लिक करें तथा वहां उपलब्ध विभिन्न अलाईन्नमेन्ट विकल्पों में से इच्छित विकल्प पर क्लिक करें।
5. अन्त में **ओ.के.** 

   बटन पर क्लिक करें।

फॉन्ट

फॉन्ट को फॉरमेट करके (उनके स्वरुप को बदलकर) आप, अपने डॉक्यूमेन्ट में टाईप किए गए टेक्स्ट के टाईपफेस (टाईप किए गए अक्षर की आकृति), उसके प्रदर्शित होने के तरीके (जैसे बोल्ड या ईटालिक), उनकी साईज, कलर एवं संबंधित अन्य बातों को, बदल सकते हैं।

टूलबार के द्वारा

1. फॉरमेट किए जाने वाले टेक्स्ट पर क्लिक करके ड्रेग करते हुए उसे सलेक्ट करें।
   अथवा
   जिस स्थान पर नया टेक्स्ट टाईप करना चाह रहे हैं उस स्थान को प्वाईन्ट करते हुए वहां पर क्लिक कर दें।

★ सलेक्ट किए गए टेक्स्ट के टाईपफेस को बदलने के लिए **फॉन्ट** के ड्रॉप-डाऊन एरो Arial पर क्लिक करें एवं वहां प्रदर्शित होने वाली सूची में से इच्छित फॉन्ट पर क्लिक करें।

★ फॉन्ट के आकार (फॉन्ट साईज) को बदलने के लिए **फॉन्ट साईज** ड्रॉप-डाऊन एरो 11 पर क्लिक करें एवं यहां से इच्छित फॉन्ट साईज पर क्लिक करें।

★ सलेक्ट किए गए टेक्स्ट को बोल्ड (गाढ़ा) करने के लिए **बोल्ड** **B** बटन पर क्लिक करें।

★ सलेक्ट किए गए टेक्स्ट को ईटालिक स्टाईल में करने के लिए **ईटालिक** *I* बटन पर क्लिक करें।

★ सलेक्ट किए गए टेक्स्ट के नीचे एक लाईन खींचने (अण्डरलाईन) के लिए **अण्डरलाईन** U बटन पर क्लिक करें।

★ सलेक्ट किए गए टेक्स्ट का रंग बदलने के लिए **फॉन्ट कलर** ड्रॉप-डाऊन एरो A पर क्लिक करें, फिर वहां प्रदर्शित होने वाली रंगों की सूची में से इच्छित रंग का चुनाव करें।

नोट्स :

★ टूलबार के उपयोग से आप फॉन्ट एट्रिब्यूट्स जैसे कि फॉन्ट, फॉन्ट साईज, बोल्ड, ईटालिक, अन्डरलाईन, फॉन्ट कलर इत्यादि में एक बार में किसी एक एट्रिब्यूट को ही परिवर्तित कर सकते हैं, यदि आप एक ही प्रयास में सभी फॉन्ट एट्रिब्यूट्स में परिवर्तन लाना चाहते हैं तब **फॉन्ट** डायलॉग बॉक्स का उपयोग करें।

★ **फॉन्ट** डायलॉग बॉक्स में कुछ अतिरिक्त एट्रिब्यूट्स भी होते हैं, जो कि टूलबार पर उपलब्ध नहीं होते हैं।

★ फॉन्ट एट्रिब्यूट्स को परिवर्तित करने के लिए विभिन्न की-बोर्ड शॉर्टकट्स निम्न हैं ;

बोल्ड के लिए
कन्ट्रोल + B

ईटालिक के लिए
कन्ट्रोल + I

अण्डरलाईन के लिए
कन्ट्रोल + U

बड़ा करने के लिए
कन्ट्रोल + शिफ्ट + >

छोटा करने के लिए
कन्ट्रोल + शिफ्ट + <

> **नोट्स :**
>
> ★ ई-मेल या वेब पेज डिजाईन करने हेतु फॉन्ट को एनीमेट करने के लिए **फॉन्ट** डायलॉग बॉक्स में दी गई **टेक्स्ट इफेक्ट्स** टैब पर क्लिक करें।
>
> ★ शब्द की आकृति बदलने या टेक्स्ट में रंग भरने के लिए **वर्डआर्ट** का उपयोग करें।

फॉन्ट डायलॉग बॉक्स का उपयोग करना

1. फॉरमेट किए जाने वाले टेक्स्ट को सलेक्ट करें, अथवा
   जिस स्थान पर आप नया टेक्स्ट टाईप करना चाह रहे हैं उस स्थान को प्वाईन्ट कर वहां पर क्लिक करें।
2. **फॉन्ट** डायलॉग बॉक्स को खोलने के लिए पहले **फॉरमेट** मेन्यू पर क्लिक करें फिर उसमें दिए गए **फॉन्ट** कमाण्ड पर क्लिक करें।

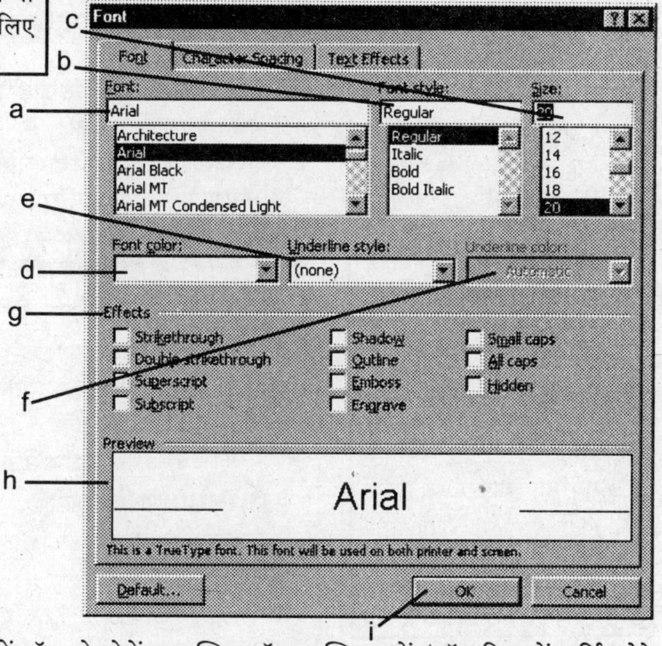

a. **फॉन्ट** लिस्ट बॉक्स में फॉन्ट को खोजें तथा इच्छित फॉन्ट पर क्लिक करें। (फॉन्ट लिस्ट में प्रदर्शित होने वाले फॉन्ट, आपके सिस्टम पर इन्स्टॉल किए गए फॉन्ट्स पर निर्भर करता है)

b. **फॉन्ट स्टाईल** लिस्ट बॉक्स में इच्छित स्टाईल पर क्लिक करें।

c. **साईज** लिस्ट बॉक्स में इच्छित साईज पर क्लिक करें, अथवा
साईज टेक्स्ट बॉक्स में क्लिक करें, एवं यहां इच्छित फॉन्ट साईज (दशमलव के साथ भी) टाईप करें।

d. **फॉन्ट कलर** ड्रॉप-डाऊन एरो पर क्लिक करके वहां से इच्छित फॉन्ट कलर का चुनाव करें।

e. **अण्डरलाईन स्टाईल** ड्रॉप-डाऊन एरो पर क्लिक करके वहां से इच्छित अण्डरलाईन स्टाईल का चुनाव करें।

f. **अण्डरलाईन कलर** ड्रॉप-डाऊन एरो पर क्लिक करके वहां से इच्छित अण्डरलाईन कलर का चुनाव करें।

g. किसी इफेक्ट (प्रभाव) को ऑन या ऑफ करने के लिए उस **इफेक्ट** के चेक बॉक्स क्लिक करें।

h. आप जो भी चुनाव कर रहे हैं उनका असर आप **प्रिव्यू** बॉक्स में देख सकते हैं।

i. इच्छित चुनाव हो जाने के बाद अन्त में **ओ.के.**  बटन पर क्लिक करें।

फुटनोट्स एवं एन्डनोट्स

जब टेक्स्ट में किसी नोट्स को जोड़ा या हटाया जाता है तो वर्ड एप्लीकेशन फुटनोट्स एवं एन्डनोट्स को स्वतः ही नम्बर प्रदान करता है एवं रिनम्बर करता है।

नोट्स :

★ फुटनोट वे नोट्स (टिप्पणीयां) होती हैं जो डॉक्यूमेन्ट पर लिखे गए टेक्स्ट के बारे में जानकारी देती हैं। फुटनोट सामान्यतः नम्बर युक्त सूची के रुप में डॉक्यूमेन्ट के पेजों के सबसे निचले भाग में होती हैं। एन्डनोट्स भी ठीक इसी तरह होती हैं परन्तु ये डॉक्यूमेन्ट के अन्त में होती हैं। फुटनोट या एन्डनोट पर दिखाई देने वाले संबंधित सुपरस्क्रीप्ट नम्बर (टेक्स्ट की बेसलाईन से हटकर कुछ उपर लिखा गया नम्बर) डॉक्यूमेन्ट से संबंधित टेक्स्ट पर आपको दिखाई पड़ेगा।

1. जिस टेक्स्ट के साथ नोट जोड़नी है उस टेक्स्ट पर इन्सर्शन प्वाईन्ट रखने के लिए क्लिक करें।
2. **फुटनोट एण्ड एन्डनोट** डायलॉग बॉक्स को खोलने के लिए **इन्सर्ट** मेन्यू पर क्लिक करें एवं फिर उसमें फुटनोट कमाण्ड पर क्लिक करें।

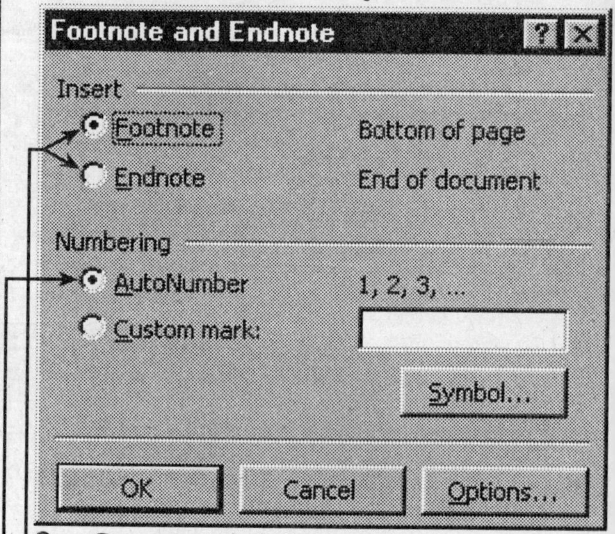

3. इच्छित प्रकार की नोट के लिए निम्न ऑप्शन बटन पर क्लिक करें ;
   - ★ **फुटनोट** (ये पेज के निचले भाग पर प्रदर्शित होती हैं) अथवा
   - ★ **एन्डनोट** (ये डॉक्यूमेन्ट के अन्त पर प्रदर्शित होती हैं)
4. सामान्य अरेबिक नम्बरिंग के लिए **ऑटोनम्बर** ऑप्शन बटन पर क्लिक करें।
5. अब **ओ. के.** 

बटन पर क्लिक करें।
6. अब इन्सर्शन प्वाईन्ट, पेज के निचले हिस्से (फुटनोट के लिए) अथवा डॉक्यूमेन्ट के अन्त में (एन्डनोट के लिए) सुपरस्क्रीप्ट नम्बर के आगे दिखाई पड़ेगा।

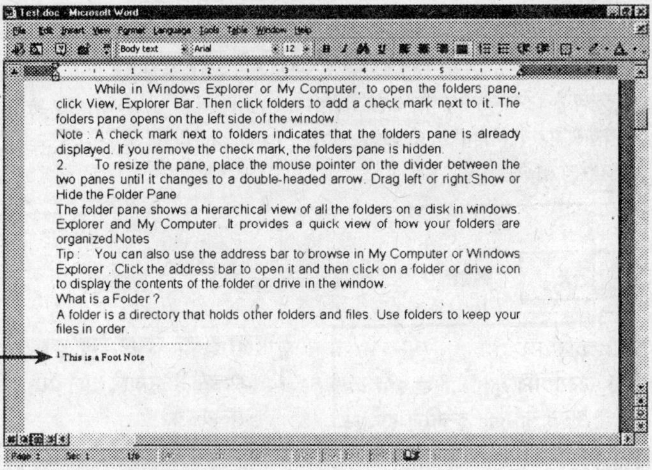

7. अब यहां पर इच्छित नोट टेक्स्ट को टाईप करें।

फुटनोट टेक्स्ट या एन्डनोट टेक्स्ट को देखना

जिस टेक्स्ट के फुटनोट या एन्डनोट टेक्स्ट को देखना है, उस टेक्स्ट के इच्छित फुटनोट या एन्डनोट नम्बर को प्वाईन्ट करें। इससे वहां पर प्वाईन्टर के नजदीक ही एक छोटी सी विन्डो में नोट टेक्स्ट दिखाई देने लगेगा।

फुटनोट या एन्डनोट टेक्स्ट को एडिट करना

1. जिस फुटनोट या एन्डनोट टेक्स्ट को एडिट करना है, टेक्स्ट में उसके नोट नम्बर को प्वाईन्ट करें एवं नोट को शीघ्रता से खोजने के लिए वहां पर डबल-क्लिक करें, अथवा नोट टेक्स्ट को प्वाईन्ट कर उस पर क्लिक करें।
2. अब इस पर इच्छित सुधार कर लें।

किसी फुटनोट या एन्डनोट को डिलीट करना

1. डॉक्यूमेन्ट के टेक्स्ट पर दिए गए सुपरस्क्रीप्ट नम्बर को सलेक्ट करने के लिए उस पर क्लिक करके ड्रेग करें।
2. अब की-बोर्ड पर डिलीट बटन दबाएं।

किसी फुटनोट या एन्डनोट को मूव करना

1. डॉक्यूमेन्ट के टेक्स्ट पर दिए गए सुपरस्क्रीप्ट नम्बर को सलेक्ट करने के लिए उस पर क्लिक करके ड्रेग करें।
2. **कट**  बटन पर क्लिक करें या अन्य किसी कट, कॉपी या मूव कमाण्ड का उपयोग करें।
3. अब बॉडी टेक्स्ट में इच्छित स्थान पर क्लिक करें।
4. इसके बाद यहां **पेस्ट**  बटन पर क्लिक करें या अन्य किसी पेस्ट कमाण्ड का उपयोग करें।

पैराग्राफ को इण्डेन्ट करना

टूलबार बटनों का उपयोग करके पैराग्राफ को शीघ्रता से, बांयी तरफ से इण्डेन्ट किया जा सकता है। पैराग्राफ की केवल पहली लाईन को ही इण्डेन्ट करके या सभी लाईनों को पहले इण्डेन्ट के अनुसार (हेगिंग इण्डेन्ट) सेट किया जा सकता है।

Format ➡ Paragraph... ➡ Indents and Spacing

नोट्स :

★ टेक्स्ट को सूदूर दाहिनी ओर मूव कराने के लिए **इन्क्रीज इण्डेन्ट** बटन को बार-बार क्लिक करें।

★ हैगिंग इण्डेन्ट वाले पैराग्राफ में पहली इण्डेन्ट के बाद सभी लाईन इसके बांयी ओर होती है।

टूलबार के उपयोग द्वारा

1. इण्डेन्ट किए जाने वाले पैराग्राफ पर क्लिक करके ड्रेग करते हुए उसे सलेक्ट करें।
   अथवा
   जिस स्थान पर नया पैराग्राफ टाईप करना चाह रहे हैं उस स्थान को प्वाईन्ट कर वहां पर क्लिक करें।
2. टेक्स्ट को दाहिनी ओर मूव करने के लिए **इन्क्रीज इण्डेन्ट** बटन पर क्लिक करें।
   अथवा
   टेक्स्ट को बांयी ओर मूव करने के लिए **डिक्रीज इण्डेन्ट** बटन पर क्लिक करें।

इण्डेन्ट की स्पेसिंग को बदलना

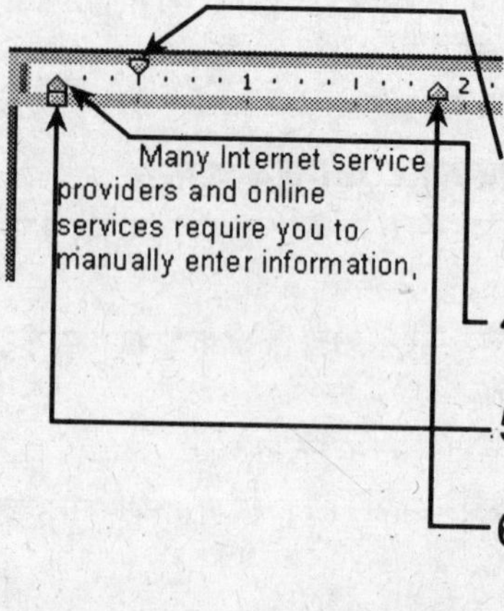
1
2
Many Internet service
providers and online
services require you to
manually enter information,

1. इण्डेन्ट किए जाने वाले पैराग्राफ पर क्लिक करके ड्रेग करते हुए उसे सलेक्ट करें।
   अथवा
   जिस स्थान पर नया पैराग्राफ टाईप करना चाह रहे हैं उस स्थान को प्वाईन्ट कर वहां पर क्लिक करें।
2. यदि आवश्यकता हो तो, रुलर्स को प्रदर्शित कराने हेतु **व्यू** मेन्यू पर क्लिक कर उसमें दिए गए **रुलर** कमाण्ड पर क्लिक करें।
3. टेक्स्ट की पहली लाईन के इण्डेन्ट को बदलने के लिए **फर्स्ट लाईन इण्डेन्ट** मार्कर पर क्लिक कर उसे ड्रेग करते हुए इच्छित स्थान पर ले जाएं।
4. पैराग्राफ में बची सभी लाईनों के लिए इण्डेन्ट को बदलने के लिए **हैगिंग इण्डेन्ट** मार्कर पर क्लिक करके उसे इच्छित स्थान तक ड्रेग करें।
5. पैराग्राफ के टेक्स्ट की सभी लाइनों के लिए इण्डेन्ट को बदलने के लिए **लेफ्ट इण्डेन्ट** बॉक्स पर क्लिक कर उसे इच्छित स्थान तक ड्रेग करें।
6. दाहिनी इण्डेन्ट को बदलने के लिए **राईट इण्डेन्ट** मार्कर पर क्लिक करके उसे इच्छित स्थान तक ड्रेग करें।

नोट्स :

- ★ रुलर का उपयोग करते हुये हैंगिंग इण्डेन्ट को सेट करने के लिए **हैंगिंग इण्डेन्ट** मार्कर को **फर्स्ट लाईन इण्डेन्ट** मार्कर के दाहिनी ओर ले आंए।
- ★ इण्डेन्ट सेटिंग में परिवर्तन केवल वर्तमान में चुने गए पैराग्राफ को ही प्रभावित करते हैं, (जब तक कि एक से अधिक पैराग्राफ को न सलेक्ट किया गया हो)।

डायलॉग बॉक्स के द्वारा

1. इण्डेन्ट किए जाने वाले पैराग्राफ पर क्लिक करके उसे ड्रेग करते हुए सलेक्ट करें, अथवा जिस स्थान पर आप नया पैराग्राफ टाईप करना चाहते हैं, उस स्थान को प्वाईन्ट कर वहां क्लिक करें।
2. **पैराग्राफ** डायलॉग बॉक्स को खोलने के लिए **फॉरमेट** मेन्यू पर क्लिक करें एवं फिर उसमें **पैराग्राफ** पर क्लिक करें।

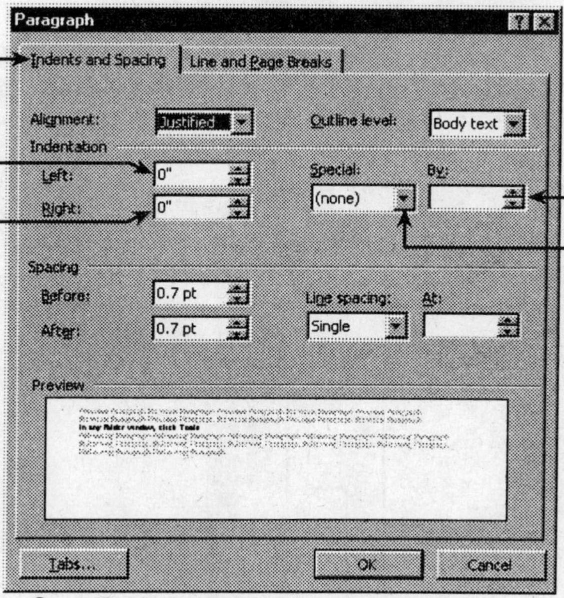

3. यदि **इण्डेन्ट एण्ड स्पेसिंग** टैब सलेक्टेड नहीं है तो उस पर क्लिक करें।
4. बांयी मार्जिन से इण्डेन्ट कराने के लिए **लेफ्ट** टेक्स्ट बॉक्स पर क्लिक करें और वहां इच्छित दूरी को टाईप करें या स्क्रॉल करते हुए दूरी को चुन लें।
5. दांयी मार्जिन से इण्डेन्ट के लिए **राईट** टेक्स्ट बॉक्स पर क्लिक करें और वहां पर इच्छित दूरी को टाईप करें या स्क्रॉल करते हुए दूरी को चुन लें।
6. **स्पेशल** ड्रॉप-डाऊन एरो पर क्लिक करें एवं वहां इच्छित प्रकार के इण्डेन्ट पर क्लिक करें।
7. स्पेशल इण्डेन्ट, बांयी मार्जिन से कितनी दूरी पर होना चाहिए यह सेट करने के लिए **बाय** टेक्स्ट बॉक्स पर क्लिक करें एवं यहां पर इच्छित दूरी को टाईप करें या स्क्रॉलिंग करते हुए इच्छित दूरी को चुन लें।
8. अन्त में **ओ.के.** OK बटन पर क्लिक करें।

मार्जिन सेटिंग्स

पेज की मार्जिन (या हाशिये) को रुलर का उपयोग करते हुए शीघ्रता से बदला जा सकता है। डायलॉग बॉक्स के उपयोग से पेज की मार्जिन की सेटिंग यथार्थतापूर्वक की जा सकती है।

नोट्स :

★ वर्टिकल (खड़ी) रुलर केवल प्रिन्ट लेआऊट व्यू पर ही दिखाई देगा। हारिजन्टल (आड़ी) रुलर सभी व्यू पर दिखाई देता है।

★ प्रिन्टर द्वारा प्रिन्ट की जा सकने वाली मार्जिन से भी छोटी मार्जिन यदि आप सेट करेंगे, तो वर्ड एप्लीकेशन आपको इसकी चेतावनी संदेश के रुप में देगा।

रुलर के उपयोग के द्वारा

1. यदि आवश्यकता हो तो **प्रिन्ट लेआऊट** व्यू पर जाएं (यह बटन सामान्यतः डॉक्यूमेन्ट विन्डो के बांयी तरफ नीचे की ओर किनारे पर रहता है)।
   अथवा
   प्रिन्ट प्रिव्यू पर जांए।
2. यदि आवश्यकता हो, तो रुलरों को प्रदर्शित कराने के लिए **व्यू** मेन्यू पर क्लिक करें एवं उसमें दिए गए **रुलर** कमाण्ड पर क्लिक करें।

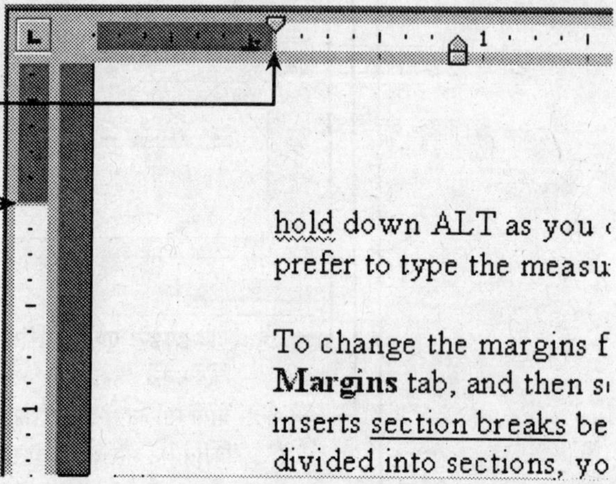

3. उपर और नीचे की मार्जिनों को बदलने के लिए वर्टिकल (खड़ी) रुलर की मार्जिन बाऊण्ड्रीज पर क्लिक कर उन्हें इच्छित स्थान तक ड्रेग करें। (इस समय प्वाईन्टर दोनों तरफ तीर वाला हो जाता है)।

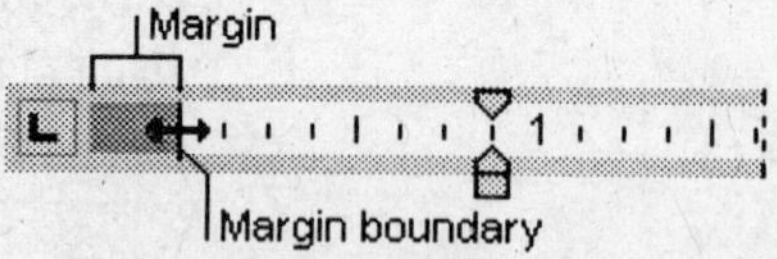

4. दांयी और बांयी मार्जिनों को बदलने के लिए हारिजन्टल (आड़ी) रुलर की मार्जिन बाऊण्ड्रीज पर क्लिक कर उन्हें इच्छित स्थान तक ड्रेग करें।

नोट्स :

★ कुछ विशेष प्रकार के लेआऊट (जैसे कि सारणी या टेबल) के लिए आपको पेज मार्जिन के बहुत अधिक चौड़े होने की चेतावनी रुपी संदेश मिल सकता है। इस चेतावनी को नकारने की कोशिश करें। कभी-कभी यह अधिक चौड़ाई वाला भाग ब्लैंक या खाली हो जाता है, और जब आप इसे ठीक करना चाहेंगे तो इससे आपके शेष लेआऊट की सेटिंग बिगड़ जाएगी।

डायलॉग बॉक्स के द्वारा

File → Page Setup

1. टेक्स्ट के उस भाग को सलेक्ट करें जिसके लिए आप मार्जिन को बदलना चाहते हैं।
2. **पेज सेटअप** डायलॉग बॉक्स को खोलने के लिए **फाईल** मेन्यू पर क्लिक करें एवं उसमें **पेज सेटअप** कमाण्ड पर क्लिक करें।

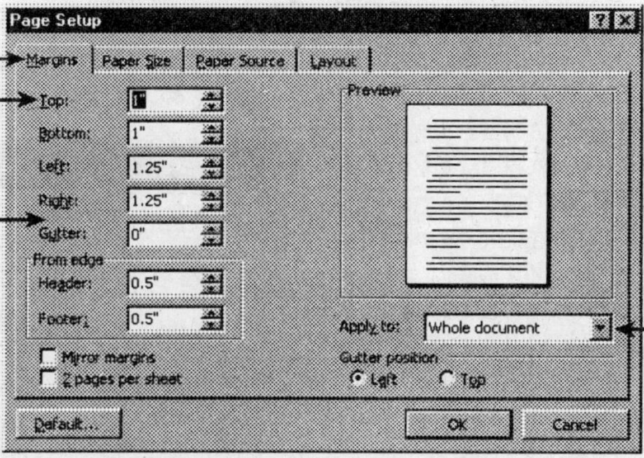

3. **मार्जिन** टैब को सामने लाने के लिए इस पर क्लिक कर दें।
4. उचित टेक्स्ट बॉक्स जैसे कि **टॉप, बॉटम, लेफ्ट, राईट, गटर** में इच्छित मार्जिन की चौड़ाई को टाईप करें या वहां उसे स्क्रॉलिंग करते हुए चुन लें (आपके द्वारा की गई सेटिंग्स का प्रिव्यू दाहिनी ओर **प्रिव्यू** बॉक्स में दिखाई देगा)।
5. **हेडर** और **फुटर** मार्जिन टेक्स्ट बॉक्स में इच्छित मार्जिन को टाईप करें या वहां उसे स्क्रॉलिंग करते हुए चुन लें।
6. डॉक्यूमेन्ट के जिस भाग के लिए आप उपरोक्त परिवर्तन करना चाहते हों उसे सलेक्ट करने के लिए **एप्लाई टू** ड्रॉप-डाऊन एरो पर क्लिक करें।
7. अन्त में **ओ.के.** OK बटन पर क्लिक करें।

पेज ब्रेक

पेज ब्रेक का उपयोग, पिछले पेज के पूरा भरने से पहले ही एक नए पेज की शुरुआत करने के लिए किया जाता है।

1. उस स्थान पर क्लिक करें जहां से आप नया पेज शुरु करना चाहते हैं।
2. अब **ब्रेक** डायलॉग बॉक्स को खोलने के लिए पहले **इन्स्र्ट** मेन्यू पर क्लिक करें एवं उसमें दिए गए **ब्रेक** कमाण्ड पर क्लिक करें।

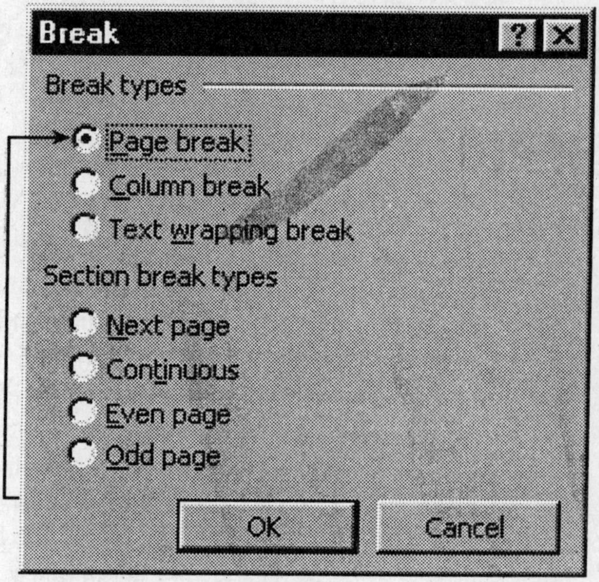

3. **पेज** डायलॉग बॉक्स में **पेज ब्रेक** ऑप्शन बटन पर क्लिक करें।
4. अन्त में **ओ.के.**  बटन पर क्लिक करें।

नोट्स :

★ किसी डॉक्यूमेन्ट का कोई पेज जब टेक्स्ट तथा ग्राफिक्स से पूरा भर जाता है तो वर्ड एप्लीकेशन अपने आप ही वहां एक सॉफ्ट पेज ब्रेक इन्स्र्ट कर देता है। सामान्य व्यू में यह पेज ब्रेक एक क्षैतिज (हारिजन्टल) डॉटेड लाईन के रुप में दिखाई पड़ता है। जब डॉक्यूमेन्ट में किसी सूचना (टेक्स्ट या ग्राफिक्स) को जोड़ा जाता है तब पेज को पूरा भरने के लिए टेक्स्ट की कुछ लाईनें सॉफ्ट ब्रेक के उपर आ जाती हैं।
एक हार्ड पेज ब्रेक, किसी पेज को टेक्स्ट और ग्राफिक्स से पूरा भरे बिना ही समाप्त कर देता है। वह टेक्स्ट जो हार्ड पेज ब्रेक का अनुसरण करता है, वह हमेंशा अगले पेज के उपर भाग पर स्थित रहता है।

★ पेज ब्रेक इन्स्र्ट करने का की-बोर्ड शॉर्टकट **कन्ट्रोल + एन्टर** है।

अगले पृष्ठ पर जारी

पेज की नम्बरिंग करना

अपने डॉक्यूमेन्ट के पेजों के उपरी भाग या नीचे भाग पर पेज नम्बर जोड़ने के लिए पेज नम्बर फीचर का उपयोग करें।

नोट्स :

★ अधिक आकर्षणयुक्त पेज नम्बरिंग के लिए डॉक्यूमेन्ट के हेडर या फुटर में अन्य टेक्स्ट के साथ-साथ पेज नम्बर इन्सर्ट करें।

★ डॉक्यूमेन्ट के पहले पेज पर पेज नम्बर को प्रदर्शित होने से रोकने के लिए **पेज नम्बर्स** डायलॉग बॉक्स में **शो नम्बर ऑन फर्स्ट पेज** चेक बॉक्स को क्लीयर कर दें।

1. **पेज नम्बर्स** डायलॉग बॉक्स को खोलने के लिए **इन्सर्ट** मेन्यू पर क्लिक करें एवं फिर उसमें दिए गए **पेज नम्बर्स** कमाण्ड पर क्लिक करें।

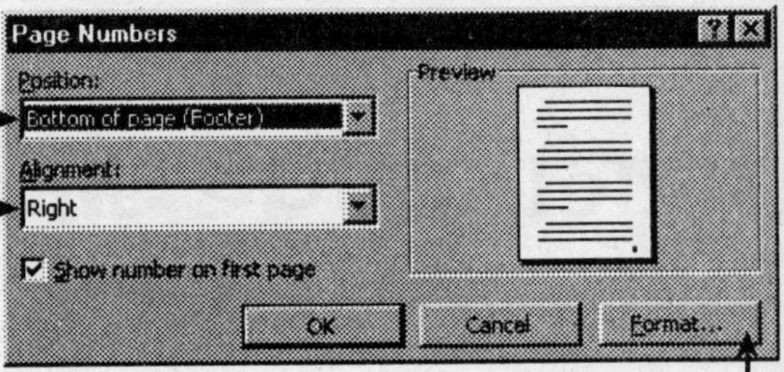

2. **पोजिशन** ड्रॉप-डाऊन एरो पर क्लिक कर खुलने वाली सूची में से यह चुनें कि आप पेज नम्बरों को पेज के उपर या नीचे दिखाना चाहते हैं।
3. पेज पर पेज नम्बर की स्थिति (दांए, बांए, सेन्टर में इत्यादि) को चुनने के लिए **अलाईन्नमेन्ट** ड्रॉप-डाऊन एरो पर क्लिक करके चुनाव करें।
4. डिफॉल्ट नम्बर फॉरमेट या पेज नम्बर की नम्बरिंग 1 से अलग हटकर शुरु करने के लिए **फॉरमेट** Format... बटन पर क्लिक करके **पेज नम्बर** डायलॉग बॉक्स को खोल लें।

नोट्स :

★ **स्टार्ट एट** टेक्स्ट बॉक्स पर टाईप किया गया नम्बर डॉक्यूमेन्ट के पहले पेज पर दिखाई देगा (जब तक कि **शो नम्बर ऑन फर्स्ट पेज** को संलेक्ट नहीं किया गया होगा)।

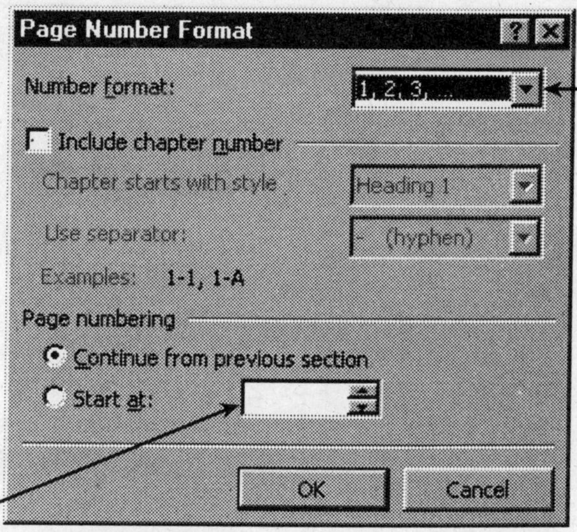

5. **नम्बर फॉरमेट** ड्रॉप-डाऊन एरो पर क्लिक करें और फिर जिस तरह का नम्बर फॉरमेट आप चाहते हों, उस पर क्लिक कर दें।
6. **स्टार्ट एट** टेक्स्ट बॉक्स पर क्लिक करें और अपने पसंद के प्रारंभिक पेज नम्बर को टाईप करें।
7. **ओ.के.**  बटन पर क्लिक करें।
8. **पेज नम्बर्स** डायलॉग बॉक्स पर **ओ.के.**  बटन पर क्लिक करें।

पैराग्राफ तथा लाईनों की स्पेसिंग को सेट करना

आप टेक्स्ट की लाईनों तथा पैराग्राफों के बीच की विभिन्न दूरियां (स्पेसिंग) सेट कर सकते हैं।

नोट्स :

★ जब आप एन्टरइन्टर बटन दबातें हों तो वर्ड एप्लीकेशन समझता है कि आप एक नया पैराग्राफ शुरु कर रहे हैं। यदि आप एक नया पैराग्राफ शुरु न करके केवल टेक्स्ट की एक नयी लाईन शुरु करना चाहते हों तो शिफ्ट+इन्टर बटन दबायें।

1. उस स्थान पर क्लिक करें जहां आप नयी स्पेसिंग के साथ टेक्स्ट को टाईप कराना चाहते हैं।
   अथवा
   पहले से उपस्थित टेक्स्ट पर क्लिक कर ड्रेग करते हुए सलेक्ट करें।
2. **पैराग्राफ** डायलॉग बॉक्स को खोलने के लिए **फॉरमेट** मेन्यू पर क्लिक करें एवं उसमें दिए गए **पैराग्राफ** कमाण्ड पर क्लिक करें।

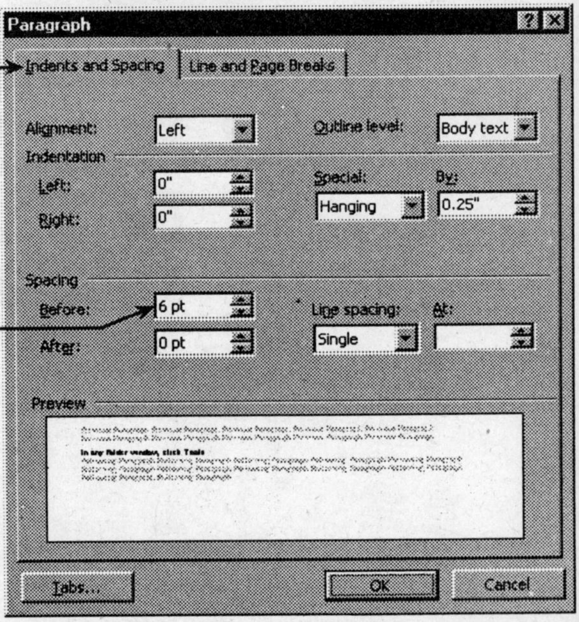

3. यदि आवश्यकता हो तो **इण्डेन्ट एण्ड स्पेसिंग** टैब को सामने लाने के लिए उस पर क्लिक करें।
4. प्रत्येक पैराग्राफ के पहले स्पेसिंग को बदलने के लिए **बिफोर** टेक्स्ट बॉक्स पर क्लिक करें और इच्छित स्पेसिंग को टाईप करें (या फिर उपर नीचे, तीर के निशान को क्लिक कर इच्छित स्पेसिंग को चुन लें)।

नोट्स :

★ एक इंच में 72 प्वाईन्ट्स होते हैं।

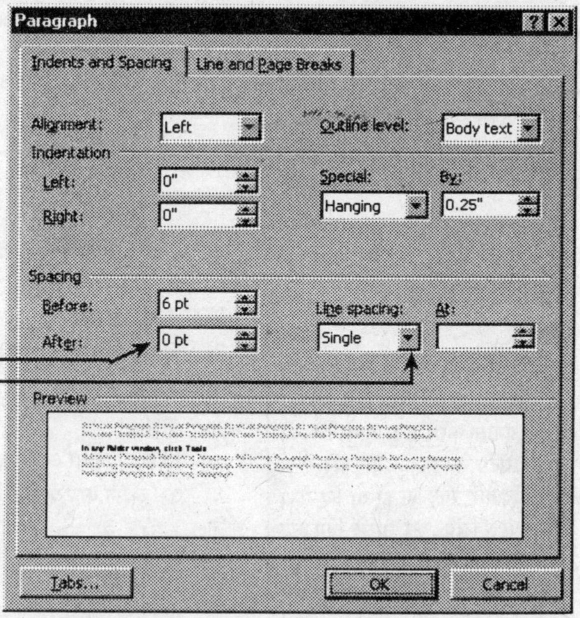

5. प्रत्येक पैराग्राफ के बाद स्पेसिंग को बदलने के लिए **आफ्टर** टेक्स्ट बॉक्स पर क्लिक करें और यहां पर इच्छित स्पेसिंग टाईप करें (या उपर-नीचे तीर के निशान पर क्लिक कर वहां से इच्छित स्पेसिंग का चुनाव करें)।
6. सभी लाईनों के बीच स्पेसिंग को बदलने के लिए **लाईन स्पेसिंग** ड्रॉप-डाऊन मेन्यू पर क्लिक करें और निम्नलिखित में से किसी इच्छित स्पेसिंग का चुनाव कर लें ;
   - ★ दो लाईनों के बीच कम स्पेस के लिए **सिंगल** का चुनाव करें।
   - ★ टेक्स्ट की प्रत्येक लाईन के बीच, एक लाईन के आधे जितना स्पेस देने के लिए **1.5 लाईन्स** का चुनाव करें।
   - ★ टेक्स्ट लाईनों में दो लाईन के बीच एक खाली लाईन के बराबर जितना स्पेस देने के लिए **डबल** का चुनाव करें।
   - ★ **एट** टेक्स्ट बॉक्स में एक न्यूनतम प्वाईन्ट दूरी की प्रविष्टि के लिए **एट लीस्ट** का चुनाव करें।
   - ★ **एट** टेक्स्ट बॉक्स में प्वाईन्ट दूरी की प्रविष्टि के लिए **एक्जेक्टली** का चुनाव करें।
   - ★ टेक्स्ट की प्रत्येक लाईन के बीच एक से अधिक खाली लाईनें जोड़ने के लिए **मल्टीपल** का चुनाव करें।
7. जब यह सब समाप्त हो जाए तब **ओ.के.** OK बटन पर क्लिक कर दें।

टैब्स

पेज पर टेक्स्ट को ठीक ढंग से लेफ्ट अलाईग्न, राईट अलाईग्न, सेन्टर अलाईग्न, या डेसिमल अलाईग्न करने के लिए टैब्स का उपयोग करें।

नोट्स :

★ रुलर के उपयोग या टैब डायलॉग बॉक्स से अतिरिक्त विकल्पों का चुनाव करते हुए आप टैब की सेटिंग कर सकते हैं (यदि रुलर दिखाई न दे रहा हो तो **व्यू** मेन्यू पर क्लिक कर उसमें दिए गए **रुलर** कमाण्ड पर क्लिक करें)।

★ चूंकि वर्ड प्रोसेसर एप्लीकेशनें, टाईपराइटर की तरह स्पेस मार्किंग को नहीं पढ़ पाती है अतः पेज पर टेक्स्ट या ऑब्जेक्ट्स को अलाईग्न (पंक्तिबद्ध करने) करने के लिए टैब्स का उपयोग करना सबसे अच्छा होता है। टेबल का उपयोग करते हुए भी टेक्स्ट को अलाग्न किया जा सकता है।

रुलर के द्वारा

1. जिस टेक्स्ट के साथ टैब सेटिंग्स की जानी है उस टेक्स्ट को सलेक्ट कर लें।
   अथवा
   जिस स्थान पर आप नए टेक्स्ट को टाईप तथा टैब करना चाह रहे हैं उस स्थान को प्वाईन्ट कर वहां पर क्लिक करें।
2. रुलर के बांए किनारे पर दिए गए **टैब** बटन 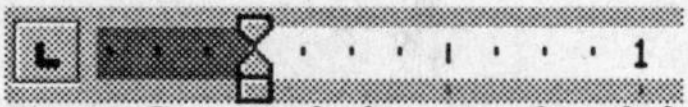 को प्वाईन्ट कर उस पर तब तक क्लिक करते रहें जब कि निम्न में से इच्छित टैब प्रदर्शित न हो जाए ;
   - ★ **लेफ्ट टैब**  : टैब पर के टेक्स्ट को बांयी तरफ अलाईग्न करता है।
   - ★ **सेन्टर टैब**  : टैब पर के टेक्स्ट को बीचों-बीच अलाईग्न करता है।
   - ★ **राईट टैब**  : टैब पर के टेक्स्ट को दांयी तरफ अलाईग्न करता है।
   - ★ **डेसिमल टैब**  : टैब पर डेसिमल प्वाईन्ट (दशमलव प्वाईन्ट) को अलाईग्न करता है।
3. रुलर की निचली किनारी पर इच्छित स्थान पर क्लिक करें। ऐसा करने से वहां एक टैब का निशान दिखाई देने लगेगा।
4. टैब को मूव करने (दूसरी जगह ले जाने) के लिए टैब के निशान पर क्लिक कर उसे रुलर पर किसी नए स्थान तक ड्रेग करते हुए ले जाएं।
5. टैब को हटाने के लिए, टैब के निशान पर क्लिक कर उसे ड्रेग करते हुए रुलर से दूर ले जाएं।

नोट्स :

★ निम्नलिखित विभिन्न टैब्स का उपयोग विभिन्न अलाईग्नमेन्ट के लिए करें ;

लेफ्ट टैब : इससे टेक्स्ट टैब के दांयी ओर दिखाई देगा।

राईट टैब : इससे टेक्स्ट टैब के बांयी ओर दिखाई देगा।

सेन्टर टैब : इससे टेक्स्ट, दांयी तथा बांयी टैब के ठीक बीचो-बीच दिखाई देगा।

डेसिमल टैब : जब तक पीरियड टाईप नहीं किया जाता तब तक नम्बर्स, टैब के बांयी ओर प्रदर्शित होते हैं एवं पीरियड के बाद के नम्बर्स दांयी ओर दिखाई देते हैं।

लीडर : ये टेक्स्ट के बाद से लेकर पेज के किनारे तक लाईन को बढ़ाते हैं।

★ किसी एकल लाईन पर टेक्स्ट को एक से अधिक तरीके से अलाईग्न करने के लिए टैब्स का उपयोग करें।

★ समान दूरी वाले टैब तैयार करने के लिए **टैब्स** डायलॉग बॉक्स के **डिफॉल्ट टैब स्टॉप्स** टेक्स्ट फिल्ड में इच्छित दूरी की प्रविष्टि करें।

★ किसी टेबल में टैब इन्सर्ट करने के लिए **कन्ट्रोल + टैब** दबाएं।

डायलॉग बॉक्स के द्वारा

1. जिस टेक्स्ट के लिए टैब सेटिंग्स की जानी है उस टेक्स्ट पर क्लिक कर उसे सलेक्ट कर लें।
अथवा
जिस स्थान पर आप नया टेक्स्ट टाईप तथा टैब करना चाह रहे हैं उस स्थान को प्वाईन्ट कर वहां पर क्लिक करें।
2. **टैब्स** डायलॉग बॉक्स को खोलने के लिए **फॉरमेट** मेन्यू पर क्लिक करें एवं फिर उसमें दिए हए **टैब्स** कमाण्ड पर क्लिक करें।

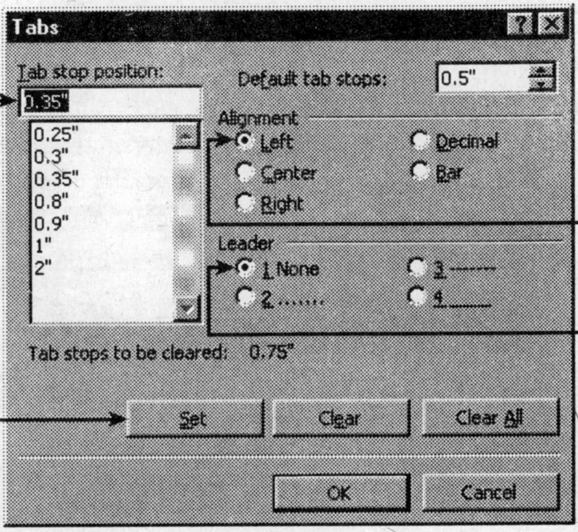

3. इस डायलॉग बॉक्स में, **टैब स्टॉप पोजिशन** टेक्स्ट बॉक्स पर इच्छित टैब स्थिति टाईप करें (डिफॉल्ट टैब स्थिति बांयी मार्जिन के सापेक्ष होती है)।
4. इच्छित **अलाईग्नमेन्ट** ऑप्शन बटन पर क्लिक करें।
5. इसी तरह इच्छित **लीडर** ऑप्शन बटन पर क्लिक करें।
6. इसके बाद **सेट**  बटन पर क्लिक करें।
7. प्रत्येक टैब को सेट करने के लिए चरण क्रमांक 3 से चरण क्रमांक 6 तक को दुहराएं।
8. अन्त में **ओ.के.**  बटन पर क्लिक करें।

टेबल बनाना

टेक्स्ट को पंक्तियों तथा कॉलमों में जमाने के लिए टेबल्स (सारणी) बहुत उपयोगी होती है। सारणियों को विभिन्न प्रकार की बॉर्डर और शेडिंग स्टाईलों से फॉरमेट किया जा सकता है।

नोट्स :

★ समाचार पत्रों की तरह कॉलम (स्तंभ) तैयार करने के लिए कॉलम्स फीचर का उपयोग करें।

सामान्य टेबल बनाना

1. स्टेण्डर्ड टूलबार पर दिए गए **इन्स्र्ट टेबल** बटन पर क्लिक करें, एवं फिर इच्छित स्तंभ (कॉलम) व पंक्ति की संख्या पर ड्रेग करें। (आप बाद में भी पंक्तियों व कॉलमों को जोड़ या हटा सकते हैं)।
2. **टेबल ऑटो फॉरमेट** डायलॉग बॉक्स को खोलने के लिए पहले **टेबल** मेन्यू पर और फिर **टेबल ऑटो फॉरमेट** पर क्लिक करें।

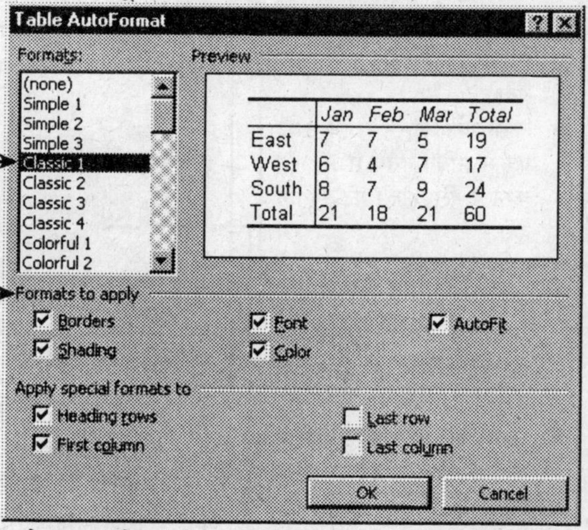

3. **टेबल ऑटो फॉरमेट** डायलॉग बॉक्स में, **फॉरमेट्स** लिस्ट बॉक्स में किसी एक फॉरमेट पर क्लिक करें। आपके द्वारा चुने गए फॉरमेट का प्रिव्यू दाहिनी ओर की **प्रिव्यू** विन्डो में दिखाई देगा।
4. **फॉरमेट टू एप्लाई** भाग में, इच्छित फॉरमेटिंग का उपयोग करने या न करने के लिए उसके चेक बॉक्स को सलेक्ट/डिसलेक्ट करें।
5. अब **ओ.के .** OK बटन पर क्लिक करें।
6. जो टेबल आपके सामने तैयार होकर आया है उसमें किसी सूचना को जोड़ने के लिए पहले टेबल के इच्छित खाने को प्वाईन्ट कर उसमें क्लिक करें।
7. अब खाने में इच्छित टेक्स्ट टाईप करें। अगले खाने पर पहुंचने के लिए **टैब** बटन दबाएं।

जटिल या अनिरन्तर टेबल बनाना

1. स्टेण्डर्ड टूलबार पर दिए गए **टेबल्स एण्ड बॉडर्स** बटन पर क्लिक करें। ऐसा करने पर वहां टेबल्स एण्ड बॉडर्स टूलबार दिखाई देने लगेगा तथा इन्सर्शन प्वाईन्ट, पेन्सिल के आकार में बदल जाएगा।

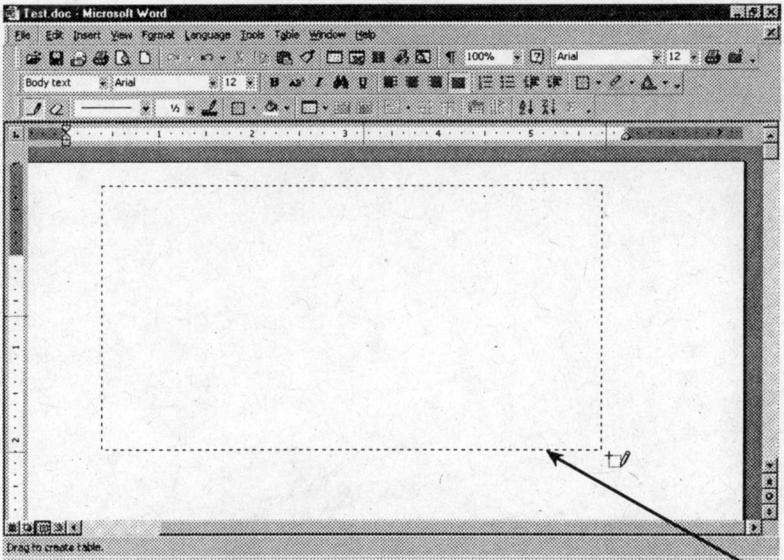

2. इच्छित टेबल का आकार आयताकार बनाने के लिए क्लिक कर ड्रेग करते हुए आयताकार आकृति बनाएं।
3. इसी तरह से क्लिक एवं ड्रेग करते हुए टेबल के भीतर आड़ी लाईनें (rows) एवं खड़ी लाईनें (columns) बनाएं।
4. किसी लाईन को मिटाने के लिए **इरेजर** बटन पर क्लिक करें और फिर जिस लाईन को मिटाना चाह रहे हैं उस पर ड्रेग करें। **इरेजर** बटन पर पुनः क्लिक करके इसे ऑफ (बंद) कर दें।
5. टेबल में और लाईनें जोड़ने के लिए **ड्रॉ टेबल** बटन पर क्लिक करें और टेबल के इच्छित स्थान पर क्लिक एवं ड्रेग करते हुए नयी लाईन जोड़ें। **ड्रॉ टेबल** बटन पर पुनः क्लिक करके उसे ऑफ या बंद कर दें।
6. टेबल में टेक्स्ट लिखने के लिए पहले इच्छित खाने को प्वाईन्ट करें एवं फिर वहां पर क्लिक करें।
7. इसके बाद उस खाने में इच्छित टेक्स्ट को टाईप करें। टेबल के अगले खाने पर पहुंचने के लिए टैब बटन दबाएं।

एक्सेल

माइक्रोसॉफ्ट आफिस के स्प्रेड शीट एप्लीकेशन का उपयोग आंकिक डाटा को विश्लेषित करने और उसका अनुसरण करने के लिए किया जा सकता है, ताकि इसे स्क्रीन पर प्रदर्शित कराया जा सके या इसे प्रिन्टर के द्वारा प्रिन्टेड रुप में प्राप्त किया जा सके। एक्सेल को इस तरह से डिजाईन किया गया है कि यह आपको डाटा की गणनाओं में तथा उसे रिकार्ड करने में मदद कर सके, तथा यह डाटा को स्पष्ट तथा आकर्षक रुप में आपको दिखा सके। एक्सेल आपकी स्प्रेडशीट को और अच्छा बनाने के लिए आपको विभिन्न प्रकार के चार्ट और लेआऊट के विकल्प प्रदान करता है।

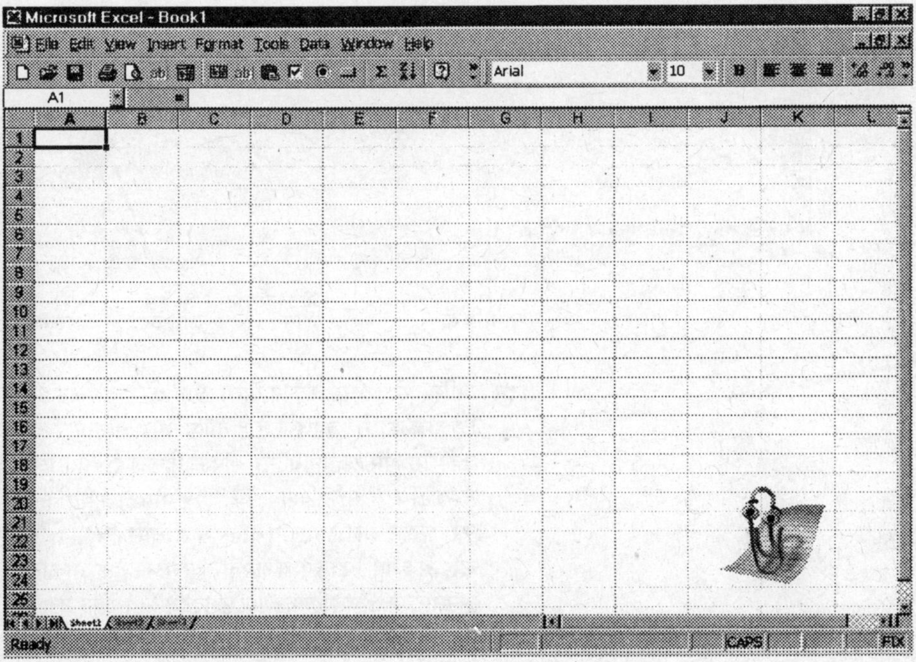

एक्सेल विन्डो की जानकारी

एक्सेल, वर्कशीट पर कार्य करने के लिए एक इन्टरफेस (ग्राफिकल टूल्स और कन्ट्रोल्स) प्रदान करता है। यह प्रकरण एक्सेल विन्डो पर दिखाई देने वाले टूल्स और इन्डीकेटरों को पहचानने तथा उनके उपयोग से संबंधित जानकारी प्रदान करेगा।

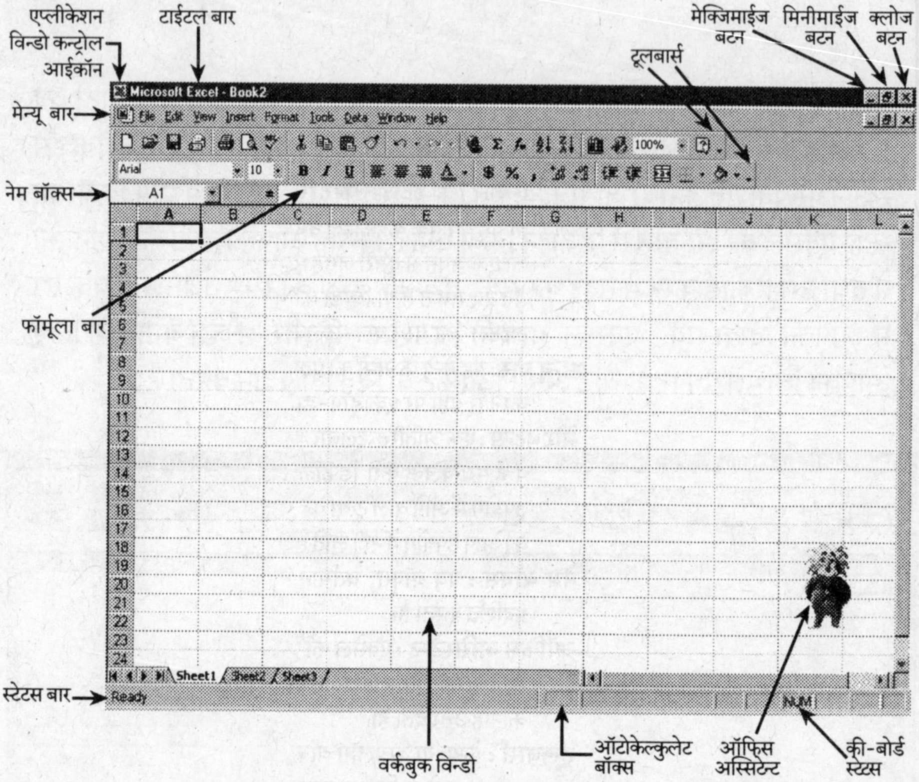

टिप : अधिक से अधिक स्क्रीन एरिया प्राप्त करने के लिए आप विन्डोज को सेट कर सकते हैं ताकि और अधिक एक्सेल वर्कस्पेस और टूलबार बटन्स आपको दिखाई दे। इसके लिए, **डेस्कटॉप** पर राईट क्लिक करें, फिर **प्रॉपर्टीज** पर क्लिक करें। खुलने वाले डायलॉग बॉक्स में **सेटिंग्स** टैब पर क्लिक करें, अब यहां अपने दृश्य क्षमता तथा मॉनीटर के आकार के अनुसार एक उचित रिजॉल्यूशन सलेक्ट करने के लिए स्लाईडर को एडजस्ट करें। उपरोक्त चित्र में दिखाये गए स्क्रीन एरिया का रिजॉल्यूशन 800 X 600 पिक्स्ल्स पर सेट किया गया है।

> नोट्स :
> ★ दिखाये गए चित्र में **क्लोज, मेक्जिमाईज** एवं **मिनीमाईज** बटनों के दो सेट हैं ; एक एक्सेल एप्लीकेशन विन्डो के लिए तथा दूसरा वर्कबुक विन्डो के लिए। यदि विन्डो पहले से ही मेक्जिमाईज्ड होगी तो **मेक्जिमाईज्ड** बटन, **रिस्टोर** बटन के रुप में दिखाई देगा।

माईक्रोसॉफ्ट एक्सेल विन्डो

एप्लीकेशन विन्डो कन्ट्रोल आईकॉन : एप्लीकेशन व स्थान को नियंत्रित करने वाले कमाण्डों को रखने वाले ड्रॉप-डाऊन मेन्यू तक पहुंचने के लिए यहां पर क्लिक करें।

क्लोज, मेक्जिमाईज एवं मिनीमाईज बटन्स : एक्सेल विन्डो को बन्द करने, बड़ा करने या छोटा करने के लिए संबंधित उपरोक्त बटनों पर क्लिक करें।

फॉर्मूला बार : यह सेल पर डाटा को टाईप करने या एडिट करने के लिए एक खाली जगह प्रदान करता है।

माइक्रोसॉफ्ट एक्सेल टाईटल बार : प्रोग्राम के नाम (माइक्रोसॉफ्ट एक्सेल) को प्रदर्शित करता है, और यदि वर्कबुक मेक्जिमाईज्ड है तो यह वर्कबुक का फाईल नेम को भी प्रदर्शित कर सकता है। विन्डो को एक जगह से दूसरी जगह मूव करने के लिए आप टाईटल बार को ड्रेग कर सकते हैं या विन्डो को मेक्जिमाईज्ड (बड़ा) करने के लिए टाईटल बार पर डबल-क्लिक करें।

मेन्यू बार : यह मेन्यू के नामों को प्रदर्शित करता है, मेन्यू के नाम पर क्लिक करने से वहां पर एक ड्रॉप-डाऊन मेन्यू खुलता है।

मोर बटन्स : एक अतिरिक्त टूलबार बटनों युक्त सब-मेन्यू को खोलने के लिए यहां पर क्लिक करें। डिफॉल्ट रुप से एक्सेल स्वतः ही अधिकांश उपयोग में आने वाले टूल्स को टूलबार पर जोड़ देता है तथा जिन टूल्स को आप उपयोग में नहीं लाते हैं उन टूल्स को टूलबार पर से हटा देता है।

नेम बॉक्स : यब बॉक्स, वर्तमान में सक्रिय सेल के सेल रिफ्रेन्स को प्रदर्शित करता है।

ऑफिस असिस्टेन्ट : एक्सेल को ओपन करते ही यह दिखाई देने लगता है, तथा कार्य किस प्रकार किया जाना है इससे संबंधित आपके प्रश्नों का यह उत्तर देता है।

टूलबार्स : मेन्यू या डायलॉग बॉक्स को बिना ओपन किए कमाण्ड को सलेक्ट करने के लिए टूलबार बटन पर क्लिक कर सकते हैं।

स्टेटस बार : यह बार वर्तमान में चुने गए कमाण्ड या विकल्प के बारे में सूचनाएं प्रदर्शित करता है। स्टेटस बार का दाहिना भाग की-बोर्ड स्टेटस को दर्शता है। उदाहरण के लिए यहां पर NUM यह प्रदर्शित करता है कि न्यूमेरिक की-बोर्ड लॉक है। स्टेट्स बार के बीच वाले भाग पर ऑटो केल्कुलेट बॉक्स होता है एवं यह सेल के चयनित रेन्ज पर आरोपित किए गए केल्कुलेट फंक्शन (जैसे SUM या AVERAGE) के परिणाम को प्रदर्शित करता है।

वर्कबुक विन्डो : यह एक्सेल विन्डो में दिखाई पड़ता है तथा उसी के साथ प्रतिबंधित होता है। वर्कबुक विन्डोज आपके द्वारा वर्कशीट पर प्रविष्ट किए गए डाटा को रखता है। आप एक्सेल के अन्तर्गत एक से अधिक वर्कबुक विन्डोज को खुल सकते हैं।

वर्कशीट के खानों (सेल) से संबंधित जानकारीयां

किसी वर्कशीट में खाने या सेल, वर्कशीट के वे क्षेत्र होते हैं जहां पर आप डाटा को स्टोर करते हैं। सूत्रों में, सेल को वर्कशीट के कॉलम तथा पंक्ति (रो) के स्थान का निर्धारण कर रिफर किया जाता है। इसे सेल रिफ्रेन्स कहा जाता है। खानों या सेल में टेक्स्ट, मान (वेल्यू) एवं सूत्र की प्रविष्टि की जा सकती है।

नोट्स :

- ★ प्रत्येक सेल एक पंक्ति (रो) तथा एक कॉलम के रुप में परिभाषित होता है (जैसे A3 सूचित करता है कि वह सेल, कॉलम A तथा रो 3 पर उपस्थित है)। सेल के इस पोजिशन या स्थान को **सेल रिफ्रेन्स** कहा जाता है (या कभी-कभी इसे सेल एड्रेस भी कहा जाता है)।
- ★ जब आप कोई नयी वर्कबुक ओपन करते हैं, तो सामान्यतः इस पर बहुत सारी वर्कशीट होती हैं। प्रत्येक वर्कशीट पर 256 कॉलम तथा 65,536 पंक्तियां (रो) होती हैं। इसलिए प्रत्येक वर्कशीट पर खानों (सेलों) की कुल संख्या 16,777,216 होती हैं।
- ★ कॉलमों को A से लेकर IV तक लेबल किया गया होता है जबकि पंक्तियों पर 1 से लेकर 65,536 तक नम्बर होते हैं।
- ★ प्रत्येक सेल अधिकतम 32,000 कैरेक्टर स्टोर कर सकता है।
- ★ किसी सेल को चुनने के लिए उस पर क्लिक करें, या की-बोर्ड पर उस दिशा वाले एरो (तीर निशान) बटनों को दबायें जिस दिशा के सेल को आप सलेक्ट करना चाहते हों।

सेल की स्थिति (सेल लोकेशन्स) की जानकारी

नीचे दिए गए चित्र में शीट 1 में सेल B3 को चुना गया है। आपने यह निम्न कारणों से जाना क्योंकि ;

- ★ **नेम बॉक्स** में रिफ्रेन्स B3 दिखाई पड़ रहा है।
- ★ एक्सेल ने कॉलम हेडिंग B तथा रो हेडिंग 3 को आऊटलाईन किया हुआ है।
- ★ वर्कबुक विन्डो में शीट 1 एक्टिव टैब है।

नोट : चुने गए सेल की सामग्री (कन्टेन्ट) फॉर्मूला बार पर भी दिखाई देता है।

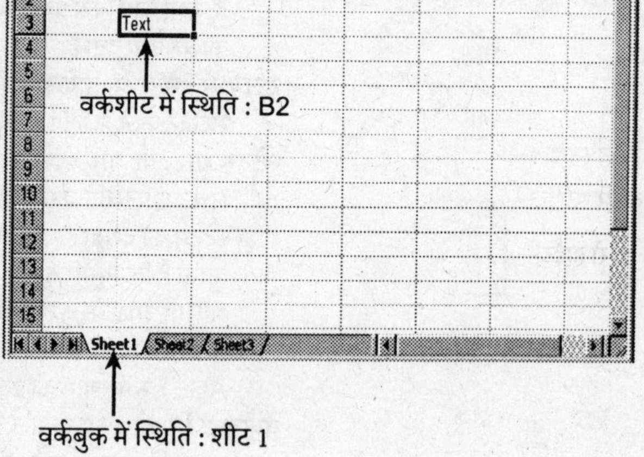

नोट्स :

★ **कन्ट्रोल**, एक ऐसा ग्राफिकल अव्यव होता है, जो आपको किसी कार्य को पूर्ण करने की अथवा उसमें सेटिंग्स करने की अनुमति देता है।

★ जब आप सेल कन्ट्रोल जैसे सेल बॉर्डर या फिल हेण्डल पर माउस प्वाईन्टर को ले जाकर छोड़ देते हैं, तो एक्सेल माऊस प्वाईन्टर के आकार को बदल देता है।

★ सेल रिफ्रेन्स एक सेल के स्थान को प्रदर्शित करता है। सेल रिफ्रेन्स का उपयोग सामान्यतः वर्कशीट पर स्टोर मानों की गणना के लिए सूत्रों में किया जाता है।

सेल की प्रॉपर्टीज और कन्ट्रोल्स की जानकारी

रो और कॉलम के मिलन स्थल को सेल के रुप में जाना जाता है। इसी कारण से सेल की विभाओं को (डायमेन्शन) कॉलमों की चौड़ाई के रुप में परिभाषित किया जाता है। सभी सेलों पर बॉर्डर एवं फिल प्रॉपर्टीज होती हैं। सलेक्ट किए गए सेल में एक गाढ़ा बॉर्डर तथा एक फिल हेण्डल (कन्ट्रोल) होता है। यह कन्ट्रोल, सेल पर कार्य करने के लिए आपको माऊस का उपयोग करने की अनुमति प्रदान करता है।

बॉर्डर कन्ट्रोल : चुने गए सेल की सामग्री (कन्टेन्ट) को मूव करने के लिए सेल की बॉर्डर को ड्रेग करें।

बॉर्डर स्टाईल : किसी सेल पर आप एक या एक से अधिक बॉर्डर वाली लाईन स्टाईल आरोपित कर सकते हैं।

फिल : किसी सेल को अन्य सेलों से अलग पहचान देने के लिए उस सेल को आप कलर या शेड दे सकते हैं।

फिल हेण्डल : चुने गए किसी सेल की सामग्री (कन्टेन्ट) को एक श्रेणी के रुप में बढ़ाने के लिए आप उन चुने गए सेलों के फिल हेण्डल को ड्रेग कर सकते हैं अथवा फिर किसी अकेले फिल हेण्डल को ड्रेग कर सकते हैं , अथवा किसी अकेले सेल के कन्टेन्ट को इसके पास के किसी दूसरे सेल में कॉपी करने के लिए उस सेल के फिल हेण्डल को ड्रेग करें।

हाईट/विड्थ : सेल की साईज को निर्धारित करने के लिए कॉलम की चौड़ाई तथा रो की उंचाई को परिवर्तित कर सकते हैं।

लोकेशन : आप नेम बॉक्स पर दिए गए सेल रिफ्रेन्स को पढ़कर चुने गए सेल की स्थिति को पहचान सकते हैं।

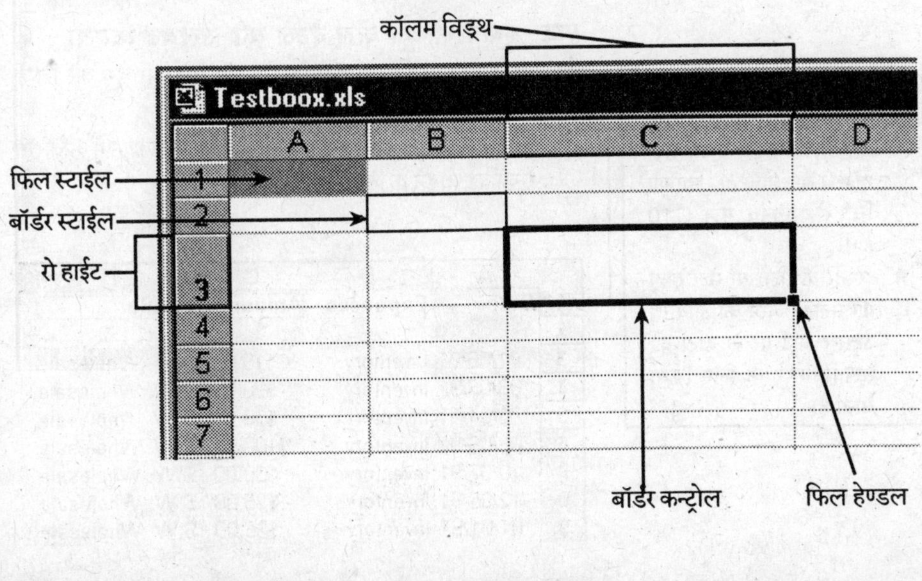

सेल, रो एवं कॉलमों सलेक्ट करना

वर्कशीट पर कार्य करते समय विभिन्न प्रकार के कार्यों को पूर्ण करने के लिए किसी एक सेल या सेलों की रेन्ज को सलेक्ट करने की आवश्यकता पड़ती है। सेलों की रेन्ज में हो सकता है कि आजू-बाजू वाले सेल हों या दूर-दूर के सेल हों। इसके अलावा आप किसी सेल को नाम भी दे सकते हैं एवं नाम वाले सेल को सलेक्ट भी कर सकते हैं। सेलों को सलेक्ट करने के की-बोर्ड शॉर्टकट, हेल्प में कन्टेन्ट्स टैब के अन्तर्गत **की-बोर्ड रिफ्रेन्स** टॉपिक में दिए गए हैं।

पास-पास की सेल रेन्ज को सलेक्ट करना

1. चुने जाने वाले प्रथम सेल पर क्लिक करें।
2. अब माऊस को उन सेलों पर ड्रेग करें जिन्हें आप सेल रेन्ज में चुनना करना चाहते हैं।

	A	B	C
1	Date	Expanses	Amount
2			
3	01/06/91	Inventory	$18.00
4	03/05/91	Inventory	$20.00
5	06/04/91	Inventory	$30.00
6	08/06/91	Inventory	$100.00
7	10/07/91	Inventory	$30.00
8	12/05/91	Inventory	$25.00
9	01/01/91	Inventory	$35.00
10	01/06/91	Inventory	$60.00

नोट्स :

★ जब हम अपने सलेक्शन को वर्कशीट के दिखाई दे रहे क्षेत्र से आगे तक ड्रेग करते जाते हैं तब एक्सेल स्वयं ही वर्कशीट को स्क्रॉल करने लगता है।

★ आपके द्वारा सलेक्ट किया गया पहला सेल, एक्टिव सेल होता है। (दिए गए चित्र में A10 एक्टिव सेल है)।

एक-दूसरे से दूर सेल रेन्ज को सलेक्ट करना

1. पहले सेल पर क्लिक करें एंव फिर उन सेलों पर ड्रेग करें जिन्हें सलेक्ट करना है।
2. **कन्ट्रोल** बटन को दबाकर रखें और फिर अपने सलेक्शन में अतिरिक्त रेन्जों को जोड़ने के लिए उन पर ड्रेग करें।

	A	B	C	D
1	Date	Expanses	Amount	Vendor
2				
3	01/06/91	Inventory	$18.00	S.W. Wholesale
4	03/05/91	Inventory	$20.00	S.W. Wholesale
5	06/04/91	Inventory	$30.00	S.W. Wholesale
6	08/06/91	Inventory	$100.00	S.W. Wholesale
7	10/07/91	Inventory	$30.00	S.W. Wholesale
8	12/05/91	Inventory	$25.00	S.W. Wholesale
9	01/01/91	Inventory	$35.00	S.W. Wholesale

नोट्स :

★ आपके द्वारा सलेक्ट की गयी अन्तिम रेन्ज का प्रथम सेल एक्टिव सेल होता है। (दिए गए चित्र में एक्टिव सेल C10 है)।

★ दूर-दूर के सेलों या सेल रेन्जों को सलेक्ट करने का उपयोग, अक्सर चार्ट पर के डाटा को सलेक्ट करने के लिए किया जाता है।

नोट्स :

★ एक से अधिक कॉलम और रो को सलेक्ट करने के लिए कॉलम या रो की हेडिंग से ड्रेग करें, या फिर **कन्ट्रोल** बटन को दबाएं और एक-दूसरे से दूर हेडिंग्स पर क्लिक करते जाएं।

सभी कॉलमों या पंक्तियों को सलेक्ट करना

★ सलेक्ट करने के लिए कॉलम या रो की हेडिंग पर क्लिक करें।

टिप : पूरी वर्कशीट को सलेक्ट करने के लिए **सलेक्ट ऑल** बटन पर क्लिक करें।

कॉलम हेडिंग

रो हेडिंग

	A	B	C	D
1	Date	Expanses	Amount	Vendor
2				
3	01/06/91	Inventory	$18.00	S.W. Wholesale
4	03/05/91	Inventory	$20.00	S.W. Wholesale
5	06/04/91	Inventory	$30.00	S.W. Wholesale
6	08/06/91	Inventory	$100.00	S.W. Wholesale
7	10/07/91	Inventory	$30.00	S.W. Wholesale
8	12/05/91	Inventory	$25.00	S.W. Wholesale

नोट्स :

★ एक-दूसरे से दूर रेन्जों का नामकरण किया जा सकता है जैसा कि पिछले पेज पर बताया गया है।

★ आप जिन रेन्जो को बारबार चार्ट या प्रिन्ट करते हैं उन्हें एक नाम अवश्य देना चाहिये।

★ नाम वाले रेन्जों को सलेक्ट करने के लिए आप **गो टू** कमाण्ड (**कन्ट्रोल** + **G**) का भी उपयोग कर सकते हैं।

रेन्ज का नामकरण करना

1. उस रेन्ज को सलेक्ट कर लें जिसका नामकरण करना है।
2. **नेम** बॉक्स पर क्लिक करें और फिर यहां इच्छित नाम टाईप करें।

   नोट : रेन्ज के नाम में अंग्रेजी के बड़े अक्षर, छोटे अक्षर, अंक और पंक्च्युयेशन कैरेक्टर्स इत्यादि हो सकते हैं। रेन्ज के नाम में खाली जगह (स्पेस) नहीं हो सकती है। अण्डरस्कोर कैरेक्टर का उपयोग स्पेस (खाली जगह) की जगह किया जा सकता है, जैसे inventory_Expenses.
3. अब **एन्टर** बटन दबा दें।

ntory_Expense = Date

	A	B	C	D
9				
10	Date	Expense	Amount	Vendor
11	8/2/99	inventory	Rs. 1260	BPB
12	7/5/99	inventory	Rs. 2680	BPB
13	8/6/99	inventory	Rs. 2860	BPB
14	7/7/99	inventory	Rs. 1420	BPB
15	8/8/99	inventory	Rs. 900	BPB
16	9/9/99	inventory	Rs. 2100	BPB
17	26/9/99	overhead	Rs. 10000	MODERN

नाम वाली किसी रेन्ज को सलेक्ट करना

★ नेम बॉक्स पर क्लिक करें और नाम चुनने के लिए उस पर क्लिक कर दें।

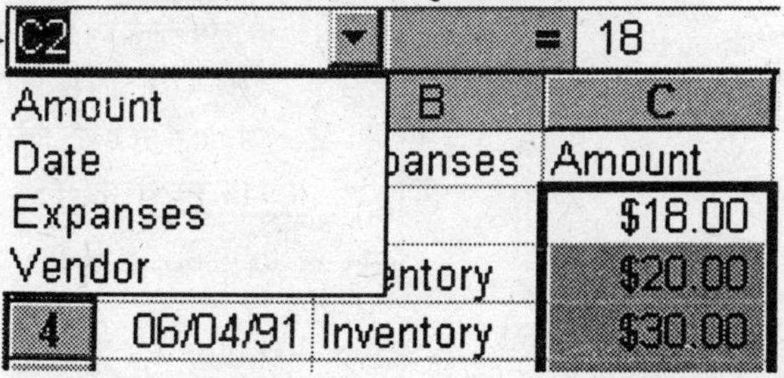

कॉलम को एडजस्ट करना तथा हाईड करना

सेल पर लिखे गए डाटा कॉलम की चौड़ाई के आधार पर पूर्ण या आंशिक रुप में दिखाई देते हैं। आवश्यकता के अनुसार कॉलम की चौड़ाई को कम/ज्यादा किया जा सकता है अथवा कॉलम को हाईड कराया जा सकता है। वर्कबुक का प्रिन्ट प्रिव्यू तैयार करते समय भी कॉलम की चौड़ाई को एडजस्ट किया जा सकता है।

नोट्स :

★ चरण क्रमांक 2 में, प्वाईन्टर का आकार यह सूचित करता है कि आप कब ड्रेगिंग का कार्य कर सकते हैं। ड्रेगिंग के समय इस प्वाईन्टर का आकार दांए व बांए तीर युक्त एक क्रॉस के निशान जैसा होना चाहिए।

★ कॉलम की चौड़ाई को मानक (स्टेण्डर्ड) फॉन्ट के कैरेक्टरों की संख्या के रुप से मापा जाता है।

माऊस का उपयोग करके कॉलम की चौड़ाई को एडजस्ट करना

एक से अधिक कॉलमों की चौड़ाई को सेट करना

1. कॉलम की चौड़ाई बदलने के लिए प्रत्येक कॉलम हेडिंग पर क्लिक करें।
   अथवा
   कन्ट्रोल बटन दबाते हुए जिन-जिन कॉलमों की चौड़ाई बदलनी है उन पर क्लिक करते जांए।
2. अब चुने गए किसी कॉलम की हेडिंग के दाहिने किनारे पर माऊस प्वाईन्टर को छोड़ दें। इससे प्वाईन्टर ✢ निशान वाला हो जाएगा।
3. कॉलम की साईज को बढ़ाने/घटाने के लिए प्वाईन्टर को दाहिनी या बांयी ओर ड्रेग करें। यदि आपने एक-दूसरे से दूर-दूर की कॉलम हेडिंगों को चुना है तो चुने गए सभी कॉलम पर एक समान परिवर्तन के लिए प्वाईन्टर को ड्रेग करते समय **कन्ट्रोल** बटन दबाकर रखें। जब आप ड्रेग करते हैं तो एक्सेल, सेल की चौड़ाई को एक पॉप-अप बॉक्स पर प्रदर्शित करता है।

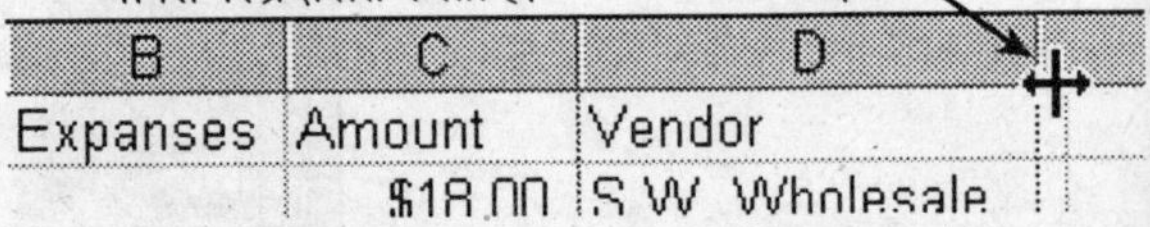

नोट्स :

★ चरण क्रमांक 1 में आप एक से अधिक कॉलम को सलेक्ट कर सकते हैं।

लम्बी प्रविष्टि के लिए कॉलम की साईज को ऑटोमेटिकली सेट करना

1. कॉलम की हेडिंग के दाहिने किनारे पर प्वाईन्टर को ले जाकर छोड़ दें। इससे प्वाईन्टर ✢ निशान वाला हो जाएगा।
2. अब यहां पर डबल क्लिक कर दें।

डबल क्लिक के पहले

डबल क्लिक के बाद

ड्रेगिंग करते हुए कॉलम को हाईड करना

1. कॉलम की हेडिंग पर क्लिक करें, फिर चुने गए इस कॉलम की हेडिंग के दांये किनारे पर माउस प्वाईन्टर को छोड़ दें। इससे प्वाईन्टर का आकार ✢ के समान हो जाएगा।
2. कॉलम को हाईड करने के लिए इस ✢ प्वाईन्टर को उसी कॉलम के बांये किनारे से भी अधिक बांये ड्रेग करें।

नोट्स :

★ चरण क्रमांक 1 में आप कॉलम की हेडिंगों को ड्रेग करते हुए एक से अधिक कॉलम को हाईड कर सकते हैं।

★ दूसरों के द्वारा डाटा को देखे जाने से बचाने के लिए या चार्ट को मिलाने, या अन्य कार्यों के लिए, पास-पास के कॉलमों के डाटा को अस्थायी तौर पर प्रदर्शित करने के लिए, आप कॉलमों को हाईड कर सकते हैं।

पहले

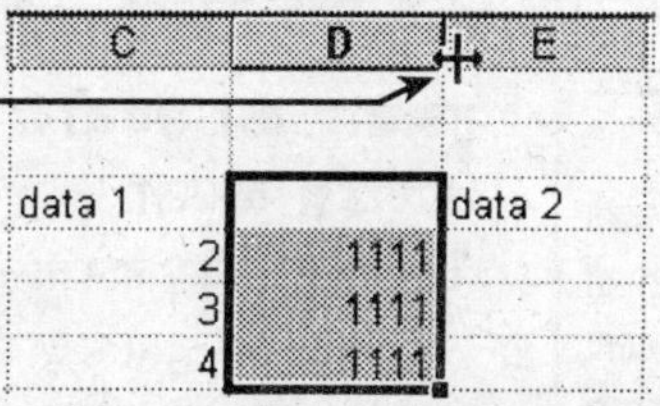

बाद में

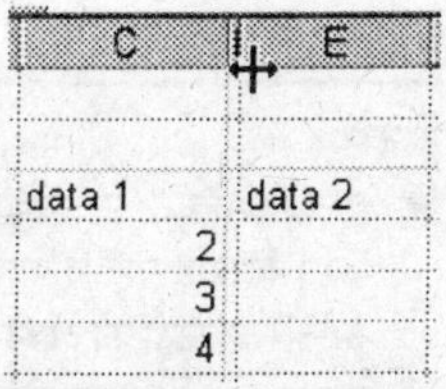

ड्रेगिंग करते हुए हिडन कॉलम को प्रदर्शित कराना

1. जिस हिडन कॉलम को प्रदर्शित कराना है उस कॉलम के बिल्कुल दांये किनारे से कुछ आगे पर प्वाईन्टर को कुछ देर छोड़ दें। इससे प्वाईन्टर का आकर ⇹ के समान हो जाएगा।
2. अब इस ⇹ प्वाईन्टर को दाहिनी दिशा में ड्रेग करें।

नोट्स :

★ चरण क्रमांक 1 में बताया गया कार्य आप तब कर पाएगें जब प्वाईन्टर ⇹ आकार का हो जाएगा।

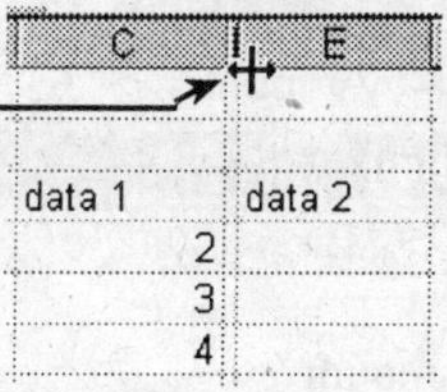

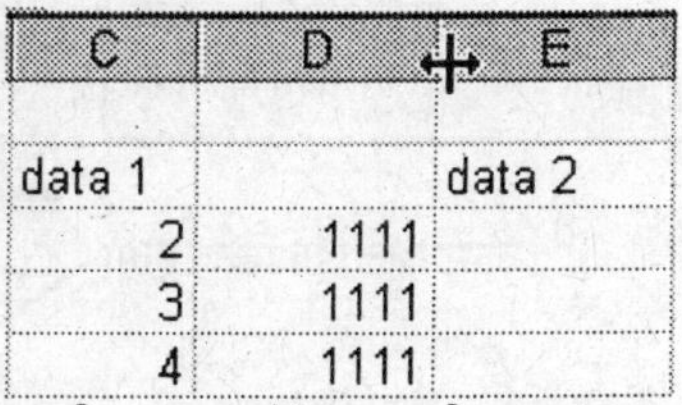

मेन्यू का उपयोग करते हुए कॉलम को एडजस्ट करना

1. जिन कॉलमों को एडजस्ट करना है उन्हें सलेक्ट कर लें।
2. **फॉरमेट** मेन्यू पर क्लिक करें एवं फिर **कॉलम्स** पर क्लिक करें।
3. खुलने वाले सब-मेन्यू में इच्छित कॉलम कमाण्ड पर क्लिक करें।

नोटस :

★ यदि आपको माऊस के द्वारा कॉलम एडजस्ट करने में कठिनाई महसूस हो रही है तो मेन्यू कमाण्ड का उपयोग करें।

★ चरण क्रमांक 1 में, जब आप मेन्यू का उपयोग किसी हिडन कॉलम को प्रदर्शित (अनहाईड) करने के लिए कर रहे हों तो छिपे हुए कॉलम के बांयी ओर तथा दांयी ओर के कॉलम को सलेक्ट करें।

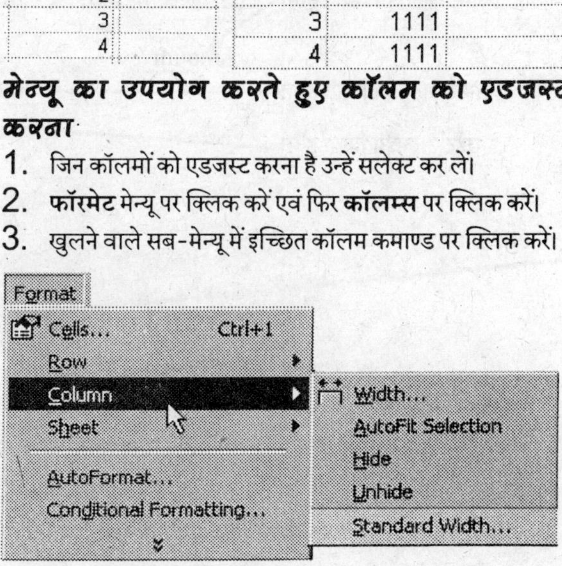

सेल के अन्तर्गत डाटा को अलाईन्न करना

सेल में लिखे गए डाटा को आप हारिजन्टली एवं वर्टिकली अलाईन्न कर सकते हैं। डाटा पर टेक्स्ट कन्ट्रोल्स (जैसे कि सेल में टेक्स्ट को व्रेप करना, सेल में फिट हो जाने हेतु डाटा को श्रिन्क या संकुचित करना, कई सेलों को मर्ज करना आदि) आरोपित कर सकते हैं तथा सेल में टेक्स्ट को विभिन्न कोण पर घुमा सकते हैं।

नोट्स :

★ चरण क्रमांक 2 में, यदि इच्छित बटन दिखाई नहीं दे रहा हो तो अतिरिक्त बटनों को देखने के लिए टूलबार पर दिए गए **मोर बटन्स** एरो [>>] पर क्लिक करें।

★ यदि आपने कोई अलाईन्नमेन्ट सेट नहीं किया हुआ है, तो एक्सेल **जनरल अलाईन्नमेन्ट** को लागू करता है जिसके अन्तर्गत वह टेक्स्ट को बांयी ओर तथा वेल्यू को दांयी ओर अलाईन्न करता है।

टूलबार का उपयोग करते हुए सेल के डाटा को अलाईन्न करना

1. अलाईन्न किए जाने वाले सेलों को सलेक्ट करें।

   नोट : एक-दूसरे से दूर सेलों को सलेक्ट करने के लिए कन्ट्रोल बटन दबाकर इच्छित सेल पर क्लिक करते चले जांए।

2. अब फॉरमेटिंग टूलबार पर इच्छित अलाईन्नमेन्ट बटन पर क्लिक करें।

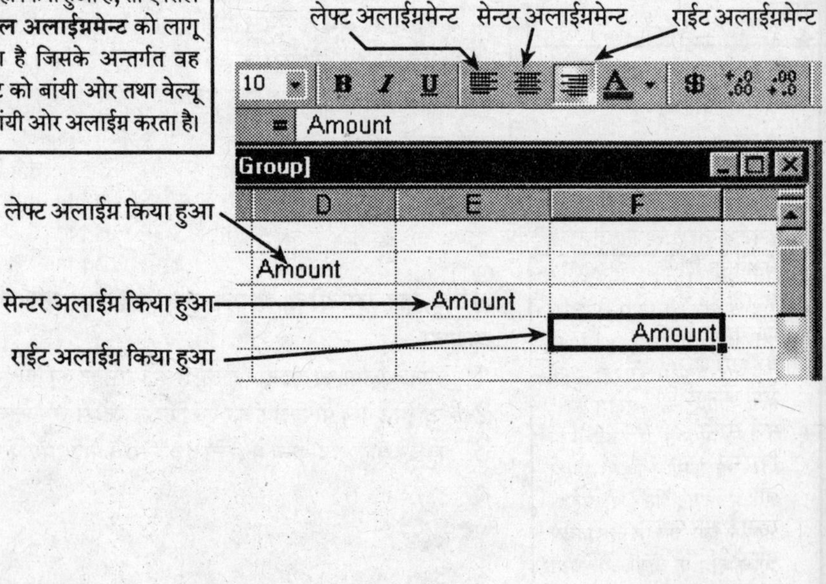

सेलों को आपस में मिलाना (मर्ज करना) तथा डाटा को बीचों-बीच सेट करना

1. डाटा युक्त सेल को सलेक्ट करें एवं इसे ड्रेग करते हुए सलेक्शन को उन सेलों तक बढ़ायें जिसके अन्दर डाटा को बीचों-बीच सेट करना है।

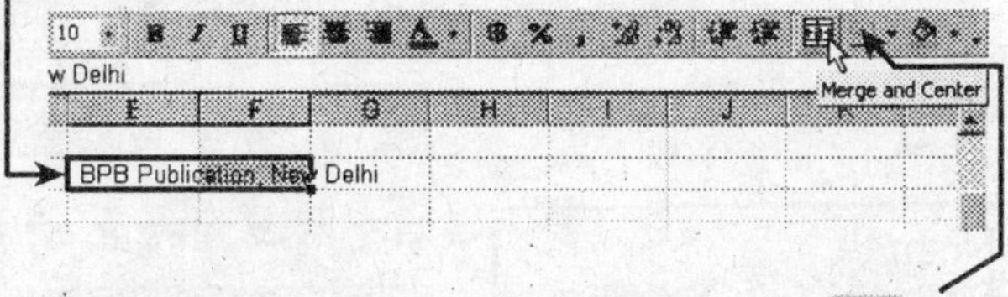

2. फॉरमेटिंग टूलबार पर दिए गए **मर्ज एण्ड सेन्टर** बटन पर क्लिक करें।

मेन्यू अलाईनमेन्ट विकल्पें

आप डायलॉग बॉक्स से भी अलाईग्नमेन्ट विकल्पों को सेट कर सकते हैं।

1. सेलों को सलेक्ट करें।
2. पहले **फॉरमेट** मेन्यू पर एवं फिर **सेल्स** कमाण्ड पर क्लिक करें।
3. **अलाईग्नमेन्ट** टैब पर क्लिक करें।
4. इच्छित विकल्पों को सलेक्ट करें और फिर **ओ. के.** बटन OK पर क्लिक करें।

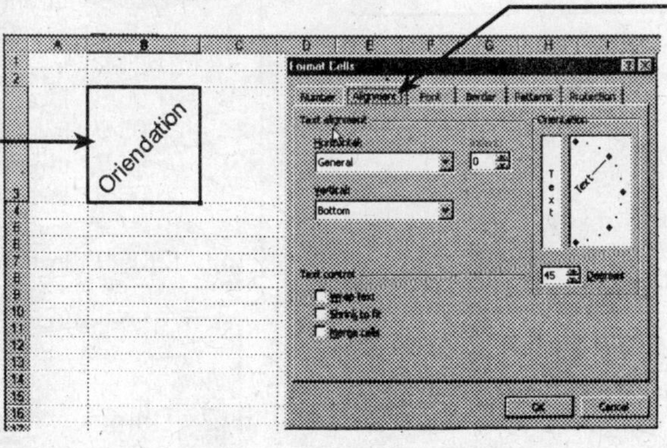

नोट्स :

★ चरण क्रमांक 1 में, यदि **मर्ज एण्ड सेन्टर** बटन दिखाई नहीं दे रहा हो तो अतिरिक्त बटनों को देखने के लिए **मोर बटन्स** एरो » पर क्लिक करें।

★ एक दूसरे में मिलाये गए (मर्ज किए गए) सेल पास-पास के एक या एक से अधिक सेल हो सकते हैं जो कि एक सेल एड्रेस में संयुक्त होते हैं।

★ जब आप सेलों को एक दूसरे में मिलाते हैं तो केवल उपरी-बायें सेल का कन्टेन्ट ही शेष रहता है।

नोट्स :

★ अलाईग्नमेन्ट विकल्प

हारिजन्टल एवं **वर्टिकल** : यह सेल में टेक्स्ट का अलाईग्नमेन्ट सेट करता है।

व्रेप टेक्सट : यह विकल्प, आवश्यकता पड़ने पर लाईन ब्रेक इन्सर्ट करता है एवं टेक्स्ट को फिट बैठाने के लिए रो की ऊंचाई को बढ़ाता है।

श्रिन्क टू फिट : यह विकल्प, कैरेक्टरों को कॉलम की चौड़ाई में समा जाने के लिए छोटा करता है।

मर्ज सेल्स : यह विकल्प, सलेक्ट किए गए सेलों का मिलाता है। उपरी बांए सेल का कन्टेन्ट ज्यों का त्यों रहता है और यही सेल, सेल रिफ्रेन्स बनता है।

इण्डेन्ट : यह विकल्प, डाटा को सेल के बांयी ओर से दूर ले जाता हैं। इससे हुई बढ़ोतरी को कैरेक्टर की चौड़ाई में मापा जाता है।

ओरिएन्टेशन : यह विकल्प, टेक्स्ट के चुनाव के घुमाव को सेट करता है। इससे हुई बढ़ोतरी डिग्री में मापा जाता है।

सेल के कन्टेन्ट क्लीयर करना

मेन्यू कमाण्डों का उपयोग करते हुए आप या तो सेलों के फॉरमेट्स, कन्टेन्ट्स, या फिर कमेन्ट्स को अथवा इन सभी आयटमों को क्लीयर कर सकते हैं।

सेल के कन्टेन्ट्स को क्लीयर करना

इसके द्वारा सेल के फॉरमेट या कमेन्ट्स को बिना हटाये, सेल के कन्टेन्ट्स (डाटा और सूत्रों) को हटाकर, सेल को वर्कशीट पर खाली छोड़ किया जाता है।

1. क्लीयर किए जाने वाले सेलों को सलेक्ट करें।

   नोट : एक-दूसरे से दूर के सेलों को सलेक्ट करने के लिए **कन्ट्रोल** दबाते हुए जिन-जिन सेलों को चुनना है उन पर क्लिक करें।

2. **डिलीट** बटन दबाएं।

   अथवा

   ★ सलेक्ट किए गए किसी भी सेल पर राईट क्लिक करें।

   ★ खुलने वाले सब-मेन्यू में **क्लीयर कन्टेन्ट्स** पर क्लिक करें।

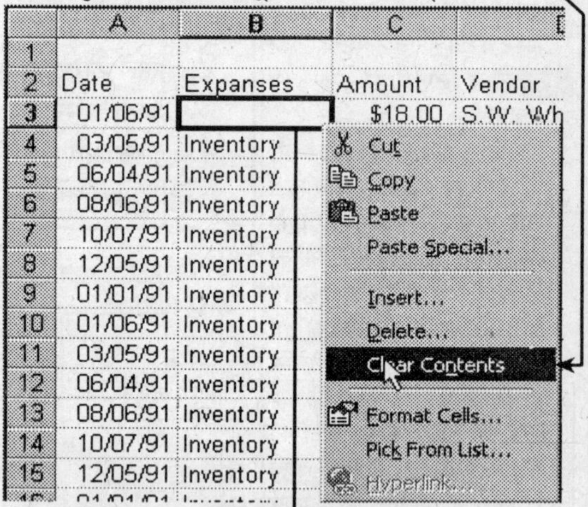

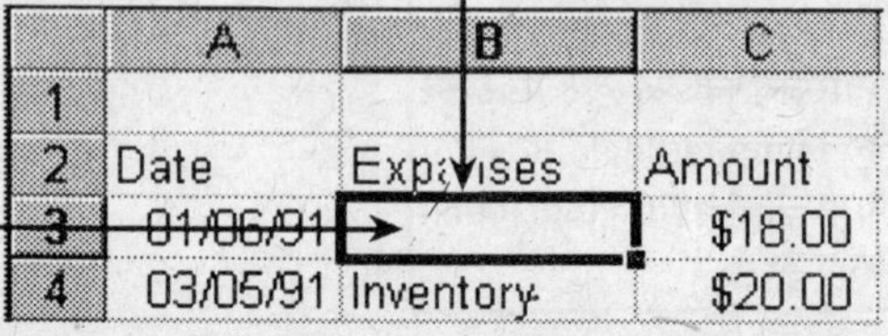

क्लीयर किया गया सेल

नोट्स :

★ चरण क्रमांक 1 में, एक्सेल, क्लीयर कमाण्ड को चुने गए सभी सेलों को एक ही बार में आरोपित करता है।

★ सेल के कन्टेन्ट को क्लीयर कर लेने के बाद यदि उन्हें पुनः प्राप्त करना हो तो **एडिट** मेन्यू में **अन डू** कमाण्ड पर क्लिक करें।

★ ध्यान दें कि **क्लीयर कन्टेन्ट्स** कमाण्ड को आरोपित करने के बाद आस-पास चारों तरफ के सेल अपनी स्थिति नहीं बदलते हैं।

★ जब आप किसी सेल के कन्टेन्ट को क्लीयर कर देते हैं तब भी उस सेल का फॉरमेट जैसे कि बोल्ड या अलाईन्मेन्ट आदि बना रहता है।

> नोट्स :
>
> ★ चरण क्रमांक 2 में, आप मेन्यू को बिना क्लिक किए (सब-मेन्यू को खोलने के लिए क्लिक करना पड़ता हैं), मेन्यू में दिए गए **क्लीयर** कमाण्ड को प्वाईन्ट कर सकते हैं।
>
> ★ कमेन्ट्स वे नोट्स होते हैं जिन्हें, सेलों पर इन्सर्ट किया जाता है। कमेन्ट्स युक्त सेल पर प्वाईन्टर को रख देने पर एक्सेल, कमेन्ट्स को प्रदर्शित करता है। सेल के उपरी लाल रंग का त्रिभुजाकार निशान दर्शाता है कि सेल पर कमेन्ट्स जुड़ा हुआ है।

मेन्यू का उपयोग करते हुए क्लीयर सेल विकल्पों का उपयोग करना

यह विकल्प सेल के फॉरमेट, कन्टेन्ट्स, कमेन्ट्स या इन सभी आयटमों को क्लीयर कर देता है।

1. क्लीयर किए जाने वाले सेलों को सलेक्ट करें।

   नोट : एक-दूसरे से दूर के सेलों को चुनने के लिए **कन्ट्रोल** बटन दबाते हुए जिन-जिन सेलों को चुनना है उन पर क्लिक करते जाएं।

2. **एडिट** मेन्यू पर क्लिक करें एवं फिर **क्लीयर** कमाण्ड पर क्लिक करें।
3. अब निम्न में से किसी एक पर क्लिक करें :

ऑल : सेल के फॉरमेट्स, कन्टेन्ट्स एवं कमेन्ट्स सभी को क्लीयर करने के लिए इसे चुनें।

फॉरमेट्स : केवल सेल के फॉरमेट जैसे कि बॉर्डर स्टाईल या फोन्ट एट्रिब्यूट्स को ही क्लीयर करने के लिए इसे चुनें।

कन्टेन्ट्स : केवल सेल के कन्टेन्ट को क्लीयर करने के लिए इसे चुनें।

कमेन्ट्स : केवल सेल से जुड़े कमेन्ट को ही क्लीयर करने के लिए इसे चुनें।

उपरोक्त में से आपके द्वारा चुने गए विकल्प को एक्सेल पूर्ण करता है।

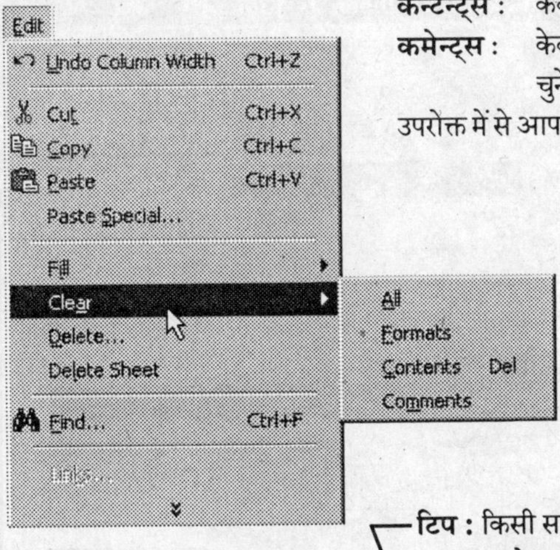

टिप : किसी सलेक्शन में फिल हेण्डल को चुने गए सेलों के उपर ड्रेग करते हुए भी सेल कन्टेन्ट्स को क्लीयर किया जा सकता है।

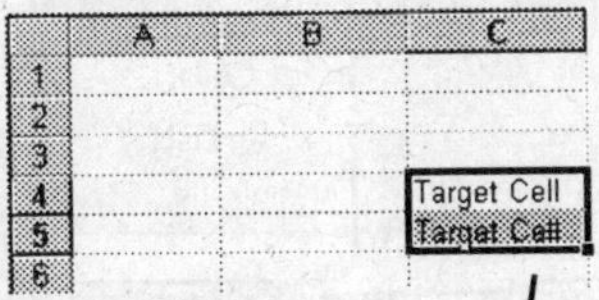

जब प्वाईन्टर को फिल हेण्डल पर छोड़ दिया जाता है तब वह बदलकर क्रॉस हो जाता है।

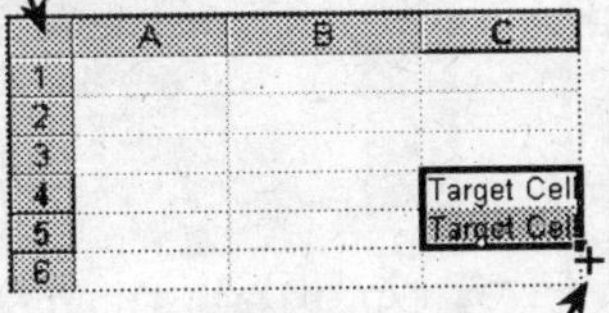

फिल हेण्डल को उपर की तरफ ड्रेग करें।

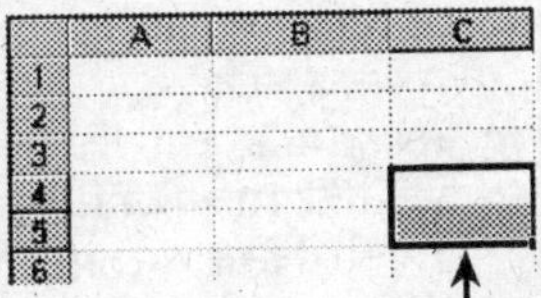

सेल को क्लीयर करने के लिए माऊस बटन को छोड़ दें

सेल के कन्टेन्ट्स की कॉपी करना

आप विभिन्न तरीकों से किसी सेल के डाटा को किसी दूसरे सेल पर कॉपी कर सकते हैं। आपके द्वारा कॉपी करने के लिए चुनी गई विधि अक्सर सोर्स (जिस सेल के डाटा को कॉपी किया जाना है) तथा डेस्टिनेशन (जिस सेल पर डाटा को कॉपी किया जाना है) के स्थानों पर निर्भर करती है।

नोट्स :

★ जब सोर्स तथा डेस्टिनेशन दोनों सेल एक ही दृश्य क्षेत्र में न हों तब सेल डाटा को कॉपी करने में मेन्यू कमाण्ड का उपयोग बेहद उपयोगी होता है।

★ चरण क्रमांक 2 में, फ्लेश होती डेश-डेश वाली आऊटलाईन तब तक दिखाई देती रहती है जब तक कि आप **एस्केप** या **एन्टर** बटन नहीं दबा देते या सेल पर कोई अन्य इन्पुट नहीं जोड़ देते हैं। फ्लेश होती हुई आऊटलाईन यह सूचित करती है कि आप पेस्ट की क्रिया दुहरा सकते हैं।

★ चरण क्रमांक 2 तथा 4 में, **कॉपी** और **पेस्ट** कमाण्ड को शॉर्टकट मेन्यू से प्राप्त करने के लिए चुने गए सेलों में से किसी सेल पर राईट क्लिक भी कर सकते हैं।

★ **चेतावनी :** जब आप डाटा को पेस्ट करते हैं, तब डेस्टिनेशन सेल पर पहले से उपस्थित डाटा पेस्ट किए जाने वाले डाटा से बदल जाते हैं। डेस्टिनेशन सेल पर पहले उपस्थित डाटा को वापस लाने के लिए **एडिट** मेन्यू पर क्लिक करें एवं फिर वहां पर **अन डू** कमाण्ड पर क्लिक कर दें।

★ चरण क्रमांक 4 में, डाटा की ओवरराईटिंग से बचने के लिए **इन्सर्ट** मेन्यू पर क्लिक करें और फिर **कॉपिड सेल्स** पर क्लिक करें। इससे **इन्सर्ट पेस्ट** डायलॉग बॉक्स खुल जाएगा जहां से आप वर्तमान सेल को शिफ्ट करने की दिशा को चुन सकते हैं।

मेन्यू कमाण्ड का उपयोग करते हुए सेल के डाटा को कॉपी करना

1. कॉपी किए जाने वाले सेलों को सलेक्ट करें।
2. **एडिट** मेन्यू पर क्लिक करें एवं फिर **कॉपी** कमाण्ड पर क्लिक करें। ऐसा करने से उस सेल के चारों ओर फ्लेश होती हुई डेश-डेश वाली आऊटलाईन दिखाई देने लग जाएगी।

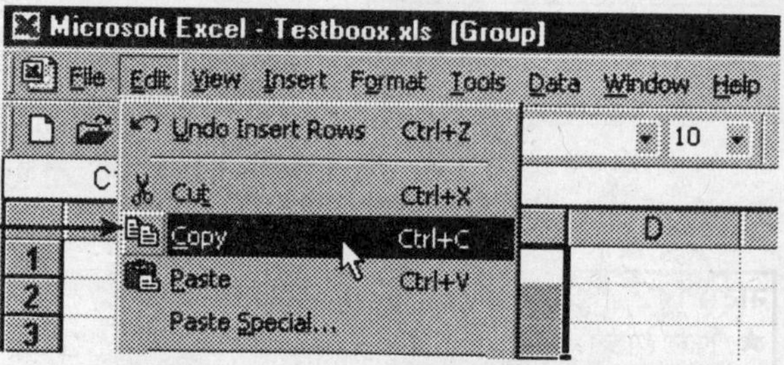

3. अब डेस्टिनेशन सेल (जिस पर डाटा कॉपी करना) को सलेक्ट करें।
4. पहले **एडिट** मेन्यू पर फिर **पेस्ट** कमाण्ड पर क्लिक करें।

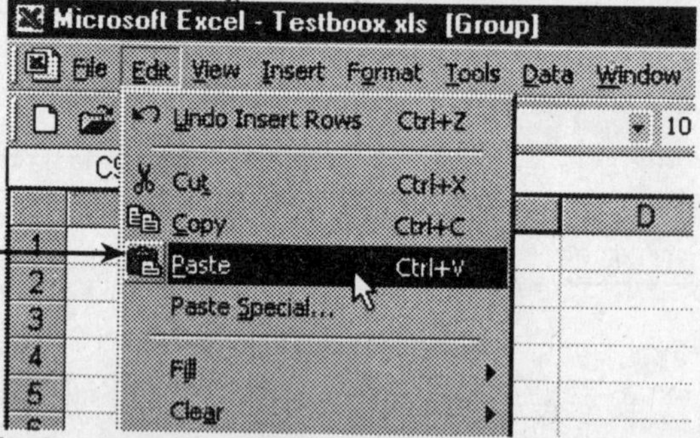

5. पेस्ट की क्रिया को दुहराने के लिए चरण क्रमांक 3 और 4 को दोहराएं।
6. पेस्ट क्रिया पूर्ण करने के लिए **एस्केप** बटन दबाएं।

टिप : डाटा को केवल एक बार पेस्ट करने के लिए चरण क्रमांक 4 से 6 तक को छोड़कर केवल एन्टर बटन को दबाएं।

नोट्स :

★ जब सोर्स और डेस्टिनेशन सेल एक दूसरे के करीब हों तो सेल बॉर्डर को ड्रेग करके कॉपी करने की विधि सबसे अच्छी होती है।

★ चरण क्रमांक 3 में, डाटा को कॉपी करने तथा इसे डेस्टिनेशन सेलों के बीच में इन्सर्ट करने के लिए **कन्ट्रोल** और **शिफ्ट** बटन को दबाएं। यदि ऐसा नहीं किया गया तो डेस्टिनेशन सेलों पर डाटा ओवरराईट हो जाएगा।

सेल के बॉर्डर को ड्रेग करते हुए सेल के कन्टेन्ट्स को कॉपी करना

1. कॉपी किए जाने वाले सेलों को सलेक्ट करें।
2. सलेक्ट किए गए किसी भी सेल के बॉर्डर को प्वाईन्ट करें।

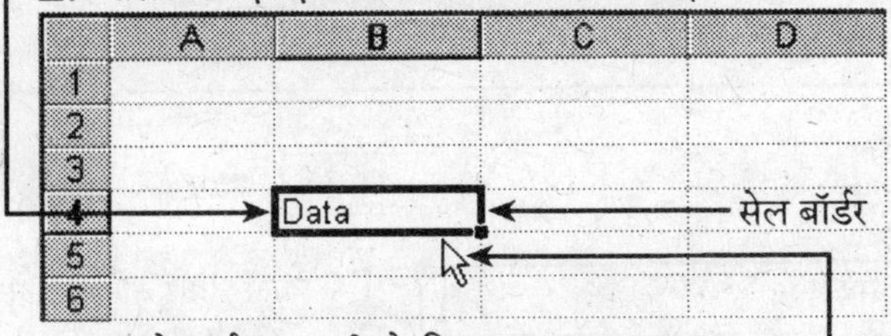

इससे प्वाईन्ट एक तीर के निशान वाला बन जाएगा।

3. कन्ट्रोल बटन दबाते हुए बॉर्डर की आऊटलाईन को ड्रेग करते हुए नए स्थान पर ले जाएं।
4. अब यहां पर माउस बटन को दबाना छोड दें।

प्लस का निशान यह सूचित करता है कि डाटा कॉपी होगें न कि मूव।

एक्सेल डेस्टिनेशन सेल रिफ्रेन्स दिखाता है।

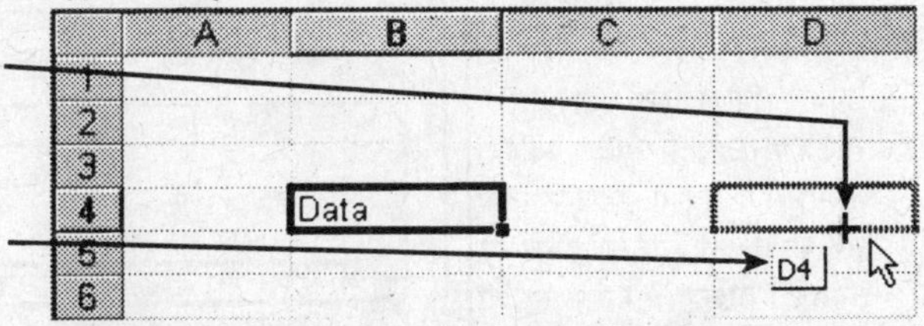

नोट्स :

★ फिल हेण्डल को ड्रेग करके कॉपी करने की विधि केवल पास-पास के सेलों को कॉपी करके भरने में ही उपयोगी है।

★ चरण क्रमांक 1 में, यदि आप एक से अधिक सेल को सलेक्ट करते हैं, तो ड्रेग करते समय **कन्ट्रोल** बटन को दबायें ताकि एक सिरिज (संबंधित नम्बरों या टेक्स्ट का एक सेट) को बनने से रोका जा सके।

फिल हेण्डल को ड्रेग करते हुए सेल के कन्टेन्ट को कॉपी करना

1. कॉपी किए जाने वाले सेलों को सलेक्ट करें, फिर फिल हेण्डल को प्वाईन्ट करें। इससे प्वाईन्टर बदल कर क्रॉसहेयर हो जाएगा।

2. पास-पास के सेलों को भरने करने के लिए, क्रॉसहेयर प्वाईन्टर को ड्रेग करके इसकी बॉर्डर को बढ़ाते हुए पास के सेलों तक ले जाएं।

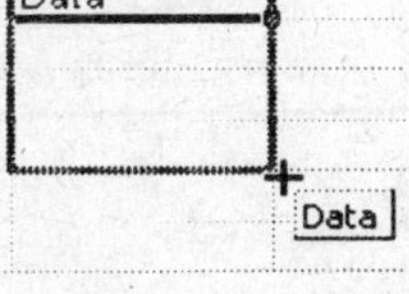

3. अब माऊस बटन को दबाना छोड़ दें। एक्सेल, बढ़े हुए बॉर्डर के अन्दर के सभी सेलों पर डाटा को कॉपी कर देता है।

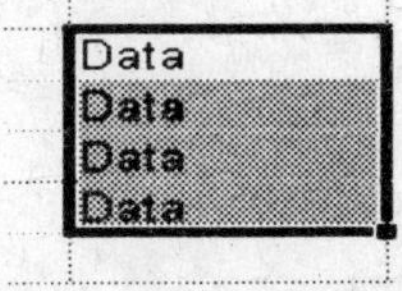

सेल, कॉलम या रो को डिलीट करना

आप वर्कशीट पर से एक या एक से अधिक सेलों, एक या एक से अधिक रो, एक या एक अधिक कॉलमों को डिलीट कर सकते हैं। बचे हुए सेल, डिलीट किए गए सेलों का स्थान लेने के लिए एडजस्ट हो जाते हैं।

नोट्स :

★ चरण क्रमांक 1 में, एक-दूसरे से दूर के सेलों को चुनने के लिए कन्ट्रोल बटन दबाते हुए जिन-जिन सेलों को चुनना है उन पर क्लिक करते जांए।

★ यदि डिलीट किए गए सेल का उपयोग सूत्रों में किया गया होगा तो ये सूत्र **#REF!** त्रुटि संदेश प्रदर्शित करेगें। यदि सूत्र में एडजस्ट किए गए सेलों का रिफ्रेन्स होगा तो एक्सेल, विशुद्ध रिफ्रेन्सों को भी एडजस्ट कर लेता है।

★ **चेतावनी :** डिलीट की क्रिया करने पर आप डाटा को खो देते हैं, फिर भी डाटा को पुनः प्राप्त करने के लिए पहले **एडिट** मेन्यू पर और फिर **अन डू** पर क्लिक कर सकते हैं।

★ **डिलीट** और **क्लीयर** इन दोनों में अन्तर है। किसी सेल को क्लीयर करने पर केवल डाटा क्लीयर होता है लेकिन सेल को डिलीट करने पर वह सेल वर्कशीट से हट जाती है।

1. डिलीट किए जाने वाले सेलों को सलेक्ट करें।
2. पहले **एडिट** मेन्यू पर एवं फिर **डिलीट** कमाण्ड पर क्लिक करें।

यदि डिलीट डायलॉग बॉक्स प्रस्तुत होता है तो :

★ उस दिशा का चुनाव करें जिस दिशा में आप सेल (बचे हुए सेलों) को शिफ्ट करना चाहते हैं।

★ **ओ. के.** बटन OK पर क्लिक कर दें।

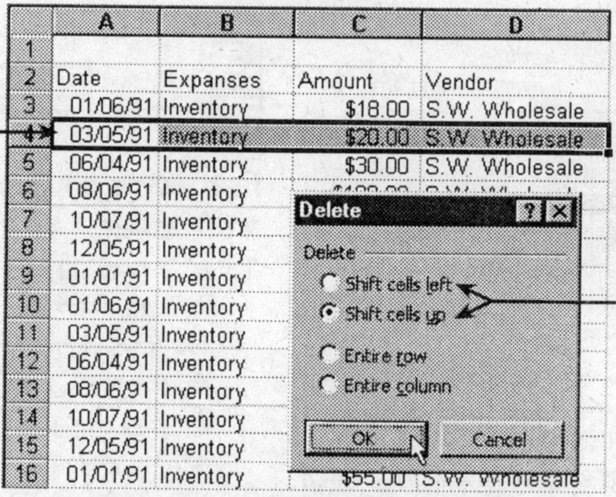

टिप : चरण क्रमांक 2 में, चुने गए सेल को डिलीट करने के लिए चुने गए सेल पर राईट क्लिक करें एवं खुलने वाले शॉर्टकट मेन्यू में **डिलीट** पर क्लिक करें।

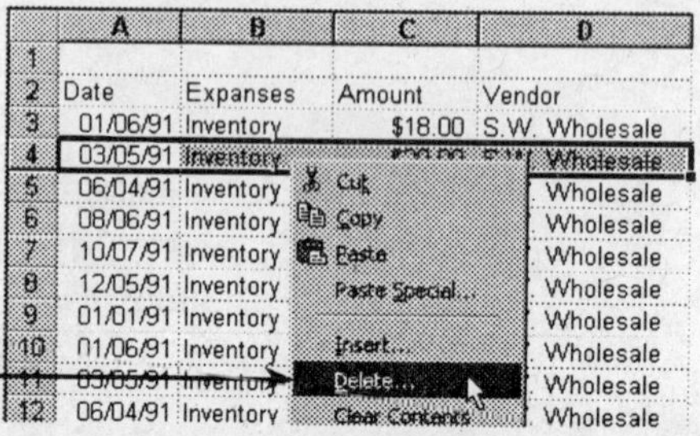

नोट्स :

★ डिलीट किए जाने के लिए, एक से अधिक कॉलमों या रो को सलेक्ट करने के लिए, कॉलमों या रो की हेडिंगों को ड्रेग करें।
अथवा
कन्ट्रोल बटन को दबायें और एक-दूसरे से दूर हेडिंग्स पर क्लिक कर उन्हें सलेक्ट करें। ध्यान रखें कि कॉलम एवं रो को एक ही समय में एक साथ डिलीट नहीं कर सकते हैं।

सम्पूर्ण कॉलम या सम्पूर्ण रो को डिलीट करना

1. कॉलम या रो को सलेक्ट करने के लिए कॉलम या रो की हेडिंग पर क्लिक करें।
2. अब पहले **एडिट** मेन्यू पर क्लिक करें और फिर उसमें **डिलीट** कमाण्ड पर क्लिक करें।

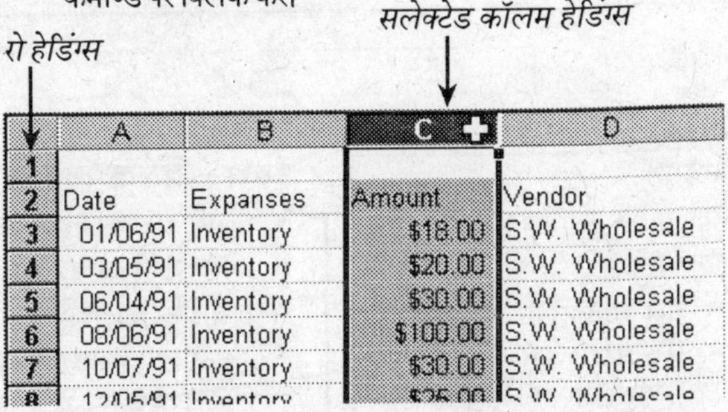

टिप : आप **शिफ्ट** बटन को दबाकर एवं फिल हेण्डल को सलेक्ट किए गए सेल के सलेक्शन एरिया के उपर ड्रेग करते हुए भी सेलों डिलीट कर सकते हैं।

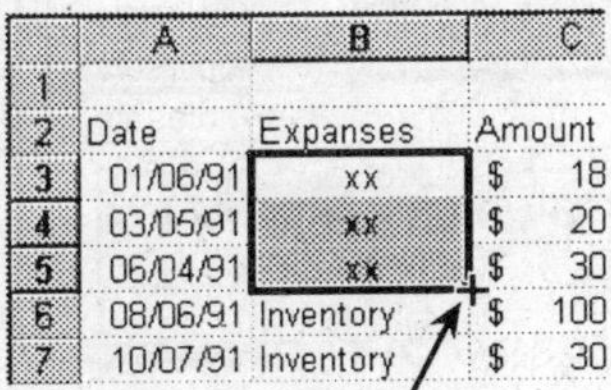

1

प्वाईन्टर को फिल हेण्डल पर रख छोड़ देने से वह एक क्रॉस में बदल जाता है।

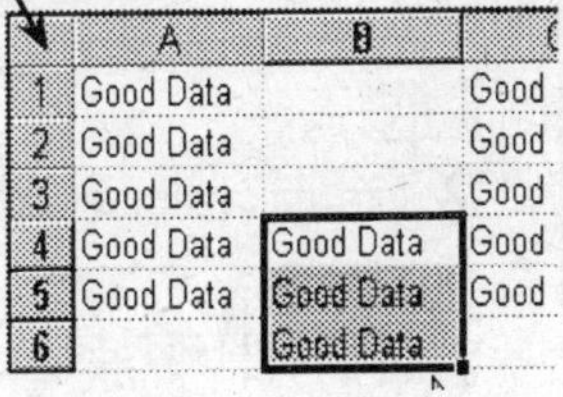

2

शिफ्ट बटन दबाते हुए फिल हेण्डल को सेलों के उपर ड्रेग करें।

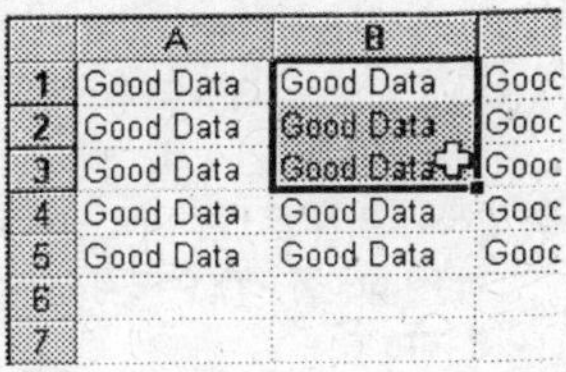

3

इस उदहारण में, चुने गए डिलीट हो गए हैं एवं उसके आगे के सेल उपर आ गए हैं।

सेल के डाटा को एडिट करना

किसी सेल की प्रविष्टि को भिन्न-भिन्न तरीकों से एडिट किया जा सकता है। जब सेल एडिटिंग एनेबल होता है, तब फॉर्मूला बार पर अतिरिक्त कन्ट्रोल प्राप्त होते हैं और वे सेल के कन्टेन्ट्स को सेल और फॉर्मूला बार दोनों पर प्रदर्शित करने लगता है।

नोट्स :

सेल पर की प्रविष्टि को एडिट करने के तीन तरीके हैं :

★ सेल पर डबल-क्लिक करें।

★ सेल पर क्लिक करें और फिर फार्मूला बार पर क्लिक करें।

★ सेल पर क्लिक करें और फिर **F2** बटन को दबा दें।

सुधारते समय :

★ नए इन्पुट को इन्सर्ट कराए जाने वाले स्थान पर एक्सेल एक फ्लेश होता हुआ कर्सर प्रदर्शित कराता है।

★ इन्सर्ट एवं ओवरराईट मोड के बीच स्विच होने के लिए इन्सर्ट बटन का उपयोग करें।

★ फार्मूला बार बदल जाता है एवं उसमें **केन्सल**, **एन्टर** एवं **एडिट फार्मूलास** बटन्स जुड़ जाते हैं।

★ सेल को एडिट किए जाते समय आप क्लिपबोर्ड पर स्टोर टेक्स्ट को **कन्ट्रोल + V** दबाकर सेल पर इन्सर्ट कर सकते हैं।

डबल-क्लिक कर सेल की प्रविष्टि को एडिट करना

1. जिस डाटा को एडिट करना है उसके सेल पर डबल-क्लिक करें। ऐसा करने पर एक्सेल, सेल प्रविष्टि पर एक फ्लेश होते इन्सर्शन प्वाईन्टर को प्रदर्शित करता है एवं फार्मूला बार के आगे अतिरिक्त कन्ट्रोल प्रदर्शित होने लगते हैं।

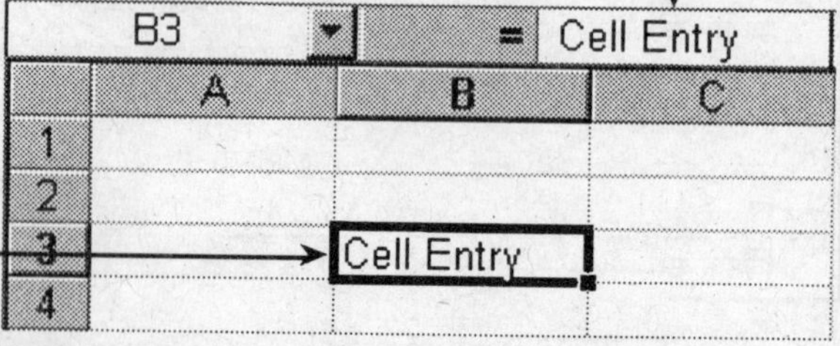

2. इन्सर्शन प्वाईन्टर को रखने के लिए प्रविष्टि में क्लिक करें।
   अथवा
   केरेक्टर को सलेक्ट करने के लिए उस पर ड्रेग करें (अब अगला कार्य आपके सलेक्शन को रिप्लेस या डिलीट करेगा)।

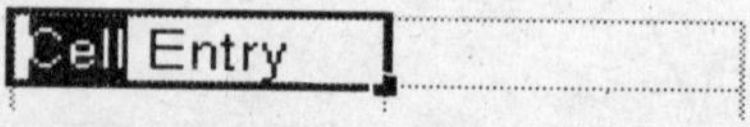

3. प्रविष्टि को आवश्यकतानुसार निम्न प्रकार से एडिट करें :
   - ★ यदि आप केरेक्टर इन्सर्ट कराना चाहते हैं तो केरेक्टर की टाईपिंग करें।
   - ★ सलेक्शन को डिलीट करने या इन्सर्शन प्वाईन्टर के दाहिनी ओर के केरेक्टरों को डिलीट करने के लिए **डिलीट** बटन दबाएं।
   - ★ सलेक्शन को डिलीट करने या इन्सर्शन प्वाईन्टर के बांयी ओर के केरेक्टरों को डिलीट करने के लिए **बैकस्पेस** बटन दबाएं।
4. अब **एन्टर** बटन को दबायें।
   अथवा
   फार्मूला बार पर दिए गए एन्टर बटन पर क्लिक करें।

> **नोट्स :**
> ★ जब सेल के मूल डाटा के कुछ अंश को पुनः प्राप्त करना होता है तब सेल डाटा के उपर टाईप करते हुए (ओवरराईट करते हुए) सेल डाटा को बदलना सबसे अच्छा होता है।

किसी सेल की प्रविष्टि को बदलना

1. जिस डाटा को बदलना है उस सेल को सलेक्ट करें।
2. अब नया डाटा टाईप करें।
3. अब की-बोर्ड पर **एन्टर** बटन दबाएं।

   अथवा

   फार्मूला बार पर दिए गए **एन्टर** बटन ✓ पर क्लिक करें।

सेल की प्रविष्टि पर किए गए परिवर्तनों को केन्सल करना

★ परिवर्तन को प्रविष्ट करने से पूर्व (अर्थात् परिवर्तन को टाईप करके एन्टर बटन दबाने के पूर्व) **एस्केप** बटन दबाएं।

अथवा

फार्मूला बार पर दिए गए **केन्सल** बटन ✕ पर क्लिक करें।

> **नोट्स :**
> ★ परिवर्तन करते समय परिवर्तन के पूर्ण होने से पहले ही उसे केन्सल करने के लिए **एस्केप** बटन का उपयोग करें।
> ★ यदि आपने परिवर्तन कर लिया है एवं अब यदि आप उसे केन्सल करना चाहते हैं तो **एडिट** मेन्यू पर क्लिक करें एवं फिर **अन डू** पर क्लिक करें।

फार्मूला बार एवं उससे संबंधित कन्ट्रोल्स

नेम बॉक्स	एडिट किए जा रहे डाटा के सेल रिफ्रेन्स को प्रदर्शित करता है।
केन्सल बटन ✕	किसी परिवर्तन के पूर्ण होने के पहले उसे केन्सल कर सकने की सुविधा देता है।
एन्टर बटन ✓	परिवर्तन को पूर्ण कर लेने की सुविधा देता है।
एडिट फार्मूला बटन =	सूत्रों की एडिटिंग के समय हेल्प प्रदान करता है।
फार्मूला बार	सेल के कन्टेन्ट को एडिट कर सकने की सुविधा देता है।

> **नोट्स :**
> ★ डिफॉल्ट रुप से एक्सेल, सेल के कन्टेन्ट को सीधे ही सेल पर एडिट कर सकने की सुविधा प्रदान करता है। इस विकल्प को सेट करने के लिए, **टूल्स** मेन्यू पर क्लिक करें, फिर **ऑप्शन्स** पर क्लिक करें, **एडिट** टैब चुनें, फिर **एडिट डायरेक्टली इन सेल** का चुनाव करें।

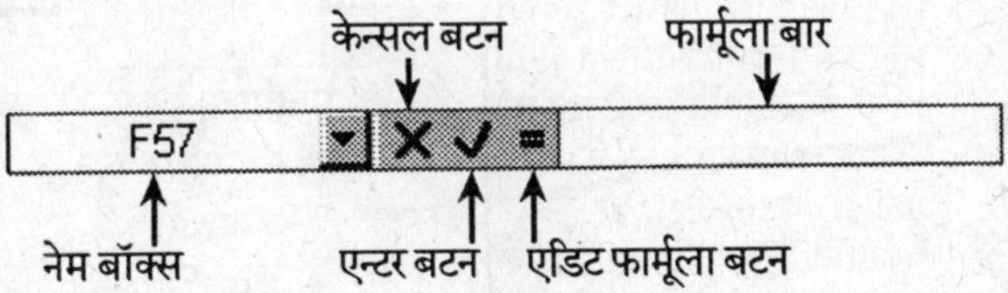

सेल मे डाटा प्रविष्टि करना

सेल में डाटा की प्रविष्टि करना बहुत ही आसान कार्य है। विभिन्न प्रकार के डाटा जैसे तारीख, समय, दशमलव, प्रतिशत और सूत्र को सेल में प्रविष्ट करने की कई विधियां हैं।

टेक्स्ट या पूर्ण नम्बरों को प्रविष्ट करना

1. जिस सेल में प्रविष्टि करनी है उसे सलेक्ट करें।
2. सेल पर टेक्स्ट या पूर्ण नम्बरों को टाईप करें। आपके द्वारा टाईप किए गए डाटा के आगे एक फ्लेश होता इन्सर्शन प्वाईन्टर दिखाई देगा। फार्मूला बार भी आपकी प्रविष्टि को दिखाने लगेगा।

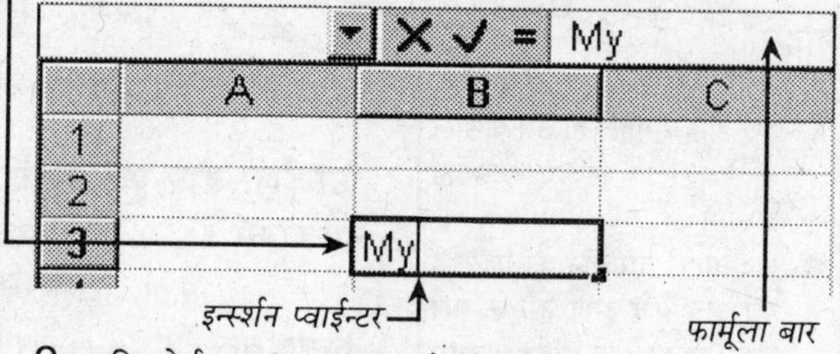

3. की-बोर्ड पर एन्टर बटन दबाएं, अथवा

फार्मूला बार पर दिए गए **एन्टर** बटन ✓ पर क्लिक करें। एक्सेल इस प्रविष्टि को पूर्ण करेगा और फिर इससे नीचे वाले सेल को सलेक्ट करेगा।

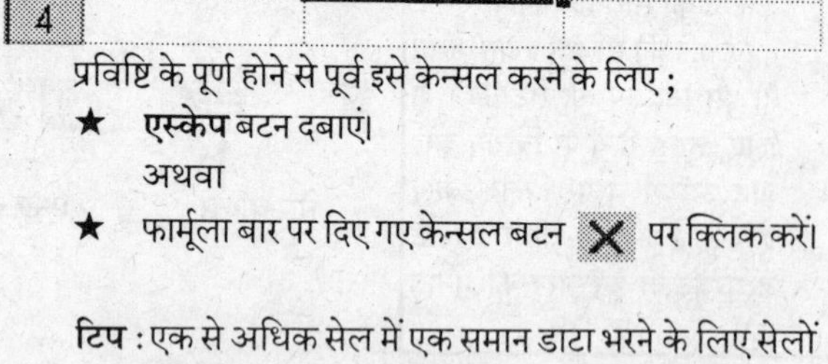

प्रविष्टि के पूर्ण होने से पूर्व इसे केन्सल करने के लिए ;

★ **एस्केप** बटन दबाएं।
अथवा

★ फार्मूला बार पर दिए गए केन्सल बटन ✕ पर क्लिक करें।

टिप : एक से अधिक सेल में एक समान डाटा भरने के लिए सेलों को सलेक्ट करें, डाटा को टाईप करें, और फिर **कन्ट्रोल + एन्टर** दबाएं।

नोट्स :

★ चरण क्रमांक 2 में, टेक्स्ट को सेल के अन्दर व्रेप करने के लिए **ऑल्ट + एन्टर** दबायें।

★ चरण क्रमांक 2 में, यदि आपके द्वारा की जा रही टाईपिंग, वर्तमान कॉलम की पिछली प्रविष्टि से मैच कर जाती है तो एक्सेल का ऑटो कम्पलीट फीचर आपके द्वारा टाईप किए जाने पर पिछली प्रविष्टि को यहां भर देता है।

★ चरण क्रमांक 3 में, आप की-बोर्ड पर एरो बटनों के द्वारा भी इच्छित दिशा में इच्छित सेल को सलेक्ट कर सकते हैं या अन्य किसी सेल को सलेक्ट करने के लिए उस सेल पर क्लिक करें।

★ चरण क्रमांक 3 में, यदि आपके द्वारा टाईप की जा रही प्रविष्टि, ऑटो करेक्ट फीचर के संक्षिप्त नाम (Abbreviation) से मैच कर जाती है, तो एक्सेल इस संक्षिप्त नाम को उसके निर्धारित टेक्स्ट से बदल देता है।

★ यदि किसी भी अलाईन्नमेन्ट को नहीं चुना गया है, तो एक्सेल **जनरल अलाईन्नमेन्ट** को आरोपित करता है जिसके अन्तर्गत वह टेक्स्ट को लेफ्ट अलाईन्न एवं वेल्यूं को राईट अलाईन्न करता है। (यह नियम तारीख व समय की प्रविष्टियों के लिए भी लागू होता है)।

★ यदि आपकी प्रविष्टि कॉलम में नहीं समाती है, तो यह अगले कॉलम पर ओवरलेप हो जाती हैं (जब तक कि अगले कॉलम के सेल में कुछ भी लिखा नहीं गया हो तब तक)।

विशेष प्रकार के डाटा को प्रविष्ट करना

1. जिस सेल में डाटा को प्रविष्ट करना है उस सेल को सलेक्ट करें।
2. नीचे दी गयी सारिणी के अनुसार डाटा टाईप करें। आपके द्वारा टाईप किए जा रहे डाटा के आगे एक इन्सर्शन प्वाईन्टर फ्लेश होता हुआ दिखाई देगा। फार्मूला बार भी आपकी प्रविष्टि को प्रदर्शित करेगा।
3. अब **एन्टर** बटन दबाएं।

Category	Example of what to type:
Currency	$25,000.25
Date	6/24/97
	24-Jun
	24-Jun-97
	Jun-97
Date & Time	6/24/97 10 AM
Fraction	0 1/2
Label	Text
Mixed Number	1 1/2
Number	25
Number as Label	="25"
Percent	25%
Time	10 AM
Formula (simple)	=A1+B1

टिप : आज की तारीख प्रविष्ट करने के लिए **कन्ट्रोल + सेमी कॉलोन** दबाएं।

नोट्स :

★ जब आप किसी मान को एक विशेष क्रम में प्रविष्ट करते हैं, या जब आप किसी मान को विशेष केरेक्टर जैसे कॉमा के साथ प्रविष्ट करते हैं तो एक्सेल अपने आप एक विशेष नम्बर फॉरमेट आरोपित कर देता है। उदाहरण के लिए, यदि आप एक शून्य, एक स्पेस और एक फ्रेक्शन (Fraction) को टाईप करते हैं,, तो, एक्सेल स्वतः ही फ्रेक्शन फॉरमेट आरोपित कर देता है और मान को एक फ्रेक्शन के रुप में प्रदर्शित करने लगता है।

★ दिनांक एवं समय, टेक्स्ट और नम्बर के संयुक्त रुप में प्रदर्शित हो सकता है। एक्सेल, दिनांकों तथा समयों को सीरियल वेल्यू के रुप में स्टोर करता है और उन्हें राईट अलाईन्न करता है।

★ ऐसे बड़े नम्बर जो एक कॉलम में नहीं समा पाते हैं उन्हें एक्सेल साईन्टिफिक रुप में फॉरमेट कर देता है जैसे कि 9E+14.

ऑटो कम्पलीट कैसे कार्य करता है

कॉलम में पुनरावृत होने वाले टेक्स्ट की प्रविष्टि के समय ऑटो कम्पलीट फीचर आपकी सहायता करता है।

1. जिस सेल में टेक्स्ट प्रविष्ट करना है उस सेल को सलेक्ट करें।
2. टेक्स्ट टाईप करना शुरु करें। अब एक्सेल इस प्रविष्टि को, इस कॉलम में पिछले बार प्रविष्ट कराये गए डाटा के आधार पर, स्वतः ही पूर्ण कर देगा।

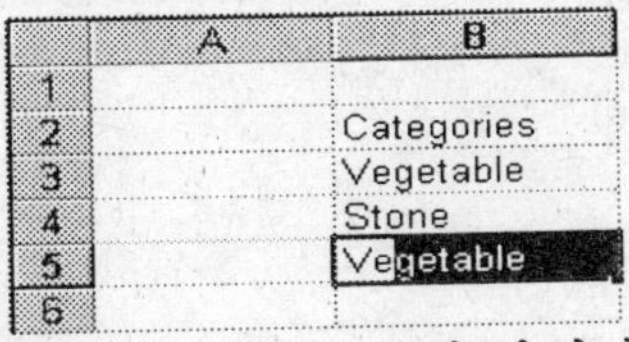

नोट : इस प्रविष्टि को बदलने के लिए हाईलाईट हो रहे टेक्स्ट के उपर इच्छित टेक्स्ट को टाईप कर दें।

3. अब **एन्टर** बटन दबाएं।

नोट्स :

★ ऑटो कम्पलीट फीचर, नम्बरों की प्रविष्टि में सहायता नहीं करता है।

★ ऑटो कम्पलीट फीचर के उपयोग का एक अन्य तरीका यह है कि जिस सेल में डाटा को प्रविष्ट करना है उस सेल पर राईट क्लिक करें एवं खुलने वाले सब-मेन्यू में **पिक फ्रॉम लिस्ट** पर क्लिक करें, इसके बाद उस डाटा को सलेक्ट करें जिसे आप प्रविष्ट कराना चाहते हैं। यह विधि केवल माऊस का उपयोग करते हुए डाटा प्रविष्ट करने की सुविधा देती है।

नम्बरों को फॉरमेट करना

जब आप किसी मान की प्रविष्टि करते हैं, तब एक्सेल को आपकी प्रविष्टि के लिए जो फॉरमेट उचित लगता है, वह उस फॉरमेट को आरोपित कर देता है। आप फॉरमेटिंग टूलबार से भी सामान्य नम्बर फॉरमेट्स जैसे कि करेन्सी, प्रतिशत आदि आरोपित कर सकते हैं, या फिर आप मेन्यू कमाण्डों और फॉरमेट सेल्स डायलॉग बॉक्स का उपयोग करते हुए विशेष नम्बर फॉरमेट भी चुन सकते हैं।

नोट्स :

★ चरण क्रमांक 2 में, यदि इच्छित नम्बर फॉरमेट बटन दिखाई न दे रहा हो, तो अतिरिक्त बटनों को देखने के लिए टूलबार के दाहिनी ओर दिए गए **मोर बटन्स** एरो » पर क्लिक करें।

★ जब आप किसी नम्बर फॉरमेट को बदलते हैं तो एक्सेल वेल्यू को नहीं बदलता है।

★ आपके द्वारा नम्बर फॉरमेट को बदले जाने के बाद यदि नम्बर सेल पर नहीं समा पाता है तो एक्सेल सेल पर पाऊण्ड का निशान (#######)दिखाने लगता है। इस समस्या को दूर करने के लिए कॉलम की चौड़ाई बढ़ा दें या फिर **श्रिंक टू फिट** विकल्प को सलेक्ट कर लें।

★ जब आप किसी नम्बर को विशेष चिन्हों जैसे $ या % टाईप करते हुए प्रविष्ट करते हैं तब आप इस नम्बर को फॉरमेट नहीं कर सकेंगे।

टूलबार का उपयोग करते हुए नम्बरों को फॉरमेट करना

1. जिन वेल्यू को फॉरमेट किया जाना है उनके सेलों को सलेक्ट कर लें।
   नोट : एक-दूसरे से दूर के सेलों को सलेक्ट करने के लिए कन्ट्रोल बटन दबाते हुए जिन-जिन सेलों को चुनना है उन पर क्लिक करते जांए।

2. अब फॉरमेटिंग टूलबार पर इच्छित नम्बर फॉरमेट बटन पर क्लिक करें।

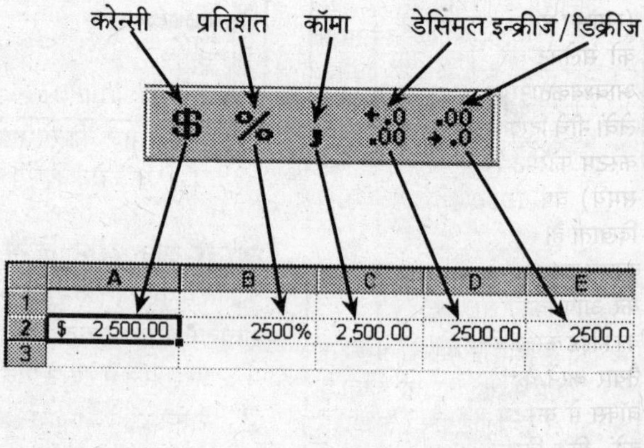

नोट्स :

★ जब तक आप वेल्यू में विशेष केरेक्टर को शामिल नहीं करते हैं तो अधिकांश स्थितियों में एक्सेल जनरल नम्बर फॉरमेट को ही लागू करता है।

★ चरण क्रमांक 4 में, चुनी गई केटेगोरी, चुने गए सेल के वर्तमान नम्बर फॉरमेट को प्रदर्शित करती है। यदि एक से अधिक सेल को चुना गया है और उन पर भिन्न-भिन्न नम्बर फॉरमेट हों तो कोई भी केटेगोरी प्रदर्शित नहीं होगी।

★ सभी नम्बर फॉरमेटों के टेम्प्लेट्स कस्टम केटेगोरी के भीतर समाहित होते हैं। इच्छित फॉरमेट के सबसे नजदीक (लगभग समान) वाले फॉरमेट को सलेक्ट करें, फिर इसमें आवश्यकतानुसार सुधार कर लेवें। नीचे दिखाये गए नमूने में कस्टम फॉरमेट (दिनांक और समय) वर्ष 1990 को पूरा दिखाता है।

★ कस्टम नम्बर फॉरमेट आरोपित कर आप किसी सेल में डाटा को हाईड करा सकते हैं। फॉरमेट तैयार करने के लिए केटेगोरी बॉक्स में **कस्टम** को सलेक्ट करें, फिर दिखाई देने वाले टाईप बॉक्स पर तीन सेमी कॉमा (;;;) टाईप करें।

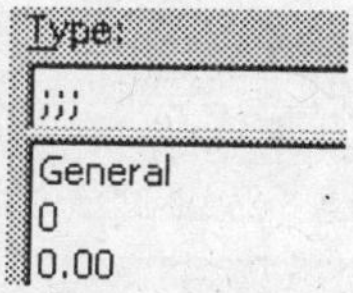

★ एक्सेल, डायलॉग बॉक्स के नीचे के भाग पर, चुनी गई केटेगोरी का विवरण प्रदर्शित करती है।

मेन्यू कमाण्डों का उपयोग करके नम्बरों को फॉरमेट करना

1. जिन वेल्यू को फॉरमेट करना है उनके सेल को सलेक्ट करें।
   नोट : एक-दूसरे से दूर के सेलों को सलेक्ट करने के लिए कन्ट्रोल बटन दबाते हुए जिन-जिन सेलों को सलेक्ट करना हो उन पर क्लिक करते जाएं।
2. पहले **फॉरमेट** मेन्यू पर एवं फिर **सेल्स** पर क्लिक करें।
3. अब **नम्बर** टैब पर क्लिक करें।
4. **केटेगोरी** लिस्ट में नम्बर फॉरमेट की केटेगोरी को सलेक्ट करें। एक्सेल चुनी गई केटेगोरी के लिए विकल्पों का प्रदर्शन करता है।
5. चुनी गई केटेगोरी के लिए इच्छित विकल्पों का चुनाव करें। इसका नमूना एक्सेल, सेम्पल बॉक्स में प्रदर्शित करता है।
6. जब यह सब हो जाए तो **ओ.के.** बटन OK पर क्लिक करें।

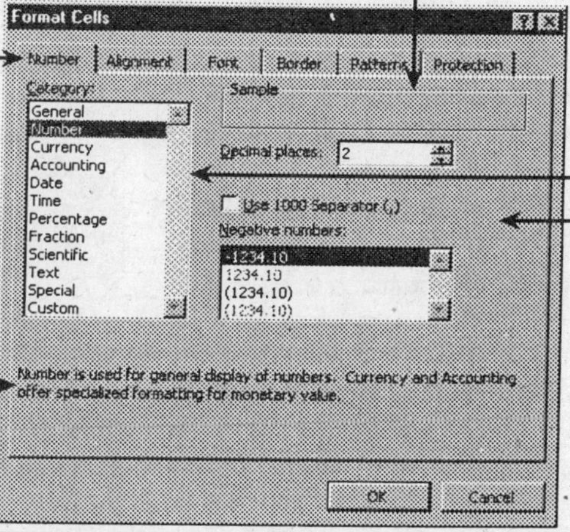

Category	Value	Comment
General	1.5	
Number	1.50	
Currency	$1.50	
Accounting	$ 1.50	
Date	January 1, 1900	first day of century
Time	1/1/00 12:00 PM	first day & a half of century
Percentage	150.00%	you can set decimal places
fraction	1 1/2	
Scientific	150E+00	
Text	1.5	
Special	00002	zip code
	(718) 980-0999	phone number
	000-00-0002	social security number
Custom	1/1/1900 12:00 PM	customized date & time

सेल के कन्टेन्ट्स को मूव कराना

आप विभिन्न तरीकों से किसी सेल के डाटा को किसी भी दूसरे सेल में मूव कर सकते हैं। इस कार्य के लिए चुने जाने वाली सबसे अच्छी विधि सोर्स डाटा और डेस्टिनेशन (जिस सेल पर लिखा जाना है) के स्थान पर निर्भर करती है।

मेन्यू कमाण्डों का उपयोग करके सेल के कन्टेन्ट्स को मूव कराना

1. जिन सेलों को मूव करना है उन्हें सलेक्ट कर लें।
2. अब पहले **एडिट** मेन्यू पर क्लिक करें फिर उसमें **कट** कमाण्ड पर क्लिक करें। इससे चुने गए सेल के चारो ओर एक फ्लेश होती हुई आऊटलाईन दिखायी देने लगेगी।

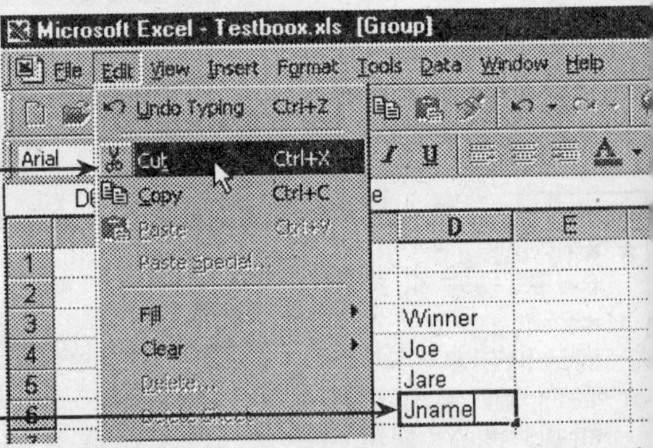

3. डेस्टिनेशन सेल (जिन पर डाटा को मूव करना है) को सलेक्ट करें
4. अब **एडिट** मेन्यू पर एवं फिर **पेस्ट** कमाण्ड पर क्लिक करें।
   अथवा
   एन्टर बटन दबाएं।

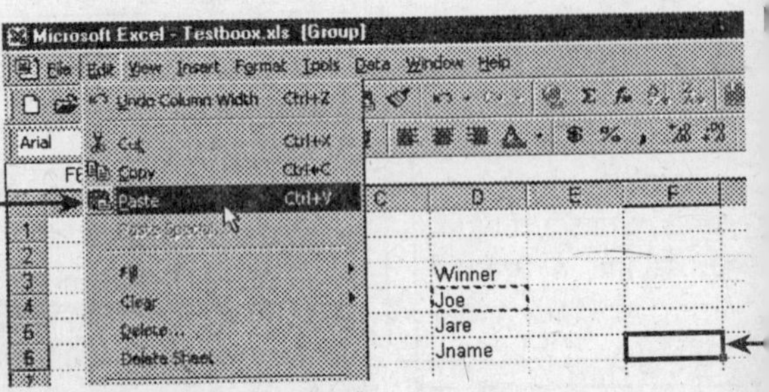

नोट्स :

★ जब सोर्स और डेस्टिनेशन सेल एक साथ स्क्रीन न दिख रहे हों तब मेन्यू कमाण्ड्स का उपयोग कर सेल कन्टेन्ट्स को मूव कराना सबसे अच्छा होता है।

★ चरण क्रमांक 2 और 4 में, आप, **कट** और **पेस्ट** कमाण्ड्स को शॉर्टकट मेन्यू से सलेक्ट करने के लिए किसी भी चुने हुए सेल पर राईट क्लिक कर सकते हैं।

★ **चेतावनी :** जब आप डाटा को पेस्ट करते है, तब डेस्टिनेशन सेल पर पहले से उपस्थित डाटा बदल जाते हैं। पेस्ट क्रिया को रिवर्स करने (अर्थात् डेस्टिनेशन सेल पर पहले उपस्थित डाटा को पुनः प्राप्त करने) के लिए पहले **एडिट** मेन्यू पर क्लिक करें, एवं फिर वहां **अन डू** पर क्लिक कर दें।

★ चरण क्रमांक 4 में, डाटा की ओवरराईटिंग से बचने के लिए आप **इन्सर्ट** मेन्यू पर और फिर **कट सेल्स** कमाण्ड पर क्लिक कर सकते हैं। ऐसा करने पर **इन्सर्ट पेस्ट** डायलॉग बॉक्स दिखाई देता है, जहां से आप वर्तमान में उपस्थित सेल को मनचाही दिशा में भेजने का चुनाव कर सकते हैं।

★ **कट सेल्स** कमाण्ड को देखने के लिए मेन्यू के नीचे भाग पर दिए गए बटन पर क्लिक करें।

> **नोट्स :**
> ★ जब सोर्स और डेस्टिनेशन सेल एक दूसरे के नजदीक होते हैं तब ड्रेग बॉर्डर विधि का उपयोग (डाटा को) मूव करने के लिए सबसे अच्छा होता है।
> ★ चरण क्रमांक 3 में, ड्रेग का अर्थ होता है, माऊस को चलाते समय उसके बायें बटन को दबाकर रखते हुए माऊस को सरकाना।
> ★ चरण क्रमांक 3 में, डेस्टिनेशन सेल पर डाटा की ओवरराइटिंग से बचने के लिए, सेल बॉर्डर को ड्रेग करते समय **कन्ट्रोल + शिफ्ट** बटनों को दबाकर रखें। उपस्थित सेल नये डाटा को समाने के लिए शिफ्ट हो जाता है।

सेल की बॉर्डर को ड्रेग करते हुए सेल के कन्टेन्ट्स को एक जगह से दूसरी जगह ले जाना (मूव कराना)

1. जिस डाटा को मूव करना है उसके सेल को सलेक्ट करें।
2. सलेक्ट किए गए सेल की बॉर्डर के किसी भी स्थान को प्वाईन्ट करें।

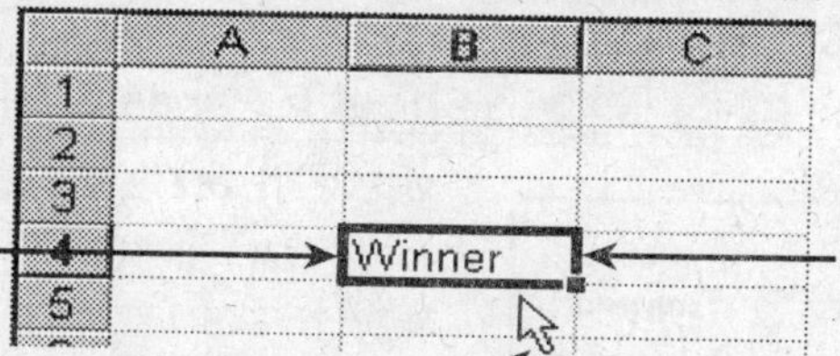

इससे प्वाईन्टर एक ठोस तीर के निशान में बदल जाएगा।

3. बॉर्डर की आऊटलाईन को नए स्थान पर ड्रेग करते हुए ले जाएं।
4. अब माऊस बटन को दबाना छोड़ दें।

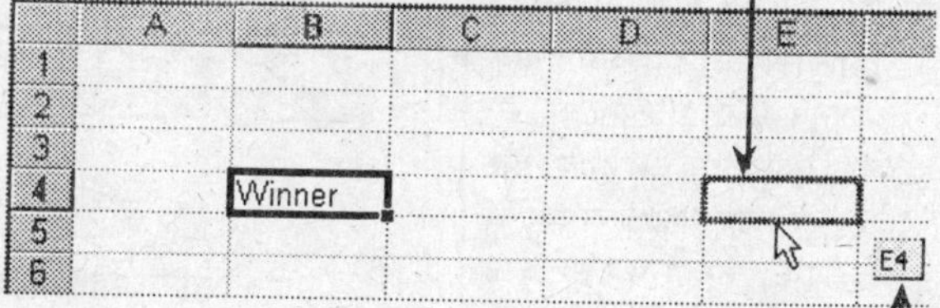

एक्सेल, डेस्टिनेशन सेल के रिफ्रेन्स को प्रदर्शित करता है।

> **नोट्स :**
> ★ सेल के कन्टेन्ट्स को मूव करने के लिए मेन्यू कमाण्ड्स (**एडिट, कट** और **एडिट पेस्ट**) का भी उपयोग कर सकते हैं।
> ★ यदि आप कोई गलती कर जाते हैं, तो उसे नकारने के लिए पहले **एडिट** मेन्यू पर क्लिक करें फिर **अन डू** पर क्लिक करें। एक्सेल न केवल अभी-अभी के (मोस्ट रिसेन्ट) बल्कि पिछले कई कार्यों को नकारने की सुविधा प्रदान करता है।

सेल के कन्टेन्ट्स के कुछ अंश को किसी दूसरे सेल में मूव करना

1. जिस डाटा को मूव किया जाना है उसके सेल को सलेक्ट कर लें। ऐसा करने से वहां इन्सर्शन प्वाईन्टर फ्लेश होने लगेगा।
2. जितने डाटा को मूव करना है उतने डाटा को सलेक्ट करने के लिए ड्रेग करें।

एक्सेल, सेल में डाटा को हाईलाईट करने लगता है

3. सलेक्ट किए गए डाटा को कट करने के लिए **कन्ट्रोल + X** बटनों को दबाएं।
4. अब डेस्टिनेशन सेल पर डबल क्लिक करें तथा इस सेल में जहां पर डाटा को इन्सर्ट किया जाना है वहां पर क्लिक करें।
   अथवा
   डेस्टिनेशन सेल में जितने डाटा को ओवरराईट किया जाना है उतने डाटा को सलेक्ट करें।
5. अब पेस्ट करने के लिए **कन्ट्रोल + V** बटनों को दबाएं।

शीट टैब्स

शीट टैब्स, एक एकल वर्कबुक फाईल के अन्तर्गत बहुत सारी वर्कशीटों के साथ कार्य करने की सुविधा प्रदान करती है। शीट टैबों को आप सलेक्ट, ग्रुप, इन्सर्ट, रिनेम, डिलीट, मूव और कॉपी कर सकते हैं।

नोट्स :

★ चरण क्रमांक 2 में, पास-पास की शीटों को सलेक्ट करने के लिए आप **शिफ्ट** बटन दबाकर शीटों पर क्लिक भी कर सकते हैं।

★ ग्रुप की हुई शीट हाईलाईट (सफेद) होती हुई दिखेगीं जबकि अनग्रुप की गई शीट ग्रे (भूरे) रंग की दिखाई देंगी। जब आप शीटों को ग्रुप करेंगे तो टाईटल बार पर वर्कबुक के नाम के बाद **"[Group]"** लिखा हुआ दिखाई देगा।

★ किसी शीट को अनग्रुप करने के लिए आप इसकी किसी ऐसी शीट टैब पर भी क्लिक कर सकते हैं जिसे कि वर्तमान में ग्रुप नहीं किया गया है।

शीट टैबों को ग्रुप तथा अनग्रुप करना

जब आप शीटों को ग्रुप करते हैं, (अर्थात् शीटों का एक समूह बना देते है) तो एक्टिव शीट पर किए जाने वाले डाटा तथा फॉरमेटिंग संबंधित परिवर्तन, ग्रुप की गई शीटों पर पुनरावृत हो जाते हैं।

1. ग्रुप में पहली शीट टैब पर क्लिक करें।
2. **कन्ट्रोल** बटन को दबाते हुए इस ग्रुप में जिन-जिन शीटों को शामिल करना हो, उन शीटों पर क्लिक करें।

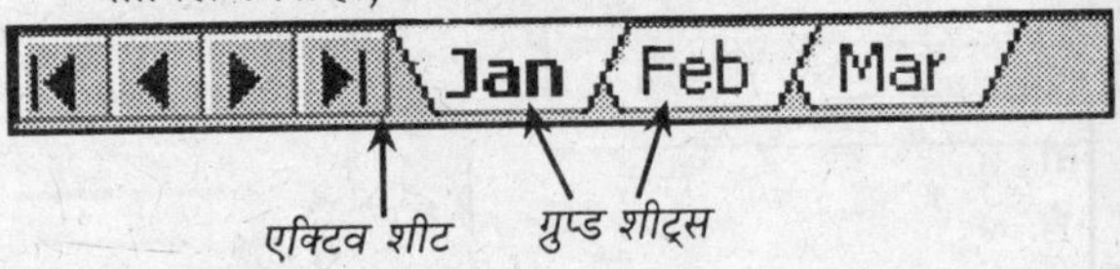

3. ग्रुप की किसी शीट को एक्टिव शीट बनाने के लिए, उस शीट पर क्लिक करें।

शीट टैबों को अनग्रुप करना

★ ग्रुप की किसी भी शीट टैब पर राईट क्लिक करें एवं खुलने वाले शॉर्टकट मेन्यू में **अनग्रुप शीट्स** पर क्लिक करें।

शीट टैबों को मिटाना

1. डिलीट की जाने वाली शीट पर राईट क्लिक करें और खुलने वाले शॉर्टकट मेन्यू में **डिलीट** पर क्लिक करें।
2. इस कार्य को सुनिश्चित करने के लिए **ओ.के.** बटन  पर क्लिक कर दें।

नोट्स :

★ **चेतावनी** : वर्कशीट को डिलीट करते समय सावधानी बरतें, क्योंकि आप इस कार्य को अनडू नहीं कर सकेगें अर्थात् वर्कशीट के डाटा को पुनः प्राप्त नहीं कर सकेगें।

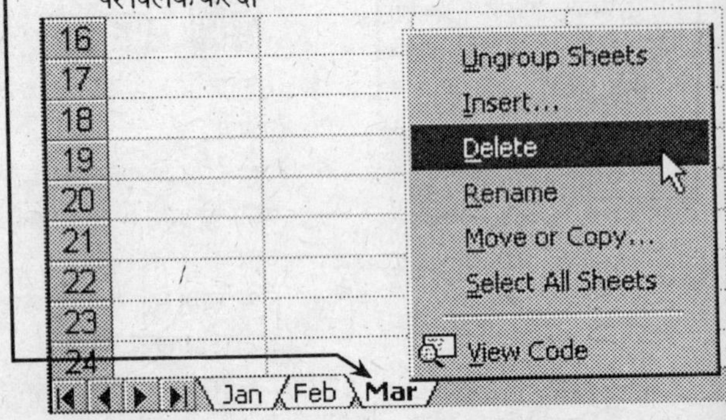

नयी शीट इन्सर्ट करना

1. किसी शीट टैब पर राईट क्लिक करें फिर खुलने वाले शार्टकट मेन्यू में **इन्सर्ट** पर क्लिक करें। इससे **इन्सर्ट** डायलॉग बॉक्स खुल जाएगा।
2. वर्कशीट आईकॉन, पर क्लिक करें, और फिर **ओ. के.** बटन  पर क्लिक करें।
3. अब मनचाहे रुप में शीट को रिनेम या मूव करें।

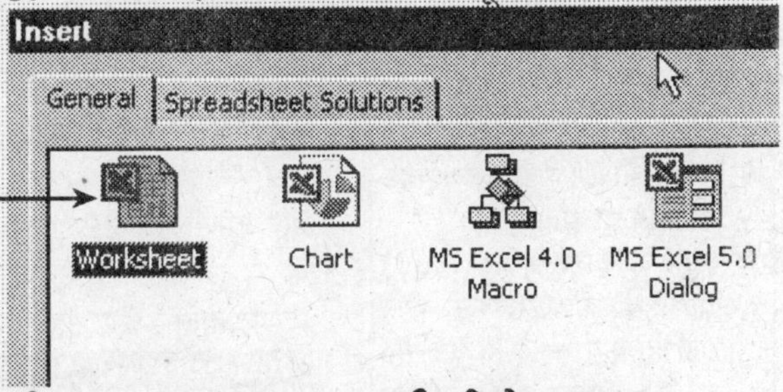

नोट्स :

★ चरण क्रमांक 1 में, आप कई वर्कशीट को इन्सर्ट करा सकते हैं, इसके लिए पहले इन्सर्ट करायी जाने वाली शीटों पर क्लिक कर उनका एक ग्रुप बना लें, फिर ग्रुप पर राईट क्लिक कर उन्हें इन्सर्ट करा दें।

★ चरण क्रमांक 2 में, आप विशेष आयटमों जैसे चार्ट और मेक्रो (Macro) शीट को भी इन्सर्ट करा सकते हैं।

★ **स्प्रेडशीट सॉल्यूशन** टैब से आप इन्सर्ट कराने हेतु किसी कस्टम टेम्प्लेट को भी सलेक्ट कर सकते हैं।

शीट का नाम बदलना अर्थात् रिनेम करना

1. नाम परिवर्तित की जाने वाली शीट टैब पर डबल-क्लिक करें। इससे एक्सेल, शीट के नाम को हाईलाईट करने लग जाएगा।

2. नया नाम टाईप करें और वर्कशीट में कहीं पर भी क्लिक कर दें।

नोट्स :

★ चरण क्रमांक 1 में, रिनेम करने के लिए टैब पर राईट क्लिक करें एवं फिर खुलने वाले शॉर्टकट मेन्यू में **रिनेम** पर क्लिक करें।

★ वर्कशीट के नाम में पंक्चुएशन एवं स्पेस (खाली जगह) हो सकते हैं।

शीट को मूव तथा कॉपी करना

1. मूव या कॉपी की जाने वाली शीटों को सलेक्ट करें। इससे एक्सेल, शीट टैब के नाम को हाईलाईट करने लगता है।
2. शीट को मूव करने के लिए सलेक्शन को नये स्थान पर ड्रेग करते हुए ले जाएं।

त्रिभुज का निशान, इन्सर्शन प्वाईन्ट सूचित करता है

अथवा

शीट को कॉपी करने के लिए **कन्ट्रोल** बटन दबाएं एवं सलेक्शन को इच्छित स्थान तक ड्रेग करते हुए ले जाएं।

प्लस का निशान, कॉपी को सूचित करता है

नोट्स :

★ जब आप किसी शीट को कॉपी करते हैं तो, एक्सेल नयी शीट का नाम बदलते हुए (रिनेम करते हुए) इस के नाम के साथ एक नम्बर जोड़ देता है। उदाहरण के लिए Sheet 1 को कॉपी किए जाने पर इसका नाम Sheet 1 (2) हो सकता है। आप इस शीट का नाम बदल (रिनेम) सकते हैं।

सूत्रों से संबंधित जानकारीयां

वर्कशीट पर स्थित वेल्यू की गणना करने के लिए सूत्रों का उपयोग कर सकते हैं। यह प्रकरण आपको सूत्रों की मूलभूत जानकारीयां जैसे कि फार्मूला लोकेशन (सूत्र का स्थान), फार्मूला पार्ट्स (सूत्र के भाग), प्रक्रिया (गणना) के क्रम को नियंत्रित करना एवं सूत्र के उदाहरणों इत्यादि से अवगत करायेगा।

नोट्स :

- ★ नम्बरों की गणना करने का निर्देश ही **फार्मूला** होता है।
- ★ आप **कन्ट्रोल + ~** (टिल्ड) बटनों को दबाकर सेल में सूत्रों को प्रदर्शित करा सकते हैं। वर्कशीट को पुनः सामान्य बनाने के लिए उपरोक्त बटनों **कन्ट्रोल + ~** (टिल्ड) को फिर से दबाएं।

फार्मूला लोकेशन

जिस सेल पर परिणाम देखना हो उस सेल पर किसी सूत्र की प्रविष्टि करें। आप जैसे ही सूत्र को टाईप करते हैं वह, सेल पर तथा फार्मूला बार दोनों पर दिखाई देने लगता है। सूत्र की प्रविष्टि कर लेने के बाद परिणाम सेल पर प्रदर्शित होता है तथा सूत्र, फार्मूला बार पर प्रदर्शित होता है।

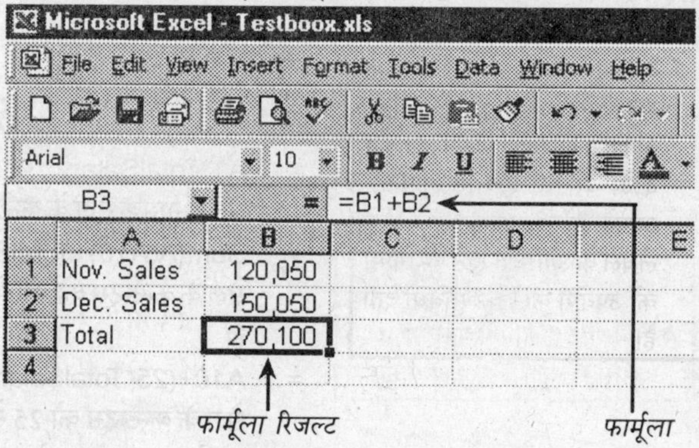

नोट्स :

- ★ **सेल रिफ्रेन्सेस** एवं **रिफ्रेन्स नेम** वर्कशीट पर सेल की स्थिति को सूचित करते हैं।
- ★ **फंक्शन्स** पूर्व-परिभाषित सूत्र होते हैं।
- ★ **ऑपरेटर्स** एक्सेल को यह निर्देशित करते हैं कि की जाने वाली गणना को किस प्रकार करना है।
- ★ **पेरेन्थेसीस,** ऑपरेशन के क्रम को प्रभावित करती है। इन्हें हमेंशा जोड़े में उपयोग किया जाता है।

फार्मूला पार्ट्स (सूत्र के भाग)

सूत्र हमेंशा बराबर के चिन्ह (=) से शुरु होता है। इन सूत्रों में जो अव्यय होते हैं उन्हें नीचे दिए गए सूत्र के उदाहरण में बोल्ड अक्षरों (गाढ़े अक्षर) में दिखाया गया है।

नम्बर्स	=	A1 + 25
सेल रिफ्रेन्सेस	=	A1 - 25
रिफ्रेन्स नेम्स	=	A1 * Salary
फंक्शन्स	=	Sum(A1:A10)+ Salary
आपरेटर्स	=	A1/2+25*22-3
पेरेन्थेसीस	=	(24+2A1)/2%

नोट्स :

★ यदि फार्मूला में गुणा तथा भाग दोनों संक्रियाएं (ऑपरेशन्स) हों तो एक्सेल संक्रियाओं को बांये से दांये की ओर हल करता है।

★ जब फार्मूला में जोड़ तथा घटाना दोनों संक्रियाएं (ऑपरेशन्स) हों, तो एक्सेल संक्रियाओं को बांये से दांये की ओर हल करता है।

सूत्रों में ऑपरेशन्स के क्रम को नियंत्रित करना

सूत्र बनाते समय गणितीय संक्रियाओं (ऑपरेशन्स) के क्रम का सही-सही ज्ञान आवश्यक है। एक्सेल, आपके सूत्र में दी गई संक्रियाओं को भिन्न क्रम में पूरा करता है।

★ कोष्टक ( ) में बंद संक्रियाओं को

★ प्रतिशत % को

★ घातांक ^ को

★ गुणा एवं भाग * / को

★ जोड़ एवं घटाना + - को

★ कॉन्केटनेशन को = (टेक्स्ट स्ट्रिंग के संबंध)

★ तुलनाओं को = < > < = > > = < =

नोट्स :

★ कुछ उदाहरणों में नाम युक्त रेन्ज का समावेश है। किसी रेन्ज को सूत्र में दिए जाने के पहले आप अन रेन्ज को कोई एक नाम अवश्य दे दें। वैसे भी एक्सेल आपको, आपके वर्कशीट पर नम्बरों के आगे लेबल के उपस्थित रहने पर, नामों को उपयोग करने की सुविधा देती है।

सूत्र के कुछ उदाहरण

कुछ सामान्य सूत्रों को उनके संक्षिप्त विवरणों के साथ नीचे दिया गया है ;

= A1+25 : यह सूत्र, सेल A1 के कन्टेन्ट्स को स्थिरांक 25 से जोड़ता है।

= A1- 25 : यह सूत्र, सेल A1 के कन्टेन्ट्स में 25 को घटाता है।

= A1*TotalSalary : यह सूत्र, सेल A1 के कन्टेन्ट्स को, टोटल सेलेरी नामक सेल के कन्टेन्ट्स के साथ गुणा करता है।

= Sum(A:A10)+TotalSalary : यह सूत्र, टोटल सेलेरी नामक सेल के कन्टेन्ट्स को, सेल A1 से A10 तक के योग के साथ जोड़ता है।

= A10+(25*TotalSalary) : यह सूत्र, पहले टोटल सेलेरी नामक सेल के कन्टेन्ट्स को 25 से गुणा करता है और फिर इसके परिणाम को सेल A10 के कन्टेन्ट्स के साथ जोड़ता है।

= A10^3 : यह सूत्र, सेल के कन्टेन्ट्स को आपस में तीन बार गुणा करता है। (घातांक)

= 2%*A10 : यह सूत्र, सेल A10 के कन्टेन्ट्स का 2 प्रतिशत निकालता है।

= (Min(Salary)+Max(Salary))/2 : यह सूत्र, सेलेरी नामक सेलों की रेन्ज के न्यूनतम मान को इसी रेन्ज के अधिकतम मान से जोड़कर, परिणाम को 2 से भाग देता है।

= A10 & " " & All : यह सूत्र, सेल A10 और All नामक सेल के टेक्स्ट को दोनों के बीच में एक स्पेस (खाली जगह) देकर संयुक्त करता है। यदि A10 पर Hello है तथा All पर Good Morning है तो परिणाम Hello Good Morning होगा।

= IF(A1<>0,A1*B10," ") : यदि सेल A1 का मान शून्य न हो तो A1 को B10 के मान से गुणा करता है अन्यथा खाली टेक्स्ट प्रदर्शित करता है।

आसान सूत्र बनाना

आप स्वयं वर्कशीट पर स्थित वेल्यू की गणना करने के लिए सूत्रों का निर्माण कर उन्हें प्रविष्ट कर सकते हैं। यह प्रकरण आपको सूत्रों का निर्माण करने, सूत्र में नामों को पेस्ट करने, और सूत्रों में रिफ्रेन्सेस को इन्सर्ट करने से संबंधित मूलभूत सूचनाओं से अवगत करायेगा।

नोट्स :

★ चरण क्रमांक 1 में, उस सेल का चुनाव करें जहां आप गणना के परिणाम को प्रविष्ट कराना चाहते हैं।

★ चरण क्रमांक 2 में, जब आप बराबर का चिन्ह (=) टाईप करते हैं, तो फार्मूला बार पर कन्ट्रोल्स दिखाई देने लगते हैं।

★ प्रस्तुतीकरण में दिखाया गया आसान सा सुत्र = 25*A1, सेल A1 के मान को 25 गुणा कर देता है।

★ जब तक सूत्र में वे सारे सेल शामिल नहीं हो जाते हैं जिन सेलों की आप गणना करना चाहते हैं तब तक आप तब तक रिफ्रेन्सों को इन्सर्ट कर सकते हैं।

★ यदि आप किसी प्रविष्टि को नकारना चाहते हों, तो **एस्केप** बटन को दबा दें।

सूत्र का निर्माण करना (रिफ्रेन्सों को जोड़ना)

1. जिस सेल में सूत्र डालना है उस सेल को सलेक्ट करें।
2. एक बराबर का चिन्ह (=) टाईप करें। बराबर का चिन्ह, सेल तथा फार्मूला बार दोनों पर दिखाई देने लगेगा।

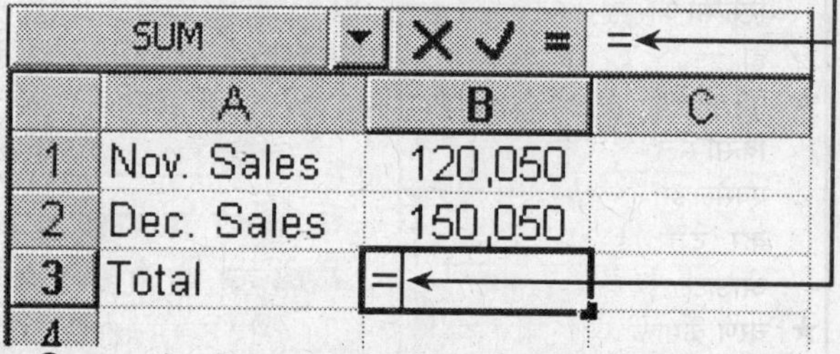

3. अब सेल में सूत्र को टाईप करें।

माऊस से प्वाईन्ट करते हुए सूत्र में कोई रिफ्रेन्स इन्सर्ट करना

★ जहां रिफ्रेन्स इन्सर्ट करना है उस सेल पर क्लिक करें। इससे वहां डेश-डेश वाली लाईन सेल के चारों ओर दिखाई दने लगेगी एवं एक्सेल आपके सूत्र में सेल रिफ्रेन्स को इन्सर्ट कर देगा।

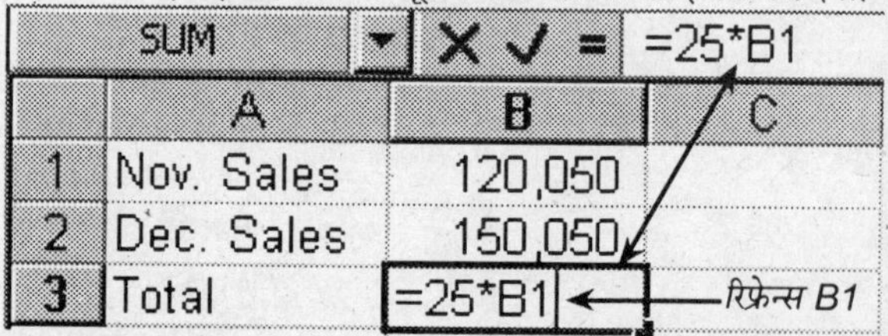

4. अब सूत्र के अगले अंश को टाईप करें। यदि सूत्र पूरा हो गया हो तो नीचे दिए गए पांचवें चरण पर जाएं। अब एक्सेल, डेश-डेश वाली आऊटलाईन को हटा देता है और फिर आपकी प्रविष्टि सेल और फार्मूला बार पर दिखाई देने लगती है।
5. **एन्टर** बटन को दबाएं अथवा

फार्मूला बार पर दिए गए **एन्टर** बटन ✓ पर क्लिक करें।
इससे एक्सेल, सूत्र की गणना करता है एवं परिणाम को सेल पर प्रदर्शित कर देता है।

नाम वाली रेन्ज को किसी सूत्र में पेस्ट करना

1. सूत्र में इन्सर्शन प्वाईन्ट को रखें।
2. पहले **इन्सर्ट** मेन्यू पर एवं फिर उसमें **नेम** पर क्लिक करें।
3. खुलने वाले सब-मेन्यू में **पेस्ट** पर क्लिक करें।
4. सूत्र पर पेस्ट करने के लिए नाम पर क्लिक करें, और फिर **ओ.के.** बटन OK पर क्लिक करें।

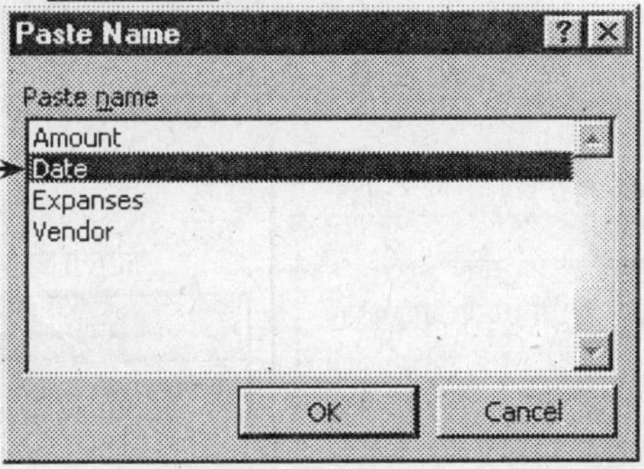

नोट्स :

★ चरण क्रमांक 2 में, आप रेन्ज के नाम को पेस्ट करने के बजाय उसे टाईप भी कर सकते हैं।

फार्मूला बनाना, सेल रिफ्रेन्स इन्सर्ट करना एवं रिफ्रेन्स के प्रकार को बदलना

1. नीचे चित्र में बताए अनुसार, किसी नयी वर्कशीट में डाटा टाईप करें फिर कमीशन निकालने के लिए सेल C7 में एक सूत्र (=B2*C5) बनाएं।

	A	B	C	D
1		SALES COMMISSION		
2	COM RATE	4.00%		
3				
4		ELMHURST	CADDY	WUILLS
5	SALES	640000	340000	540000
6	BONUS	2000	1000	2000
7	COMMISSION	25600		
8	TOTAL COMP	27600		

2. सूत्र डालने के लिए सेल (C7) को सलेक्ट करें।
3. सूत्र को प्रारंभ करने के लिए बराबर का चिन्ह (=) टाईप करें।
4. सूत्र में सेल रिफ्रेन्स डालने के लिए सेल (B2) पर क्लिक करें।

इन्सर्ट किए गए रिफ्रेन्स को एब्सोल्यूट में बदलने के लिए

★ **F4** बटन दबाएं। इससे रिफ्रेन्स एब्सोल्यूट में बदल जाएगा अर्थात् B2 बदल कर B2 हो जाएगा।

5. अब इच्छित ऑपरेटर (*) की प्रविष्टि करें।
6. सूत्र में रिफ्रेन्स डालने के लिए अब अगले सेल (C5) पर क्लिक करें।
7. सूत्र को पूर्ण करने के लिए अब **एन्टर** बटन दबाएं।

नोट्स :

★ बतायी जा रही यह विधि एक फार्मूला बनाने में आवश्यक चरणों को बताती है। दिए गए उदाहरण के रिफ्रेन्सों को कोष्टक में दिखाया गया है।

★ सूत्र को बनाते समय जब कभी आप किसी सेल को प्वाईन्ट करते हैं तो एक्सेल इसे (सेल को) सूत्र में इन्सर्ट कर देता है ओर सेल को आऊटलाईन में दिखाता है।

★ चरण क्रमांक 4 में, आप जब भी बटन को दबाते हैं तो एक्सेल रिफ्रेन्स के प्रकार को बदल देता है।

★ **प्रस्तुत उदाहरण का परिणाम :** सेल C7 में दिए गए सूत्र के द्वारा 1360 दिखाना चाहिये।

फंक्शन बनाना

फंक्शन वे पूर्व परिभाषित सूत्र होते हैं जो कुछ विशेष गणनाएं जैसे कि औसत निकालना या फ्युचर वेल्यू निकालना इत्यादि करते हैं। फंक्शनों को, गणना किए जाने वाले डाटा के संबंध में कुछ तर्कों की आवश्यकता होती है। फंक्शन को आसानी से बनाने के लिए एक्सेल, पेस्ट फंक्शन विजार्ड प्रदान करता है।

पेस्ट फंक्शन बटन

फार्मूला बार पर फंक्शन्स लिस्ट

नोट्स :

- ★ चरण क्रमांक 2 में, आप पहले **इन्स्र्ट** मेन्यू पर एवं फिर **फंक्शन** पर क्लिक कर सकते हैं।
- ★ ऐसे सूत्र जिन्हें आप बनाना शुरु कर चुके हैं, उस पर किसी फंक्शन को इन्स्र्ट करने के लिए आप **पेस्ट फंक्शन** बटन पर भी क्लिक कर सकते हैं।
- ★ सूत्र को बनाते समय बार-बार उपयोग होने वाले फंक्शनों को इन्स्र्ट करने **पेस्ट फंक्शन विजार्ड** में पहुंचने के लिए फार्मूला बार पर दिए गए **फंक्शन लिस्ट** पर क्लिक कर सकते हैं।
- ★ **पेस्ट फंक्शन विजार्ड** किसी प्रस्तावित रेन्ज को **नम्बर** बॉक्स में इन्स्र्ट कर सकता है। यदि यह रेन्ज उचित न हो तो इस रेन्ज को डिलीट कर दें।
- ★ आप जैसे ही **नम्बर** बॉक्स पर क्लिक करते है, तो पेस्ट फंक्शन विजार्ड और अधिक बॉक्सों को जोड़ सकता है।

फंक्शन विजार्ड के उपयोग से फंक्शन इन्सर्ट करना

1. उस सेल का चुनाव करें जहां फंक्शन को बनाया जाना है।
2. स्टेण्डर्ड टूलबार पर दिए गए **पेस्ट फंक्शन** बटन  पर क्लिक करें। ऐसा करने से **पेस्ट फंक्शन** डायलॉग बॉक्स खुल जाएगा।

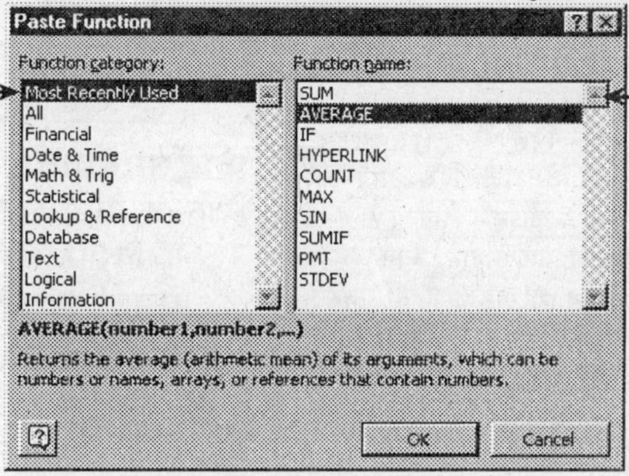

3. इस डायलॉग बॉक्स में, **फंक्शन केटेगोरी** की सूची में से इच्छित केटेगोरी का चुनाव करें।
4. **फंक्शन नेम** की सूची में से इच्छित फंक्शन का चुनाव करें और फिर **ओ.के.** पर क्लिक कर दें। ऐसा करने पर आपके द्वारा चयनित फंक्शन के लिए एक डायलॉग बॉक्स प्रदर्शित होने लगेगा।

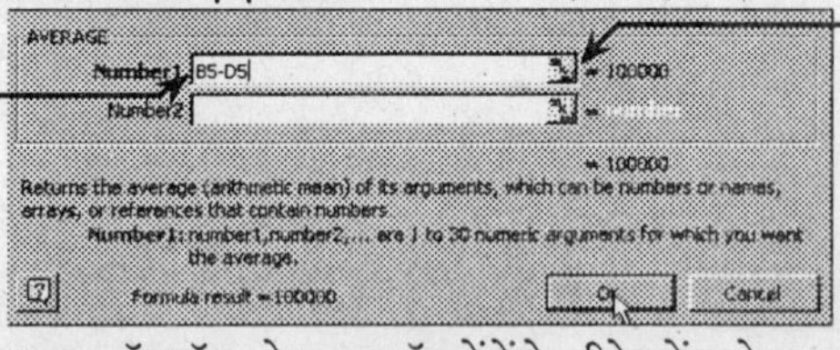

डायलॉग कॉलेप्स बटन

5. इस डायलॉग बॉक्स के **नम्बर** बॉक्सों में सेल रिफ्रेन्सों या वेल्यू इन्स्र्ट करें।

   नोट : सेलों को सीधे वर्कशीट पर से सलेक्ट करने के लिए **नम्बर** बॉक्स के दाहिनी ओर दिए गए **कॉलेप्स डायलॉग** बटन पर क्लिक करें।

6. जब यह सब हो जाए तब **ओ. के.** 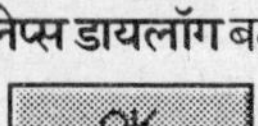 पर क्लिक कर दें।

फंक्शन को एडिट करना

1. जिस फंक्शन को एडिट करना है उसके सेल को सलेक्ट करें।
   नोट : सेल पर डबल-क्लिक न करें।
2. स्टेण्डर्ड टूलबार पर **पेस्ट फंक्शन** बटन *fx* पर क्लिक करें।
3. **नम्बर** बॉक्स पर में तर्कों (ऑरग्युमेन्ट्स) को बदलें, और फिर **ओ.के.** पर क्लिक करे दें।

नोट्स :
- ★ चरण क्रमांक 1 में, यदि आप सेल पर डबल क्लिक करते हैं तो **पेस्ट फंक्शन** बटन पर क्लिक करें, अब आप इस पर एक नया फंक्शन इन्सर्ट करें।
- ★ चरण क्रमांक 3 में, बटनों के लिए पिछले पेज पर दिए गए उदाहरण को देखें।

कम्बाईन (नेस्ट) फंक्शन्स

1. जिन फंक्शनों को कम्बाईन करना है उनके सेल पर डबल-क्लिक करें।
2. नया फंक्शन जहां दिखाई देता है उस स्थान पर इन्सर्शन प्वाईन्ट को रखें या फंक्शन को बदलने के लिए ऑरग्युमेन्ट (तर्क) को सलेक्ट करें।
3. स्टेण्डर्ड टूलबार पर **पेस्ट फंक्शन** बटन *fx* पर क्लिक करें।
4. **फंक्शन केटेगोरी** की सूची में से इच्छित केटेगोरी का चुनाव करें।
5. **फंक्शन नेम** की सूची में से इच्छित फंक्शन को चुनें और फिर **ओ.के.** बटन OK पर क्लिक करें।
6. **नम्बर** बॉक्सों पर इच्छित रिफ्रेन्सो या वेल्यू को इन्सर्ट करें।
7. जब यह सब हो जाए तब **ओ. के.** बटन OK पर क्लिक कर दें।

नोट्स :
- ★ इस विधि के लिए पिछले पेज पर दिए गए उदाहरण का उपयोग करें।
- ★ **नेस्टेड फंक्शन** वे फंक्शन होते हैं, जो एक फंक्शन को आरग्युमेन्ट की तरह समाहित रखते हैं।

```
AVERAGE(B5:B9,SUM(B6:D6))
```

ऑटो सम (AUTOSUM) फंक्शन का उपयोग करना

1. उस सेल पर क्लिक करें जिस पर फंक्शन को प्रविष्ट किया जाना है।
2. स्टेण्डर्ड टूलबार पर दिए गए **ऑटोसम** बटन Σ पर क्लिक करें। एक्सेल इन प्रस्तावित सेलों को जोड़ने के लिए एक डेश-डेश वाली आऊटलाईन दिखाता है।
3. रेन्ज को बदलने के लिए इच्छित सेलों पर ड्रेग करें।
4. जब यह हो जाए तो **एन्टर** बटन दबा दें।

नोट्स :
- ★ एक्सेल को यदि वेल्यू की किसी रेन्ज के अन्दर उप-योग (सब-टोटल) का पता चलता है, तो वह उन्हें जोड़ने का सुझाव देता है जिससे कि एक महायोग प्राप्त हो सके। जब ऐसा होता है, तो एक्सेल केवल उन सेलों पर डेश-डेश वाली आऊटलाईन को दर्शाता है जो तुरन्त के रो या कॉलमों में उप-योगों को रखता है।

	A	B	C	D	E
4		ELMHURST	CADDY	WUILLS	TOTALS
5	SALES	640000	340000	540000	=SUM(B5:D5)
6	BONUS	2000	1000	2000	

सुत्रों को एडिट करना

कभी-कभी आपको किसी ऑपरेटर को बदलने, कोष्टकों (पेरन्थेसिस) के एक सेट को जोड़ने, या सेल को बदलने या सूत्र के द्वारा उपयोग की जा रही रेन्ज को बदलने, इत्यादि के लिए सूत्र को बदलने की आवश्यकता पड़ती है।

नोट्स :

★ सेल पर डबल क्लिक करने के बाद एक्सेल, सूत्र को सेल तथा फार्मूला बार पर दिखाने लगता है।

★ फंक्शन को इन्सर्ट करने के लिए सूत्र में इच्छित स्थान पर क्लिक करें फिर फार्मूला बार के दांयी ओर दिए गए **फंक्शन्स** बटन पर क्लिक करें। (इससे अन्तिम बार चयनित फंक्शन दिखाई देने लगेगा) फंक्शन को इन्सर्ट करने के लिए प्रॉम्प्ट का पालन करें।

★ चरण क्रमांक 2 में, यदि आप केरेक्टरों पर ड्रेग करेगें तो आपका अगला कार्य जैसे कि टाईपिंग, आपके सलेक्शन को बदल देगा।

★ यदि एडिट किया गया सूत्र गलत परिणाम दिखाता है तो अपने परिवर्तन को नकारने के लिए अर्थात् सूत्र में किए गए परिवर्तन को अन डू करने के लिए पहले **एडिट** मेन्यू पर क्लिक करें एवं फिर **अन डू** टाईपिंग पर क्लिक करें।

सूत्रों को एडिट करना

1. जिस सूत्र को एडिट करना है उसके सेल पर डबल-क्लिक करें। इससे फ्लेश होता हुआ इन्सर्शन प्वाईन्टर दिखने लगेगा। सूत्र पर सेल रिफ्रेन्सेस रंगीन होती हैं एवं वर्कशीट पर रिफ्रेन्सों के स्थान को सूचित करती हैं।

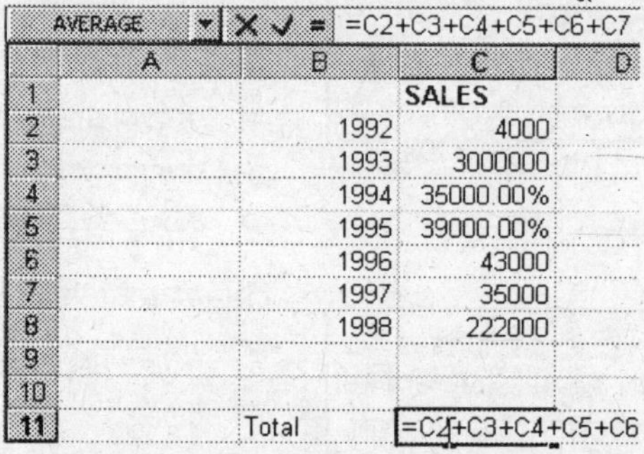

2. इन्सर्शन प्वाईन्टर को सही स्थान पर रखने के लिए प्रविष्टि पर क्लिक करें, अथवा केरेक्टरों पर ड्रेग करते हुए उन्हें सलेक्ट करें।

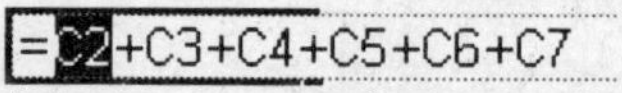

3. अब प्रविष्टि को आवश्यकता के अनुसार एडिट करें ;
   - ★ इन्सर्ट करने के लिए केरेक्टरों को टाईप करें।
   - ★ सलेक्शन को डिलीट करने या इन्सर्शन प्वाईन्टर के दांयी ओर के केरेक्टरों को डिलीट करने के लिए डिलीट बटन दबाएं।
   - ★ सलेक्शन को डिलीट करने या इन्सर्शन प्वाईन्टर के बांयी ओर के केरेक्टरों को डिलीट करने के लिए **बैकस्पेस** बटन दबायें।
   - ★ रिफ्रेन्स को बदलने या किसी सेल की रेन्ज को बढ़ाने के लिए अगले पेज पर बताये जा रहे चरणों का पालन करें।

4. **एन्टर** बटन दबाएं या फार्मूला बार पर दिए गए **एन्टर** बटन  पर क्लिक करें, अथवा

   परिवर्तन को केन्सल करने के लिए

   एस्केप बटन को दबाएं या फार्मूला बार पर दिए गए **केन्सल** बटन  पर क्लिक करें।

> **नोट्स :**
> ★ एक्सेल, प्रत्येक बॉर्डर को एक अलग रंग और रिफ्रेन्स प्रदान करता है ताकि आप उन्हें आसानी से पहचान सकें।

सूत्र में रिफ्रेन्स को बदलना

1. एडिट किए जाने वाले सूत्र पर डबल-क्लिक करें। एक्सेल, वर्कशीट में रिफ्रेन्सों को रंगीन बॉर्डर के साथ आऊटलाईन कर देता है।
2. वर्कशीट में आऊटलाईन की गई रिफ्रेन्स की बॉर्डर को प्वाईन्ट करें। बॉर्डर पर रखे जाने पर प्वाईन्टर में परिवर्तित हो जाता है।
3. इस बॉर्डर को अब इच्छित सेल या रेन्ज पर ड्रेग करें।

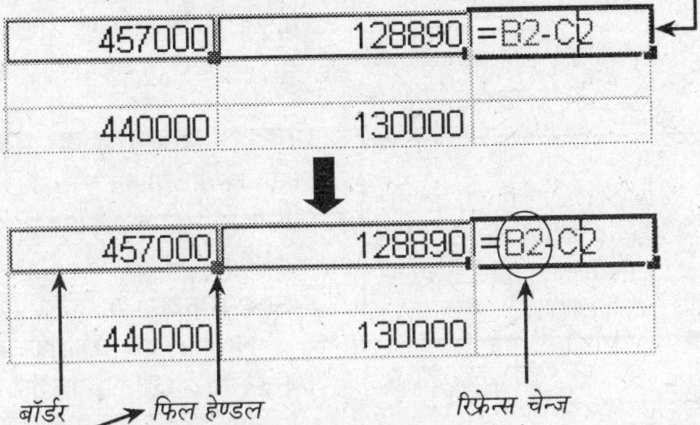

सूत्र में सेल की रेन्ज को बढ़ाना

> **नोटस् :**
> ★ चरण क्रमांक 2 में, फिल हेण्डल, आऊटलाईन किए गए रिफ्रेन्स के नीचे के दांये किनारे पर बना एक छोटा सा वर्गाकार डिब्बा होता है।

1. एडिट किए जाने वाले सूत्र पर डबल-क्लिक करें। एक्सेल, वर्कशीट में रिफ्रेन्सों को रंगीन बॉर्डर के साथ आऊटलाईन कर देता है।
2. वर्कशीट में आऊटलाईन की गई रिफ्रेन्स के फिल हेण्डल को प्वाईन्ट करें।

   फिल हेण्डल में रखे जाने पर प्वाईन्टर एक धन चिन्ह + में परिवर्तित हो जाता है।
3. अब रेन्ज को जिस दिशा में बढ़ाना हो उस दिशा में फिल हेण्डल को ड्रेग करें।

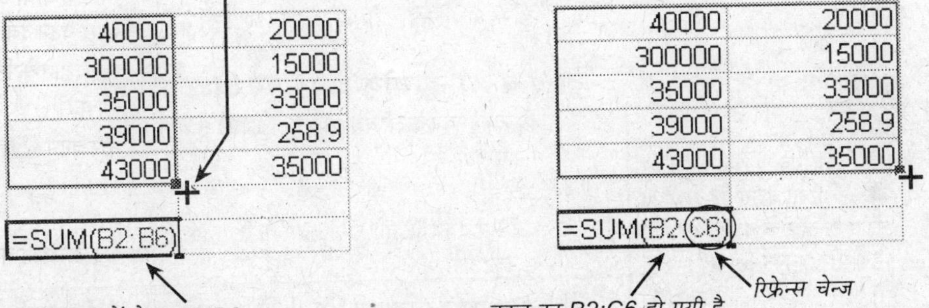

इस उदाहरण में, रेन्ज B2:B6..............................बदल कर B2:C6 हो गयी है

वर्कबुक के डाटा को प्रिन्ट कराना

प्रिन्ट की सुविधा आपको वर्तमान वर्कशीट के किसी सलेक्शन, या पूरी वर्कबुक को, प्रिन्ट करने की सुविधा देती है। इसके अतिरिक्त आप प्रिन्टिंग में यह भी निर्धारित कर सकते हैं कि किन-किन पेजों को प्रिन्ट करना है, कितनी प्रतियां प्रिन्ट करनी है, प्रिन्टिंग की फाईल बनाना है या नहीं, और प्रिन्ट किए जा रहे पेजों को कॉलेट (Collate) करना है या नहीं।

प्रिन्ट बटन

नोट्स :

★ प्रिन्ट किए जाने से पूर्व, वर्कशीट किस प्रकार प्रिन्ट होगा इसे देखने समझने के लिए **प्रिन्ट प्रिव्यू** का उपयोग करें।

प्रिन्ट के परिणाम को प्रभावित करने वाली सेटिंग्स

किसी वर्कशीट या वर्कबुक को प्रिन्ट किए जाने से पूर्व, सेटिंगो की इस परीक्षण सूची को अच्छी तरह समझें, क्योंकि ये सेटिंगें प्रिन्ट के परिणाम को प्रभावित करती है।

हेडर्स एण्ड फुटर्स : यह सेटिंग, प्रत्येक पेज के उपर और नीचे के भाग पर पुनरावृत सूचनाओं को प्रिन्ट करती है।

पेज ब्रेक्स : यह सेटिंग, वर्कशीट के उस स्थान का निर्धारण करती है, जहां पर प्रिन्ट किए जा रहे पेज समाप्त होते हैं और नये पेज प्रारंभ होते हैं।

मार्जिन्स : यह सेटिंग, प्रिन्ट किए जा रहे पेज के चारों ओर के खाली स्थानों का निर्धारण करती है।

ओरिएन्टेशन : यह सेटिंग यह निर्धारित करती है कि प्रिन्ट किए जा रहे पेज का ओरिएन्टेशन पोर्ट्रेट होगा या लेण्डस्केप।

प्रिन्ट एरिया : यह सेटिंग, वर्कशीट के क्षेत्र-विशेष को प्रिन्ट करता है।

रिपिटिंग प्रिन्ट टाईटल्स : यह सेटिंग, प्रिन्ट किए जाने वाले प्रत्येक नये पेज के उपर या बांयी तरफ, कॉलम के शीर्षक को प्रिन्ट करता है।

स्केल : यह सेटिंग यह निर्धारित करती है कि प्रिन्ट किए जाते वक्त वर्कशीट की सूचनाओं की साईज क्या होगी।

शीट ऑप्शन्स : यह सेटिंग प्रिन्ट विकल्पों जैसे ग्रिडलाईन्स, पेज ऑर्डर, ड्रॉफ्ट क्वालिटी, और ब्लेक एण्ड व्हाईट प्रिन्टींग को सेट करती है।

टूलबार का उपयोग करते हुए प्रिन्ट करना

1. प्रिन्ट की जाने वाली वर्कशीट्स, वर्कशीट सेल, या चार्ट ऑब्जेक्ट्स को सलेक्ट करें।

   अथवा

   वर्तमान वर्कशीट को प्रिन्ट करने के लिए इसके किसी भी सेल को सलेक्ट करें।
2. अब स्टेण्डर्ड टूलबार पर दिए गए **प्रिन्ट बटन** पर क्लिक करें।

नोट्स :

★ यदि आवश्यकता हो तो, टूलबार के अतिरिक्त बटनों को देखने के लिए टूलबार के दांयी ओर दिए गए **मोर बटन्स** >> पर क्लिक करें।

> **नोट्स :**
> ★ चरण क्रमांक 1 में, आपके द्वारा किया गया सलेक्शन वर्क बुक के उन अंशों का निर्धारण करेगा जिन्हें प्रिन्ट किया जाना है।

मेन्यू का उपयोग करते हुए प्रिन्टिंग करना

1. प्रिन्ट की जाने वाली वर्कशीट्स, वर्कशीट सेल, या चार्ट ऑब्जेक्ट्स को सलेक्ट करें।
   अथवा
   वर्तमान वर्कशीट को प्रिन्ट करने के लिए इसके किसी भी सेल को सलेक्ट करें।
2. **फाईल** मेन्यू पर क्लिक कर उसे खोल लें एवं उसमें **प्रिन्ट** कमाण्ड पर क्लिक करें। इससे **प्रिन्ट** डायलॉग बॉक्स खुल जाएगा।

प्रिन्टर बदलने का काम यहां से करें

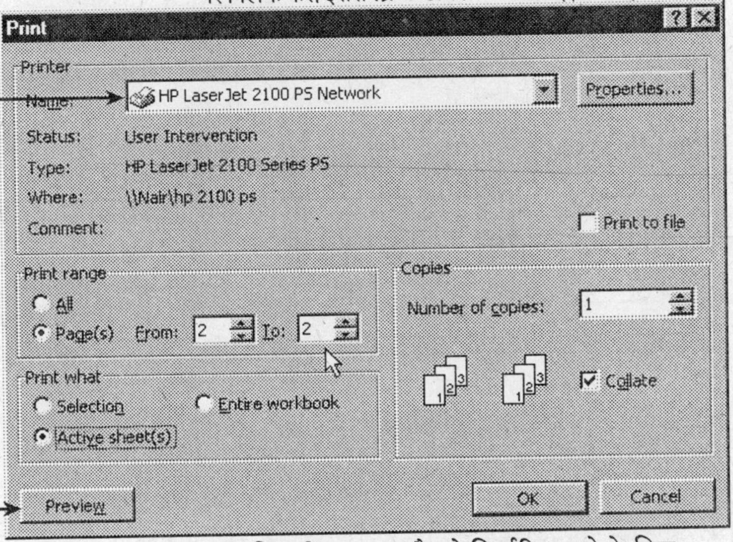

प्रिव्यू देखने के लिए यहां पर क्लिक करें

क्या प्रिन्ट किया जाना है इसे निर्धारित करने के लिए

★ **प्रिन्ट व्हाट** के भाग में, **सलेक्शन** अथवा **एन्टायर वर्कबुक** अथवा **एक्टिव शीट(स)** का चुनाव करें।

प्रिन्ट किए जाने वाले पेजों का निर्धारण करने के लिए

★ **ऑल** का चुनाव करें, या **फ्रॉम** और **टू** बॉक्सों में प्रिन्ट किए जाने वाले पेजों को सलेक्ट करें।

प्रिन्ट किए जाने वाले पेंजों की कॉलेटिंग को निष्क्रिय करने के लिए

★ **कॉलेट** को डिसेबल कर दें।

एक से अधिक प्रतियां प्रिन्ट कराने के लिए

★ **नम्बर ऑफ कॉपीज** बॉक्स में प्रतियों की संख्या का चुनाव करें।

प्रिन्टिंग की फाईल बनाना के लिए

★ **प्रिन्ट टू फाईल** चुनें।

3. प्रिन्टिंग शुरु करने के लिए **ओ.के.** बटन OK पर क्लिक करें।

चार्ट आयटमों की जानकारीयां

जब आप किसी चार्ट को तैयार करते हैं, या उसे एडिट करते हैं तो आप इसे विभिन्न पसंदों तथा सेटिंगों द्वारा प्रस्तुत करते हैं। चार्ट पर के आयटमों और उनकी विशेषताओं को समझ लेने के बाद आप आसानी से चार्ट को स्वयं डिजाईन कर सकते हैं।

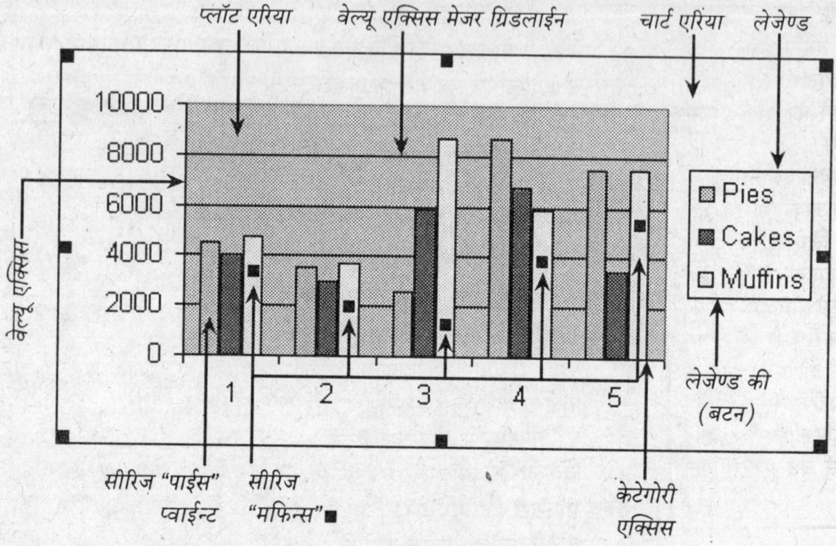

> **नोट्स :**
> ★ जब आप प्वाईन्टर को किसी चार्ट आयटम पर रखते हैं तो एक्सेल एक पॉप-अप लेबल को दिखाता है जो उस आयटम के नाम को बताता है।

चार्ट आयटम को पहचानना

डिफॉल्ट क्लस्टर्ड कॉलम प्रकार के चार्ट को उपर दिखाया गया है जो निम्नलिखित आयटमों को अपने में शामिल किया हुआ है, इन आयटमों के गुणों (प्रॉपर्टीज) को भी नीचे वर्णित किया गया है।

केटेगोरी एक्सिस (X एक्सिस) : वह क्षैतिज लाईन जिस पर सामान्यतः डाटा की केटेगोरियों को रखा जाता है। इनके गुणों में, केटेगोरी के नाम का फॉरमेट और अलाईग्नमेन्ट और नामों तथा टिक मार्कों का स्केल शामिल होता है।

चार्ट एरिया : इस आयटम का अर्थ है चार्ट के अन्दर की जगह। यह आयटम चार्ट के मूलभूत गुणों जैसे चार्ट के टेक्स्ट के लिए फॉन्ट स्टाईल, बैकग्राउण्ड कलर, और चार्ट के चारों ओर के सेलों के बदलने पर चार्ट किस प्रकार मूव होगा या उसका आकार किस प्रकार बदलेगा इत्यादि बातों को शामिल करता है।

लेजेण्ड : यह आयटम एक ऐसा बॉक्स है, जो चार्ट की सभी श्रेणियों के लिए एक लेबल तथा लेजेण्ड-की को अपने में समाहित करता है। गुणों में इनके बॉर्डर, फॉन्ट, और प्लेसमेन्ट इत्यादि शामिल होते हैं।

नोटस् :

★ किसी चार्ट आयटम की प्रापर्टीज को फिर से देखने के लिए माऊस प्वाईन्टर को उस आयटम पर ले जाकर छोड़ दें। जब एक्सेल, आयटम के नाम को प्रदर्शित करने लगे तब उस आयटम के लिए **फॉरमेट** डॉयलॉग बॉक्स को खोलने के लिए डबल-क्लिक करें।

★ विभिन्न प्रकार के चार्टों पर आयटमें व उनके गुण उस चार्ट विशेष के लिए अलग-अलग होते हैं। उदाहरण के लिए पाई चार्ट एक ऐसे सीरिज के गुण को शामिल करता है जो प्रथम स्लाईस के कोण की व्याख्या करता है, वहीं दूसरी ओर लाईन चार्ट्स में ड्रॉप लाईन्स एवं अप-डॉऊन बार्स जैसे गुण शामिल होते हैं।

लेजेण्ड-की : लेजेण्ड पर स्थित वह चित्र जिसका कलर और पैटर्न चार्ट पर स्थित किसी केटेगोरी से मेल खाता है, लेजेण्ड-की कहलाता है। लेजेण्ड-की के गुणों में, बॉर्डर, कलर, शेड्स, और फिल इफेक्ट, इत्यादि शामिल होते हैं।

प्लॉट एरिया : वह क्षेत्र, जिसके अन्दर चार्ट के अक्षों तथा सीरिज डाटा को रेखांकित किया जाता है । इस आयटम की प्रापर्टीज में इसके बॉर्डर, क्षेत्र का रंग और फिल इफेक्ट इत्यादि शामिल होते हैं।

सीरिज : सीरिज का अर्थ है डाटा मार्करों या सीरिज प्वाईन्टर का वह समूह जो प्लॉट किए गए मानों को दिखाकर उसका वर्णन करता है। उदाहरण के लिए Muffins सीरिज, प्रत्येक केटेगोरी (1995, 1996, 1997) में बेचे गए Muffins की संख्याओं को प्रदर्शित करती है। डाटा सीरिज की प्रापर्टीज में, बॉडर्स, कलर्स, प्लॉट एक्सिस, एरर बॉर्स, डाटा लेबल्स, सीरिज ओवरलेप एवं गेप विड्थ इत्यादि शामिल होते हैं।

सीरिज प्वाईन्ट : डाटा सीरिज का वह अकेला आयटम जो केवल एक केटेगोरी के मानों को दिखाता है। उदाहरण के लिए Series "Pies" प्वाईन्ट, केटेगोरी 1995 के एक मान को दर्शाता है। सीरिज प्वाईन्ट्स की प्रापर्टीज में बॉर्डर एवं पैटर्न, डाटा लेबल्स, और कुछ अन्य विकल्पें जैसे ओवरलेप एवं गेप विड्थ इत्यादि शामिल होती है।

वेल्यू एक्सिस (Y एक्सिस) : वह खड़ी लाईन (वर्टिकल लाईन) जो चार्ट में सीरिज प्वाईन्टों के मानों की व्याख्या करती है। इस आयटम की प्रापर्टीज में लाईन एवं टिक मार्क, अधिक एवं कम मानों के लिए स्केल, डिस्प्ले वेल्यू के लिए फॉन्ट्स, वेल्यू के लिए नम्बर स्टाईल, और टेक्स्ट अलाईग्रमेन्ट, इत्यादि शामिल होते हैं।

वेल्यू एक्सिस मेजर ग्रिडलाईन्स : लाईनों का वह समूह जो प्लॉट एरिया में वेल्यू को विजुअली डिफाईन (परिभाषित) करता है। ये ग्रिडलाईनें, चार्ट पर दिए गए सीरिज प्वाईन्टों के मान को निर्धारित करनें में सहायता प्रदान करती हैं। इस आयटम की प्रापर्टीज में, कलर, स्टाईल, पैटर्न और वेल्यू की ईकाईयां इत्यादि शामिल होते हैं।

चार्ट बनाना

चार्ट विजार्ड, चार्ट के प्रकार को सोर्स डाटा, चार्ट ऑप्शन्स और चार्ट लोकेशन को चुनने के लिए विभिन्न प्रॉम्प्ट्स और ऑप्शन्स प्रदान करता है।

चार्ट विजार्ड बटन

नोट्स :

★ आपके द्वारा किया गया सलेक्शन आपके चार्ट में सीरिज के ओरिएन्टेशन को निर्धारित करेगा। आप इस ओरिएन्टेशन को चार चरणों के चार्ट विजार्ड के चरण क्रमांक 2 में बदल सकते हैं। यह विकल्प **डाटा रेन्ज** टैब पर दिया गया होता है।

★ चार्ट बनाये जाने के लिए डाटा का चुनाव करते वक्त खाली रो व खाली कॉलम को न चुनें। एक से अधिक सलेक्शन के लिए **कन्ट्रोल** बटन को दबाकर रेन्जों पर ड्रेग करें एवं खाली सेलों को छोड़ दें।

★ चार्ट बनाए जाने वाले डाटा से संबंध न रखने वाली रो व कॉलमों को आप हाईड कर सकते हैं।

★ चार्ट विजार्ड में आप **नेक्स्ट>** और **<बैक** पर क्लिक करते हुए किसी चरण के आगे या पीछे के भाग पर जा सकते हैं।

★ चार चरणों के चार्ट विजार्ड के चरण क्रमांक 1 में चार्ट टाईप को चुनें और फिर सब-टाईप को चुनें अब, चुना गया चार्ट टाईप आपके चार्ट को किस तरह प्लॉट करेगा यह देखने के लिए **प्रेस एण्ड होल्ड टू व्यू सेम्पल** बटन पर क्लिक करें एवं दबाकर रखें।

चार्ट बनाना

1. जिन लेबलों व वेल्यू का चार्ट बनाना है उन्हें सलेक्ट करें।

   नोट : यदि आपको लगता है कि आपको अलग डाटा की आवश्यकता है, तो उपरोक्त प्रक्रिया को जारी रखते हुए भी आप उपरोक्त सलेक्शन को बदल सकते हैं।

2. स्टेण्डर्ड टूलबार में **चार्ट विजार्ड** बटन  पर क्लिक करें।

   चार चरणों वाले चार्ट विजार्ड के चरण क्रमांक 1 - चार्ट टाईप में

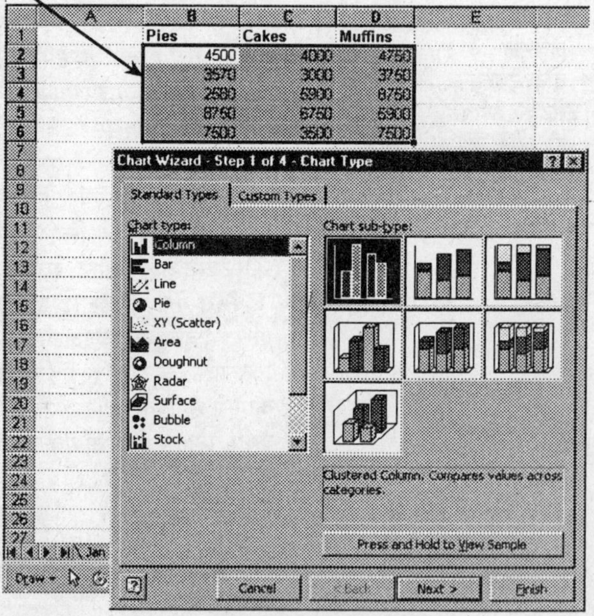

a. चार्ट टाईप एवं चार्ट सब-टाईप का चुनाव करें।

b. अब **नेक्स्ट** बटन  पर क्लिक कर दें।

नोट्स :

चार चरणों वाले चार्ट विजार्ड के चरण क्रमांक 2 में

★ **डाटा रेन्ज** टैब से आप प्लॉट किए जाने वाले डाटा की रेन्ज को या कॉलम व रो के डाटा सीरिज के ओरिएन्टेशन को बदल सकते हैं।

★ **सीरिज** टैब से आप सीरिजों को जोड़ या हटा सकते हैं, और साथ ही सीरिज नेम, डाटा रेन्जेस् और केटेगोरी (X) एक्सिस लेबलों के रिफ्रेन्सों को बदल सकते हैं।

चार चरणों वाले चार्ट विजार्ड के चरण क्रमांक 3 में

★ **चार्ट ऑप्शन्स** डायलॉग बॉक्स से, आप चार्ट टाईटल्स, एक्सिस, ग्रिडलाईन्स, लेजेण्ड्स, डाटा लेबल्स और डाटा टेबल्स के विकल्पों को सेट कर सकते हैं। चार्ट के तैयार हो जाने के बाद आप इस डायलॉग बॉक्स पर वापस भी आ सकते हैं।

अब चार चरणों के चार्ट विजार्ड के चरण क्रमांक 2 – चार्ट सोर्स डाटा में

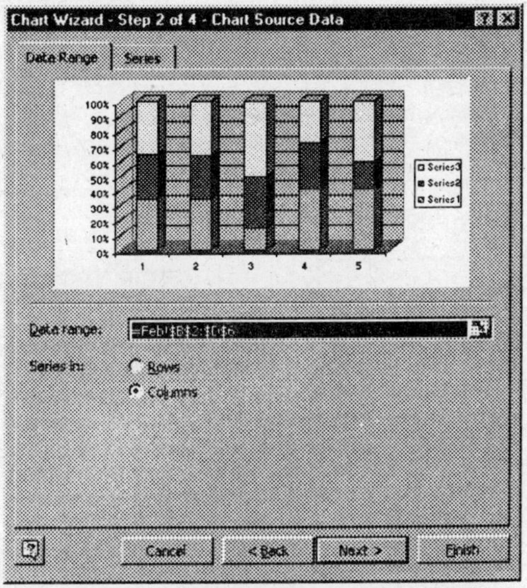

a. **डाटा रेन्ज** एवं **सीरिज** विकल्पों को सलेक्ट करें।

b. **नेक्स्ट** बटन Next > पर क्लिक करें।

चार चरणों वाले चार्ट विजार्ड के चरण क्रमांक 3 – चार्ट ऑप्शन्स में

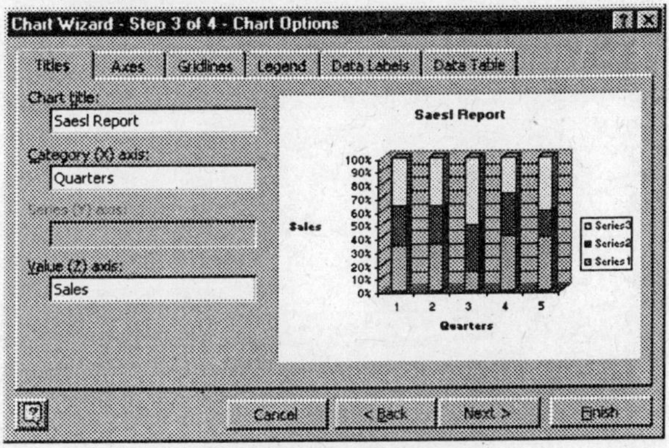

a. इच्छित **चार्ट** विकल्पों को सलेक्ट करें।

b. **नेक्स्ट** बटन Next > पर क्लिक करें।

चार्ट बनाना

(पिछले पेज से जारी)

नोट्स :

चार चरणों वाले चार्ट विजार्ड के चरण क्रमांक 4 में

★ **चार्ट लोकेशन** डायलॉग बॉक्स से आप, प्रस्तावित डेस्टिनेशन शीट या प्रस्तावित चार्ट शीट के नाम को बदल लकते हैं।

★ डिफॉल्ट विकल्पों युक्त चार्ट बनाने के लिए आप **चार्ट विजार्ड** के किसी भी चरण में **फिनिश** पर क्लिक कर सकते हैं।

चार चरणों वाले चार्ट विजार्ड के चरण क्रमांक 4 – चार्ट लोकेशन्स में

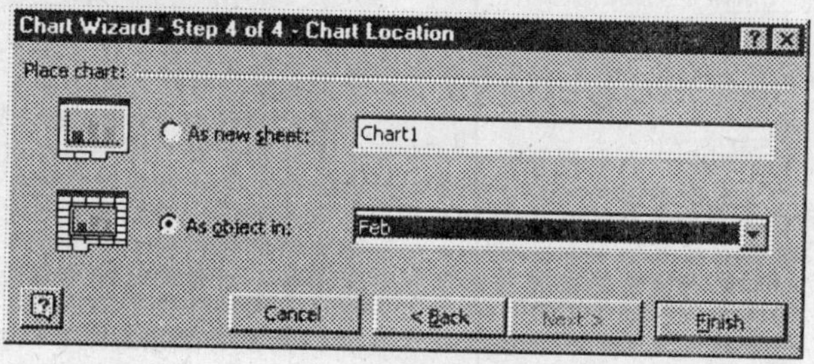

a. **एस न्यू शीट** या **एस ऑब्जेक्ट इन** को सलेक्ट करें।

b. अब **फिनिश** बटन 

पर क्लिक कर दें।

एक्सेस

माईक्रोसॉफ्ट ऑफिस के डाटाबेस एप्लीकेशन को, आपके द्वारा बनाए गए रिकॉर्ड्स के आधार पर टेबल्स (सारणी), फॉर्म्स, और रिपोर्ट्स तैयार कर सकने के लिए डिजाईन किया गया है। एक्सेस इन सूचनाओं को व्यवस्थित करने में सहायता देता है और इन सूचनाओं को सर्च एवं क्वेरी के रुप में (जो कि डाटा को एक विशेष रुप में परिष्कृत करते हैं) उपयोग कर सकने में सहायता देता है। माईक्रोसॉफ्ट ऑफिस की अन्य एप्लीकेशनों की तरह एक्सेस भी आपको डाटा को आकर्षक रुप में दिखाई देने वाले फॉरमेट में जमाने या व्यवस्थित करने की सुविधा प्रदान करता है।

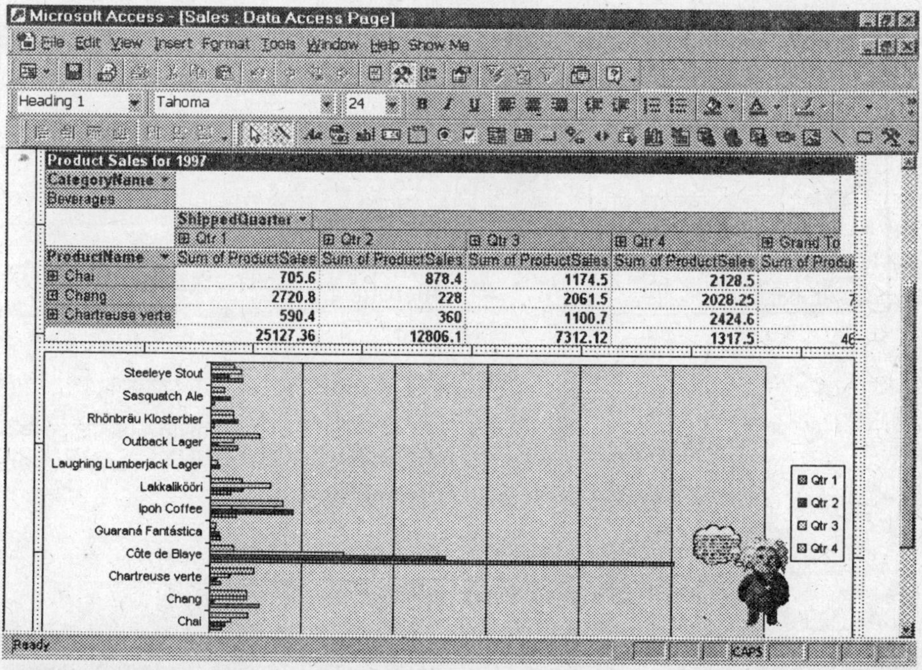

डाटाबेस विन्डों में ऑब्जेक्ट्स को प्रदर्शित कराना

प्रत्येक डाटाबेस में एक डाटाबेस विन्डो होता है, जो कि वर्तमान में खुले हुए डाटाबेस में ऑब्जेक्ट्स (जैसे फॉर्म्स, रिपोर्ट्स, टेबल्स आदि) को प्रदर्शित करता है। एक्सेस, ऑब्जेक्ट्स को विन्डों में किस प्रकार प्रदर्शित करे इसे आप कस्टमाईज कर सकते हैं।

नोट्स :

★ जब आप डाटाबेस में कार्य कर रहे होते हैं तो डाटाबेस विन्डो हमेंशा खुली हुई होती है फिर भी यदि वह मिनीमाईज हो गयी है या फिर खुली हुई किसी दूसरी विन्डो के पीछे चली गयी है तो इसे सामने लाने के लिए **F11** दबाएं।

★ एक्सेस के मेन्यू कॉन्टेक्स्ट - सेन्सिटिव होते हैं। इसका अर्थ यह हुआ कि मेन्यू पर दिए जाने वाले विकल्प आपके द्वारा किए जा रहे कार्य के आधार पर बदलते रहते हैं। उदाहरण के लिए व्यू मेन्यू विकल्पों के एक सेट को रखता है, जब डाटाबेस विन्डो एक्टिव (सक्रिय) होता है तथा टेबल या स्विचबोर्ड को ओपन किया जाता है तब व्यू मेन्यू में विकल्पों का दूसरा सेट आ जाता है।

1. यदि डाटाबेस विन्डो आपकी स्क्रीन पर नहीं है तो इसे लाने के लिए **F11** दबाएं,
   अथवा
   डाटाबेस विन्डो बटन पर क्लिक करें।

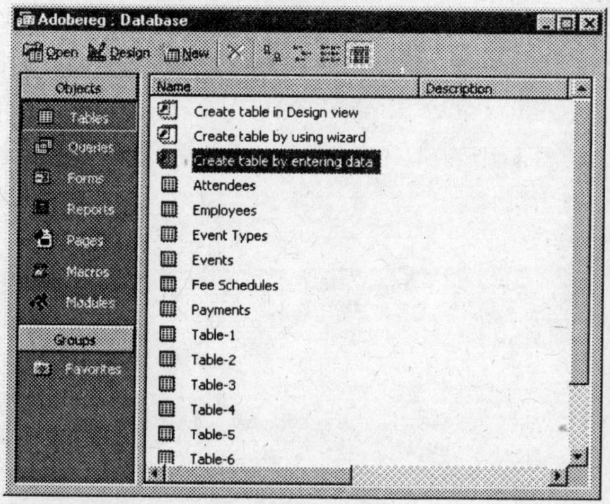

2. इच्छानुसार आईकॉन की साईज बदलने के लिए
   ★ **स्मॉल आईकॉन्स** बटन पर क्लिक करें।
   अथवा
   ★ **लार्ज आईकॉन्स** बटन पर क्लिक करें।

नोट : इससे डाटाबेस ऑब्जेक्टों को प्रदर्शित करने वाले आईकॉन्स और डाटाबेस विन्डो के बटन्स दोनों का आकार को बदल जाता है।

नोट्स :

★ डाटाबेस ऑब्जेक्ट्स को नाम या प्रकार या बनाए जाने की तारीख, या एडिट किए जाने की तारीख के आधार पर अंग्रेजी वर्णमाला के क्रमानुसार (अल्फाबेटिकली) व्यवस्थित किया जा सकता है।

3. इच्छानुसार, प्रत्येक डाटाबेस ऑब्जेक्ट के बारे में अतिरिक्त सूचना देखने या हाईड कराने के लिए,

★ केवल ऑबजेक्ट का नाम देखने के लिए **लिस्ट** बटन पर क्लिक करें।

★ प्रत्येक डाटाबेस ऑब्जेक्ट के लिए अतिरिक्त सूचना देखने हेतु **डिटेल्स** बटन पर क्लिक करें। नीचे दिखाये जा रहे चित्र में डिटेल्स व्यू में डाटा बेस विन्डो को दर्शाया गया है।

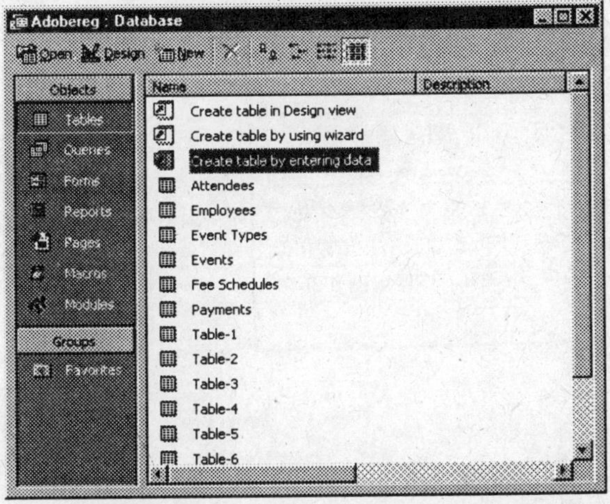

4. इच्छानुसार, डाटाबेस आईकॉनों को विभिन्न क्रम में जमाने के लिए,

a. शार्टकट मेन्यू को खोलने के लिए विन्डो पैन के बैकग्राऊण्ड पर राईट क्लिक करें।

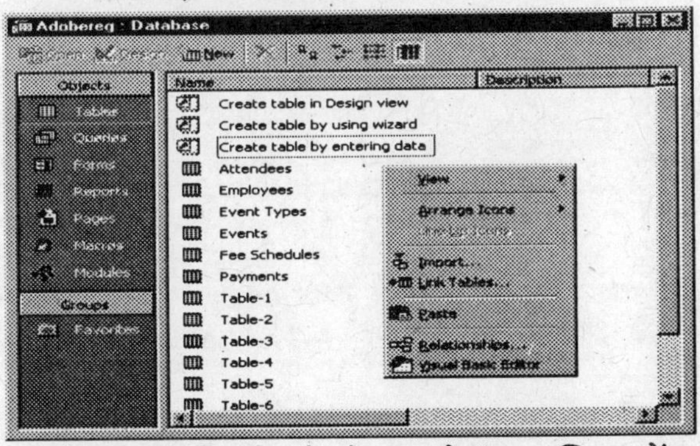

b. इस शार्टकट मेन्यू में **अरेन्ज आईकॉन्स** पर क्लिक करें।

c. मेन्यू में से इच्छित सॉर्ट क्रम का चुनाव करें। उदाहरण के लिए ऑब्जेक्ट्स को उनके नाम के अनुसार अल्फाबेटिकली छांटने के लिए **बाय नेम** पर क्लिक करें।

डिफॉल्ट डाटाबेस फोल्डर को बदलना

एक ऐसा फोल्डर निर्धारित करें जिसमें एक्सेस आपके द्वारा बनाए जाने वाले नए डाटाबेस को सेव कर सके।

नोट्स :

★ जब आप किसी नये डाटाबेस को सेव करते हैं तो एक्सेस समझता है कि आप इसे डिफॉल्ट डाटाबेस फोल्डर में सेव करना चाहते हैं। जब कभी आप कोई डाटाबेस को ओपन करते हैं तो एक्सेस इसे डिफॉल्ट फोल्डर में खोजता है।

★ यह सेटिंग सभी एक्सेस डाटाबेसों पर लागू होती है।

1. पहले **टूल्स** पर क्लिक करें फिर **ऑप्शन्स** पर क्लिक करें। इससे **ऑप्शन्स** डायलॉग बॉक्स खुल जाएगा।
   नोट : आप यह तभी कर सकते हैं जब कोई डाटाबेस खुला होगा।
2. **जनरल** टैब पर क्लिक करें।
3. डिफॉल्ट फोल्डर का पाथ नेम टाईप करें।

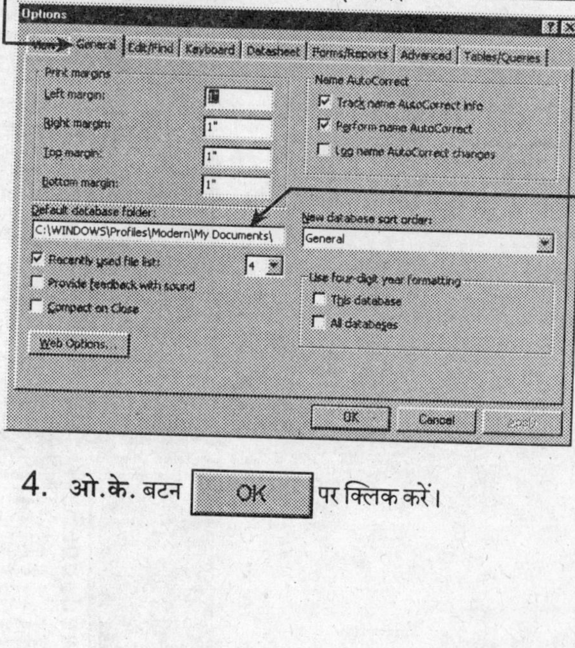

4. **ओ.के.** बटन पर क्लिक करें।

अगले पृष्ठ पर जारी

पर्सनलाईज्ड मेन्यू

पर्सनलाईज्ड मेन्यू विशेषता, आपके द्वारा अधिक उपयोग किए जाने वाले कमाण्ड्स को प्रत्येक मेन्यू के उपरी भाग में रख दता है और जिन कमाण्ड्स को आप अक्सर उपयोग नहीं करते उन कमाण्ड्स को यह विशेषता हाईड कर देती है।

नोटस् :

★ आपके द्वारा अधिक उपयोग किए जाने वाले कमाण्ड्स को मेन्यू के उपरी भाग पर ले जाते हुए और आपके द्वारा बहुत कम उपयोग में लाए जाने वाले कमाण्ड्स को हाईड करते हुए एक्सेस मेन्यू को व्यवस्थित करते रहता है । इसके कारण जब आप किसी मेन्यू को ओपन करते हैं, तो वह कमाण्ड जिसकी आपको तलाश है हो सकता है वह छिपा हुआ हो या अपनी जगह पर न हो ।

★ जब किसी मेन्यू में कमाण्ड्स हिडन होते हैं तब उस मेन्यू के सबसे नीचे के भाग में तीर के निशान दिखाई देते हैं। इन कमाण्ड्स को प्रदर्शित होने देने के लिए तीर के निशान पर क्लिक करें या मेन्यू पर माऊस प्वाईन्टर को कुछ सेकण्ड्स तक पड़ा रहने दें। कुछ सेकण्ड में मेन्यू स्वतः ही पूरा खुल जाएगा।

★ जब जब मेन्यू कमाण्ड्स हाईड हो जाते हैं तो मेन्यू के नीचे के भाग पर तीर के निशान दिखाई देने लगते हैं। मेन्यू को पूरा-पूरा खोलने के लिए इस तीर के निशान पर क्लिक करें।

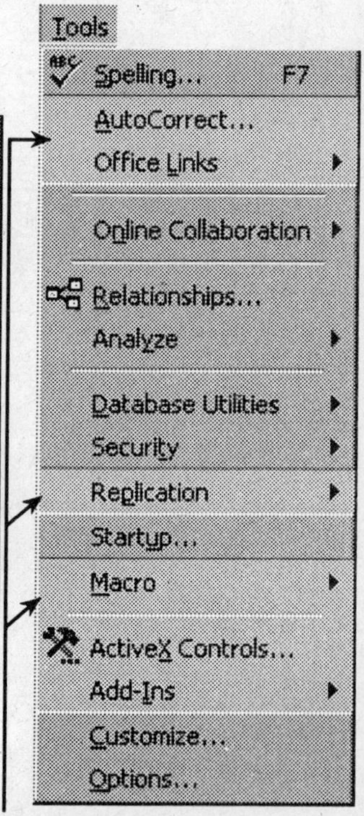

★ जब आप किसी मेन्यू को खोलते हैं तो वे कमाण्ड्स जो कि अस्थायी तौर पर हाईड हो गयी थीं उन पर कुछ हलकी सी शेडिंग भी दिखायी पड़ती हैं।

नोट्स :

★ यदि आप मेन्यू कमाण्ड्स को उनके स्थान पर ही रहने देना चाहते हैं तो पर्सनलाईज्ड मेन्यूस को डिसेबल कर दें।

★ आप प्रत्येक अलग-अलग डाटाबेस के लिए पर्सनलाईज्ड मेन्यूस को एनेबल या डिसेबल कर सकते हैं।

पर्सनलाईज्ड मेन्यू को डिसेबल या एनेबल करना

1. पहले **टूल्स** पर क्लिक करें एवं फिर **कस्टमाईज** पर क्लिक करें। ऐसा करने पर कस्टमाईज डायलॉग बॉक्स खुल जाएगा।
2. डायलॉग बॉक्स में **ऑप्शन्स** टैब पर क्लिक करें।
3. कमाण्ड्स के मूव होने से पहले सभी मेन्यू को उनकी वास्तविक अवस्था (ओरिजनल स्टेट) में वापस लाने के लिए (मेन्यू कस्टमाईजेशन को रिमूव न करें, आप अपने अनुसार बनायें)। इच्छानुसार,

   a. **रिसेट माय यूसेज डाटा** Reset my usage data बटन पर क्लिक करें।
   इससे एक प्राम्प्ट दिखाई देगा।

   b. **यस** बटन Yes पर क्लिक कर दें।

4. पर्सनलाईज्ड मेन्यू को डिसेबल करने के लिए, **मेन्यूस शो रिसेन्टली यूज्ड कमाण्ड्स फर्स्ट** डिसलेक्ट कर दें।

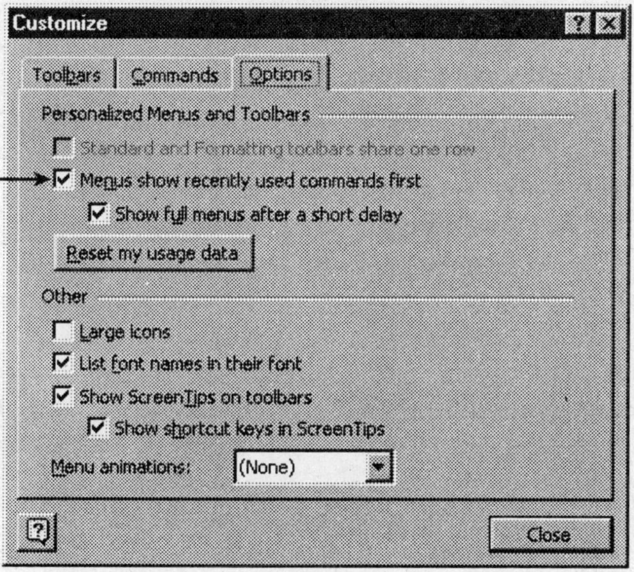

5. अब **क्लोज** बटन Close पर क्लिक कर दें।

विजार्ड का उपयोग करते हुए डाटाबेस बनाना

डाटाबेस में टेबल्स, क्वेरी, फॉर्म्स, रिपोर्ट्स, और कोड मॉड्यूल्स इत्यादि होते हैं। ऑफिस 2000 बहुत सारी डाटाबेस डिजाईनें प्रदान करता है जिनका उपयोग आप डाटाबेस बनाने के लिए कर सकते हैं। डाटाबेस विजार्ड तथा डाटाबेस डिजाईनों का उपयोग करके आप एक पूर्ण डाटाबेस शीघ्रता से तैयार कर सकते हैं।

नोट्स :

★ डाटाबेस विजार्ड या तो जेनेरिक डाटाबेस या आपके द्वारा चयनित डिजाईन पर आधारित डाटाबेस बनाता है।

★ जब आप किसी डिजाईन पर आधारित डाटाबेस को बनाने के लिए डाटाबेस विजार्ड का उपयोग करते हैं तो विजार्ड आपकी आवश्यकतानुसार एक डाटाबेस ऑब्जेक्ट तैयार कर देता है। इसमें टेबल्स, रिपोर्ट्स, फॉर्म्स, स्विचबोर्ड्स, और अन्य डाटाबेस ऑब्जेक्ट्स शामिल होते हैं।

1. यदि आपने एक्सेस को अभी-अभी शुरु किया है, तो स्टार्टअप **माईक्रोसॉफ्ट एक्सेस** डायलॉग बॉक्स में **एक्सेस डाटाबेस विजार्ड्स पेजेस एण्ड प्रोजेक्ट्स** पर क्लिक करें और फिर इस डायलॉग बॉक्स में **ओ. के.** बटन OK पर क्लिक करें।

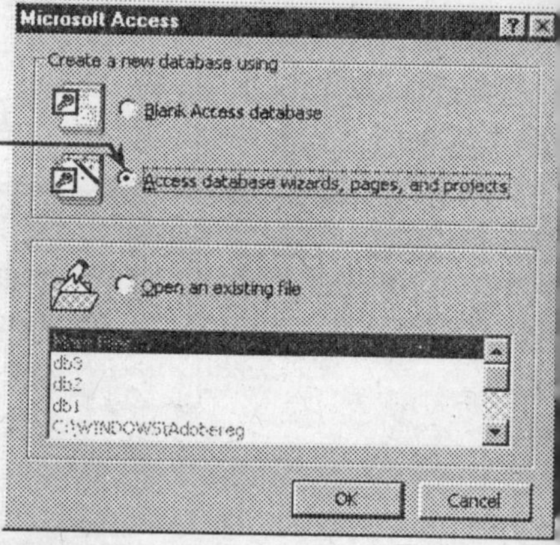

अथवा

यदि उपर दिखाया गया डायलॉग बॉक्स आपके स्क्रीन पर नहीं आया है तो **कन्ट्रोल + N** बटन दबाएं।

2. किसी डिजाईन पर आधारित डाटाबेस बनाने के लिए **डाटाबेस** टैब पर क्लिक करें और फिर किसी एक आईकॉन पर डबल-क्लिक करें।

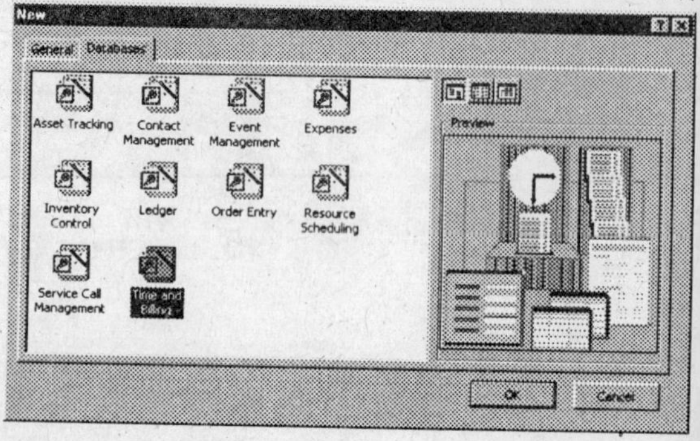

ोट्स :

★ जब आप टिपिकल इन्स्टॉलेशन का उपयोग करते हुए इन्स्टॉल करते हैं तो उपलब्ध सभी डिजाईनें इन्स्टॉल नहीं होती हैं। यदि आपके एक्सेस के वर्शन में कोई डिजाईन-विशेष दिखाई नहीं दे रही है तो इन्स्टॉल करने के लिए सेटअप चलाएं। रन हो रहे सेटअप में एक्सेस कम्पोनेन्ट्स को जोड़ने के बारे में सूचना प्राप्त करने के लिए एक्सेस ऑन लाईन हेल्प को देखें।

अथवा

बिना डिजाईन-आधारित डाटाबेस बनाने के लिए **जनरल** टैब पर क्लिक करें और फिर **डाटाबेस** आईकॉन पर डबल क्लिक करें।

नोट : यदि आप इस विकल्प का उपयोग करते हैं, तो आपको डाटाबेस विजार्ड प्राप्त नहीं होगा।

3. **सेव इन** लिस्ट में किसी फोल्डर को सलेक्ट करें या डाटाबेस को सेव किए जाने वाले फोल्डर को निर्धारित करने के लिए उस फोल्डर को प्रदर्शित करने वाले बटन पर क्लिक करें।

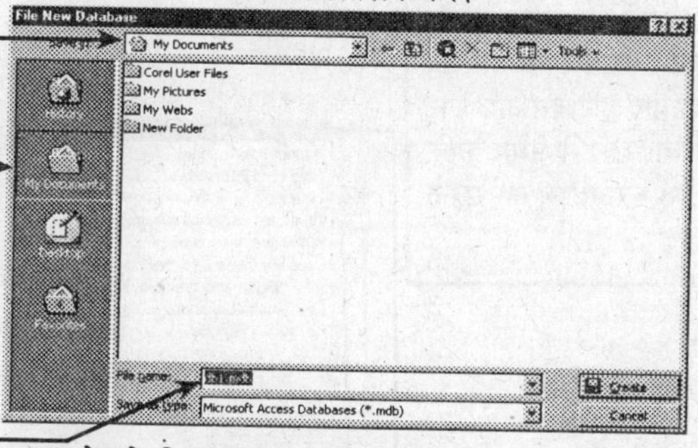

4. डाटाबेस के लिए एक फाईल नेम टाईप करें।
5. **क्रिएट** बटन Create पर क्लिक करें। इससे डाटाबेस विजार्ड शुरु हो जाएगा और प्रथम डाटाबेस विजार्ड डायलॉग बॉक्स दिखाई देने लगेगा जो डाटाबेस का विवरण प्रदान करता है।
6. अगले डायलॉग बॉक्स को देखने के लिए **नेक्स्ट** बटन Next > पर क्लिक करें। डाटाबेस विजार्ड स्क्रीनों के कन्टेन्ट्स दूसरे चरण में आपके द्वारा चयनित डाटाबेस डिजाईन पर निर्भर करते हुए बदल सकते हैं। इस विधि का रिमेन्डर (Remainder), डाटाबेस बनाने के लिए डायलॉग बॉक्सों को दिखायेगा जो टाईम और बिलिंग डाटा के लिए उपयोग में आता है।
7. **फिल्ड्स इन द टेबल** सूची में से डाटाबेस में शामिल करने के लिए फिल्ड्स का चुनाव करें। जिन फिल्ड्स को शामिल न करना हो उन्हें क्लीयर कर दें।

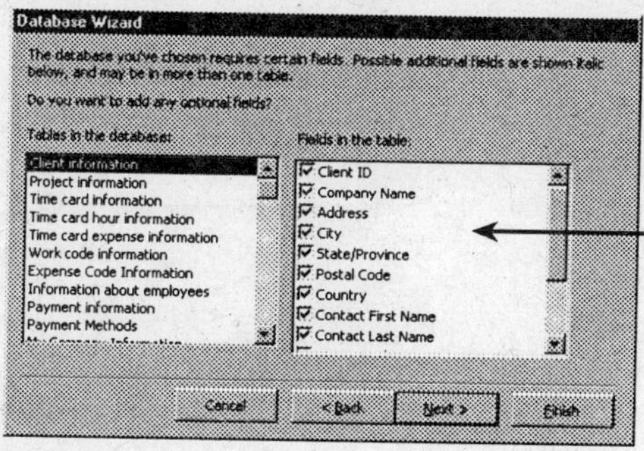

विजार्ड का उपयोग करते हुए डाटाबेस बनाना

(पिछले पेज से जारी)

नोट्स :

★ किसी डाटाबेस को बनाने के लिए डाटाबेस विजार्ड का उपयोग कर लेने के बाद डाटाबेस ऑब्जेक्ट को डिजाईन व्यू में सुधार करके आप इसे कस्टमाईज कर सकते हैं।

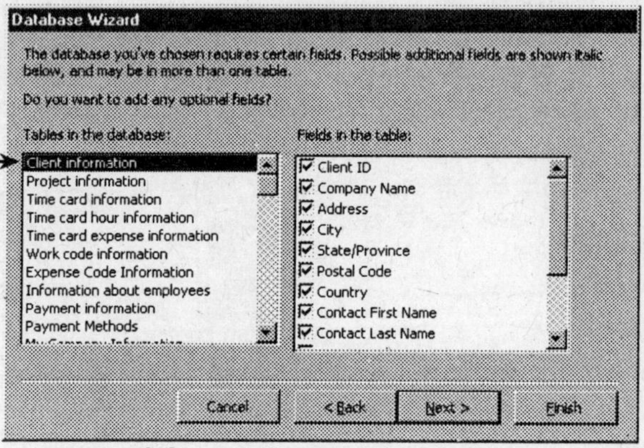

किसी दूसरे टेबल की फिल्ड्स को देखने के लिए **टेबल्स इन डाटाबेस** सूची में से किसी एक टेबल का चुनाव करें। इससे डाटाबेस विजार्ड का दांया भाग अब सलेक्ट किए गए टेबल की फिल्ड्स को दिखायेगा।

8. **नेक्स्ट** बटन  पर अप क्लिक कर दें।

9. स्क्रीन डिस्प्ले के लिए यहां एक फॉरमेट का चुनाव करें। इससे प्रिव्यू पैन पर इस चुने हुए फॉरमेट का एक नमूना दिखाई देने लगेगा।

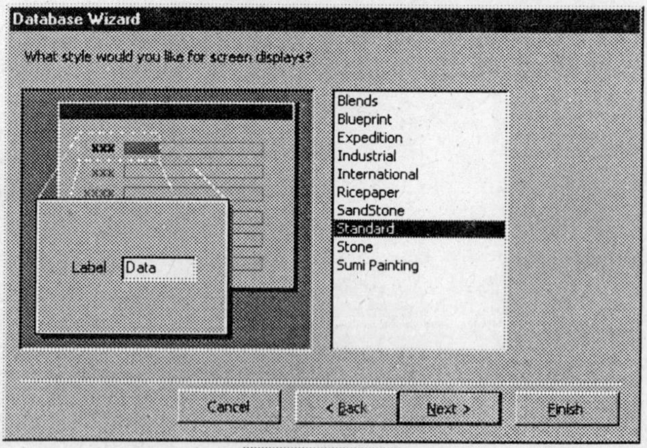

10. अब **नेक्स्ट** बटन  पर क्लिक कर दें।

नोट्स :

★ डाटाबेस विजार्ड डायलॉग बॉक्सेस आपके द्वारा चयनित डाटाबेस डिजाईन के अनुसार बदले हुए हो सकते हैं। प्रस्तुत विधि में दिखाया गया डायलॉग बॉक्स टाईम तथा बिलिंग डिजाईन पर आधारित डाटाबेस बनाने के लिए है।

11. अब किसी एक रिपोर्ट स्टाईल को चुनें।

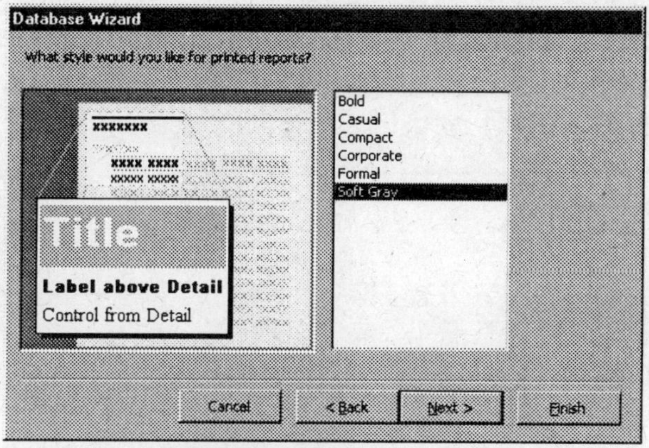

12. **नेक्स्ट** बटन [Next >] पर क्लिक करें।

13. डाटाबेस के लिए एक नाम टाईप करें (यह नाम चौथे चरण में फाईल नेम के लिए दिए गए नाम के ठीक समान नहीं होना चाहिये)।

14. **नेक्स्ट** बटन [Next >] पर क्लिक करें।

15. नए डाटाबेस को खोलने के लिए अन्तिम डाटाबेस विजार्ड डायलॉग बॉक्स में **फिनिश** बटन [Finish] पर क्लिक कर दें।

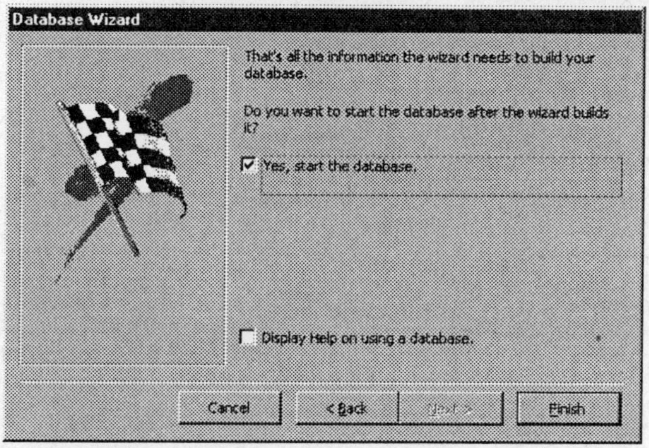

डाटाबेस विजार्ड अब डाटाबेस को तैयार करना शुरु कर देता है।

डाटाबेस को खोलना (ओपन करना)

इसके द्वारा पहले से बनाकर रखे गए डाटाबेस को ओपन कर सकते हैं जिससे यह डाटाबेस विन्डो पर डाटाबेस की ऑब्जेक्ट्स (जैसे कि टेबल्स, रिपोर्ट्स, फॉर्म्स आदि) दिखाता है।

नोट्स :

- ★ एक्सेस में एक समय में केवल एक ही डाटाबेस को ओपन किया जा सकता है।
- ★ एक्सेस 2000 में आप **ओपन** डायलॉग बॉक्स से किसी फाईल की सर्चिंग कर सकते हैं। फाईल सर्च करने के लिए आपको किसी अन्य यूटीलिटी की जरुरत नहीं पड़ेगी।
- ★ डिफॉल्ट रुप से एक्सेस नये डाटाबेसों को माय डॉक्यूमेन्ट्स फोल्डर पर सेव करता है।

यदि आप पहले से एक्सेस पर हैं तो

1. **कन्ट्रोल + O** बटन दबाएं। इससे **ओपन** डायलॉग बॉक्स खुल जाएगा।
2. आवश्यकतानुसार फाईल को ओपन हेतु फाईल को प्रदर्शित कराने के लिए,
   - ★ फोल्डर से संबंधित बटन पर क्लिक करें।
   - ★ **लुक इन** की सूची में से किसी भिन्न फोल्डर को चुनें।

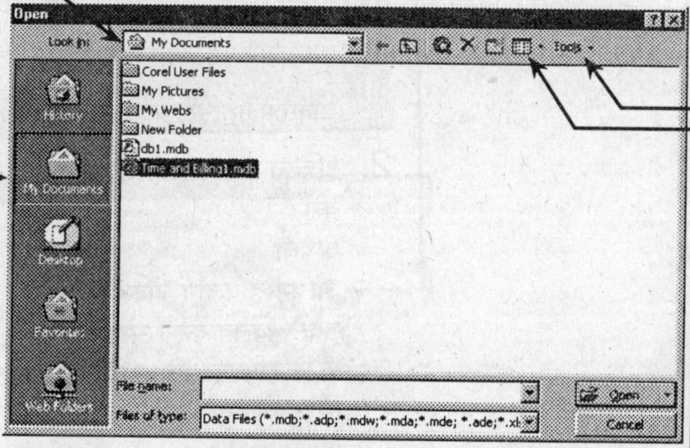

   - ★ व्यू बटन 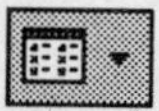 पर क्लिक करें और **ओपन** डायलॉग बॉक्स में फाईलों के बारे में विभिन्न सूचनायें प्रदर्शित कराने के लिए किसी एक विकल्प का चुनाव करें। (उदाहरण के लिए सूचनाओं जैसे कि फाईल की साईज को देखने के लिए **डिटेल्स** विकल्प पर क्लिक करें)।
   - ★ किसी फाइल नेम को खोजने के लिए पहले **टूल्स** पर क्लिक करें, फिर **फाईण्ड** पर क्लिक करें।
3. फाईल को ओपन करने के लिए उस पर डबल-क्लिक करें।

नोट्स :

★ डाटाबेस को आप किस तरह ओपन करेगें यह निर्भर करता है कि आपने एक्सेस को अभी अभी स्टार्ट किया है अथवा इस पर आप पहले से ही कार्य कर रहे हैं। यदि आपने एक्सेस को अभी-अभी ही स्टार्ट किया है तो इस स्थिति में स्क्रीन पर **स्टार्टअप** डायलॉग बॉक्स दिखाई देगा।

★ जब कभी आप एक्सेस को स्टार्ट करेंगे तो प्रत्येक बार **माइक्रोसॉफ्ट स्टार्टअप** डायलॉग बॉक्स दिखाई पड़ेगा यह तब तक ऐसा होगा जब तक आप इसे डिसेबल नहीं कर देते हैं।

यदि आपने अभी-अभी एक्सेस को शुरू किया है तो

1. **माईक्रोसॉफ्ट एक्सेस** स्टार्टअप डायलॉग बॉक्स में **ओपन एन एक्जिस्टिंग फाईल** को सलेक्ट करें।

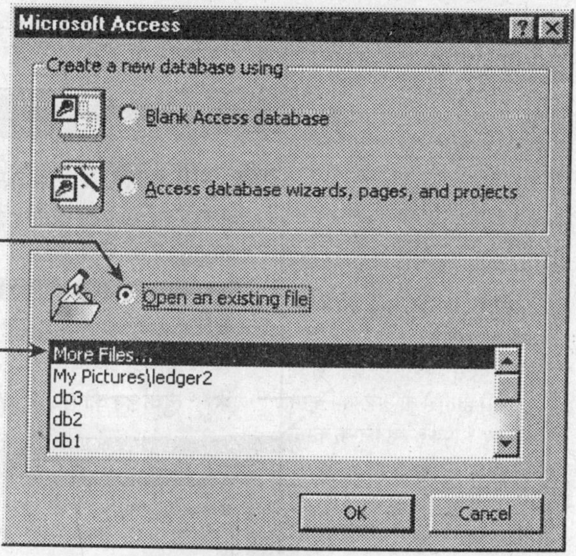

2. इच्छित डाटाबेस को ओपन करने के लिए उस पर डबल-क्लिक करें।

   अथवा

   ओपन डायलॉग बॉक्स को खोलने के लिए **मोर फाईल्स** पर डबल-क्लिक करें। **ओपन** डायलॉग बॉक्स की विस्तृत जानकारी के लिए पिछले पेज पर दिए गए (यदि आप पहले से एक्सेस पर हैं तो) दूसरे चरण को देखें।

किसी टेबल किसी दूसरे एक्सेस डाटाबेस से लिन्क करना

लिन्किंग आपको, किसी टेबल पर उपस्थित डाटा को किसी दूसरे एक्सेस डाटाबेस में उपयोग करने की सुविधा प्रदान करता है। उदाहरण के लिए आप किसी बाहरी टेबल के डाटा को वर्तमान डाटाबेस में तैयार की गई रिपोर्ट में शामिल कर सकते हैं। **नोट :** इस कार्य के लिए किसी डाटाबेस का खुला होना जरुरी है।

File → Get External Data

1. पहले **फाईल** मेन्यू पर क्लिक करें एवं फिर **गेट एक्स्टर्नल डाटा** पर क्लिक करें और अन्त में **लिन्क टेबल्स** पर क्लिक करें। इससे **लिन्क** डायलॉग बॉक्स खुल जाएगा।

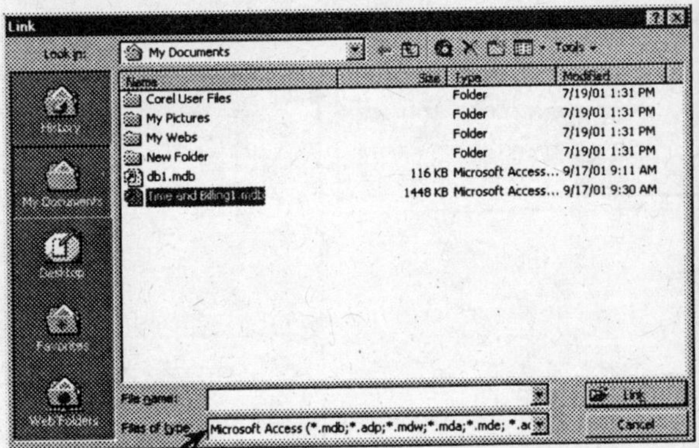

2. **फाईल ऑफ टाईप** लिस्ट में से माईक्रोसॉफ्ट एक्सेस चुनें।
3. लिन्क किए जाने वाला टेबल जिस डाटाबेस में है उस डाटाबेस को सलेक्ट करें।
4. डायलॉग बॉक्स पर दिए गए **लिन्क** बटन [Link] पर क्लिक करें। इससे **लिन्क टेबल्स** डायलॉग बॉक्स खुल जाएगा।

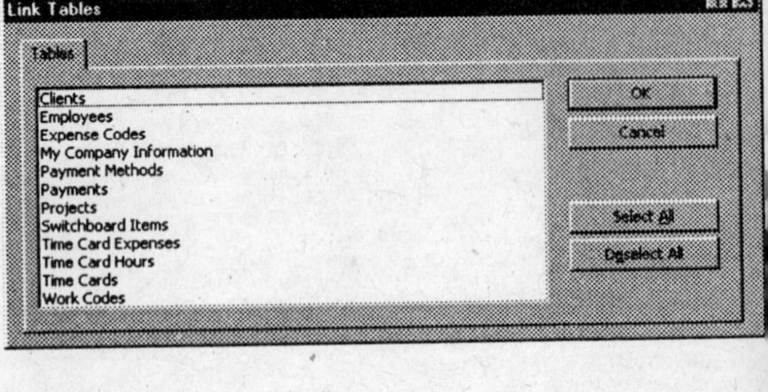

नोट्स :

- ★ जब आप किसी टेबल को लिन्क करते हैं तो आप दो डाटाबेसों में इसी डाटा के साथ एक अलग टेबल फिर से तैयार तथा उसे मेन्टेन नहीं कर सकेंगे।
- ★ जब टेबल्स किसी नेटवर्क सर्वर पर स्टोर होती हैं तो उन्हें प्राप्त करने के लिए आपको उन्हें लिन्क करना पड़ेगा।
- ★ लिन्क किए गए टेबल के डाटा को आप या तो वर्तमान डाटाबेस से या फिर जिस पर यह डाटाबेस बनाया गया है उस पर से एडिट कर सकते हैं।
- ★ आप लिन्क किए गए टेबल के अन्डरलाईंग स्ट्रक्चर (Underlying Structure) को नहीं सुधार सकते हैं। उदाहरण के लिए आप किसी लिन्क फिल्ड को डिलीट या जोड़ नहीं सकते हैं। स्ट्रक्चर (Structure) को एडिट करने के लिए आपको इसे इसके मूल डाटाबेस में ओपन करना पड़ेगा।

नोट्स :

★ यह तीर का निशान केवल उस डाटाबेस में दिखाई देगा जिस पर आपने लिन्क को बनाया है न कि उस डाटाबेस पर जिस पर टेबल्स को बनाया गया है।

5. लिन्क करने के लिए टेबल को सलेक्ट करें और फिर **ओ.के.** बटन OK पर क्लिक कर दें।
6. डाटाबेस विन्डो में टेबल को लिन्क करने के लिए आईकॉन पर टेबल के आगे एक तीर का निशान होता है।

 कस्टमर्स

नोट्स :

★ लिन्क को हटा दिए जाने पर भी लिन्क किया गया टेबल डिलीट नहीं होता है। टेबल को प्राप्त करने के लिए यह टेबल जिस डाटाबेस पर बनाया गया है उस डाटाबेस पर इसे ओपन करें।

टेबल की लिन्क को हटाना

1. जिस डाटाबेस में लिन्क है उस डाटाबेस को ओपन करें।
2. डाटाबेस विन्डो में लिन्क आईकॉन को सलेक्ट करें।
3. **डिलीट** बटन दबाएं।
4. प्रॉम्प्ट आने पर **यस** Yes क्लिक करें।

विजार्ड का उपयोग करते हुए टेबल बनाना

डाटाबेस में आपके द्वारा प्रविष्ट कराए गए डाटा टेबल में होते हैं। टेबल विजार्ड, टेबल तैयार करने के लिए आवश्यक सभी चरणों से आपको अवगत कराता है।

1. किसी डाटाबेस को तैयार करें या एक डाटाबेस को ओपन करें।
2. डाटाबेस विन्डो को खोलने के लिए **F11** बटन दबाएं।
3. पहले **इन्सर्ट** मेन्यू पर क्लिक करें, फिर **टेबल** पर क्लिक करें। ऐसा करने से **न्यू टेबल** डायलॉग बॉक्स दिखाई देने लगेगा।

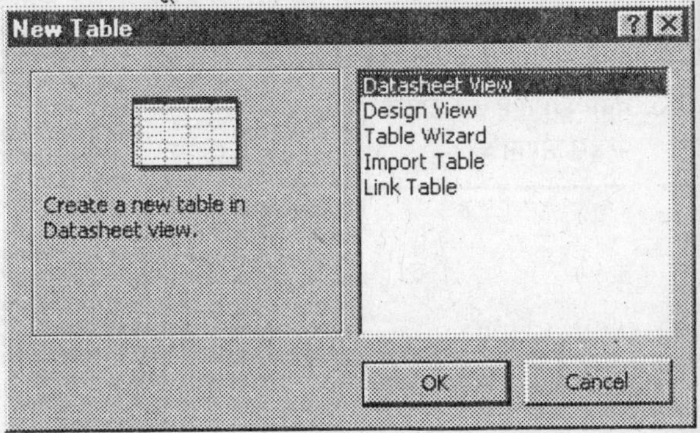

4. **टेबल विजार्ड** पर डबल क्लिक करें। इससे टेबल विजार्ड शुरु हो जाएगा।
5. सेम्पल टेबल्स में से उस टेबल का चुनाव करें जिस तरह का टेबल आप चाहते हों। आपके द्वारा चुने गए सेम्पल टेबल के आधार पर सेम्पल फिल्डों की सूची बदल सकती हैं।

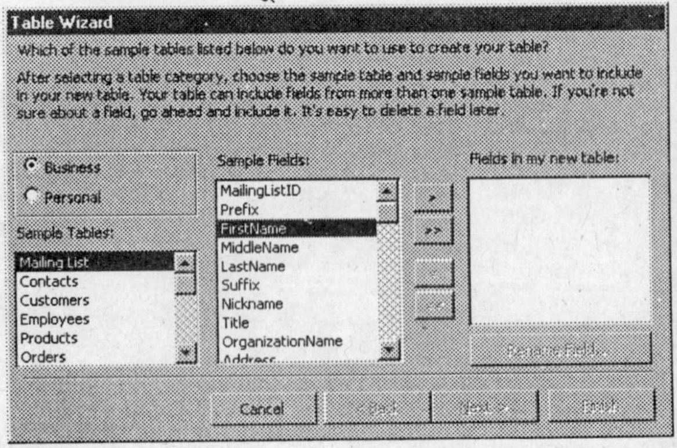

नोट्स :

★ आप टेबल विजार्ड का उपयोग करते हुए एक टेबल बना सकते हैं और फिर यदि आवश्यक हो तो टेबल संरचना को कस्टमाईज करने के लिए इसे डिजाईन व्यू ओपन कर सकते हैं।

★ डाटाबेस में स्टोर की गई प्रत्येक प्रकार की सूचनाओं के लिए एक अलग टेबल बनाएं। उदाहरण के लिए उत्पाद की सूचना को स्टोर करने के लिए अलग टेबल बनायें और उत्पाद सप्लाई करने वाली कम्पनीयों के लिए अलग टेबल बनाएं।

★ प्रत्येक टेबल में एक ऐसा फिल्ड होना चाहिये जो टेबल के प्रत्येक रिकार्ड की एक अलग पहचान बता सके। इस फिल्ड को प्रायमरी-की कहा जाता है। अक्सर यह प्रायमरी-की एक ऑटो नम्बर फिल्ड होता है जो प्रत्येक रिकार्ड को बनाए जाने के समय उन पर एक क्रम संख्या स्वतः ही जोड़ देता है। यदि एक अकेला फिल्ड रिकार्डों की अलग पहचान बताने में असमर्थ हो तो आप एक प्रायमरी - की को बहुत सारे फिल्डों से भी तैयार कर सकते हैं।

> **नोट्स :**
> ★ ये निर्देश यह समझते हैं कि यह वह प्रथम टेबल है जिसे डाटाबेस में जोड़ा जा रहा है। यदि आप किसी टेबल को किसी ऐसे डाटाबेस में जोड़ रहें हैं जिस पर पहले से एक टेबल मौजूद है तो एक अतिरिक्त डायलॉग बॉक्स दिखाई देगा जो आपको नये टेबल और डाटाबेस पर पहले से उपस्थित टेबल के मध्य संबंध परिभाषित करने की सुविधा प्रदान करेगा।

6. अपने नये टेबल में जोड़ने के लिए किसी फिल्ड का चुनाव करें, फिर [>] बटन पर क्लिक कर दें। इस क्रिया को तब तक दुहरायें जब तक कि इच्छित सारी फिल्ड्स, **फिल्ड्स इन माय न्यू टेबल** पैन पर सूचीबद्ध न हो जाए।

   टिप : सेम्पल फिल्ड लिस्ट में दी गई सभी फिल्ड्स को टेबल में जोड़ने के लिए [>>] पर क्लिक करें।

7. आवश्यकतानुसार टेबल में किसी फिल्ड के नाम को बदलने हेतु,

   a. रिनेम की जाने वाले फिल्ड पर क्लिक करें।

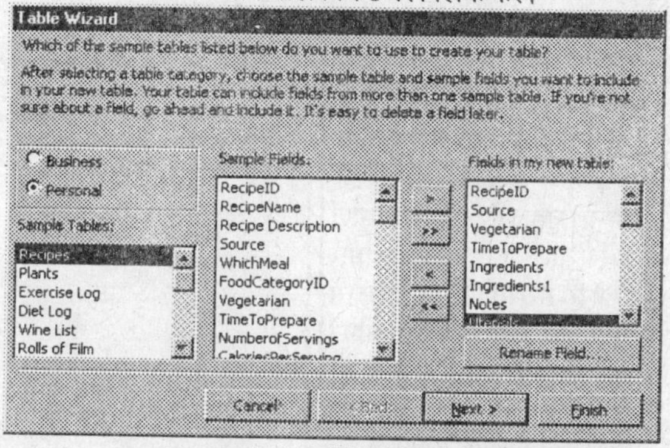

   b. **रिनेम फिल्ड** बटन [Rename Field...] पर क्लिक करें।

   c. नयी फिल्ड का नाम टाईप करें और **एन्टर** बटन दबाएं।

8. **नेक्स्ट** बटन [Next >] पर क्लिक करें।

9. टेबल के लिए नाम टाईप करें और फिर **नेक्स्ट** बटन [Next >] पर क्लिक कर दें।

10. टेबल विजार्ड का अन्तिम चरण, अगला कार्य क्या होगा इसको चुनने की सुविधा देता है। यहां एक विकल्प का चुनाव करें और फिर इस डायलॉग बॉक्स के **फिनिश** बटन [Finish] पर क्लिक करें।

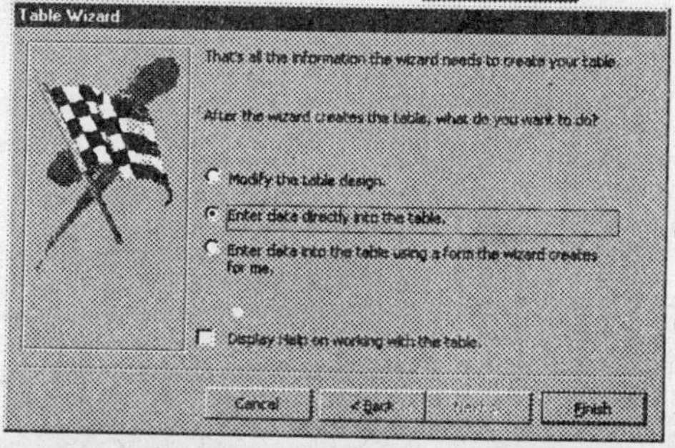

टेबल के साथ फिल्ड को जोड़ना

टेबल के साथ एक नयी फिल्ड जोड़कर आप टेबल की सरंचना (टेबल स्ट्रक्चर) बदल सकते हैं।

1. टेबल को डिजाईन व्यू में ओपन करें।

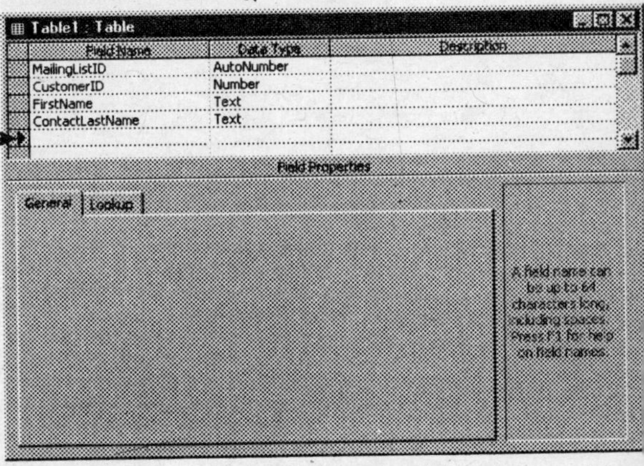

2. फिल्ड लिस्ट में उपलब्ध सबसे पहले खाली पंक्ति पर क्लिक करें इससे फिल्ड के पहले एक तीर का निशान दिखाई देने लगेगा।
   अथवा
   पहले से उपस्थित फिल्ड के उपर एक नयी फिल्ड को इन्सर्ट करने के लिए उस फिल्ड पर क्लिक करें जो नयी फिल्ड के ठीक नीचे आने वाली हो, इसके बाद पहले **इन्सर्ट** पर एवं फिर **Rows** को सलेक्ट करें।
3. **फिल्ड नेम** कॉलम में फिल्ड के नाम को टाईप करें।
4. अब **डाटा टाईप** कॉलम पर पहुंचने के लिए **एन्टर** या **टैब** बटन दबाएं।

नोट्स :

★ जब भी आप किसी नयी फिल्ड को किसी टेबल में जोड़ते हैं तो यह नयी फिल्ड आपके द्वारा बनाए गए फॉर्म्स एवं रिकॉर्ड्स पर स्वतः ही नहीं जुड़ता है। यदि आप चाहते हैं कि यह नयी फिल्ड फॉर्म्स और रिपोर्ट्स में प्रस्तुत हो तो फॉर्म्स या रिपोर्ट को डिजाईन व्यू में ओपन करें और फिर इस पर फिल्ड को जोड़ दें।

5. डाटा के प्रकारों की सूची को ओपन करने के लिए पर क्लिक करें (डिफॉल्ट रुप से नया फिल्ड का प्रकार टेक्स्ट होता है) और फिर नयी फिल्ड के लिए डाटा के प्रकार का चुनाव करें।

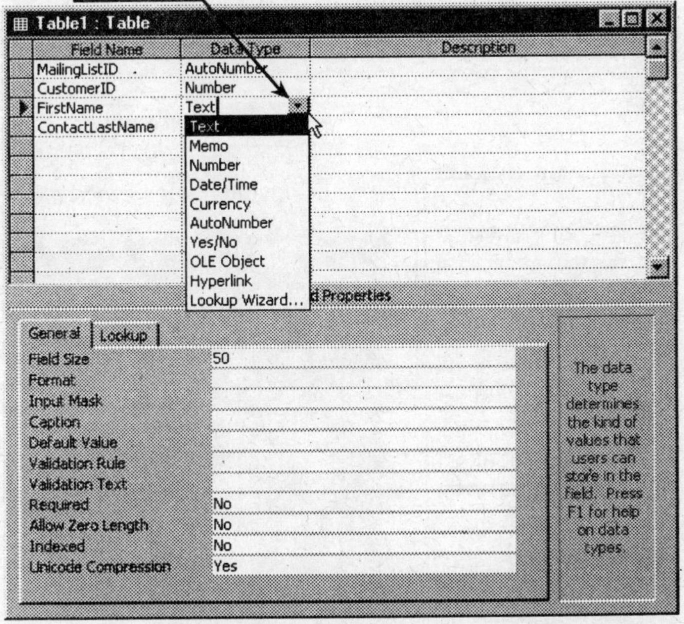

6. **डिस्क्रिप्शन** कॉलम में जाने के लिए **एन्टर** या **टैब** दबाएं और इच्छानुसार यहां पर फिल्ड का विवरण टाईप करें।
नोट : डिस्क्रिप्शन वैकल्पिक है, इसे आप खाली छोड़ सकते हैं।
7. फिल्ड प्रॉपर्टीज पैन पर स्विच होने के लिए **F6** बटन दबाएं।
8. **फिल्ड साईज प्रॉपर्टी** में फिल्ड के लिए कैरेक्टरों की संख्या को टाईप करें।
9. इच्छानुसार दूसरी प्रॉपर्टीज को भी सेट करें।
10. अपने परिवर्तनों को सेव करने के लिए डाटाबेस टूलबार पर दिए गए **सेव** बटन पर क्लिक करें।
11. यदि आप टेबल को एडिट करने का काम पूरा कर चुके हैं तो टेबल डिजाईन को क्लोज (बंद) करने के लिए **केन्सल** बटन पर क्लिक कर दें।

साधारण सलेक्ट क्वेरी बनाना

एक सिम्पल सलेक्ट क्वेरी, डाटा के उप-समूह को एक टेबल में वापस लाता है।

नोट्स :

★ किसी टेब्रल की फिल्ड्स के केवल उपसमूहों को ही देखने के लिए आप एक सिम्पल सलेक्ट क्वेरी बना सकते हैं। उदाहरण के लिए आप एक ऐसी क्वेरी बना सकते हैं जो केवल कम्पनीयों के नाम और क्षेत्र को ही दर्शाए एवं कम्पनी के एड्रेस को न दिखाये।

★ एक सिम्पल सलेक्ट क्वेरी, टेबल पर उपस्थित रिकॉर्ड्स के उपसमूह को भी दिखा सकती है, उदाहरण के लिए आप ऐसी क्वेरी बना सकते हैं जो एक जिप कोड विशेष के सभी सम्पर्कों को प्रस्तुत कर सके।

1. डाटाबेस विन्डो में **क्वेरीस** को सलेक्ट करें।

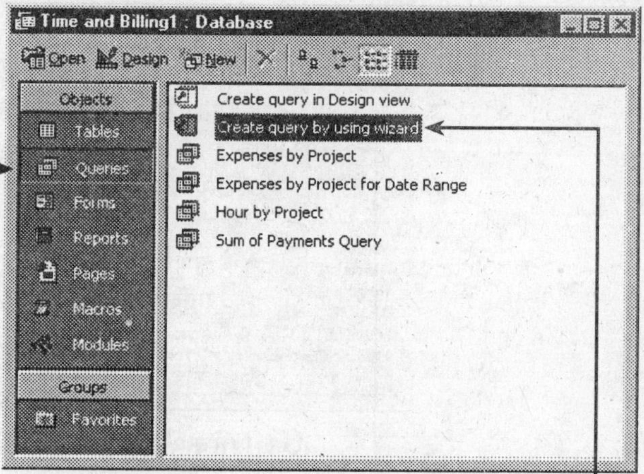

2. **क्रिएट क्वेरी बाय यूजिंग विजार्ड** पर डबल-क्लिक करें। इससे पहला **सिम्पल क्वेरी विजार्ड** डायलॉग बॉक्स दिखाई देने लगेगा।

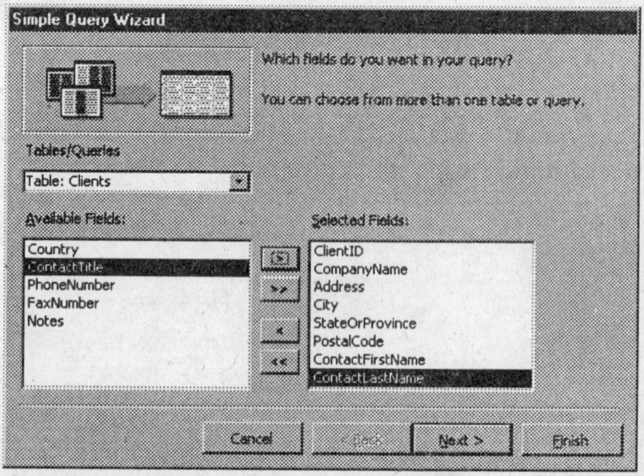

नोट्स :

★ सिम्पल क्वेरी विजार्ड का उपयोग करते हुए क्वेरी बनाते समय आपको केवल एक डाटा सोर्स से ही एक सलेक्ट क्वेरी तैयार करने की सुविधा प्राप्त होती है। यह डाटा सोर्स, कोई टेबल या कोई अन्य क्वेरी हो सकती है।

3. क्वेरी के लिए किसी डाटा सोर्स को सलेक्ट करें।
4. परिणामी टेबल पर शामिल करने के लिए फिल्ड्स को सलेक्ट करें।
5. **नेक्स्ट** बटन [Next >] पर क्लिक करें।
6. विजार्ड डायलॉग बॉक्स का अनुसरण करें। डायलॉग बॉक्स द्वारा दिखायी जाने वाली बातें आपके द्वारा चयनित डाटा सोर्स पर निर्भर करती है।
7. क्वेरी के लिए नाम टाईप करें।
8. क्राईटेरिया से मेल खाने वाले डाटा सोर्स से केवल रिकॉर्ड्स के चुनाव हेतु उस क्राईटेरिया को प्रविष्ट करने के लिए **मॉडीफाई द क्वेरी डिजाईन** को सलेक्ट करें।
9. **फिनिश** बटन [Finish] पर क्लिक करें। इससे क्वेरी, डिजाईन व्यू में खुल जाएगी।
10. रिकॉर्ड्स के लिए क्राईटेरिया टाईप करें ताकि इन्हें परिणामी टेबल की क्राईटेरिया पंक्ति में फिल्ड्स के लिए शामिल किया जा सके। क्राईटेरिया की प्रविष्टि करने हेतु मदद के लिए आप निम्नलिखित कर सकते हैं :
   - ★ जूम बॉक्स को ओपन करने के लिए **शिफ्ट + F2** दबाएं, ताकि लम्बे शब्दों को टाईप करने के लिए आपको ज्यादा जगह प्राप्त हो सके।
   - ★ क्राईटेरिया फिल्ड पर राईट-क्लिक करें और फिर एक्सप्रेशन बिल्डर को शुरु करने के लिए **बिल्ड** को सलेक्ट करें।

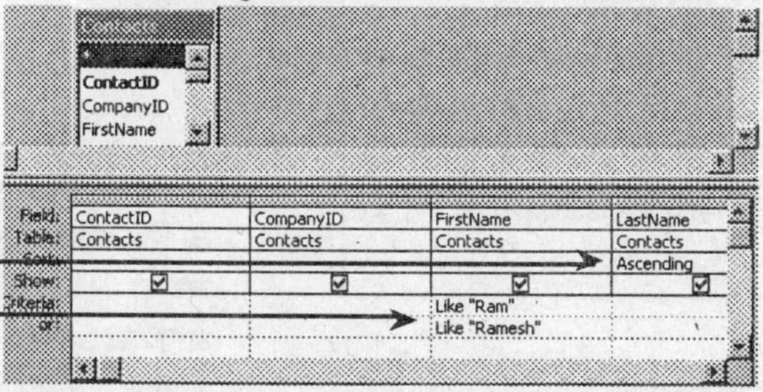

11. फिल्ड के अनुसार परिणामी टेबल को व्यवस्थित करने के लिए सॉर्ट फिल्ड में **असेन्डिंग** या **डिसेन्डिंग** को चुनें ताकि सॉर्टिंग के क्रम को निर्धारित किया जा सके।

   उदाहरण के लिए, उपरोक्त क्वेरी जिप कोड विशेष में स्थित ग्राहकों को प्रस्तुत करती है।
12. क्वेरी डिजाईन को सेव करने के लिए डाटाबेस टूलबार पर दिए गए **सेव** बटन पर क्लिक करें।
13. क्वेरी को रन करने एवं परिणाम को देखने के लिए पहले **व्यू** को एवं फिर **डाटाशीट व्यू** को सलेक्ट करें।

डाटाशीट, फॉर्म, या पेज मे डाटा प्रविष्ट करना

किसी टेबल पर स्थित डाटा को एडिट करने के लिए लिए **डाटाशीट व्यू** या **फॉर्म व्यू** का उपयोग करें। ये विधियां डाटा एक्सेस पेजेस (जिसमें डाटा प्रविष्टि क्षमताएं समाहित होती हैं) पर भी लागू होती हैं।

नोट्स :

★ यदि डाटाशीट पर इसी के लिए बनाया गया कोई फॉर्म उपस्थित है तो टूलबार पर दिए गए **व्यू** बटन का उपयोग करते हुए या **व्यू** मेन्यू का उपयोग करते हुए आप डाटा शीट व्यू और फॉर्म व्यू के बीच स्विच हो सकते हैं।

★ कोई डाटाशीट एक क्वेरी रिजल्ट टेबल हो सकती है। क्वेरी रिजल्ट टेबल के लिए डाटा शीट को देखने के लिए क्वेरी को रन करें।

★ किसी डाटाबेस एक्सेस पेज को सर्वर के इन्टरनेट या इन्ट्रानेट पर पोस्ट किया जाता है। अब इन्टनेट एक्सप्लोरर पर पेज को ओपन करें।

डाटा की प्रविष्टि के लिए फॉर्म या डाटा शीट को ओपन करना

1. किसी डाटाशीट को ओपन करने के लिए डाटाबेस विन्डो में **टेबल्स** पर क्लिक करें।
   अथवा
   डाटाशीट या फॉर्म की पहली खाली पंक्ति पर की पहली खाली फिल्ड पर क्लिक करें।
   अथवा
   किसी फॉर्म को ओपन करने के लिए डाटाबेस विन्डो के **फॉर्म्स** पर क्लिक करें।
2. फॉर्म या डाटाशीट के नाम पर डबल क्लिक करें जिससे ये ओपन हो जाएगी।

रिकॉर्ड जोड़ना

1. **न्यू रिकॉर्ड** बटन ▶* पर क्लिक करें।
   अथवा
   आप यदि अन्तिम रिकॉर्ड में डाटा को प्रविष्ट कर रहें होगे तो टेबल के अन्त में एक नया रिकॉर्ड स्वतः ही दिखाई देने लगेगा।
2. पहली फिल्ड में डाटा को टाईप करें।
3. अगली फिल्ड पर जाने के लिए **टैब** बटन दबाएं।
   नोट : एक फिल्ड से दूसरी फिल्ड पर जाने के लिए एरो बटनों का उपयोग किया जा सकता है।
4. फिल्ड्स में डाटा प्रविष्ट करने के लिए चरण क्रमांक 2 व 3 को दुहराएं।
5. डाटाशीट या फॉर्म में जब रिकार्डों को जोड़ने का काम समाप्त हो जाए तो डाटाशीट को बन्द करने के लिए **क्लोज** बटन ✕ पर क्लिक कर दें।

नोट्स :

★ पहले से उपस्थित रिकॉर्ड्स के अन्त में नये रिकार्ड को जोड़ें।

★ आपके द्वारा डाटा को प्रविष्ट किए जाने के बाद एक्सेस नये रिकॉर्ड्स को स्वतः ही सेव कर लेता है।

फिल्ड डाटा प्रविष्ट करने के लिए ज़ूम (Zoom) करना

1. ज़ूम बॉक्स में आप जिस फिल्ड को एडिट करना चाहते हैं उस फिल्ड पर कर्सर को ले जाएं।
2. **शिफ्ट + F2** दबाएं। इससे एक ज़ूम बॉक्स ओपन हो जाएगा।

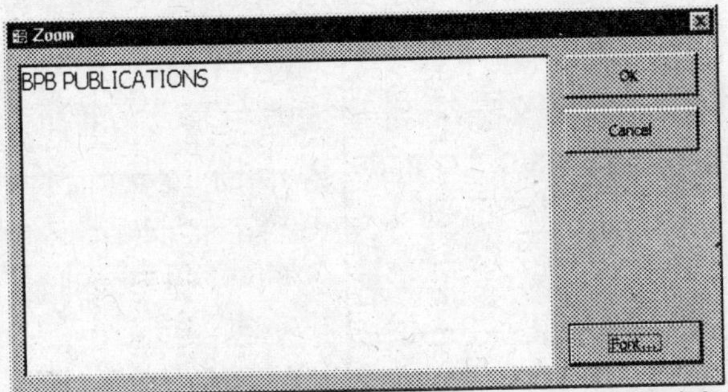

3. इच्छानुसार फिल्ड के कन्टेन्ट्स को छोटे या बड़े फान्ट में देखने के लिए,

   a. **फान्ट** बटन 

पर क्लिक करें। ऐसा करने से **फान्ट** डायलॉग बॉक्स खुल जाएगा।

   b. फान्ट एवं/अथवा फान्ट की साईज को सलेक्ट करें।

   c. ज़ूम बॉक्स पर वापस आने के लिए **ओ. के.** 

पर क्लिक करें।

4. फिल्ड डाटा को टाईप करें। एक नया पैराग्राफ शुरु करने के लिए **कन्ट्रोल + एन्टर** बटनों को दबाएं।
5. ज़ूम बॉक्स को बन्द करने के लिए **एन्टर** बटन दबाएं।

नोट्स :

★ जब फिल्ड लम्बा होता है तो आप फिल्ड पर स्थित सभी डाटा को देखने के लिए वर्तमान फिल्ड को ज़ूम बॉक्स पर ओपन कर सकते हैं।

★ डाटाशीट पर उपस्थित फान्ट यदि छोटा है तो फिल्ड्स को एडिट करने के लिए ज़ूम बॉक्स का उपयोग करते हुए आप अपनी आंखों को आराम दे सकते हैं। ज़ूम बॉक्स में आप फान्ट साईज को बड़े फान्ट में बदल सकते हैं।

पिछले फिल्ड पर से डाटा को कॉपी करना

1. एक भरी हुई फिल्ड के नीचे की एक खाली फिल्ड पर क्लिक करें।
2. **कन्ट्रोल + '** (एपोस्ट्रोफ) बटनों को दबाएं। इससे एक्सेस, पिछले रिकॉर्ड में इसी फिल्ड से वेल्यू को कॉपी कर देता है।

नोट्स :

★ वर्तमान फिल्ड में डाटा प्रविष्टि का समय बचाने के लिए आप वर्तमान फिल्ड के ठीक उपर वाली फिल्ड से रिकार्ड को वर्तमान फिल्ड में कॉपी कर सकते हैं।

डाटाशीट, फॉर्म, या पेज में डाटा प्रविष्ट करना

(पिछले पेज से जारी)

नोट्स :

★ आप केवल वर्तमान फिल्ड पर किए गए परिवर्तनों या अन्तिम रिकार्ड पर किए गए सुधारों को ही अन डू कर सकते हैं। जब आप किसी दूसरे रिकार्ड को सुधारना शुरु करते हैं तो एक्सेस आपके द्वारा किए गए सुधारों को स्वतः ही सेव कर लेता है। अगले रिकार्ड को सुधारना शुरु करने के बाद आप पिछले रिकार्ड पर किए गए परिवर्तनों को अन डू नहीं कर सकते हैं।

अन्तिम बार किए गए सुधार को अन डू करना

वर्तमान फिल्ड में अन्तिम बार किए गए सुधार को अन डू करने के लिए **कन्ट्रोल + Z** बटनों को दबाएं या  पर क्लिक करें। वर्तमान फिल्ड में पिछली बार किए गए सुधारों को यदि अन डू करने की इच्छा हो तो उपरोक्त विधि को दुहरायें।

अथवा

वर्तमान फिल्ड में किए गए सभी सुधारों को अन डू करने के लिए **एस्केप** बटन दबाएं।

अथवा

यदि आप पहले ही किसी दूसरे रिकॉर्ड में जा चुके हैं लेकिन इसे अभी तक सुधारना शुरु नहीं किया हैं तो एक पूरे रिकॉर्ड पर किए गए सभी सुधारों को अन डू करने के लिए पहले **एडिट** पर क्लिक करें फिर **एडिट** मेन्यू में **अन डू सेव्ड रिकॉर्ड** पर क्लिक करें। यदि यह कमाण्ड **एडिट** मेन्यू पर नहीं दिखाई दे रहा हो तो आप रिकॉर्ड पर किए गए परिवर्तनों को अन डू नहीं कर सकते हैं।

नोट्स :

★ रिकॉर्ड के डिलीट किए जाने की क्रिया को आप अन डू नहीं कर सकते हैं।

रिकॉर्ड को डिलीट करना

1. जिस रिकॉर्ड को आप डिलीट करना चाहते हैं उस पर कर्सर को ले जांए।

   अथवा

   आप जिन रिकॉर्ड्स को डिलीट करना चाहते हैं उन रिकॉर्ड्स को सलेक्ट करें।

2. **डिलीट रिकॉर्ड** बटन 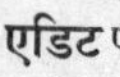 पर क्लिक करें। एक्सेस, एक प्राम्प्ट दिखाकर यह सुनिश्चित करता है कि आप सही में रिकॉर्ड्स को डिलीट करना चाहते हैं।

3. रिकॉर्ड्स को स्थायी तौर पर डिलीट कर देने के लिए **यस** बटन 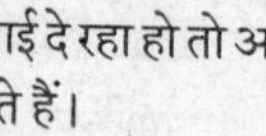

   पर क्लिक करें।

4. अब डाटाशीट या फॉर्म को क्लोज (बंद) कर दें।

डाटाशीट, फॉर्म या पेज पर घुमना (नेवीगेटिंग)

टेबल डाटा को एडिट करते समय आवश्यक स्थानों पर पहुंचना या मूव होना नेवीगेटिंग कहलाता है।

नोट्स :

★ डाटाबेस शीट्स तथा फॉर्म्स दोनों में नेविगेशन बटनों का समावेश होता है (बशर्ते कि फॉर्म पर इसे विशेष रुप से रिमूव न किया गया हो)। ऐसे डाटा एक्सेस पेजेस जिन्हें डाटा प्रविष्टि कार्य के लिए बनाया गया है उसमें भी नेविशेशन बटनों का समावेश होता है।

★ नेविगेशन बटन्स, विन्डो के नीचे भाग पर स्थित होते हैं।

नेविगेशन बटनों का उपयोग करना

1. एडिटिंग के लिए किसी डाटाशीट, फॉर्म या पेज को ओपन करें।
2. निम्न में से किसी एक रिकॉर्ड नेविगेशन बटन पर क्लिक करें ;

पहले रिकॉर्ड के लिए

पिछले रिकॉर्ड के लिए

अगले रिकॉर्ड के लिए

अन्तिम रिकॉर्ड के लिए

नये रिकॉर्ड के लिए

किसी रिकॉर्ड नम्बर पर जाने के लिए

1. **F5** बटन दबाएं।
2. जिस रिकॉर्ड पर जाना हो उस रिकॉर्ड का नम्बर टाईप करें।

3. एन्टर बटन दबा दें।

नोट्स :

★ गो टू फिल्ड लिस्ट डाटाशीट पर स्थित सभी फिल्ड्स को प्रदर्शित करती है। यह फॉरमेटिंग टूलबार पर उपस्थित होती है जो कि डिफॉल्ट सेटिंग के कारण दिखाई नहीं देता है। यदि आप बहुत सी फिल्ड्स के साथ डाटाशीट पर कार्य कर रहे हैं तो फॉरमेटिंग टूलबार को प्रदर्शित करा लें ताकि इस मजेदार एवं आसान टूल का उपयोग कर आप डाटाशीट पर नेविगेशन कर सकें।

फिल्ड नेम को चुनते हुए किसी फिल्ड पर जाना (डाटाशीट व्यू)

1. व्यू मेन्यू पर क्लिक करें, **टूलबार्स** पर क्लिक करें और फिर **फॉरमेटिंग** पर क्लिक करें।
2. फॉरमेटिंग टूलबार CompanyName के बांयी ओर दी गई **गो टू फिल्ड** लिस्ट में से उस फिल्ड को चुनें जिस फिल्ड पर आप जाना चाहते हों।

किसी डाटाशीट या फार्म में डाटा को खोजना

इसके द्वारा आप डाटाशीट या फॉर्म पर स्थित किसी फिल्ड-विशेष के डाटा को खोज सकते हैं।

1. टूलबार पर दिए गए **फाईण्ड** बटन पर क्लिक करें। इससे **फाईण्ड एण्ड रिप्लेस** डायलॉग बॉक्स खुल जाएगा जिसमें फाईण्ड टैब सलेक्टेड दिखाई देगी।
2. **फाईण्ड व्हॉट** टेक्स्ट बॉक्स में खोजे जाने वाले टेक्स्ट को टाईप करें।

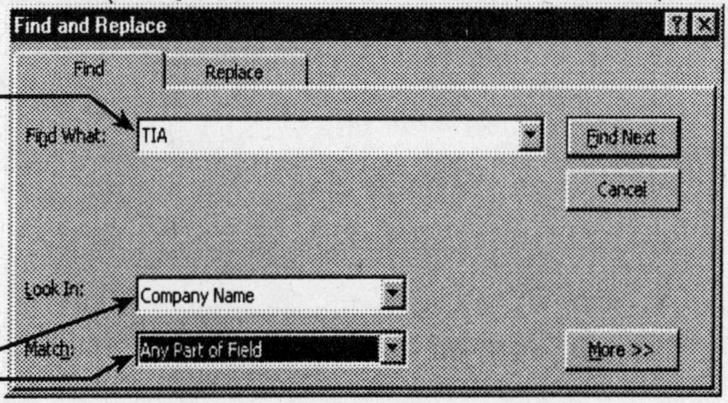

3. टेक्स्ट को खोजे जाने के लिए फिल्ड को सलेक्ट करें।
4. फिल्ड में डाटा कहां पर स्थित हो सकता है, इसे बताने के लिए **मैच** फिल्ड का उपयोग करें ताकि एक्सेस इसे खोज सके।
5. अतिरिक्त विकल्पों को देखने के लिए **मोर** बटन More >> पर क्लिक करें।

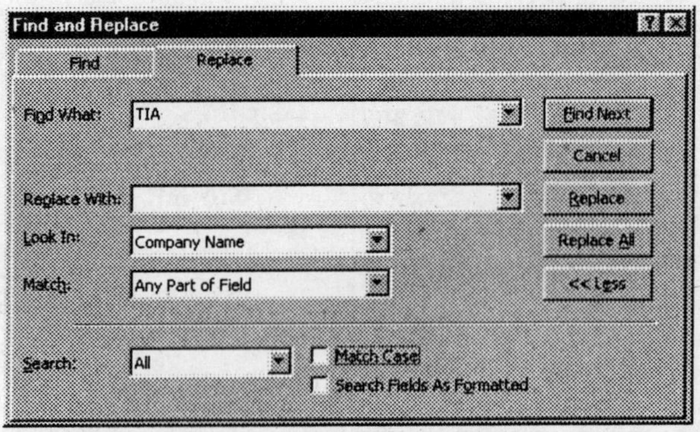

नोट्स :

फाईण्ड एण्ड रिप्लेस डायलॉग बॉक्स में आप निम्न वाईल्ड कार्ड केरेक्टरों का उपयोग कर सकते हैं।

- * यह कैरेक्टरों की किसी भी संख्या को मैच करता है। उदाहरण के लिए "*One" दिए जाने पर यह "fone" और "phone" दोनों को खोजता है।
- ? यह किसी भी एक एकल केरेक्टर को मैच करता है। उदाहरण के लिए "r?n" दिए जाने पर यह ran एवं run दोनों को खोजता है।
- [] शब्द की वर्तमान स्थिति में यह कोष्टकों के अन्दर के किसी भी केरेक्टर को मैच करता है। उदाहरण के लिए "Hamm[oe]nd" दिए जाने पर यह Hammond या Hammend को खोजता है।
- [-] यह, बढ़ते क्रम में केरेक्टरों की रेन्ज को मैच करता है। उदाहरण के लिए "b[a-c]d" दिए जाने पर यह bad एवं bcd को खोजता है।
- # यह एक एकल संख्यात्मक केरेक्टर को मैच करता है। उदाहरण के लिए 980#0 यह 98010, 98020 आदि को खोजता है।

नोट्स :

★ रिकॉर्ड्स की मीटिंग क्राईटेरिया को खोजने के लिए आप फिल्टरों का भी उपयोग कर सकते हैं। आपके क्राईटेरिया के साथ मेल न खाने वाले किसी भी डाटा को फिल्टर छिपा देता है।

★ जीरो-लेन्थ स्ट्रिन्ग को खोजने के लिए **फाईण्ड व्हॉट** बॉक्स में "" को टाईप करें। क्वोटेशन मार्क के बीच कोई खाली जगह प्रविष्ट न करायें। किसी Null वेल्यू को खोजने के लिए **फाईण्ड व्हॉट** बॉक्स में **Null** या **Is Null** टाईप करें। आप इनका उपयोग **रिप्लेस** डायलॉग बॉक्स में नहीं कर सकते हैं।

6. किन रिकॉर्ड्स को खोजा जाना है यह बताने के लिए निम्न में से किसी एक सर्च विकल्प को सलेक्ट करें।

   Up - वर्तमान रिकॉर्ड से प्रथम रिकॉर्ड को खोजने के लिए।

   Down - वर्तमान रिकॉर्ड से अन्तिम रिकॉर्ड को खोजने के लिए।

   All - वर्तमान रिकॉर्ड से डाटाबेस के अन्त को खोजने तथा काऊन्टींग पहले रिकॉर्ड से करने के लिए।

7. फिल्ड डाटा को खोजने के लिए **मैच केस** को सलेक्ट करें, केवल उस समय जब यह लोवर या अपर केस में ठीक वैसा ही हो जैसा कि इसे **फाईण्ड व्हॉट** बॉक्स में टाईप किया गया था।

8. डाटा को केवल उस समय खोजने के लिए जब खोजे जाने वाले टेक्स्ट के डाटा के प्रकार के अनुसार ही इसे फॉरमेट किया गया हो, **सर्च फिल्ड एस फॉरमेटेड** को सलेक्ट करें। उदाहरण के लिए यदि आप केवल फॉरमेटेड डेट फिल्ड पर ही दिनांक 06-01 को खोजना चाहते हैं तो तो इस विकल्प को सलेक्ट कर लें।

   नोट : इस विकल्प के चयन से सर्च क्रिया धीमी हो सकती है।

9. **फाईण्ड व्हॉट** टेक्स्ट के अगले उदाहरण को खोजने के लिए **फाईण्ड नेक्स्ट** बटन [Find Next] पर क्लिक कर दें।

10. आवश्यकता के अनुसार डाटा को खोजने के लिए चरण क्रमांक 9 को दुहरायें।

11. जब यह सब हो जाए तो **केन्सल** बटन [Cancel] पर क्लिक करें या एस्केप बटन दबा दें।

डाटाशीट या फॉर्म में रिकॉर्ड्स को फिल्टर करना

आपके द्वारा निर्देशित क्राईटेरिया के अनुसार टेबल पर स्थित डाटा के उपसमूह को प्रदर्शित कराने के लिए फिल्टर्स का उपयोग करें।

नोट्स :

★ आपके द्वारा निर्देशित डाटा को हाईड करने के लिए फिल्टर्स एक्सेस को निर्देशित करते हैं।

★ फिल्टर के द्वारा फॉर्म का उपयोग आप या तो डाटाशीट व्यू में या फिर फॉर्म व्यू में कर सकते हैं।

★ यदि आप किसी **Or** टैब में क्राईटेरिया को प्रविष्ट करते हैं तो परिणामी फिल्टर किए हुए रिकॉर्ड, सेट रिकॉर्ड होगें जो कि **लुक फॉर** टैब या **Or** टैब में निर्देशित किए गए क्राईटेरिया से मेल खाते होगें। **Or** टैब फिल्टर के कार्य को प्रभावी ढंग से बढ़ा देता है।

★ किसी फिल्टर को आरोपित करने की गति को बढ़ाने के लिए इण्डेक्स की गई फिल्ड्स का उपयोग करें। यदि आपको अक्सर इण्डेक्स नहीं की गई फिल्ड को फिल्टर करने की आवश्यकता पड़ती हो तो इस फिल्ड को पहले इण्डेक्स कर लें।

फॉर्म के द्वारा फिल्टर का उपयोग करना

1. डाटाशीट में पहले **रिकॉर्ड्स** फिर **फिल्टर** एवं फिर **फिल्टर बाय फॉर्म** को सलेक्ट करें या **फिल्टर बाय फॉर्म** बटन पर क्लिक करें। इससे एक्सेस, एक खाली पंक्ति या एक खाली फॉर्म के साथ एक डाटाशीट को प्रदर्शित करने लगेगा। विन्डो के सबसे नीचे की ओर दी गई टैब **लुक फॉर** टैब होती है।
2. क्राईटेरिया प्रविष्ट कराने के लिए किसी फिल्ड पर क्लिक करें।
3. खोजे जाने वाले क्राईटेरिया को टाईप करें।
   अथवा
   पर क्लिक करें और फिर फिल्ड में खोजे जाने वाले डाटा को सलेक्ट करें।

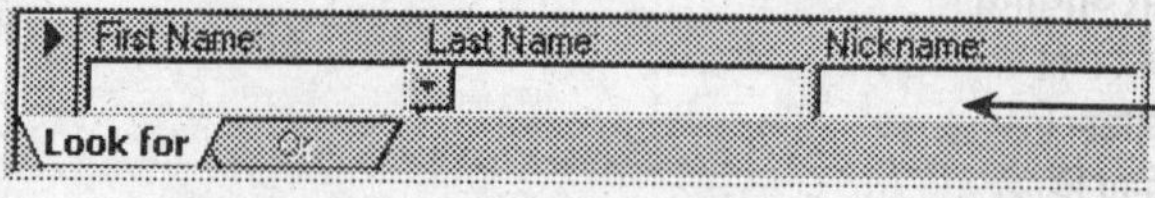

4. इच्छानुसार और अधिक क्राईटेरिया को जोड़ने के लिए नीचे भाग पर दी गई **Or** टैब पर क्लिक करें।

नोट : इच्छानुसार फिल्टर पर से सभी क्राईटेरिया को क्लीयर करने के लिए **केन्सल** बटन पर क्लिक करें या फिर **एडिट क्लीयर ग्रिड** को सलेक्ट करें।

5. क्राईटेरिया को टाईप या सलेक्ट करें।
6. इच्छानुसार और अधिक क्राईटेरिया को जोड़ने के लिए चरण क्रमांक 4 और 5 को दुहरायें।

नोट्स :

★ एक्सेस खोजे जाने वाले टेक्स्ट के चारो ओर क्वोटेशन मार्क रख देता है। आप क्वोटेशन मार्क की प्रविष्टि नहीं कर सकते हैं।

★ प्रस्तुत उदाहरण में केवल एक देश-विशेष तथा शहर-विशेष के ही रिकॉर्ड्स प्रदर्शित हुए हैं।

7. **एप्लाई फिल्टर** बटन पर क्लिक करें। अब एक्सेस, केवल उन रिकॉर्ड्स को प्रदर्शित करता है जो आपके द्वारा निर्देशित क्राईटेरिया से मैच कर जाते हैं। नीचे दिया गया उदाहरण, इस विधि में बताये गए क्राईटेरिया का उपयोग करते हुए प्राप्त रिकॉर्ड्स वापसी को दिखाता है।

FirstName	LastName	Nickname	Role	Birthdate
Paul	Davolio		Spouse	
Daniel	Davolio		Child	10/10/199
Jean	Davolio		Child	
Anne	Fuller		Spouse	
Paula	Fuller		Child	

सलेक्शन के द्वारा फिल्टर का उपयोग करना

1. जिस डाटा को फिल्टर में शामिल करना है उन्हें सलेक्ट करें। फिल्टर केवल उन रिकॉर्ड्स को दिखाता है जिनमें सलेक्ट किए गए डाटा उपस्थित होंगे।

First Name	Last Name	Nickname	Role
Paul	Davolio		Spouse
Daniel	Davolio		Child
Jean	Davolio		Child
Anne	Fuller		Spouse
Paula	Fuller		Child

नोट्स :

★ फिल्टर बाय सलेक्शन शीघ्रतापूर्वक सिम्पल फिल्टर बनाने की एक विधि है जहां आप क्राईटेरिया को फिल्टर विन्डो में स्विच करके सलेक्ट करने की बजाय इसे सीधे डाटाशीट या फॉर्म पर से सलेक्ट करते हैं।

★ फिल्टर बाय सलेक्शन विधि किसी एकल फिल्ड पर उपस्थित डाटा पर आधारित रिकॉर्ड्स को फिल्टर करने की अनुमति देता है। अधिक जटिल फिल्टरों को तैयार करने के लिए फिल्टर बाय फॉर्म का उपयोग करें।

2. अब पहले **रिकॉर्ड्स** फिर **फिल्टर** एवं फिर **फिल्टर बाय सलेक्शन** को सलेक्ट करें या **फिल्टर बाय सलेक्शन** बटन पर क्लिक कर दें।

फिल्टर उन सभी रिकॉर्ड्स को हाईड कर देता है जिनके फिल्ड पर सलेक्ट किए गए डाटा उपस्थित नहीं होते हैं। नीचे दिया गया उदाहरण इस विधि में डाटाशीट व्यू पर, फिल्टर बाय सलेक्शन सेट अप के परिणाम को दिखाता है।

First Name	Last Name	Nickname	Role
Daniel	Davolio		Child
Jean	Davolio		Child
Paula	Fuller		Child
John	Fuller		Child
Helen	Fuller		Child
Laura	Peacock		Child

डाटाशीट या फॉर्म में रिकॉर्ड्स को फिल्टर करना

(पिछले पेज से जारी)

फिल्टर एक्सक्लुडिंग का उपयोग करना

1. जिस डाटा को हाईड करना हो उसे सलेक्ट कर लें।
2. अब पहले **रिकॉर्ड्स** फिर **फिल्टर** एवं फिर **फिल्टर एक्सक्लुडिंग सलेक्शन** को चुन लें।

नोट्स :

★ फिल्टर एक्सक्लुडिंग सलेक्शन डाटाशीट के उन रिकॉर्ड्स जिनमें आपके द्वारा सलेक्ट किए गए डाटा उपस्थित हैं, को छोड़कर शेष अन्य सभी रिकॉर्डों को दिखाता है। उदाहरण के लिए, यदि आप सिटी फिल्ड में पैरिस को सलेक्ट करते हैं, तो फिल्टर, सिटी फिल्ड में पैरिस वाले रिकॉर्ड्स को छोड़कर अन्य सभी रिकॉर्ड्स को हाईड कर देता है।

फिल्टर को रिमूव करना और सभी रिकॉर्ड्स को प्रदर्शित कराना

★ ऐसा करने के लिए **रिमूव फिल्टर** बटन  पर क्लिक कर दें।

नोट्स :

★ किसी भी प्रकार को फिल्टर को रिमूव करने के लिए इस टूलबार बटन का उपयोग करें। फिल्टर के द्वारा छिपाये गए रिकॉर्ड्स अब दिखाई देने लगेंगे।

अगले पृष्ठ पर जारी

डाटाशीट या फॉर्म में डाटा की सॉर्टिंग

आपको यदि केवल किसी फिल्ड को सॉर्ट करने की आवश्यकता हो तो डाटाशीट व्यू या फॉर्म व्यू में फिल्ड को शीघ्रता से सॉर्ट करने का कार्य करें अथवा एक से अधिक फिल्ड्स की सॉर्टिंग के लिए एडवांस्ड फिल्टर/सॉर्ट विन्डो का उपयोग करें।

नोट्स :

★ केवल एक फिल्ड के लिए ही बढ़ते या घटते क्रम में सॉर्टिंग का कार्य करें।

वर्तमान फिल्ड को सॉर्ट करना

1. डाटाशीट व्यू या फार्म व्यू में टेबल को ओपन करें।
2. जिस फिल्ड को सॉर्ट करना हो उस फिल्ड पर कर्सर को रखें।
3. फिल्ड को बढ़ते क्रम में सॉर्ट करना के लिए **सॉर्ट असेन्डिंग** बटन  पर क्लिक करें।

   अथवा

   फिल्ड को घटते क्रम में सॉर्ट करने के लिए **सॉर्ट डिसेन्डिंग** बटन  पर क्लिक करें।

नोट्स :

★ फिल्ड्स पर स्थित डाटा उस क्रम में सॉर्ट होते हैं जिस क्रम में वे एडवांस्ड फिल्टर/सॉर्ट विन्डो की ग्रिड (बायें से दायें) पर प्रदर्शित होते हैं। उदाहरण के लिए, यदि फिल्ड्स को लास्ट नेम और फिर फर्स्ट नेम के अनुसार जमाना हो तो आपको सबसे पहले लास्ट नेम फिल्ड को ग्रिड पर जोड़ना पड़ेगा। दिखाये जा रहे उदाहरण में सॉर्ट ऑर्डर सेटअप पहले कन्ट्री के द्वारा फिर रिजन और फिर सिटी के द्वारा है।

बहुत सारी फिल्ड्स को सॉर्ट करना

1. डाटाशीट व्यू या फॉर्म व्यू में टेबल को खोलें।
2. पहले **रिकॉर्ड्स** फिर **फिल्टर** एवं फिर **एडवांस्ड फिल्टर/सॉर्ट** को सलेक्ट करें।
3. ग्रिड पर दी गई फिल्ड लिस्ट में से जिस फिल्ड को सॉर्ट करना हो उसे ड्रेग करें।

   अथवा

   फिल्ड पंक्ति में दिए गए  पर क्लिक करें एवं फिर यहां से जिस फिल्ड को जमाना हो उसे चुन लें।
4. अब इस फिल्ड के लिए इच्छित **सॉर्ट** ऑर्डर (क्रम) का चुनाव करें।

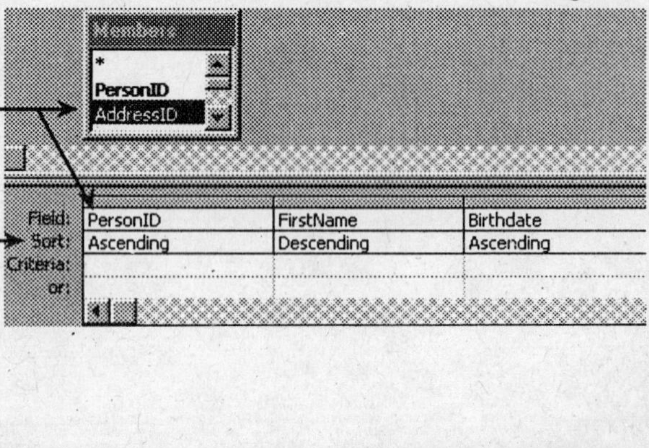

नोट्स :
★ सॉर्ट ऑर्डर में डाटा तब तक उपस्थित रहते हैं जब तक या तो आप उस डाटाबेस को बन्द नहीं करते या फिर एडवांस्ड फिल्टर/ सॉर्ट को हटा नहीं देते हैं। फिल्टर, डाटाबेस के साथ सेव हो जाता है इसलिए इसे आप पुनः आरोपित कर सकते हैं।

5. आप जिन-जिन फिल्ड्स को सॉर्ट करना चाहते हैं उनमें से प्रत्येक के लिए चरण क्रमांक 3 और 4 को दुहरायें। उपर दिया गया उदाहरण तीन फिल्ड्स को क्रम से सॉर्ट करने को दर्शाता है।
6. अब निम्नलिखित तरीकों से फिल्ड्स को सॉर्ट करने के क्रम को सेट करें ;
   ★ फिल्ड्स को रिऑर्डर करने के लिए आप फिल्ड को, फिल्ड नेम के उपर दिए गए कॉलम सलेक्टर पर क्लिक करके उसे ग्रिड के दूसरे स्थान पर ड्रेग करते हुए मूव कर सकते हैं।
   ★ ग्रिड पर दी गई किसी फिल्ड के बाद एक कॉलम इन्सर्ट करने के लिए कर्सर को फिल्ड के स्थान पर ले जाएं और फिर **इन्सर्ट** मेन्यू पर क्लिक कर उसे खोल लें और फिर दिखाई देने वाली सूची में **कॉलम्स** पर क्लिक कर दें। इससे कर्सर जिस फिल्ड पर है, उस फिल्ड के ठीक बाद एक नया कॉलम इन्सर्ट हो जाएगा।
   ★ सॉर्ट ऑर्डर से किसी फिल्ड को हटाने (रिमूव करने) के लिए, उस फिल्ड के कॉलम सलेक्ट पर क्लिक कर उसे चुन लें और फिर **डिलीट** बटन दबा दें।
   ★ फिर से शुरुआत कर सकने के लिए डिजाईन ग्रिड को पूरी तरह साफ करने (क्लीयर करने) के लिए पहले **एडिट** पर क्लिक करें एवं फिर दिखाई देने वाले **एडिट** मेन्यू पर **क्लीयर ग्रिड** को चुन लें।
7. पहले **फिल्टर** को फिर **एप्लाई फिल्टर/सॉर्ट** को चुन लें। ऐसा करने पर एक्सेस डाटा को सॉर्ट करता है और फिर वापस डाटाशीट व्यू या फार्म व्यू में चला जाता है।
8. इच्छानुसार सॉर्ट ऑर्डर को हटाने के लिए **रिमूव फिल्टर** बटन पर  क्लिक कर दें।

विजार्ड का उपयोग करते हुए फॉर्म बनाना

फॉर्म्स का उपयोग सामान्यतः डाटा प्रविष्टि के लिए यूजर इन्टरफेस प्रदान करने के लिए किया जाता है।

नोट्स :

★ फॉर्म, डाटा को एक से अधिक डाटा स्त्रोतों (टेबल्स या क्वेरीस) में दिखाता है। जब आप फॉर्म विजार्ड का उपयोग करके कोई फॉर्म बनाते हैं तो आप यह चुन सकते हैं कि फॉर्म पर कौन से टेबल या क्वेरी से कौन-कौन सी फिल्ड्स दिखाई देनी चाहिए।

1. डाटाबेस विन्डो में **फॉर्म्स** पर क्लिक करें।

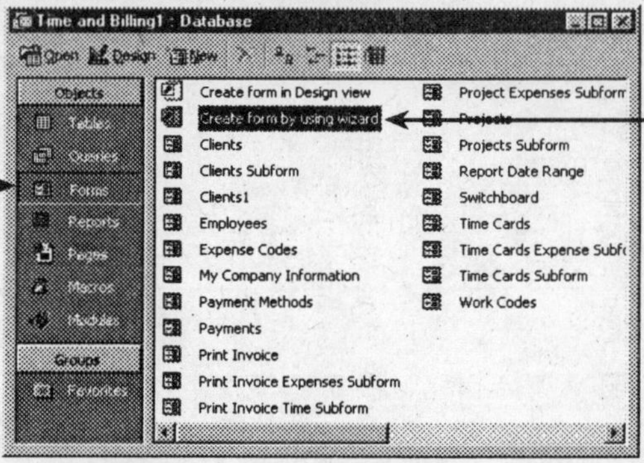

2. दिखाई देने वाली सूची में **क्रिएट फॉर्म बाय यूजिंग विजार्ड** पर डबल-क्लिक करें। इससे फॉर्म विजार्ड शुरु हो जाएगा।
3. फॉर्म के लिए रिकॉर्ड सोर्स का चुनाव करें।

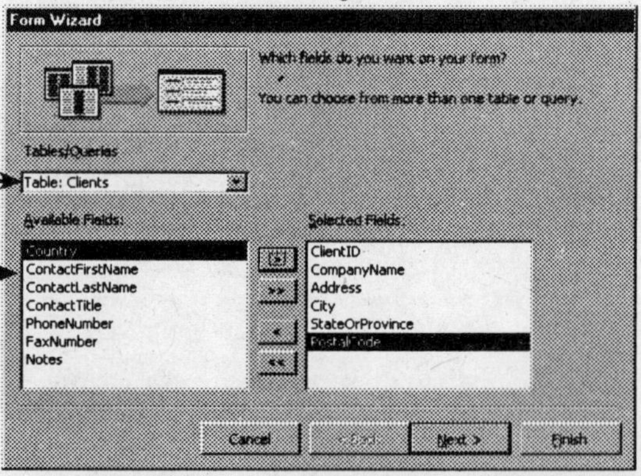

4. फॉर्म विजार्ड में दिए गए **अवेलेबल फिल्ड्स** सूची में से शामिल की जानी वाली फिल्ड्स को चुनें और [>] बटन पर क्लिक करें।
   नोट : एक से अधिक फिल्ड्स को चुनने के लिए **कन्ट्रोल** बटन दबाते हुए चुनी जाने वाली फिल्ड्स पर क्लिक करते जाएं।

   उपलब्ध सभी फिल्ड्स को फॉर्म में शामिल करने के लिए [>>] पर क्लिक कर दें।

नोट्स :

★ अण्डरलाईन्ग टेबल्स क्वेरियों पर डाटा को प्रविष्ट कराने के लिए फॉर्म को फॉर्म व्यू में प्रदर्शित कराएं।

★ डाटा की प्रविष्टि के अतिरिक्त फॉर्म्स का उपयोग कस्टम डायलॉग बॉक्सेस बनाने के लिए भी किया जाता है। वैसे भी आप फॉर्म विजार्ड का उपयोग करके डायलॉग बॉक्स फॉर्म बनाने के बजाय डायलॉग बॉक्स फॉर्म को डिजाईन व्यू में बना सकते हैं।

5. इच्छानुसार इस फॉर्म पर दूसरे अन्य रिकॉर्ड स्त्रोतों से फिल्ड्स को जोड़ने के लिए चरण क्रमांक 3 व 4 को दुहराएं।
6. **नेक्स्ट** बटन [Next >] पर क्लिक कर दें।
7. फॉर्म के लिए एक लेआऊट का चुनाव करें।

   नोट : प्रिव्यू पैन पर ले आऊट का नमूना देखने के लिए एक फॉर्म लेआऊट पर क्लिक करें।
8. अब **नेक्स्ट** बटन [Next >] पर क्लिक कर दें।

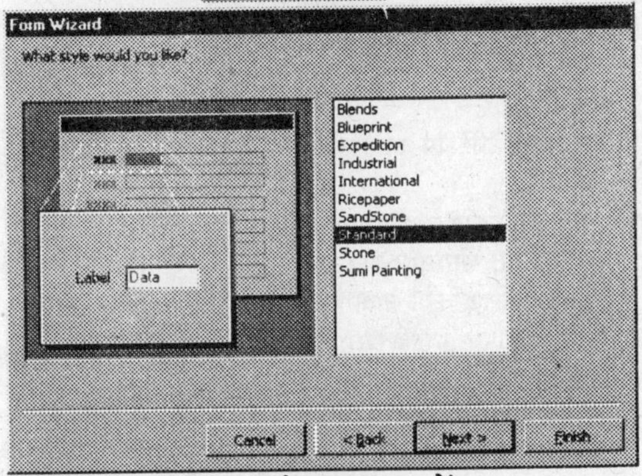

9. फॉर्म के लिए इच्छित स्टाईल का चुनाव करें।
10. **नेक्स्ट** बटन [Next >] पर क्लिक कर दें।
11. फॉर्म के लिए नाम टाईप करें।

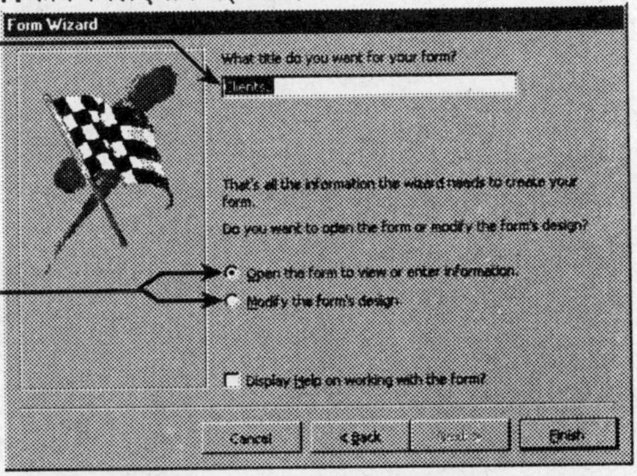

12. यह निर्धारित करें कि इसके बाद आप फॉर्म को देखना चाहेगें या और अधिक कस्टमाईज करने के लिए इसे डिजाईन व्यू में ओपन करना चाहेगें।
13. अन्त में **फिनिश** बटन पर [Finish] क्लिक कर दें। इससे अब फॉर्म दिखाई देने लगेगा।

मल्टीपल-टैब फॉर्म बनाना

किसी एक फॉर्म को अनेक पेजों में बांटने के लिए टैब का उपयोग करें।

नोट्स :

★ विभिन्न पेजों में फिल्ड्स को व्यवस्थित करने के लिए मल्टीपल-टैब फॉर्म का उपयोग करें।

★ मल्टीपल-टैब फॉर्म्स का उपयोग अधिकांशतः डायलॉग बॉक्सेस बनाने के लिए किया जाता है। यदि आप माइक्रोसॉफ्ट सॉफ्टवेयर का उपयोग कर रहे हैं तो इस प्रकार के फॉर्म्स से आप भलीभांति परिचित होंगे।

1. **इन्सर्ट** मेन्यू पर क्लिक कर उसमें से **फॉर्म** चुनें। इससे **न्यू फॉर्म** डायलॉग बॉक्स खुल जाएगा।
2. **डिजाईन व्यू** को चुन लें।
3. फॉर्म के लिए डाटासोर्स (टेबल या क्वेरी) को चुन लें।
4. अब **ओ.के.** बटन OK पर क्लिक कर दें। इससे एक खाली फॉर्म डिजाईन विन्डो खुल जाएगी।
5. टूलबॉक्स पर दिए गए टैब कन्ट्रोल बटन  पर क्लिक कर दें। इससे माऊस प्वाईन्टर का आकार नीचे चित्र में बताए अनुसार हो जाएगा।

   नोट : यदि टूलबॉक्स दिखाई नहीं दे रहा हो तो **व्यू** मेन्यू पर क्लिक कर वहां से टूलबॉक्स को चुन लें।

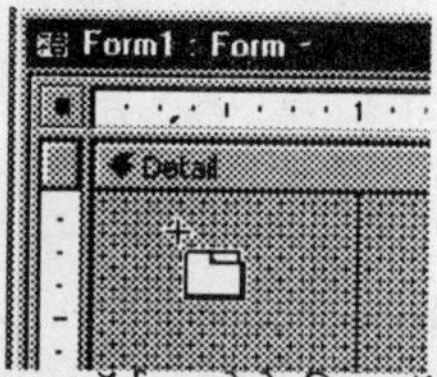

6. मनचाहे साईज का फॉर्म बनाने के लिए फॉर्म ग्रिड पर ड्रेग करें। जब आप माऊस बटन को छोड़ेंगें तो पायेंगे कि एक टैब कन्ट्रोल दो टैबों के साथ डिजाईन ग्रिड में जुड़ गया है।

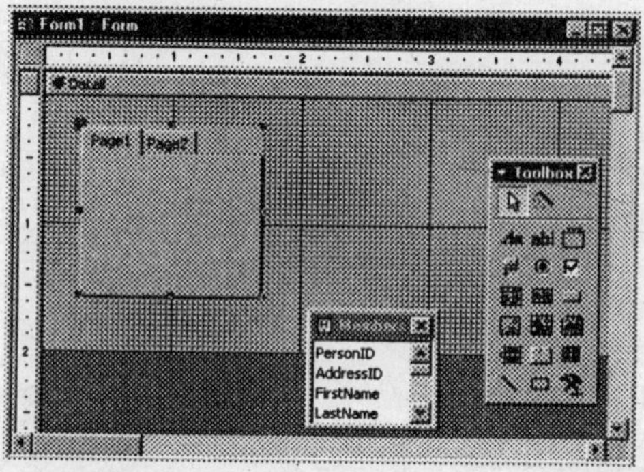

नोट्स :

★ मल्टीपल-टैब फॉर्म्स उस समय काफी उपयोगी होता है जब ऐसे कस्टम डायलॉग बॉक्सेस जिन पर कई विकल्प होते हैं, बनाने के लिए फॉर्म्स का उपयोग किया जा रहा होता है। टैब्स का उपयोग आप डायलॉग बॉक्स विकल्पों को केटेगोरियों में व्यवस्थित रखने के लिए कर सकते हैं।

7. टैब पर स्थित टेक्स्ट को बदलने के लिए ;

   a. उस टैब पर राईट-क्लिक करें एवं फिर **प्रॉपर्टीज** को चुनें। इससे टैब पेज की प्रॉपर्टीज दिखाई देने लगेगी।

   b. अब **फॉरमेट** टैब पर क्लिक कर दें।

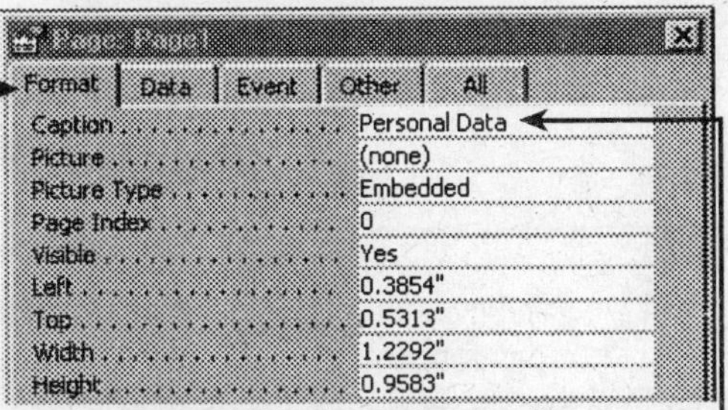

   c. **कैप्शन** प्रॉपर्टी में टैब टैक्स्ट को टाईप करें।

   d. **एन्टर** बटन दबा दें।

8. इच्छानुसार दूसरी टैब जोड़ने के लिए पहले से उपस्थित किसी टैब पर राईट-क्लिक करें एवं खुलने वाले शार्टकट मेन्यू में से **इन्सर्ट पेज** को चुन लें। तीन टैबों वाले एक मल्टीपल-टैब फॉर्म को नीचे उदाहरण में दिखाया गया है।

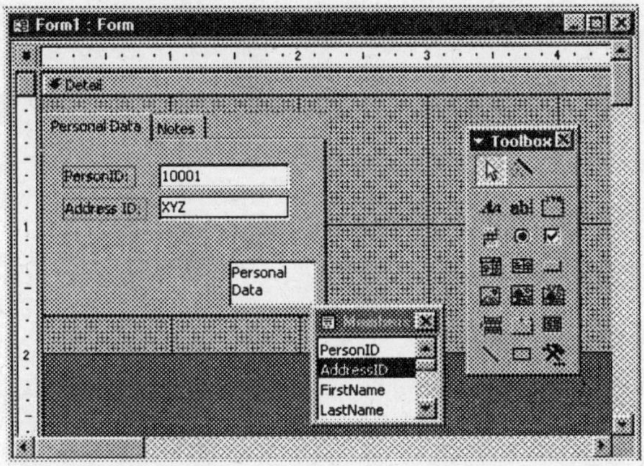

नोट्स :

★ किसी टैब को डिलीट करने के लिए डिलीट की जाने वाली टैब पर राईट-क्लिक करें एवं खुलने वाले शार्टकट मेन्यू में **डिलीट पेज** चुनें।

★ टैब्स को भिन्न क्रम में मूव कराने के लिए टैब पर राईट क्लिक करें एवं खुलने वाले शार्टकट मेन्यू में **अदर पेजेस** चुनें।

9. अब इच्छित रुप से फॉर्म पर फिल्ड्स, कन्ट्रोल्स एवं अन्य ऑब्जेक्ट्स जोड़ें।

10. फॉर्म को सेव करने के लिए **कन्ट्रोल + S** दबाएं।

11. फॉर्म के लिए नाम की टाईपिंग करें।

12. अब **ओ. के.** बटन OK पर क्लिक करें या **एन्टर** बटन दबाएं।

13. फॉर्म को बन्द करने के लिए **केन्सल** बटन ✕ पर क्लिक कर दें।

विजार्ड का उपयोग करते हुए रिपोर्ट बनाना

रिपोर्ट विजार्ड, रिपोर्ट को तैयार करने के लिए आवश्यक सूचनायें आपसे मांगता हैं।

नोट्स :

★ किसी रिपोर्ट को तैयार करते समय रिपोर्ट विजार्ड आपकी मदद करता है। रिपोर्ट को तैयार कर लेने के बाद आप इसे डिजाईन व्यू में कस्टमाईज कर सकते हैं।

Insert → Report

1. डाटाबेस विन्डो में **रिपोर्ट्स** पर क्लिक करें।
2. **क्रिएट रिपोर्ट बाय यूजिंग विजार्ड** पर डबल क्लिक करें। इससे रिपोर्ट विजार्ड शुरु हो जाएगा।
3. रिपोर्ट के लिए एक डाटा सोर्स (टेबल या क्वेरी) का चुनाव करें।

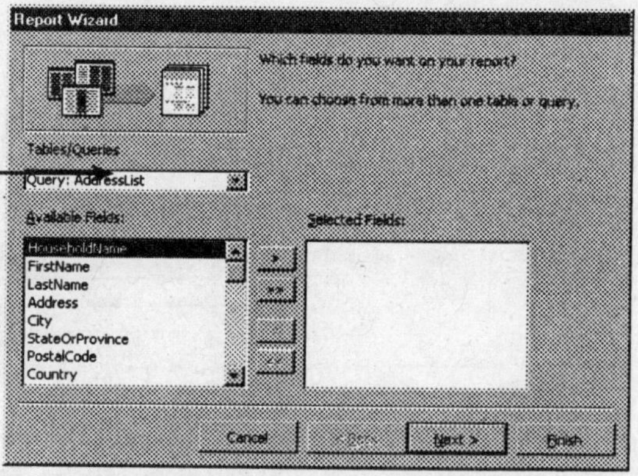

4. रिपोर्ट में सम्मिलित किए जाने के लिए एक या एक से अधिक फिल्ड्स का चुनाव करें एवं [>] पर क्लिक करें।
   अथवा
   उपलब्ध सभी फिल्ड्स को रिपोर्ट में जोड़ने के लिए [>>] पर क्लिक करें।
5. इच्छानुसार किसी दूसरे डाटा सोर्स से फिल्ड्स से रिपोर्ट में जोड़ने के लिए चरण क्रमांक 3 और 4 को दुहराएं।
6. अब **नेक्स्ट** बटन [Next >] पर क्लिक कर दें।
7. रिपोर्ट विजार्ड पर इच्छानुसार लेआऊट और ओरिएन्टेशन विकल्पों का चुनाव करें।

> **नोट्स :**
> ★ एक या एक से अधिक डाटा स्त्रोतों से रिपोर्ट तैयार करने के लिए आप रिपोर्ट विजार्ड का उपयोग कर सकते हैं। डाटासोर्स (इसे रिकॉर्ड सोर्स भी कहा जाता है) एक क्वेरी या टेबल होता है जो रिपोर्ट को डाटा सप्लाई करता है।

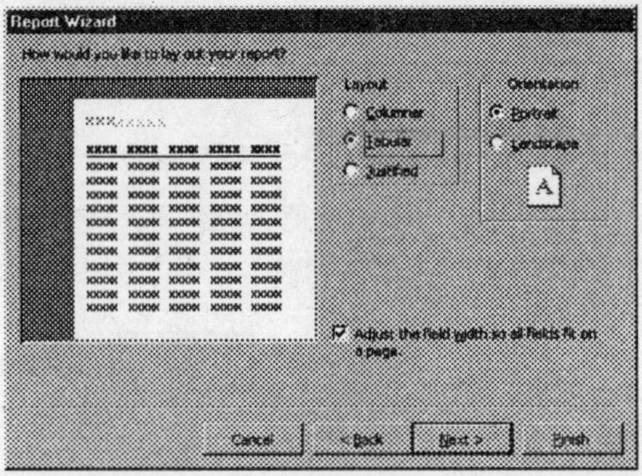

8. इस चरण में, रिपोर्ट विजार्ड स्क्रीन आपके द्वारा चयनित डाटा स्त्रोतों के आधार पर बदली हुई हो सकती है। अपनी पसंद तैयार करें और फिर प्रक्रिया को जारी रखने के लिए **नेक्स्ट** बटन 

पर क्लिक कर दें। रिपोर्ट विजार्ड के यही चरण रुप बदल कर फिर से स्टाईल स्क्रीन पर सामने आं जाती है।

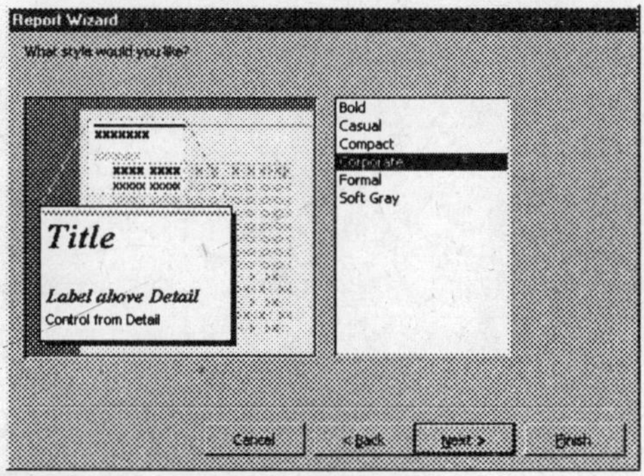

9. रिपोर्ट के लिए स्टाईल का चुनाव करें।
10. अब **नेक्स्ट** बटन 

पर क्लिक कर दें।
11. रिपोर्ट के लिए इच्छित शीर्षक टाईप करें।
12. इस निर्धारित करें कि आप अब आगे क्या करना चाहते हैं। आप रिपोर्ट को डिजाईन व्यू में खोलकर रिपोर्ट का प्रिव्यू देख सकते हैं। इसके लिए **प्रिव्यू द रिपोर्ट** पर क्लिक करें, अथवा आप रिपोर्ट की डिजाईन को सुधार सकते हैं, इसके लिए **मॉडीफाई द रिपोर्ट्स** डिजाईन पर क्लिक करें।
13. जब यह सब हो जाए तो **फिनिश** बटन 

पर क्लिक कर दें।
14. अब रिपोर्ट को बंद कर दें।

विजार्ड का उपयोग करते हुए मेलिंग (पते वाले) लेबल्स तैयार करना

किसी एक्सेस डाटाबेस में स्टोर नाम एवं पते के लिए लेबल्स बनाएं।

Insert → Report

नोट्स :

★ जिस डाटाबेस में नाम एवं पते स्टोर हैं वहां से लेबल्स की प्रिन्टिंग की जा सकती है।

1. पहले **इन्सर्ट** मेन्यू पर एवं फिर उसमें **रिपोर्ट** पर क्लिक करें। इससे **न्यू रिपोर्ट** डायलॉग बॉक्स खुल जाएगा।
2. यहां **लेबल विजार्ड** को चुन लें।
3. लेबलों के लिए रिकार्ड सोर्स का चुनाव करें।
4. अब **ओ.के.** बटन OK पर क्लिक कर दें। इससे लेबल विजार्ड प्रारंभ हो जाएगा।
5. लेबल निर्माता का चुनाव करें।

   नोट : यदि आप जिस लेबल निर्माता का उपयोग करना चाह रहे है वह सूची में नहीं है तो **कस्टमाईज** बटन Customize... पर क्लिक करें और फिर कस्टम लेबल्स तैयार करने के लिए माप व अन्य स्पेसिफिकेशनों की प्रविष्ट करें। आपको लेबल के स्पेशिफिकेशनों जैसे कि प्रत्येक लेबल की साईज और एक पेज में लेबलों की संख्या इत्यादि को प्रविष्ट करने की आवश्यकता पड़ेगी।
6. लेबल के **प्रोडक्ट नम्बर** का चयन करें।

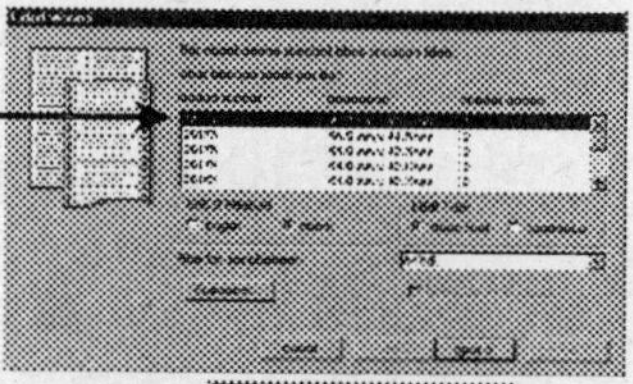

7. अब **नेक्स्ट** बटन Next > पर क्लिक करें।
8. लेबलों के लिए अब फॉन्ट, फॉन्ट साईज और अन्य टेक्स्ट फॉरमेट्र्स का चुनाव करें।
9. **नेक्स्ट** बटन Next > पर क्लिक करें।
10. लेबल पर जोड़ने के लिए रिकॉर्ड सोर्स से किसी फिल्ड का चुनाव करें।

    नोट : फिल्ड्स को उसी क्रम में जोड़ें जिस क्रम में उन्हें लेबल पर प्रदर्शित होना है।

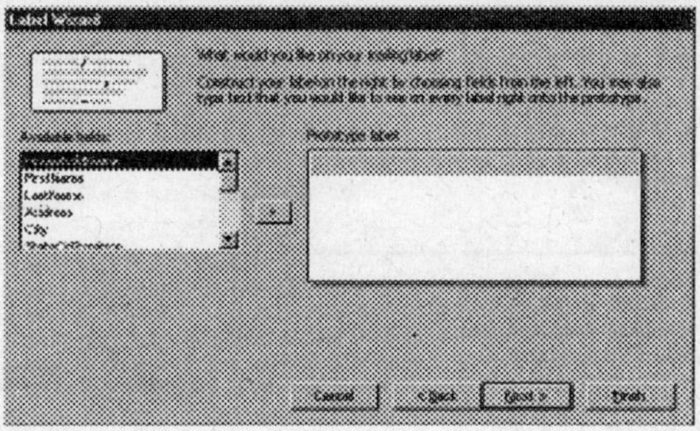

11. > पर क्लिक करें। इससे चयनित फिल्ड्स दांये पैन पर दिए गए लेबल प्रोटोटाईप पर आ जाएंगी।

12. आवश्यकतानुसार कोई टेक्स्ट या स्पेस (खाली जगहें) टाईप करें।

नोट : उदाहरण के लिए, उपर दिए गए चित्र में सिटी फिल्ड के बाद एक कॉमा तथा एक स्पेस है। कॉन्टेक्स्ट टाईटल और कॉन्टेक्स्ट नेम फिल्ड्स के बीच एक स्पेस (खाली जगह) जोड़ने की आवश्यकता है।

13. आवश्यकतानुसार नयी लाईन को शुरु करने के लिए **कन्ट्रोल + एन्टर** बटनों को दबाएं।

14. चरण क्रमांक 10 से 13 तक को तब तक दुहरायें जब तक कि लेबलों पर वे सभी फिल्ड्स न आ जाए जिन्हें आप पर जोड़ना चाहते हैं।

15. अब **नेक्स्ट** बटन Next > पर क्लिक कर दें।

16. सॉर्टिंग (क्रम से जमाने) के लिए किसी फिल्ड का चुनाव करें और फिर यदि लेबलों को किसी विशेष क्रम में प्रिन्ट कराना चाहते हों तो > पर क्लिक कर दें।

17. इच्छानुसार एक से अधिक फिल्ड्स को क्रम से जमाने के लिए चरण क्रमांक 16 को दुहरायें। उदाहरण के लिए आप जिप कोड के अनुसार सॉर्टिंग कर सकते हैं और फिर राज्य के अनुसार सॉर्टिंग कर सकते हैं।

18. अब **नेक्स्ट** बटन Next > पर क्लिक करें।

19. लेबल रिपोर्ट के लिए एक नाम टाईप करें।

20. अपनी इच्छानुसार निम्न को निर्धारित करें :

प्रिन्ट किए जाने पर लेबल किस तरह दिखाई देगा इसे देखने के लिए **सी द लेबल्स एस दे विल लुक प्रिन्टेड** को चुनें (इससे एक्सेस, आपको लेबल के एक नमूने को डाटा सहित दिखाता है)। लेबल डिजाईन को सुधारने के लिए **मॉडीफाई द लेबल डिजाईन** को चुनें (इससे एक्सेस, रिपोर्ट को डिजाईन व्यू में ओपन कर देता है)।

21. अन्त में **फिनिश** बटन Finish पर क्लिक करें।

नोट्स :

★ एक्सेस लेबलों को उनके निर्माता के अनुसार व्यवस्थित करता है। उदाहरण के लिए यदि आप Avery लेबलों को प्रिन्ट कर रहे हैं तो आपको केवल इतना करना है कि आप उपयोग किए जाने वाले लेबल के प्रोडक्ट नम्बर का चुनाव करें और फिर एक्सेस लेबल के स्पेसिफिकेशनों जैसे कि प्रत्येक लेबल की साईज और एक पेज पर लेबलों की संख्या इत्यादि का उपयोग कर लेता है।

रिपोर्ट में पेज नम्बर जोड़ना

रिपोर्ट के पेजों को स्वतः ही कोई नम्बर देने के लिए पेज नम्बर फिल्ड को रिपोर्ट में जोड़ें।

1. रिपोर्ट को डिजाईन व्यू में खोलें।
2. **इन्सर्ट** मेन्यू पर क्लिक करें एवं उसमें **पेज नम्बर्स** पर क्लिक करें। इससे **पेज नम्बर्स** डायलॉग बॉक्स खुल जाएगा।
3. अब पेज नम्बर **फॉरमेट** का चुनाव करें।
4. **पोजिशन** विकल्प में पेज के उस स्थान का चयन करें जहां पेज नम्बर को रखना चाहते हों। आप पेज के हेडर या फुटर पर नम्बर को रख सकते हैं।

   नोट : पेज नम्बरों को जोड़ने के बाद आप इसे डिजाईन व्यू पर ले जा सकते हैं।

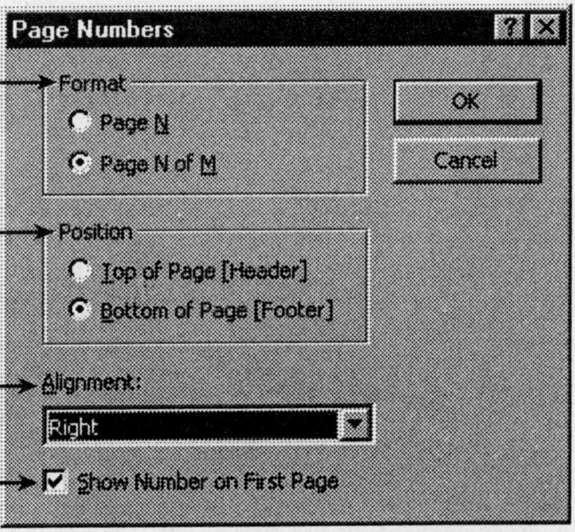

5. इच्छित अलाईन्नमेन्ट का चयन करें। आप नम्बर को हेडर या फुटर के दांयी ओर, या बांयी ओर, या बीच में रख सकते हैं।
6. **शो नम्बर ऑन फर्स्ट पेज** पर यह निर्धारित करें कि क्या आप पहले पेज पर पेज नम्बर को प्रदर्शित होने देना चाहते हैं अथवा नहीं।
7. अब ओ.के. बटन  पर क्लिक कर दें।

नोट्स :

★ इस विधि का उपयोग करके यदि आप रिपोर्ट पर पेज नम्बर डाल रहे हैं तो एक्सेस, स्वतः ही एक पेज हेडर या फुटर जोड़ देता है। पेज के हेडर्स एवं फुटर्स प्रत्येक पेज पर प्रिन्ट होती हैं और एक्सेस यह मानकर चलता है कि आप सभी पेजों को नम्बर देना चाहते हैं। यजि पेज पर आपने पहले से ही पेज हेडर्स व पेज फुटर्स को जोड़ दिया है, तो एक्सेस, पेज नम्बर फिल्ड को आपके द्वारा निर्धारित किए अनुसार हेडर या फुटर पर रख देता है।

★ आप केवल पेज नम्बर को जोड़ सकते हैं जैसे कि पेज 4, या फिर आप डॉक्यूमेन्ट पर पेजों की संख्या को शामिल कर सकते हैं जैसे कि पेज 5 ऑफ पेज पेज 7।

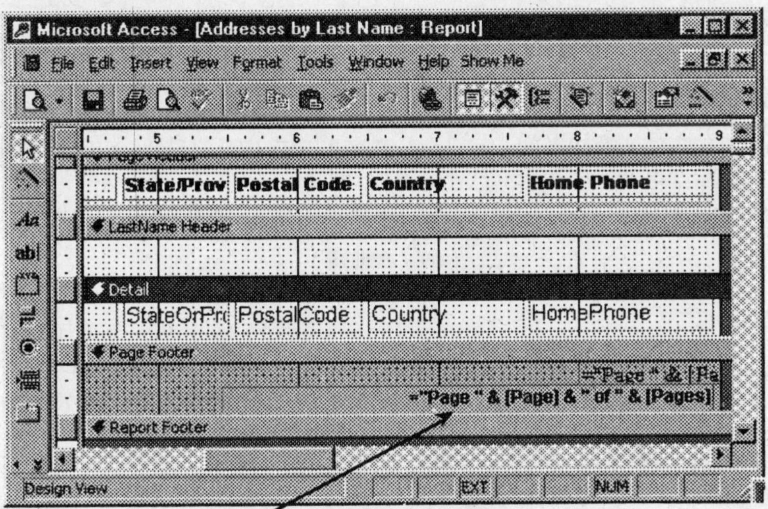

एक्सेस एक ऐसे टेक्स्ट को इन्सर्ट करता है जो आपके द्वारा चयनित फॉरमेट में पेज नम्बरों को जोड़ने के फंक्शन को समाहित रखता है। इस रिपोर्ट में (उपर बताये गए उदाहरण में) पेज नम्बर को पेज के फुटर पर जोड़ा जाना है।

8. इच्छानुसार पेज नम्बर को मूव करने के लिए फिल्ड को ड्रेग करें।
9. किए गए परिवर्तनों को देखने के लिए प्रिन्ट प्रिव्यू पर जाएं।
10. रिपोर्ट डिजाईन को सेव करने के लिए, **सेव** बटन पर क्लिक करें।
11. रिपोर्ट पर सभी सुधार कर लेने के बाद रिपोर्ट को बन्द करने के लिए **केन्सल** बटन पर क्लिक करें।

नोट्स :

★ आप यह निर्धारित कर सकते हैं कि पहले पेज पर पेज नम्बर प्रिन्ट होगा या नहीं। यदि रिपोर्ट के शीर्षक से पेज नम्बर डिट्रेक्ट (Detract) हो गए हों, जो केवल पहले पेज पर दिखाई पड़ रहे हों, तो आप पेज नम्बरों की प्रिन्टींग को स्किप (छोड़ना) कर सकते हैं।

विजार्ड का उपयोग करते हुए डाटा एक्सेस पेज तैयार करना

एक डायाबेस एक्सेस पेज सही मायने में डाटाबेस डाटा पर आधारित एक वेब पेज होता है। इस डाटाबेस एक्सेस पेज को किसी इन्टरनेट साईट या इन्ट्रानेट पर रखा जा सकता है।

नोट्स :

★ आप निम्नलिखित तीन प्रकार के डाटा एक्सेस पेजेस तैयार कर सकते हैं ; ① डाटा को स्वीकार करने वाले डाटा एन्ट्री पेजेस (फार्म के समान), ② रीड-ओनली रिपोर्ट्स जहां आप व्यू पेज में डाटा को फिल्टर कर सकते है या उस पर कार्य कर सकते हैं परन्तु आप डाटा एडिट नहीं कर सकते हैं, ③ डाटा एनालिसिस पेजेस जिनमें एनालिसिस टूल्स जैसे कि घुमावदार टेबल्स और चार्ट्स आदि शामिल होते हैं।

★ डाटा एक्सेस पेज, एक फॉर्म के समान हो सकता है। इसका उपयोग उन लोगों से डाटा संग्रहित करने के लिए कर सकते हैं जो आपकी वेब साईट पर विजिट करते हैं। यह एक रिपोर्ट के समान भी कार्य कर सकता है अर्थात् पेज के लिए उपयोगकर्त्ता, डाटा सोर्स को सॉर्ट, फिल्टर या उस पर कार्य कर सकता है।

1. पहले **इन्सर्ट** मेन्यू पर क्लिक करें एवं उसमें **पेज** पर क्लिक करें। इससे **न्यू डाटा एक्सेस** पेज डायलॉग बॉक्स खुल जाएगा।
2. **पेज विजार्ड** पर डबल क्लिक करें। इससे पहली पेज विजार्ड स्क्रीन दिखाई देने लगेगी।
3. पेज के लिए डाटा सोर्स (टेबल या क्वेरी) का चुनाव करें।

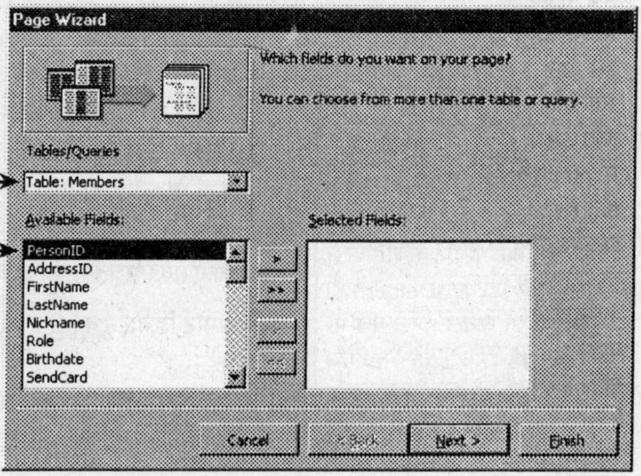

4. **अवेलेबल फिल्ड्स** की सूची में से उन फिल्ड्स का चुनाव करें जिन्हें पेज में जोड़ा जाना हैं और फिर [>] पर क्लिक कर दें।

   नोट : एक से अधिक फिल्ड्स को चुनने के लिए **कन्ट्रोल** बटन दबाएं और चुनी जाने वाली फिल्ड्स पर क्लिक करते जांए।

   अथवा

   रिकॉर्ड सोर्स पर उपलब्ध सभी फिल्ड्स को पेज पर जोड़ने के लिए [>>] पर क्लिक करें।
5. ईच्छानुसार अन्य रिकॉर्ड स्त्रोतों को जोड़ने के लिए चरण क्रमां 3 एवं 4 को दुहरायें।
6. **नेक्स्ट** बटन [Next >] पर क्लिक कर दें।

नोट्स :

★ एक्सेस कई थीम्स युक्त होता है। इन थीम्स को आप पेज विजार्ड का उपयोग कर एक पेज के तैयार करते वक्त इस पेज पर आरोपित कर सकते हैं। थीम पहले से डिजाईन की हुई फॉरमेटिंग स्टाईल से बना होता है। उदाहरण के लिए किसी थीम में पिक्चर, फान्ट स्टाईल, कलर्स एवं अन्य फॉरमेटिंग विकल्प शामिल होते हैं।

★ डाटाबेस पेजें वर्तमान फोल्डर में डाटाबेस के बाहर सेव होती हैं। पेज के एक शार्टकट को डाटाबेस विन्डो पर जोड़ा जाता है इस कारण इसे आप डाटाबेस से ओपन कर सकते हैं।

★ डाटा एक्सेस पेजेस HTML फाईलों में .htm एक्सटेन्शन के साथ स्टोर होते हैं।

★ डाटाबेस एक्सेस पेज को तैयार करने या ओपन करने के लिए आपके कम्प्यूटर पर इन्टरनेट एक्सप्लोरर वर्शन 5.0 या उसके बाद के किसी वर्शन का इन्स्टाल होना आवश्यक है।

★ पेज विजार्ड का उपयोग आप डाटा एक्सेस पेज तैयार करने एवं फिर उसे डिजाईन व्यू में सुधार करने के लिए कर सकते हैं।

7. रिपोर्ट को रीड-ओनली (केवल पढ़े जा सकने वाले) पेज के रुप में सेट करने के लिए, डाटा को ग्रुप करें। (पेज पर स्थित डाटाबेस डाटा को उपयोगकर्ता एडिट नहीं कर सकेगें)। लेआऊट को आगे और परिभाषित करने के लिए **ग्रुपिंग ऑप्शन्स** बटन का उपयोग करें।
अथवा
एक डाटा एन्ट्री पेज तैयार करने के लिए इस चरण को छोड़ दें। किसी ग्रुपिंग लेबल को न जोड़ें।

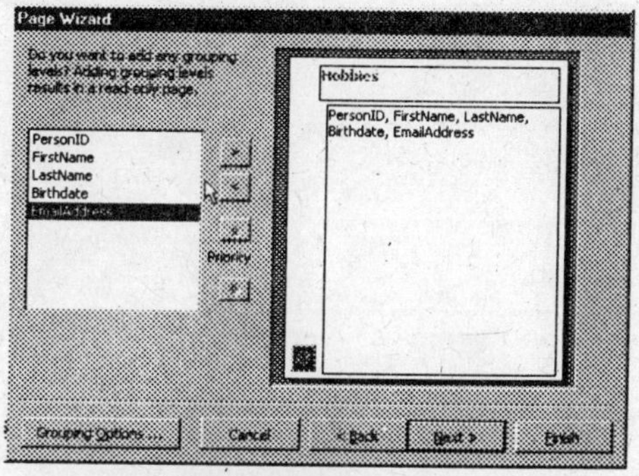

8. **नेक्स्ट** बटन Next > पर क्लिक करें।
9. डाटा के लिए इच्छित सॉर्टिंग ऑर्डर का चुनाव करें।
10. **नेक्स्ट** बटन Next > पर क्लिक करें।
11. डाटा एक्सेस पेज के लिए एक शीर्षक की प्रविष्टि करें।

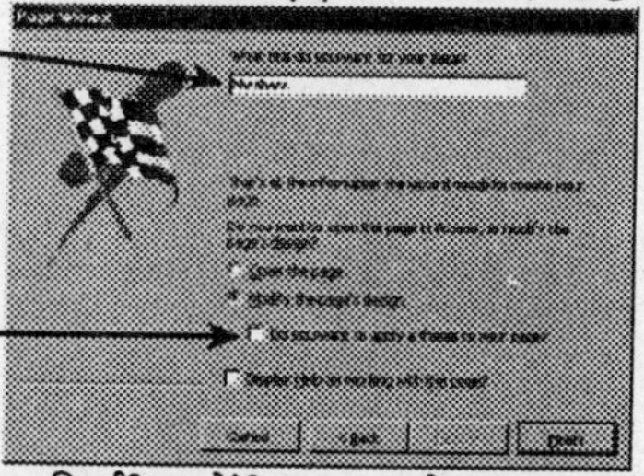

12. अब यह निर्धारित करें कि आप आगे क्या करना चाहेगें ; आप पेज को पेज व्यू में ओपन कर सकते हैं (इसके लिए **ओपन द पेज** को सलेक्ट करें) या पेज को डिजाईन व्यू में ओपन कर सकते हैं (इसके लिए **मॉडीफाई द पेज'स डिजाईन** को सलेक्ट करें)।
13. इच्छानुसार पेज पर डिफॉल्ट थीम को आरोपित करने के लिए इच्छित विकल्प का चुनाव करें।
14. यह सब हो जाए तो **फिनिश** बटन पर Finish क्लिक कर दें।

पॉवर प्वाईन्ट

माईक्रोसॉफ्ट आफिस की प्रेजेन्टेशन एप्लीकेशन आपको आकर्षक, सेल्फ रनिंग या स्पीकर नियंत्रित विजुअल डिस्प्ले तैयार करने की सुविधा देती है। पॉवर प्वाईन्ट, मल्टीमीडिया तकनीक का उपयोग कर आपके प्रेजेन्टेशन में फोटोग्राफ्स, ड्राईन्स, टेक्स्ट, ग्राफ, वीडियो एवं आडियो क्लिप्स को जोड़ता है। पॉवर प्वाईन्ट में तैयार की गई प्रेजेन्टेशन का उपयोग वेब साइटों के आधार के रुप में किया जा सकता है। पॉवर प्वाईन्ट का उपयोग 35 मिलीमीटर स्लाईड्स ओवरहेड प्रोजेक्शन एवं प्रिन्टेड हैण्डआऊट्स तैयार करने के लिए भी किया जा सकता है।

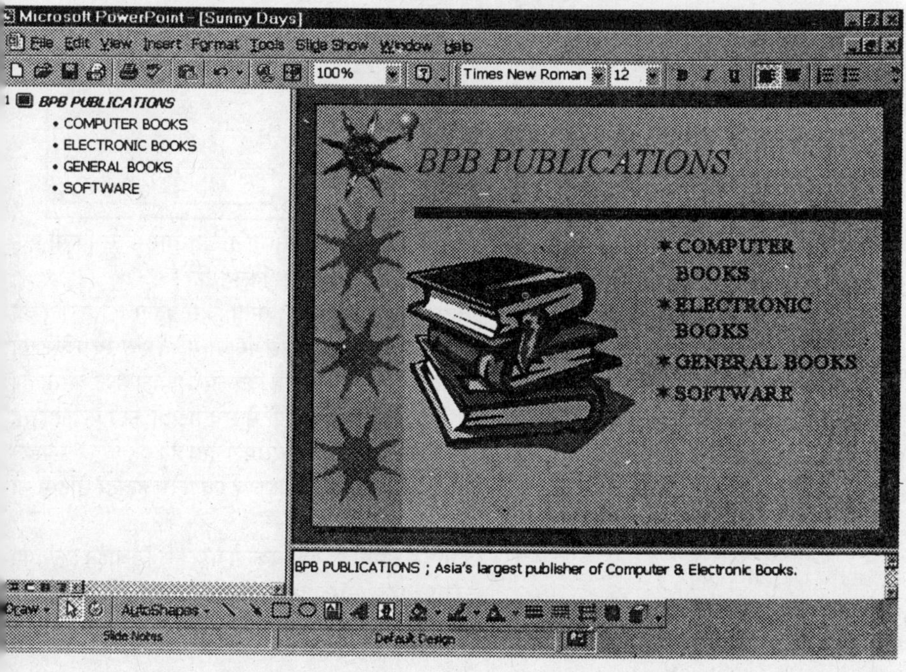

ओपनिंग बॉक्स खोलना

जब भी पॉवर प्वाईन्ट को शुरु किया जाता है तब ओपनिंग डायलॉग बॉक्स दिखाई देने लगता है।

नोट्स :

★ ओपनिंग डायलॉग बॉक्स के सभी विकल्पों को आगे विस्तृत रुप से पुस्तक के इस भाग में समझाया गया है।

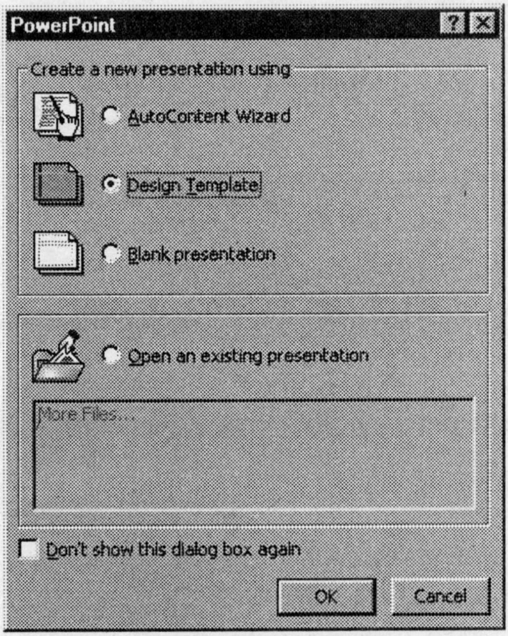

1. ओपनिंग डायलॉग बॉक्स के निम्नलिखित चार में से किसी एक विकल्प को चुनने के लिए उस पर क्लिक करें।

★ **ऑटो कन्टेन्ट विजार्ड ,** आप जिस प्रकार की सूचना को प्रदर्शित कराना चाहते हैं उस पर आधारित एक नये प्रेजेन्टेशन को तैयार करने के लिए यह विकल्प आपको मदद करता है। यह विकल्प श्रोता-विशेषों से सूचना प्राप्त करने के लिए यह कन्टेन्ट (विषय सामग्री) परामर्श देता है। यह विकल्प पहले से डिज़ाईन किए हुए बैकग्राऊण्ड एवं प्लेस होल्डर सेटिंग्स भी प्रदान करते है।

★ **डिजाईन टेम्प्लेट,** यह विकल्प पहले से डिजाईन किए गए बैकग्राऊण्ड्स और प्लेस होल्डर्स का लार्ज सलेक्शन प्रदान करती है। लेकिन यह कन्टेन्ट परामर्श प्रदान नहीं करती है।

- ★ **ब्लेन्क प्रेजेन्टेशन** विकल्प आपको अपनी विषय-सामग्रीयों के साथ ही साथ बैकग्राऊण्ड, प्लेस होल्डर एवं डिजाईन पसंदों को जोड़ने की सुविधा देती है।
- ★ **ओपन एन एक्जिस्टिंग प्रेजेन्टेशन,** यह विकल्प पहले से बना कर रखे गए प्रेजेन्टेशन को खोलता है।

2. किसी प्रेजेन्टेशन को खोलने या बनाने के लिए **ओ.के.** बटन [OK] पर क्लिक करें।

   अथवा

   डायलॉग बॉक्स को बंद करने एवं एक खाली पॉवर प्वाईन्ट स्क्रीन प्राप्त करने के लिए **केन्सल** बटन [Cancel] पर क्लिक करें।

नार्मल व्यू में पॉवर प्वाईन्ट स्क्रीन

नार्मल व्यू में प्रदर्शित होने वाले मुख्य पॉवर प्वाईन्ट फीचरों से अवगत होने के लिए नीचे दी जा रही जानकारियों का ज्ञान होना आवश्यक है।

नोट्स :

★ स्लाईड व्यू विन्डो, एक स्लाईड को इस तरह दिखाती है जैसे कि वह बैकग्राऊण्ड और पिक्चरों सहित स्लाईड शो व्यू में दिखता है।

★ कोई भी टेक्स्ट जिसे प्लेस होल्डर में जोड़ा जाता है वह आऊटलाईन व्यू विन्डो पर रिफलेक्ट हो जाता है।

नार्मल व्यू पॉवर प्वाईन्ट का डिफाल्ट व्यू है। यह व्यू, स्क्रीन को तीन विन्डो में बांट देता है ; आऊटलाईन, स्लाईड एवं नोट्स। इस व्यू में एक स्लाईड के सभी पहलू एक बार में ही प्रदर्शित हो जाते हैं।

1. **टाईटल बार** : सबसे उपर में दिया गया बार टाईटल बार होता है। आप जब तक इस प्रेजेन्टेशन को कोई नाम नहीं दे देते या इसे सेव नहीं कर लेते हैं तब तक एक अस्थाई शीर्षक कोष्ठक के अन्दर जैसे कि (प्रेजेन्टेशन्स1) इस बार में दिखाई देते रहता है।

2. **एप्लीकेशन कन्ट्रोल बटन्स** : यह टाईटल बार के दायें किनारे पर स्थित होता है।
ये बटन्स यह सुविधा प्रदान करते हैं कि पॉवर प्वाईन्ट एप्लीकेशन स्क्रीन पर किस प्रकार दिखाई देनी चाहिए।

★ **मिनीमाईज** : इस बटन को दबाने पर एप्लीकेशन विन्डो छोटी होकर एक आईकान के रुप में स्क्रीन के बॉक्स में दिए गए विन्डोज टास्क बार पर चला जाती है।

★ **रिस्टोर विन्डो** : एप्लीकेशन विन्डो को पुन : उसकी वास्तविक साईज में लाने के लिए इस **रिस्टोर** बटन पर क्लिक करें, अथवा

★ **मेक्जिमाईज** : एप्लीकेशन विन्डो को मेक्जिमाईज करने के लिए इस **मेक्जिमाईज** बटन पर क्लिक करें।

★ **क्लोज** : पॉवर प्वाईन्ट को बन्द करने के लिए इस **क्लोज** बटन पर क्लिक करें।

3. टाईटल बार के बाद दूसरा बार मेन्यू बार होता है। यह बार, ड्रॉप-डाऊन मेन्यू प्रदान करता है जिनमें पॉवर प्वाईन्ट के कमाण्ड्स होते हैं। उपलब्ध कमाण्ड्स को देखने के लिए इच्छित मेन्यू आयटम पर क्लिक करें।

4. **डॉक्यूमेन्ट कन्ट्रोल बटन** : यह मेन्यू बार के दाहिने किनारे पर स्थित होता है। वर्तमान पॉवर प्वाईन्ट प्रेजेन्टेशन, स्क्रीन पर किस प्रकार दिखाई देनी चाहिये इसे नियंत्रित करने की सुविधा ये बटन्स प्रदान करते हैं।

★ मिनीमाईज : प्रेजेन्टेशन को एक आईकान के रुप में छोटा करके उसे पॉवर प्वाईन्ट एप्लीकेशन विन्डो के नीचे के भाग में रखने के लिए **मिनीमाईज** बटन पर क्लिक करें।

★ **रिस्टोर विन्डो** : प्रेजेन्टेशन विन्डो को उसकी पुरानी साईज और पुराने स्थान पर रखने के लिए **रिस्टोर विन्डो** बटन पर क्लिक करें, अथवा

★ **मेक्जिमाईज** : प्रेजेन्टेशन विन्डो को मेक्जिमाईज करने के लिए **मेक्जिमाईज** बटन पर क्लिक करें।

नार्मल व्यू

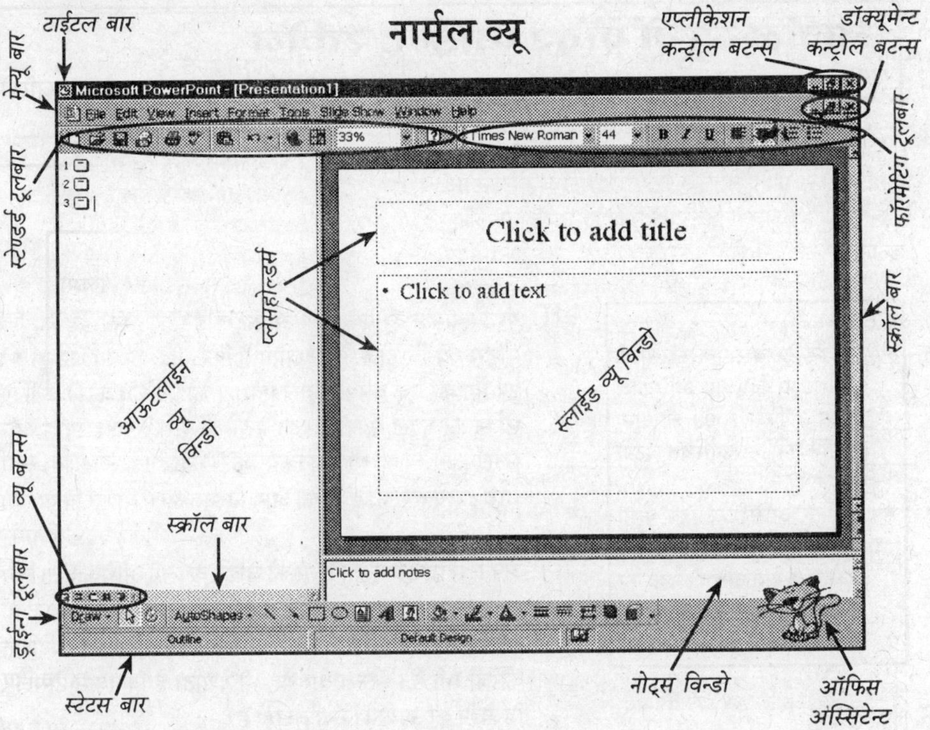

नोट्स :

★ डिफॉल्ट सेटिंग के कारण स्टेण्डर्ड टूलबार एवं फॉरमेटिंग टूलबार एक दूसरे के आजू-बाजू मेन्यू बार के नीचे की ओर स्थित रहते हैं। आप इन एक या दोनों बार के बांये किनारे पर दी गई खड़ी लाईन पर क्लिक करके उसे ड्रेग करते हुए इन बार को नये स्थान पर मूव करा सकते हैं।

★ नार्मल व्यू में विन्डो पैन्स (Panes) के बीच मूव करने के लिए **F6** बटन को दबाएं।

5. प्रेजेन्टेशन को बन्द करने के लिए **क्लोज** बटन [X] पर क्लिक करें।

6. **स्टेण्डर्ड टूलबार** में, पॉवर प्वाईन्ट में कार्य करने में बहुत अधिक प्रयोग आने वाले कमाण्ड्स के शार्टकट बटन्स जैसे कि प्रिन्ट, सेव एवं ई-मेल इत्यादि शामिल होते हैं।

7. **फारमेटिंग टूलबार** में मौजूद बटन्स, ऑब्जेक्ट्स तथा टेक्स्ट को स्क्रीन तथा प्रेजेन्टेशन में किस प्रकार दिखाई देना चाहिये इसे एडजस्ट करने की सुविधा देते हैं।

8. **प्लेसहोल्डर्स**, प्राम्प्ट्स के रुप में दिए हुए खाली टेक्स्ट या ग्राफिक्स बॉक्सेस होते हैं। प्रत्येक प्राम्प्ट यह दर्शाते हैं कि किस प्रकार के ग्राफिक्स या टेक्स्ट इन्सर्ट किए जाने चाहिये। आपके द्वारा चयनित स्लाईड लेआऊट का प्रकार यह निर्धारित करता है कि कौन सा प्लेसहोल्डर प्रस्तुत होगा।

   नोट : स्लाईड लेआऊट के बारे में विस्तृत जानकारी पुस्तक के इसी भाग में आगे दी जा रही हैं।

9. **स्क्राल बार्स** प्रत्येक विन्डो की सम्पूर्ण विषय-सामग्री (कन्टेन्ट) को देखने के लिए उसे (विन्डो को) स्क्राल करने की सुविधा देता है।

नार्मल व्यू में पॉवर प्वाईन्ट स्क्रीन

(पिछले पेज से जारी)

नोट्स :

★ स्टेण्डर्ड टूलबार एवं फॉरमेटिंग टूलबार पर दिए गए अधिकांश बटन्स ऑफिस 2000 की अन्य एप्लीकेशनों पर उपस्थित बटनों के जैसे ही हैं।

★ ऑफिस असिस्टेन्ट जब कभी महसूस करता है कि वह एक फंक्शन के द्वारा आपकी मदद कर सकता है तो वह अक्सर आपके कार्य के बीच में कुदने लगता है।

10. यद्यपि नॉर्मल व्यू एक साथ **आऊटलाईन व्यू, स्लाईड व्यू** एवं **नोट्स व्यू** विन्डोज को दिखाता है फिर भी आप **व्यू बटन्स** का उपयोग कर एक बार में केवल एक व्यू को प्रदर्शित कराने के लिए स्क्रीन को बदल सकते हैं। इन बटनों के द्वारा स्लाईड सॉर्टर और स्लाईड शो व्यू को भी प्राप्त किया जा सकता है।

    नोट : प्रत्येक स्लाईड व्यू को आगे विस्तृत रुप में वर्णित किया गया है।

11. अपनी स्लाईड्स में ग्राफिक्स को जोड़ने के लिए अधिकांशतः जिन टूल्स की आवश्यकता पड़ती है वे **ड्राईन्ग टूलबार** पर मिल जाते हैं।

12. **स्टेटस बार** दिखाता है कि अभी वर्तमान में कितनी स्लाईड प्रदर्शित की जा रही हैं। स्टेटस बार यह भी दर्शाता है कि किस टेम्पलेट डिजाईन का उपयोग किया जा रहा है।

13. **ऑफिस असिस्टेन्ट** एक कॉर्टून मददगार है। जब कभी आपको मदद की आवश्यकता हो तो इस पर क्लिक कर दें।

अगले पृष्ठ पर जारी

टेम्प्लेट्स डिजाईन

टेम्प्लेट्स डिजाईन पहले से तैयार की गई प्रेजेन्टेशन्स होती है जिनमें विभिन्न प्रकार की स्टाईल डिजाईनें जैसे कि कोओर्डिनेटिंग बैकग्राऊण्ड्स, फान्ट्स, कलर्स, ऑब्जेक्ट आदि शामिल होती है। पॉवर प्वाईन्ट में डिजाईन किए हुए कई टेम्प्लेट्स का समावेश है ताकि आपको अपना प्रेजेन्टेशन तैयार करने में प्रेजेन्टेशन की डिजाईन में ज्यादा तकलीफ न हो और आप अपना ध्यान प्रेजेन्टेशन के विषय-सामग्री पर केन्द्रित कर सकें।

नये प्रेजेन्टेशन के लिए टेम्प्लेट डिजाईन सलेक्ट करना

1. **न्यू प्रेजेन्टेशन** डायलॉग बॉक्स को खोलने के लिए **फाईल** मेन्यू पर क्लिक कर उसे खोल लें एवं उसमें दिए गए न्यू कमाण्ड पर क्लिक करें।
2. इस डायलॉग बॉक्स में **डिजाईन टेम्प्लेट्स** टैब पर क्लिक कर उसे सामने ले आयें।

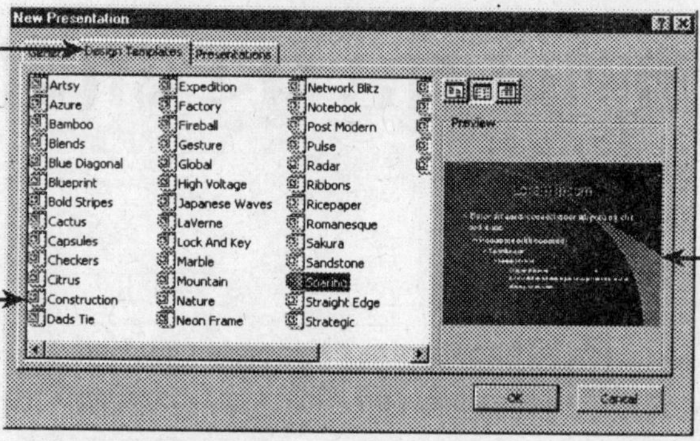

3. इच्छित डिजाईन टेम्प्लेट पर क्लिक कर दें, इससे उस टेम्प्लेट का प्रिव्यू डायलॉग बॉक्स के दांए भाग में दिखाई देने लगेगा।

   नोट : यदि आपके द्वारा चुना गया टेम्प्लेट इन्स्टॉल नहीं किया गया होगा तो आपको वहां पर एक प्राम्प्ट दिखाई देगा जो आपसे यह पुछेगा कि क्या आप उस टेम्प्लेट को इन्स्टॉल करना चाहते हैं ? यदि आप उस टेम्प्लेट को इन्स्टॉल करना चाहते हैं तो तो **ओ.के.** बटन 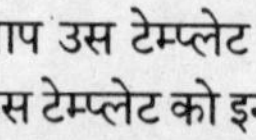 पर क्लिक कर दें।

4. चुने गए डिजाईन टेम्पलेट को अब अपने नये प्रेजेन्टेशन में उपयोग करने के लिए **ओ.के.** बटन  पर क्लिक करें।

नोट्स :

★ टेम्प्लेट्स डिजाईन को पॉवर प्वाईन्ट को शुरु करने पर दिखाई देने वाले **ओपनिंग** डायलॉग बॉक्स से भी सलेक्ट किया जा सकता है।

★ टेम्प्लेट्स डिजाईन से प्रेजेन्टेशन तैयार करते वक्त प्रदान किए जाने वाले ब्लेन्क प्रेजेन्टेशन पर भी ऑटो लेआऊट विकल्प उपलब्ध रहती है।

★ टेम्पलेट केवल डिजाईन से संबंधित सूचनाओं को ही रखता है। यह विषय-सामग्री या विषय-सामग्री प्राम्प्ट्स को नहीं रखता है।

★ टेम्प्लेट्स डिजाईनें, प्रेजेन्टेशन की सभी स्लाईडों पर आरोपित होती हैं।

★ किसी प्रेजेन्टेशन के लिए आप एक से अधिक टेम्प्लेट्स डिजाईनों को नहीं चुन सकते हैं लेकिन आप इच्छानुसार प्रत्येक स्लाईडों को बदल सकते हैं।

★ ऑफिस 97 टेम्प्लेट टैब तभी उपलब्ध होगा जब आपने अपने कम्प्यूटर पर पहले ऑफिस 97 को इन्स्टाल किया होगा। यह टैब आपको ऑफिस 97 के साथ प्रदत्त टेम्प्लेट्स चुनने की सुविधा देता है।

नोट्स :

★ पहले से बने हुए प्रेजेन्टेशन की डिजाईन टेम्प्लेट को बदलने पर उस प्रेजेन्टेशन पर स्थित सभी स्लाईड्स बदल जाती हैं।

★ यदि आप पॉवर प्वाईन्ट के पुराने संस्करण पर उपलब्ध किसी टेम्पलेट का उपयोग करना चाहते हैं तो एप्लाई डिजाईन विन्डो में से ऑफिस 97 फोल्डर को ओपन करें। ऑफिस 97 डिजाईन टेम्पलेट्स तभी उपलब्ध होंगे जब आफिस 97 आपके कम्प्यूटर पर पहले इन्स्टॉल रहा होगा।

पहले से बने हुए प्रेजेन्टेशन के लिए टेम्प्लेट डिजाईन को बदलना

1. उस प्रेजेन्टेशन को ओपन करें जिसे आप परिवर्तित करना चाहते हैं।
2. **फारमेट** मेन्यू पर क्लिक करें एवं उसमें **एप्लाई डिजाईन टेम्प्लेट** पर क्लिक करें। इससे **एप्लाई डिजाईन टेम्प्लेट** डायलॉग बॉक्स खुल जाएगा

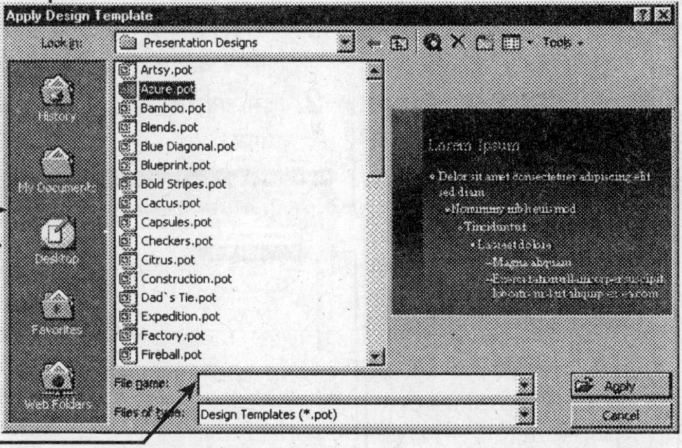

3. इस डायलॉग बॉक्स में उपलब्ध सभी टेम्प्लेट्स के नाम की सूची डायलॉग बॉक्स के बीच वाले भाग में दिखाई पड़ती है एवं प्रिव्यू विन्डो, डायलॉग बॉक्स के दाहिने भाग पर दिखाई पड़ता है।
4. किसी टेम्प्लेट को चुनने के लिए इच्छित डिजाईन टेम्प्लेट फाईल पर क्लिक करें।

   अथवा

   ऑफिस 97 फोल्डर पर डबल क्लिक करें एवं फिर ऑफिस 97 टेम्प्लेट पर क्लिक कर उसे चुन लें।

   अथवा

   डायलॉग बॉक्स के बांये भाग पर दिए गए किसी फोल्डर को चुनने के लिए उस पर क्लिक करें एवं फिर इच्छित फाईल पर क्लिक कर दें।

   अथवा

   फाईल नेम टेक्स्ट बॉक्स पर उस फाईल का नाम टाईप कर दें जिसका आप उपयोग करना चाहते हैं।
5. चुने गए टेम्प्लेट को प्रेजन्टेशन पर आरोपित करने के लिए **एप्लाई** बटन  पर क्लिक करें।

   अथवा

   नये टेम्प्लेट को आरोपित किए बिना डायलॉग बॉक्स से बाहर निकलने के लिए **केन्सल** बटन  पर क्लिक करें।

ऑटो कन्टेन्ट विजार्ड

ऑटो कन्टेन्ट विजार्ड, आप जिस सूचना को प्रेजेन्ट करना चाहते हैं उससे संबंधित प्रश्नों को आपसे चरणबद्ध तरीके से पूछेगा और फिर आपके द्वारा दिए गए उत्तर के आधार पर वह एक कन्टेन्ट ड्रिवन प्रेजेन्टेशन को फारमेट करता है। इसके परिणामस्वरुप आपको कन्टेन्ट प्रॉम्प्ट के साथ एक शक्तिशाली टेम्प्लेट प्राप्त होता है जो बेहतरीन प्रेजेन्टेशन तैयार करने में आपकी मदद करता है।

नोट्स :

- ★ पॉवर प्वाईन्ट को चालू करने पर दिखाई देने वाले ओपनिंग डायलॉग बॉक्स से भी आप ऑटो कन्टेन्ट विजार्ड तक पहुंच सकते हैं।
- ★ ऑटो कन्टेन्ट विजार्ड एक ढांचा (जिसे आप भर सकते हैं) प्रदान कर प्रेजेन्टेशन को जम्प स्टार्ट करने में आपकी मदद कर सकता है।
- ★ दूसरी विजार्ड स्क्रीन पर दिए गए **एड** बटन का उपयोग करने पर ऑटो कन्टेन्ट विजार्ड आपको दूसरे अन्य स्त्रोतों (जैसे ऑफिस - 2000 CD ROM पर दिए प्रेजेन्टेशन के द्वारा तैयार प्रेजेन्टेशनों) से भी प्रेजेन्टेशनों को इन्सर्ट करने की सुविधा प्रदान करता है।

1. **फाईल** मेन्यू पर क्लिक कर उसे खोल लें एवं उसमें **न्यू** कमाण्ड पर क्लिक करें। इससे **न्यू प्रेजेन्टेशन** डायलॉग बॉक्स खुल जाएगा।
2. इस डायलॉग बॉक्स में, **जनरल** टैब पर क्लिक कर इसे सामने ले आयें।

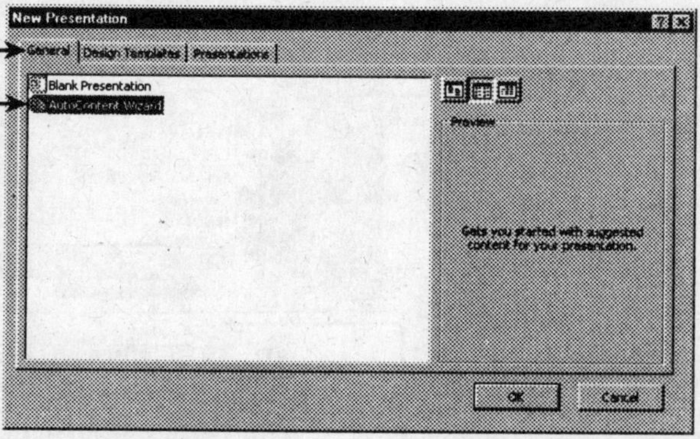

3. **ऑटो कन्टेन्ट विजार्ड** आईकान पर डबल-क्लिक कर विजार्ड को चालू करें।
4. पहले विजार्ड पर दिए गए **नेक्स्ट** बटन  पर क्लिक कर, प्रेजेन्टेशन को तैयार करना प्रारंभ कर दें।

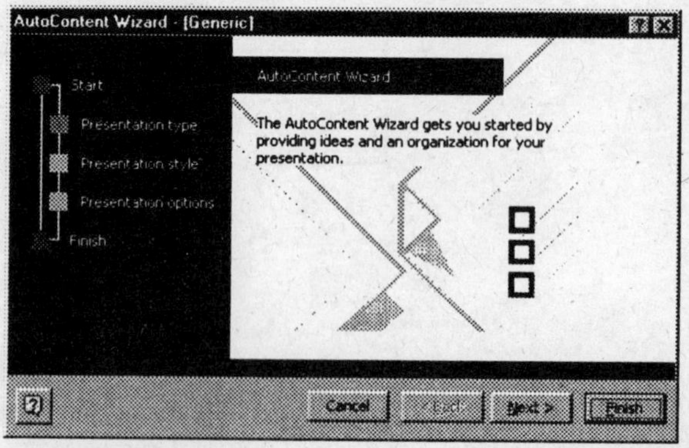

नोट्स :

★ यदि आपने किसी ऐसे प्रेजेन्टेशन का चयन किया है जो वर्तमान में आपके सिस्टम में इन्स्टाल नहीं है तो सिस्टम आपसे उस CD ROM या डिस्क की मांग करता है जिस पर वह फाईल उपस्थित है।

★ विजार्ड से टेम्प्लेट की च्वाईस को रिमूव करने के लिए दूसरी स्क्रीन पर दिए गए रिमूव बटन पर क्लिक करें, अब रिमूव किए जाने वाले प्रेजेन्टेशनों का चुनाव करें और फिर ओ.के. पर क्लिक कर दें।

5. दूसरी विजार्ड स्क्रीन में उस बटन पर क्लिक करें, जो उस प्रेजेन्टेशन की केटेगोरी का सबसे अच्छे से तरीके से वर्णन करता हो, जिसे आप देना चाहते हैं।

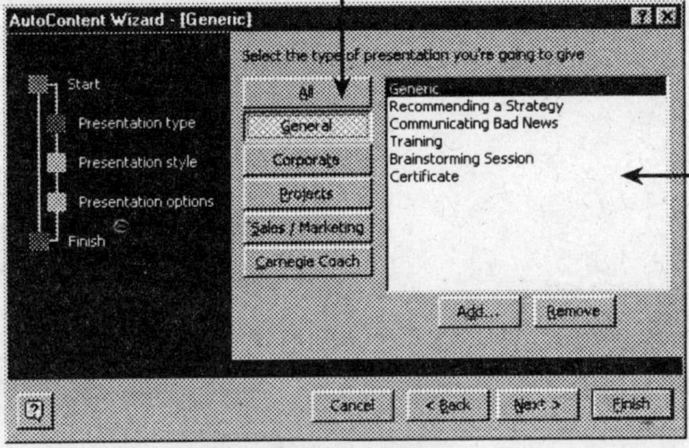

6. दांयी ओर दी गई विन्डो से प्रेजेन्टेशन के इच्छित प्रकार का चुनाव कर **नेक्स्ट** बटन [Next >] पर क्लिक करें।

7. तीसरी विजार्ड स्क्रीन में अपने प्रेजेन्टेशन के लिए स्टाईल एवं फारमेट का चुनाव करें और फिर **नेक्स्ट** बटन [Next >] पर क्लिक कर दें।

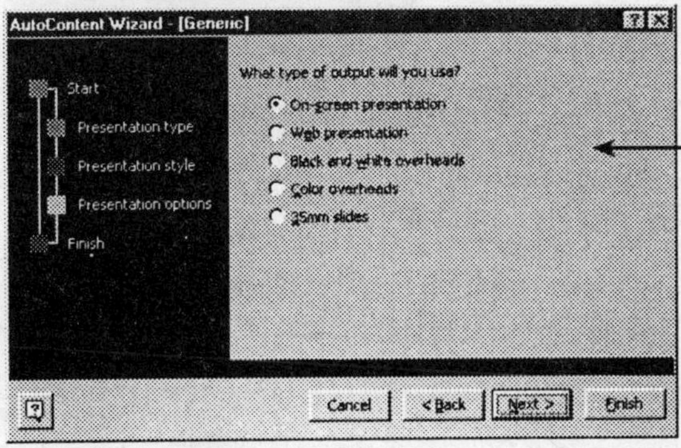

ऑटो कन्टेन्ट विजार्ड

(पिछले पेज से जारी)

8. चौथी विजार्ड स्क्रीन पर, प्रेजेन्टेशन टाईटल और फुटर टेक्स्ट की प्रविष्टि करें, तारीख और स्लाईड नम्बर चेक बॉक्स को चुनें और फिर **नेक्स्ट** बटन Next > पर क्लिक कर दें।

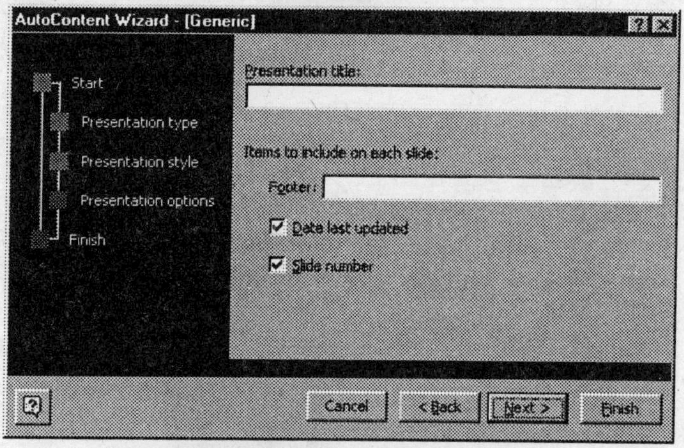

9. प्रेजेन्टेशन के लिए सभी आवश्यक सूचना दे देने के बाद **फिनिश** बटन Finish पर क्लिक करें।

   अथवा

   यदि आवश्यकता हो तो, पिछली स्क्रीनों पर दी गई किसी सूचना को पुनरावृत करने के लिए **बेक** बटन < Back पर क्लिक करें।

   अथवा

   नया प्रेजेन्टेशन तैयार किए बिना विजार्ड से बाहर निकलने के लिए **केन्सल** बटन Cancel पर क्लिक करें।

10. जब विजार्ड पुरा हो जाता है, तो प्रेजेन्टेशन नार्मल व्यू में दिखाई देने लगता है। आऊटलाईन विन्डो से, आप उन प्रस्तावित टेक्स्ट प्राम्प्ट्स को पढ़ सकते हैं जो आपके द्वारा पेश किए जाने वाले प्रेजेन्टेशन के लिए संबंधित टेक्स्ट प्रदान कर आप को गाईड करता है।

अगले पृष्ठ पर जारी

स्लाईड सॉर्टर व्यू

स्लाईड सॉर्टर व्यू, प्रेजेन्टेशन पर उपस्थित प्रत्येक स्लाईडों को मिनीएचर व्यू में दिखाता है। इस प्रकार यह आपको अपने प्रजेन्टेशन के पूरे फ्लो को देखने की सुविधा देता है और साथ ही साथ आपकी इच्छानुसार यह सभी स्लाईडों या चयनित स्लाईडों पर एक समान रुप से कुछ परिवर्तन करने की भी अनुमति प्रदान करता है।

1. व्यू मेन्यू पर क्लिक करें एवं उसमें दिए गए **स्लाईड सॉर्टर** कमाण्ड पर क्लिक करें।

   अथवा

   स्क्रीन के नीचे के भाग पर दिए गए **स्लाईड सॉर्टर** बटन पर क्लिक कर दें।

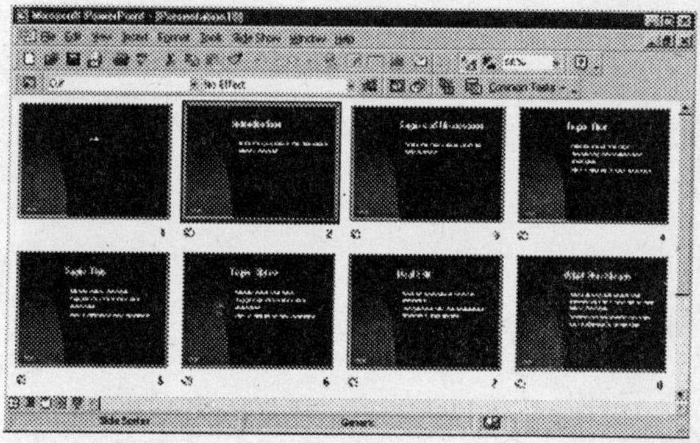

2. स्लाईड के क्रम को बदलने के लिए ;
   a. जिस स्लाईड को आप मूव कराना चाहते हैं, उस स्लाईड पर क्लिक करें।
   b. अब इस स्लाईड को नये स्थान पर ड्रेग करते हुए ले जाएं।

नोट्स :

★ स्लाईड सॉर्टर व्यू में स्लाईडों को मूव तथा कॉपी करना बहुत ही सरल है क्योंकि इसमें आप परिणाम को तुरन्त देख सकते हैं।

★ स्लाईड सॉर्टर व्यू में एक समय में एक से अधिक स्लाईडों को सलेक्ट करने के लिए उन पर क्लिक करते समय **कन्ट्रोल** बटन को दबाकर रखें।

★ स्लाईडों की कटिंग के लिए (एक नये स्थान पर ले जाने के लिए) की-बोर्ड शार्टकट **कन्ट्रोल + X** है।

★ स्लाईडों को कॉपी करने का की - बोर्ड शार्टकट **कन्ट्रोल + C** है।

नोट्स :

★ स्लाईड्स को पेस्ट करने के लिए की बोर्ड शार्टकट **कन्ट्रोल + V** है।

★ किसी स्लाईड को डिलीट कर देने के बाद उसे अन डू करने के लिए तुरन्त अन डू बटन  पर क्लिक करें। इससे डिलीट की गई स्लाईड पुनः प्राप्त हो जाएगी।

3. किसी स्लाईड को कॉपी करने के लिए,
   a. जिस स्लाईड को आप कॉपी करना चाहते हैं उस पर क्लिक कर उसे सलेक्ट कर लें।
   b. **एडिट** मेन्यू पर क्लिक कर उसमें **कॉपी** कमाण्ड पर क्लिक करें।

      अथवा

      स्टेण्डर्ड टूलबार पर दिए गए **कॉपी** बटन  पर क्लिक करें।
   c. नयी स्लाईड लोकेशन के दांयी ओर क्लिक करें।
   d. **एडिट** मेन्यू पर क्लिक कर उसमें **पेस्ट** कमाण्ड पर क्लिक करें।

      अथवा

      स्टेण्डर्ड टूलबार पर दिए गए **पेस्ट** बटन  पर क्लिक करें।

4. **स्लाईड सॉर्टर व्यू में किसी स्लाईड को डिलीट करने के लिए :**
   a. जिस स्लाईड को आप डिलीट करना चाहते हैं उस पर क्लिक कर उसे चुन लें।
   b. **डिलीट** बटन दबाएं।

      अथवा

      एडिट मेन्यू पर क्लिक कर उसमें **डिलीट स्लाईड** कमाण्ड पर क्लिक करें।

5. **नयी स्लाईड इन्सर्ट करने के लिए :**
   a. नयी स्लाईड लोकेशन के बांयी ओर कर्सर को ले जाएं।
   b. **इन्सर्ट** मेन्यू पर क्लिक कर उसे खोल लें और उसमें **न्यू स्लाईड** कमाण्ड पर क्लिक करें।
   c. एक ऑटो ले आऊट का चयन करें।
   d. अब **ओ.के.** 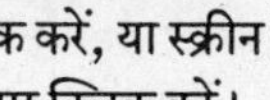

      पर क्लिक कर दें।

6. स्लाईड सॉर्टर व्यू से बाहर निकलने के लिए **व्यू** मेन्यू पर किसी दूसरे व्यू विकल्प पर क्लिक करें, या स्क्रीन के नीचे के भाग पर दिए गए किसी दूसरे व्यू बटन पर क्लिक करें।

बैकग्राऊण्ड

किसी एक स्लाईड या चुनी गई कई स्लाईड्स या सम्पूर्ण प्रेजेन्टेशन प्रेजेन्टेशन के बैकग्राऊण्ड पर विभिन्न रंगो, पैटर्नों और टेक्स्ट को जोड़ा जा सकता है। डिफॉल्ट बैकग्राऊण्ड को बदले जाने पर मजेदार परिणाम प्राप्त हो सकते हैं।

नोट्स :-

★ किसी प्रेजेन्टेशन बैकग्राऊण्ड के लिए, केवल एक डिजाईन टेम्प्लेट को सलेक्ट करने के बाद भी आप प्रत्येक स्लाईड के बैकग्राऊण्ड को बदलने के लिए चुनाव कर सकते हैं। नये ग्रेडिएन्ट्स, टेक्स्ट्चर्स, पैटर्न्स, एवं पिक्चर्स को सलेक्ट करने के लिए बैकग्राऊण्ड फीचर का उपयोग करें।

1. किसी स्लाईड को सलेक्ट करके, **फारमेट** मेन्यू पर क्लिक करें एवं उसमें बैकग्राऊण्ड कमाण्ड पर क्लिक करें। इससे बैकग्राऊण्ड डायलॉग बॉक्स खुल जाएगा।

2. किसी फिल-विशेष के साथ आपका स्लाईड किस प्रकार दिखाई देगा इसका प्रिव्यू **बैकग्राऊण्ड फिल** बॉक्स प्रदर्शित करता है।
3. बैकग्राऊण्ड के कलर्स या टेक्स्ट्चर (Texture) को परिवर्तित करने के लिए **बैकग्राऊण्ड फिल** के ड्रॉप-डाऊन एरो पर क्लिक करें।
4. यदि आप वर्तमान कलर स्कीम को बदलना चाहते हैं तो ड्रॉप-डाऊन लिस्ट में से **मोर कलर्स** को चुनें।
5. यदि आप बैकग्राऊण्ड के टेक्स्ट्चर को बदलना चाहते हैं तो ड्रॉप-डाऊन लिस्ट में से **फिल इफेक्ट्स** का चयन करें। फिल इफेक्ट्स डायलॉग बॉक्स में निम्नलिखित चार टैब्स हैं ;

★ **ग्रेडिएन्ट :** यह टैब विभिन्न प्रकार के शेडिंग इफेक्ट्स प्रदान करता है।

★ **टेक्स्टचर :** यह टैब मार्बल से लेकर क्रम्प्लड-अप पेपर बैग तक के विभिन्न प्रकार के टेक्स्टचर प्रदान करता है। प्रत्येक टेक्स्टचर के प्रिव्यू को प्रिव्यू बॉक्स में देखा जा सकता है।

नोट्स :

★ प्रेजेन्टेशन पर बहुत अधिक टेक्स्टचर्स, पैटर्न्स, या पिक्चर्स के उपयोग से प्रेजेन्टेशन का आकर्षण कम हो सकते है।

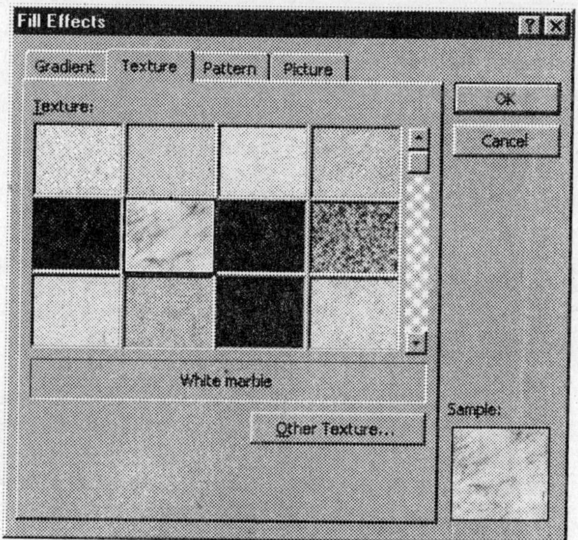

★ **पैटर्न** प्लेड व ब्रिक्स जैसे विकल्प प्रदान करता है। यहां पैटर्न के कलर को बदला भी जा सकता है।

★ **पिक्चर** टैब किसी चित्र को स्लाईड के बैकग्राऊण्ड के रुप में इन्सर्ट करता है।पॉवर प्वाईन्ट के साथ पहले से लोड होकर आने वाले बहुत से चित्रों को प्राप्त करने के लिए इस टैब में **सलेक्ट पिक्चर** पर क्लिक करें।

6. चुने गए बैकग्राऊण्ड के साथ स्लाईड कैसा दिखेगा यह देखने के लिए **प्रिव्यू** पर क्लिक करें।
7. आवश्यकतानुसार **ओमिट बैकग्राऊण्ड ग्राफिक्स फ्रॉम मास्टर** का चयन करें। यदि इस विकल्प को चुना जाता है तो आपके द्वारा चुना गया फारमेट मास्टर स्लाईड पर प्रविष्ट नहीं होता है।
8. पुरे प्रेजेन्टेशन पर बैकग्राऊण्ड सेटिंग्स को आरोपित करने के लिए **एप्लाई टू ऑल** बटन Apply to All पर क्लिक करें।

अथवा

केवल चुने हुए स्लाईड या स्लाईडों पर ही बैकग्राऊण्ड सेटिंग्स को आरोपित करने के लिए **एप्लाई** बटन Apply पर क्लिक करें।

अथवा

बिना कोई परिवर्तन किए प्रेजेन्टेशन पर वापस लौटने के लिए केन्सल बटन Cancel पर क्लिक करें।

स्लाईड लेआऊट

स्लाईड लेआऊट फीचर आपको किसी स्लाईड के लेआऊट को बदलने के साथ साथ एक नयी स्लाईड के लिए लेआऊट को चुनने की भी सुविधा प्रदान करता है। स्लाईड लेआऊट यह निर्धारित करता है कि स्क्रीन पर टाईटल्स, सबटाईल्स, टेक्स्ट, पिक्चर्स एवं चार्ट होल्डर्स किस प्रकार दिखाई देगें।

नोट्स :

★ किसी स्लाईड लेआऊट को चुनने के बाद आप ईच्छानुसार प्लेस होल्डर टेक्स्ट तथा बार्डर्स को एडजस्ट कर सकते हैं। इसके लिए स्लाईड व्यू में सीधे प्लेस होल्डर पर क्लिक करें और नये फारमेटिंग विकल्प को चुन लें।

★ किसी भी प्लेसहोल्डर को उस पर क्लिक कर उसे एक नये स्थान पर ड्रेग करते हुए उसे मूव कर सकते हैं।

★ प्लेस होल्डर की साईज को बदलने के लिए, प्लेस होल्डर हेण्डल पर क्लिक कर उसे ड्रेग करते हुए प्लेस होल्डर को बड़ा या छोटा करें।

★ प्लेस होल्डर की सभी फारमेटिंग केवल वर्तमान स्लाईड को ही प्रभावित करते हैं।

1. **फारमेट** मेन्यू पर क्लिक कर वहां दिखाई देने वाली सूची में से **स्लाईड लेआऊट** को चुनें।

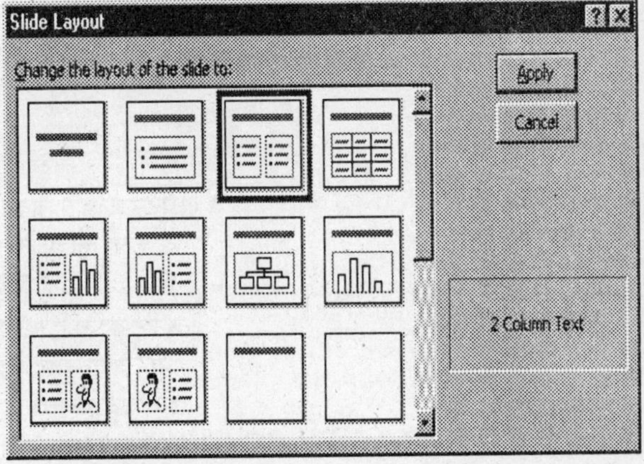

2. **स्लाईड लेआऊट** डायलॉग बॉक्स में वर्तमान स्लाईड का लेआऊट हाईलाईट होता हुआ दिखाई पड़ता हैं एवं लेआऊट का नाम निचले दाहिने कोने पर सूचीबद्ध रहता है।
3. वर्तमान स्लाईड के लिए एक नये स्लाईड लेआऊट विकल्प का चुनाव करने के लिए :

★ एक नये स्लाईड लेआऊट विकल्प पर क्लिक करें और फिर **एप्लाई** बटन 

पर क्लिक कर दें।

अथवा

वर्तमान स्लाईड में प्लेस होल्डरों को फारमेट कर लेने के बाद डिफॉल्ट मास्टर स्लाईड लेआऊट को पुनः आरोपित करने के लिए,

★ **रिएप्लाई** बटन 

पर क्लिक करें।

अथवा

वर्तमान स्लाईड के ले आऊट में बिना कोई परिवर्तन किए प्रेजेन्टेशन पर वापस लौटने के लिए **केन्सल** बटन 

पर क्लिक करें।

अगले पृष्ठ पर जारी

स्लाईड मास्टर

किसी प्रेजेन्टेशन पर उपस्थित सभी स्लाईडों (टाईटल स्लाईड को छोड़कर क्योंकि इसे अलग से एडजस्ट किया जा सकता है) के लिए स्लाईड मास्टर एक पैटर्न की तरह कार्य करता है। स्लाईड मास्टर के प्लेस होल्डर या बैकग्राऊण्ड पैटर्न पर फारमेटिंग या एडजस्टिंग से संबंधित परिवर्तन आरोपित किए जाने पर वह प्रेजेन्टेशन के वर्तमान में उपस्थित सभी तथा भविष्य में बनने वाले स्लाईडों को प्रभावित करता है।

नोट्स :

★ अन्य मास्टर पैटर्न भी व्यू मेन्यू में **मास्टर** के अन्तर्गत उपलब्ध हैं। **टाईटल मास्टर**, प्रेजेन्टेशन पर स्थित सभी टाईटल स्लाईडों के लिए एक पैटर्न की तरह कार्य करता है। **हेण्डआऊट्स मास्टर** सभी हैण्डआऊट्स के लिए पैटर्न की तरह कार्य करता है एवं **नोट्स मास्टर** सभी नोट्स पेजों के लिए एक पैटर्न की तरह कार्य करता है।

★ जब आप मास्टर पर कोई भी परिवर्तन आरोपित करते हैं तो प्रेजेन्टेशन पर उपस्थित शेष सभी स्लाईड्स स्वतः ही रिफारमेट हो जाती हैं।

★ प्रत्येक स्लाईड पर अलग अलग परिवर्तन करने के लिए (ताकि प्रेजेन्टेशन पर उपस्थित सभी स्लाईडें प्रभावित न हों), प्लेस होल्डरों को स्लाईड व्यू में सलेक्ट कर उन पर एडजस्टमेन्ट करें।

1. मास्टर लेआऊट को देखने के लिए **व्यू** मेन्यू पर क्लिक कर उसमें **मास्टर** पर क्लिक कर दें, अब खुलने वाले सब-मेन्यू में स्लाईड मास्टर पर क्लिक करें।

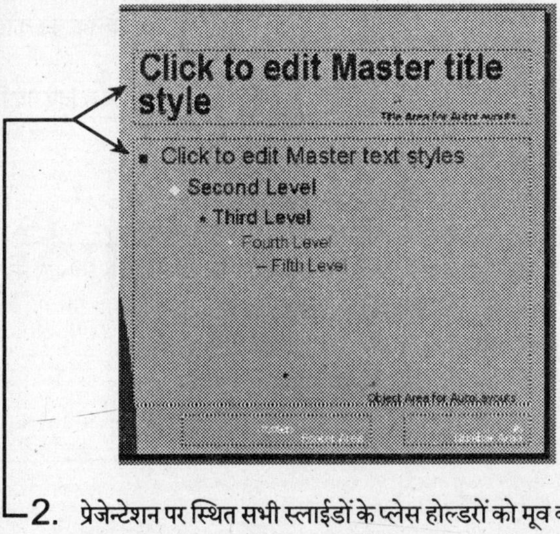

2. प्रेजेन्टेशन पर स्थित सभी स्लाईडों के प्लेस होल्डरों को मूव करने के लिए प्लेस होल्डर पर क्लिक कर उसे ड्रेग करते हुए नये स्थान पर ले जाएं।
3. प्रेजेन्टेशन पर स्थित सभी स्लाईडों के प्लेस होल्डरों पर फारमेट संबंधित परिवर्तन करने के लिए, प्लेसहोल्डर पर क्लिक करें, फान्ट साईज, फान्ट कलर, टैब आदि का एडजस्टमेन्ट करें।
4. बैकग्राऊण्ड टेम्प्लेट में परिवर्तन करने के लिए विभिन्न ऑब्जेक्टों पर क्लिक कर उन्हें इच्छानुसार मूव, डिलीट या एडजस्ट करें।
5. डेट, फुटर या स्लाईड नम्बर एरिया को एडजस्ट करने के लिए उचित प्लेस होल्डर पर क्लिक कर वहां मनचाहा एडजस्टमेन्ट करें।

नोट्स :

★ प्रत्येक बैकग्राऊण्ड टेम्प्लेट, विभिन्न ड्राईन्ग ऑब्जेक्ट्स से मिलकर बना होता है। स्लाईड मास्टर व्यू में, बैकग्राऊण्ड के एक भाग पर क्लिक कर आप उसे डिलीट, मूव या एडजस्ट कर सकते हैं।

6. स्लाईड मास्टर को एडजस्ट करने का काम जब आप समाप्त कर चुकते हैं, तो स्लाईड मास्टर व्यू से बाहर निकल कर पिछले व्यू में वापस जाने के लिए मास्टर टूलबार पर दिए गए **क्लोज** बटन पर क्लिक करें।

अथवा

व्यू मेन्यू पर क्लिक कर कोई अन्य व्यू सलेक्ट करें।

अथवा

स्क्रीन के बॉटम में दिए गए किसी व्यू बटन पर क्लिक करें।

हेडर्स एवं फुटर्स

हेडर उन सूचनाओं को रखता है जो पॉवर प्वाईन्ट के नोट पेज या हैण्डआऊट के उपर के भाग (टॉप) पर दिखाई देती हैं। फुटर उन सूचनाओं को रखता है जो स्लाईड, नोटपेज या हैण्डआऊट के नीचे के भाग (बॉटम) पर दिखाई देती हैं। हेडर या फुटर की सूचनाओं में दिनांक, समय, स्लाईड नम्बर, और/या अतिरिक्त टेक्स्ट, इत्यादि शामिल हो सकते हैं।

नोट्स :

★ आप स्लाईड्स पर केवल फुटर्स को ही आरोपित कर सकते हैं, इन पर आप हेडर्स को आरोपित नहीं कर सकते हैं। हेडर्स को आप नोट्स तथा हेण्डआऊट्स पर आरोपित कर सकते हैं।

★ फुटर्स को आप प्रेजेन्टेशन की कोई एक स्लाईड, चुनी गई कई स्लाईड्स पर दिखाई देने के लिए सेट कर सकते हैं।

स्लाईड्स पर फुटर को इन्सर्ट करना

1. व्यू मेन्यू पर क्लिक कर उसमें **हेडर एण्ड फुटर** पर क्लिक कर दें।
2. इससे **हेडर एण्ड फुटर** डायलॉग बॉक्स खुल जाएगा जिसमें डिफॉल्ट रुप से स्लाईड टैब सलेक्टेड होती है।

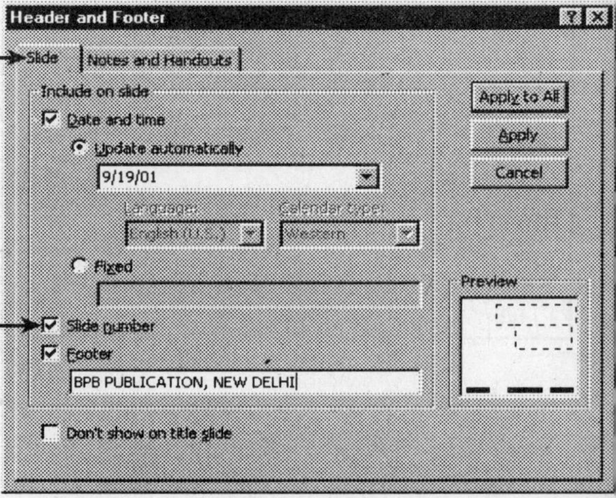

3. तारीख एवं/या समय के विकल्पों को प्राप्त करने के लिए **डेट एण्ड टाईम** पर क्लिक करें। इसका उपयोग फुटर में तारीख इन्सर्ट करने के लिए किया जा सकता है।
4. फुटर में स्लाईड नम्बर इन्सर्ट करने के लिए **स्लाईड नम्बर** पर क्लिक करें।
5. फुटर टेक्स्ट बॉक्स में पहुंचने के लिए **फुटर** चेक बॉक्स को सलेक्ट करें। यह विकल्प टेक्स्ट की लाईन जोड़ने की सुविधा प्रदान करता है।
6. फुटर्स को यदि आप प्रारंभिक टाईटल स्लाईड को छोड़कर सभी स्लाईडों पर आरोपित करना चाहते हैं तो **डोन्ट शो ऑन टाईटल स्लाईड** पर क्लिक करें।
7. वर्तमान प्रेजेन्टेशन की सभी स्लाईडों पर फुटर सूचना आरोपित करने के लिए **एप्लाई टू ऑल** बटन Apply to All पर क्लिक करें।

अथवा

फुटर सूचना को केवल चुनी गई स्लाईड्स पर आरोपित करने के लिए **एप्लाई** बटन Apply पर क्लिक करें, अथवा

किसी फुटर सूचना को इन्सर्ट किए बगैर प्रेजेन्टेशन पर वापस आने के लिए केन्सल बटन Cancel पर क्लिक करें।

हेडर्स और/या फुटर्स को नोट्स एवं हैण्डआऊट्स पर इन्सर्ट करना

1. व्यू मेन्यू पर क्लिक कर उसमें **हेडर एण्ड फुटर** पर क्लिक करें।
2. खुलने वाले **हेडर एण्ड फुटर** डायलॉग बॉक्स में **नोट्स एण्ड हैण्डआऊट्स** टैब पर क्लिक कर दें।

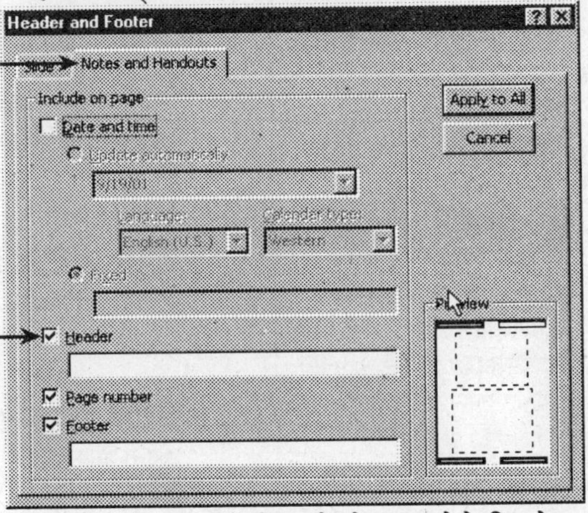

3. तारीख एवं/या समय के विकल्पों को प्राप्त करने के लिए **डेट एण्ड टाईम** पर क्लिक करें। इसका उपयोग प्रत्येक नोट्स पेज व हैण्डआऊट के हेडर पर तारीख इन्सर्ट करने के लिए किया जा सकता है।
4. **हेडर** टेक्स्ट बॉक्स में पहुंचने के लिए **हेडर** पर क्लिक करें। यह विकल्प प्रत्येक नोटपेज और हैण्डआऊट के उपरी भाग (टॉप) पर आपको टेक्स्ट की एक लाईन जोड़ने की सुविधा देता है।
5. **फुटर** टेक्स्ट बॉक्स में पहुंचने के लिए **फुटर** पर क्लिक करें। यह विकल्प प्रत्येक नोटपेज और हैण्डआऊट के नीचे भाग (बॉटम) पर आपको टेक्स्ट की एक लाईन जोड़ने की सुविधा देता है।
6. वर्तमान प्रेजेन्टेशन की सभी स्लाईड्स में हेडर और फुटर फारमेटिंग को आरोपित करने के लिए **एप्लाई टू ऑल** बटन Apply to All पर क्लिक करें, अथवा

स्लाईड्स पर हेडर एवं फुटर फारमेटिंग को इन्सर्ट किए बगैर प्रेजेन्टेशन पर वापस जाने के लिए केन्सल बटन Apply पर क्लिक करें।

नोट्स :

- ★ हेडर्स तथा फुटर्स को जब नोट्स पेजेस और हैण्डआऊट्स पर इन्सर्ट किया जाता है तो वह सभी पेजों पर आरोपित हो जाता है।
- ★ नोट्स एवं हैण्डआऊट पेजों पर तारीख और समय की सूचना हेडर पर प्रदर्शित होती है न कि फुटर पर।
- ★ हेडर टेक्स्ट की एक लाईन को केवल नोट्स या हैण्डआऊट्स पर ही जोड़ा जा सकता है। इसे स्लाईड पर इन्सर्ट नहीं किया जा सकता है।
- ★ आपके द्वारा चुने गए हेडर एवं फुटर आयटमों के स्थानों का प्रिव्यू देखने के लिए प्रिव्यू विन्डो का उपयोग करें।

ऑब्जेक्ट्स बनाना

पॉवर प्वाईन्ट का ड्राईन्ग टूल विभिन्न पूर्वपरिभाषित आकारों, रंगो और प्रभावों का उपयोग करते हुए ऑब्जेक्ट को ड्रा (रेखांकित) करने की सुविधा प्रदान करता है।

ड्राईन्ग टूलबार

नोट्स :

- ★ आप केवल स्लाईड व्यू पर ही ड्राईन्ग ऑब्जेक्ट तैयार कर सकते हैं।
- ★ एक पूर्ण वर्ग या वृत्त ड्रा करने के लिए आकार तैयार करते समय **शिफ्ट** बटन को दबाकर रखें।
- ★ एक ही ड्राईन्ग टूल का उपयोग करते हुए बहुत सी ऑब्जेक्ट्स को ड्रा करने के लिए इच्छित टूलबार बटन पर डबल क्लिक करें और ड्रा करने के लिए क्लिक करें। जब भी आप माऊस को छोड़ते हैं तो कर्सर दूसरा आकार बनाने के लिए तैयार रहता है।
- ★ **सलेक्ट** बटन सलेक्ट मोड को सक्रिय (एक्टिवेट) कर देता है, जिससे आप स्क्रीन पर ड्राईन्ग ऑब्जेक्ट्स को सलेक्ट कर पाते हैं।

आकृति बनाना

1. यदि आवश्यक हो तो, ड्राईन्ग टूलबार को प्रदर्शित कराने के लिए **व्यू** मेन्यू पर क्लिक कर उसमें **टूलबार्स** पर क्लिक करें तथा खुलने वाले सब-मेन्यू में ड्राईन्ग पर क्लिक करें।
2. स्लाईड व्यू में, टूलबार पर उपस्थित निम्नलिखित चार ड्राईन्ग टूल्स में से किसी एक पर क्लिक करें ;

 **लाईन टूल**  **एरो टूल**

 **रेक्टेन्गल टूल**  **ओवल टूल**

3. स्लाईड पर क्लिक करें और फिर इच्छित आकार तैयार करने के लिए ड्रेग करें।

ड्राईन्ग के आकार को बदलना

1. ड्राईन्ग ऑब्जेक्ट पर क्लिक करें।
2. एक ही समय में एक से अधिक ड्राईन्ग ऑब्जेक्ट को सलेक्ट करने के लिए प्रत्येक ऑब्जेक्ट पर क्लिक करते समय **शिफ्ट** बटन को दबाकर रखें।
3. सलेक्ट किया गया ड्राईन्ग ऑब्जेक्ट चार या आठ हेण्डलों (छोटे वर्गों) से घिरा हुआ दिखाई देगा।

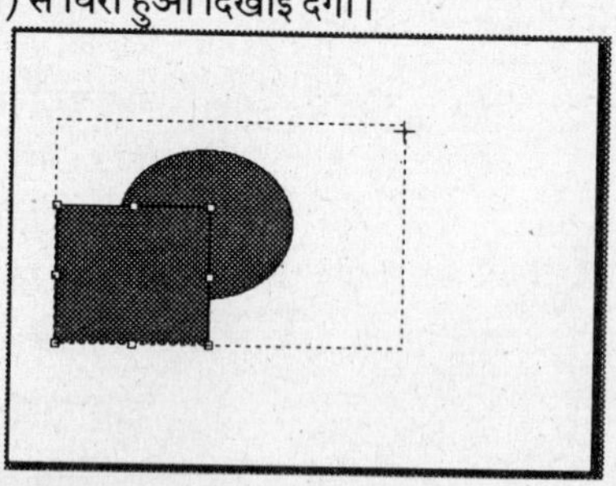

4. किसी भी हेण्डल पर क्लिक करें फिर ऑब्जेक्ट की साईज को छोटा करने के लिए हेण्डल को अन्दर की ओर या बड़ा करने के लिए बाहर की ओर ड्रेग करें।

नोट्स :

★ ड्राईन्ग ऑब्जेक्ट्स को छोटा या बड़ा करते समय उसकी मूल प्रॉपर्टीज को बचाये रखने के लिए किनारे पर दिए गए हेण्डल का उपयोग करें (बीच वाले हेण्डल का नहीं) एवं ड्रेग करते समय **शिफ्ट** बटन को दबाकर रखें।

★ पॉवर प्वाईन्ट पर दिए गए बहुत सारे ड्राईन्ग फिचर ठीक उसी प्रकार हैं जिस प्रकार वे माईक्रोसॉफ्ट की अन्य एप्लीकेशनों जैसे वर्ड 2000 में उपयोग में आते है।

ड्राईन्ग को मूव करना (सरकाना)

1. ड्राईन्ग ऑब्जेक्ट के अन्दर क्लिक कर उसे सलेक्ट कर लें।
2. एक ही बार में एक से धिक ऑब्जेक्ट्स को सलेक्ट करने के लिए प्रत्येक ऑब्जेक्ट पर क्लिक करते समय **शिफ्ट** बटन दबाकर रखें।
3. ऑब्जेक्ट पर क्लिक कर उसे इच्छित स्थान पर ड्रेग करते हुए ले जांए।

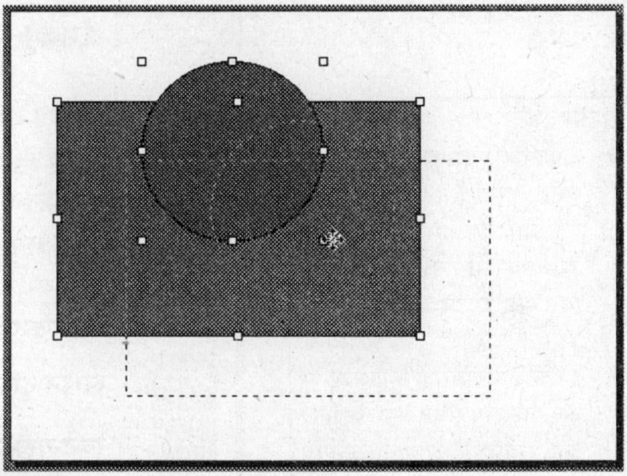

ड्राईन्ग को कॉपी करना

1. ड्राईन्ग ऑब्जेक्ट पर क्लिक करें।
2. एक बार में एक से अधिक ऑब्जेक्ट्स को सलेक्ट करने के लिए प्रत्येक ऑब्जेक्ट पर क्लिक करते समय **शिफ्ट** बटन दबाकर रखें।
3. अब निम्नलिखित कार्य करें :

   a. **एडिट** मेन्यू पर क्लिक कर उसमें **कॉपी** कमाण्ड पर क्लिक करें।

   b. कॉपी की जाने वाले ऑब्जेक्ट को आप जिस स्थान पर रखना चाहते हैं वहां पर कर्सर को रखें

   अथवा

   a. **कन्ट्रोल** बटन दबाएं।

   b. इसी स्लाईड के इच्छित स्थान तक माऊस को ड्रेग करते हुए ले जांए और जब आप माऊस के बटन को छोड़ेंगे तो वहां ऑब्जेक्ट्स की कॉपी दिखाई पड़ेगी।

ऑब्जेक्ट्स को ग्रुप करना

ग्रुप विकल्प, कई ऑब्जेक्ट्स को एक में संयुक्त करने की सुविधा प्रदान करता है।

नोट्स :

★ ग्रुपिंग विकल्प उर्जा और समय की बचत करता है। ऑब्जेक्ट्स के एक बार ग्रुप हो जाने के बाद, उन्हें एक सिंगल ऑब्जेक्ट की तरह मूव, साईज या कॉपी किया जा सकता है।

★ ग्रुप के अन्दर प्रत्येक ऑब्जेक्ट पर अलग अलग सुधार करने के लिए उन्हें सर्वप्रथम आपको अनग्रुप करना पड़ेगा।

★ किसी ग्रुप की ऑब्जेक्ट्स को अनग्रुप करने के लिए ऑब्जेक्ट पर राईट-क्लिक करें और फिर **ग्रुपिंग, अनग्रुप** पर क्लिक करें।
अथवा
ड्राईन्ग टूलबार में **ड्रा** बटन पर क्लिक करें और फिर **ग्रुपिंग, अनग्रुप** पर क्लिक कर दें।

1. स्लाईड में किसी ऑब्जेक्ट पर क्लिक करें।
2. **शिफ्ट** बटन को दबाकर रखें और फिर जिन-जिन अन्य ऑब्जेक्ट्स को ग्रुप में शामिल करना है उन पर क्लिक करते जाएं।
3. सलेक्ट की गई प्रत्येक ऑब्जेक्ट के चारों ओर हेण्डल्स दिखाई देने लगेगें।

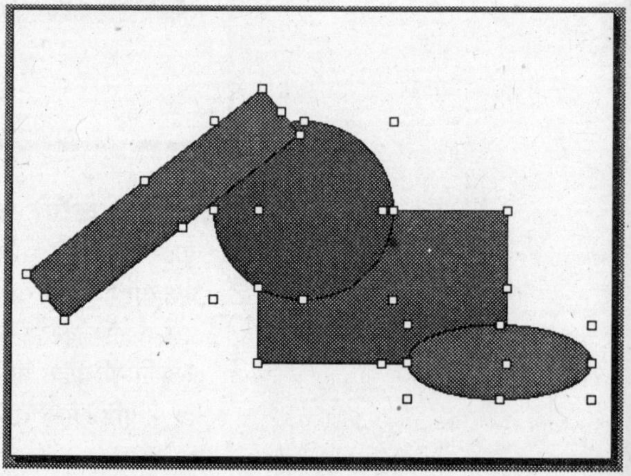

4. अब सलेक्ट की गई ऑब्जेक्ट्स पर राईट क्लिक करें एवं खुलने वाले शार्टकट मेन्यू में **ग्रुपिंग** पर क्लिक करें।
अथवा
ड्राईन्ग टूलबार में **ड्रा** बटन  पर क्लिक कर दें।

5. अब **ग्रुप** बटन  पर क्लिक कर दें।

नोट्स :

★ पिछली बार ग्रुप की गई ऑब्जेक्ट्स को रि-ग्रुप करने के लिए ग्रुप की किसी भी ऑब्जेक्ट पर क्लिक करें (आपको सभी ऑब्जेक्ट्स को पुनः सलेक्ट करने की आवश्यकता नहीं है) और फिर **ग्रुपिंग**, **रि-ग्रुप** पर क्लिक करें,
अथवा
ड्राईन्ग टूलबार पर दिए गए **ड्रा** बटन पर क्लिक करें, और फिर **ग्रुपिंग**, **रि-ग्रुप** पर क्लिक करें।

6. हेण्डल्स का एक सेट अब पुरे ग्रुप हुई ऑब्जेक्ट्स के चारों ओर दिखाई देने लगेगा।

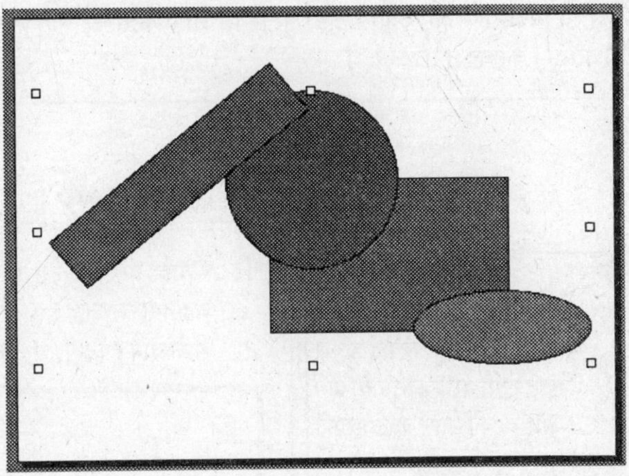

7. अब ईच्छानुसार ग्रुप हुई ऑब्जेक्ट को साईज, मूव और/या कॉपी करें।

ऑब्जेक्ट्स का क्रम जमाना (ऑब्जेक्ट ऑर्डर)

ऑर्डर विकल्प के द्वारा आप स्लाईड पर स्थित ऑब्जेक्ट्स को आगे या पीछे के क्रम में उन्हें भेजते हुए उनके क्रम (ऑर्डर) को बदल सकते हैं।

नोट्स :
★ पिक्चर्स, क्लिपआर्ट, प्लेस होल्डर्स सहित स्लाईड पर स्थित सभी ऑब्जेक्ट्स के क्रम (ऑर्डर) को आप बदल सकते हैं।

1. स्लाईड पर स्थित उस ऑब्जेक्ट पर क्लिक करें जिसके क्रम को आप बदलना चाहते हैं।
2. सलेक्शन हेण्डल, सलेक्ट की गई ऑब्जेक्ट को दर्शाता है।

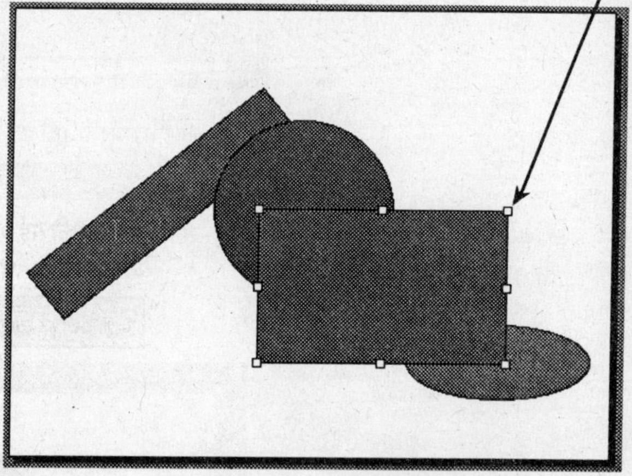

3. ड्राईन्ग टूलबार पर दिए गए ड्रा बटन  पर क्लिक करें।
   अथवा
   शार्टकट मेन्यू को खोलने के लिए राईट-क्लिक करें।
4. अब **ऑर्डर** पर क्लिक करें।

5. ऑर्डर के सब-मेन्यू में दिखाई देने वाले निम्नलिखित ऑर्डर विकल्पों में से किसी एक विकल्प का चुनाव करें ;

★ ऑब्जेक्ट को एक बार में एक सतह पीछे भेजने के लिए **सेण्ड बैकवर्ड** बटन [Send Backward] पर क्लिक करें।

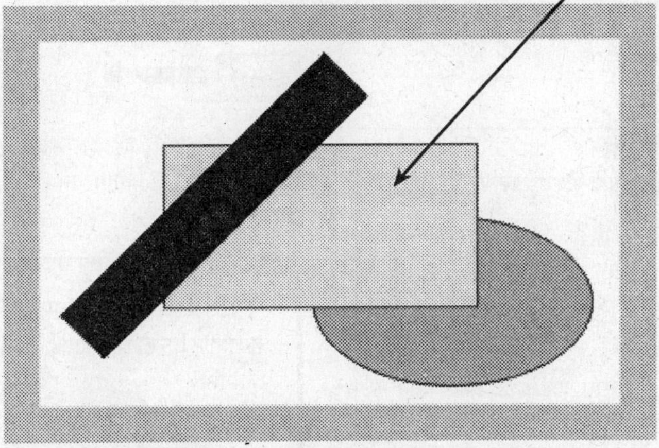

★ सलेक्ट की गई ऑब्जेक्ट को अन्य सभी ऑब्जेक्टों के पीछे के क्रम में भेजने के लिए **सेण्ड टू बैक** बटन [Send to Back] पर क्लिक करें।

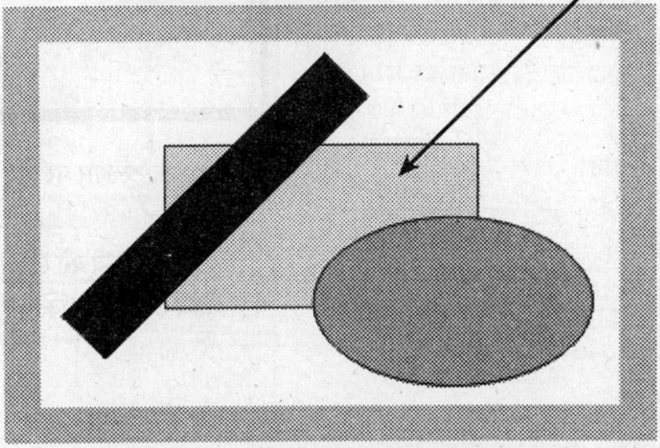

★ ऑब्जेक्ट को एक बार में एक सतह आगे लाने के लिए **ब्रिन्ग फारवर्ड** बटन [Bring Forward] पर क्लिक करें।

★ सलेक्ट की गई ऑब्जेक्ट को अन्य सभी ऑब्जेक्ट्स के आगे के क्रम में लाने के लिए **ब्रिन्ग टू फ्रन्ट** बटन [Bring to Front] पर क्लिक करें।

चार्ट्स

पॉवर प्वाईन्ट चार्ट फीचर का उपयोग डाटा को ग्राफिक डिस्प्ले के रुप दिखाने के लिए किया जा सकता है।

नोट्स :

★ यदि स्टेण्डर्ड टूलबार पर चार्ट बटन उपलब्ध न हो तो इसे प्रदर्शित कराने के लिए **मोर बटन्स** पर क्लिक करें।

★ किसी नयी स्लाईड के लिए यदि आप चार्ट एण्ड टेक्स्ट या टेक्स्ट एण्ड चार्ट का चुनाव करते हैं तो चार्ट विकल्पों को शुरु करने के लिए आप चार्ट प्लेस होल्डर पर डबल क्लिक कर सकते हैं।

★ स्लाईड शो व्यू या प्रिन्टिंग के दौरान स्लाईड पर डाटाशीट विन्डो दिखाई नहीं देती है। स्लाईड पर डाटाशीट की सूचना को देखने के लिए स्टेण्डर्ड टूलबार पर दिए गए **डाटा टेबल** बटन पर क्लिक करें। ऐसा करने पर चार्ट के चित्र के नीचे सूचनायें जुड़ जाती हैं।

1. स्लाईड व्यू में, पहले **इन्सर्ट** मेन्यू पर क्लिक करें उसे खोल लें एवं उसमें **चार्ट** पर क्लिक करें।
   अथवा
   स्टेण्डर्ड टूलबार में दिए गए **चार्ट** बटन पर क्लिक करें।
2. स्लाईड पर एक सेम्पल चार्ट दिखाई पड़ता है, इसके साथ ही एक डाटाशीट विन्डो भी दिखाई पड़ती है जिस पर सेम्पल डाटा उपस्थित रहते हैं।

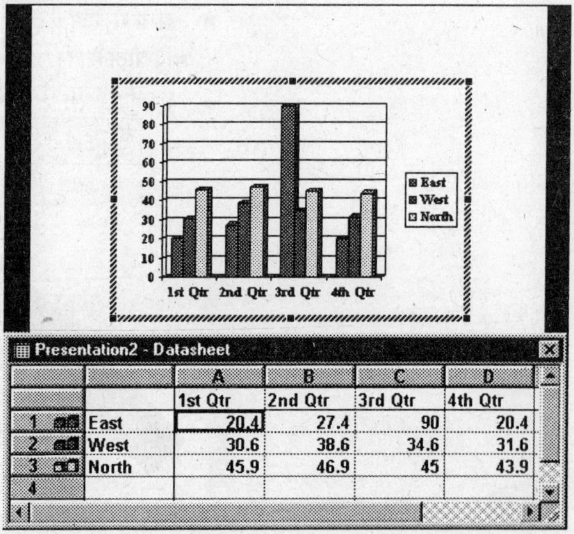

3. सेम्पल डाटा को मिटाने के लिए डाटाशीट विन्डो पर उपस्थित सूचना को हाईलाईट करें और फिर **डिलीट** बटन को दबा दें।
4. डाटाशीट पर अब अपनी सूचना टाईप करें। ध्यान में रखें कि चार्ट नए डाटा के अनुसार बदल जाएगा।

नोट्स :

★ जब किसी चार्ट को सलेक्ट किया जाता है, तो फारमेटिंग टूलबार पर दिए गए बटन बदल कर बहुए सी डाटाशीट्स को फॉरमेट कर सकने की सुविधा आपको प्रदान कर देते हैं।

5. ध्यान दें कि स्टेण्डर्ड टूलबार, विभिन्न चार्ट से संबंधित विकल्पों को शामिल करने के लिए बदल जाता है।

   ★ **चार्ट एरिया** ड्रॉप-डाऊन मेन्यू Chart Area यह विकल्प दर्शाता है कि एडिटिंग के लिए वर्तमान में किस चार्ट ऑब्जेक्ट का चुनाव किया गया है। किसी अन्य चार्ट ऑब्जेक्ट को चुनने के लिए इस ड्रॉप-डाऊन एरो पर क्लिक करें।

   ★ **फारमेट चार्ट एरियास** बटन पर क्लिक करके फारमेट चार्ट एरिया डायलॉग बॉक्स में पहुंचा जा सकता है। यह डायलॉग बॉक्स आपको चुनी गई ऑब्जेक्ट के कलर पैटर्न एवं फान्ट को एडजस्ट करने की सुविधा देता है।

   ★ **इम्पोर्ट फाईल** बटन यह विकल्प आपको किसी दूसरे प्रोग्राम से स्प्रेडशीट को इम्पोर्ट करने की सुविधा देता है।

   ★ **व्यू डाटाशीट** बटन डाटाशीट यदि हाईड है तो इस बटन को दबाने पर वह दिखाई देने लगता है।

   ★ **बाय रो** बटन यह विकल्प सभी डाटा को पंक्तियों में दिखाता है।

   ★ **बाय कॉलम** बटन यह सभी डाटा को कॉलमों में दिखाता है।

   ★ **डाटा टेबल** बटन यह विकल्प चार्ट के चित्र के अन्दर एक डाटाशीट को जोड़ता है ताकि यह एक स्लाईड पर दिखाई दे सके।

   ★ **चार्ट टाईप** ड्रॉप-डाऊन बटन यह बटन वर्तमान चार्ट के प्रकार को बदलने (पाई, एरिया, लाईन, इत्यादि में) की सुविधा प्रदान करता है।

   ★ **केटेगोरी एसेस ग्रिडलाईन्स** बटन यह विकल्प बटन चार्ट पर एक खड़ी (वर्टिकल) ग्रिड लाईन जोड़ता है।

   ★ **वेल्यू एसेस ग्रिडलाईन्स** बटन यह बटन चार्ट पर एक क्षैतिज (हारिजन्टल) ग्रिड लाईन जोड़ता है।

   ★ **लेजेण्ड** बटन यह चार्ट पर एक लेज़ेण्ड को जोड़ता है।

   ★ **ड्राईन्ग** बटन यह ड्राईन्ग टूलबार को प्रदर्शित कराता है।

6. चार्ट की फारमेटिंग कर लेने के बाद इससे बाहर निकलकर वापस अपने प्रेजेन्टेशन पर जाने के लिए इससे बाहर क्लिक करें।

7. अब चार्ट को इच्छित स्थान पर ले जाएं।

ऑर्गेनाईजेशन चार्ट्स

ऑर्गेनाईजेशन चार्ट्स, सूचना के सम्पूर्ण रुप जैसे कि सुपरवाईजरों, मैनेजरों, एवं रिपोर्टिंग स्टॉफ को प्रदर्शित करने के लिए एक सिम्पल विजुअल प्रदान करता है। पॉवर प्वाईन्ट, स्लाईड ऑब्जेक्ट के रुप में एक ऑगेनाईजेशन चार्ट तैयार करने के लिए माईक्रोसॉफ्ट ऑर्गेनाईजेशन चार्ट का उपयोग करता है।

Insert → **Picture** → **Organization Chart**

नोट्स :

★ किसी चार्ट को तैयार करते समय ऑर्गेनाईजेशन चार्ट लेआऊट विकल्प को चुनकर भी आप एक ऑर्गेनाईजेशन चार्ट को तैयार कर सकते हैं। ऑर्गेनाईजेशन चार्ट प्लेस होल्डर पर डबल-क्लिक करें और फिर दांयी ओर सूचीबद्ध चरणों का पालन करें।

★ जब आप माईक्रोसॉफ्ट चार्ट एप्लीकेशन का उपयोग करते हुए एक ऑगेनाईजेशन चार्ट को तैयार करते हैं तो चार्ट प्रेजेन्टेशन के अन्दर एक ऑब्जेक्ट के रुप में सेव होता है। यह एक अलग फाईल के रुप में सेव नहीं होता है।

1. **इन्सर्ट** मेन्यू पर क्लिक करें एवं फिर उसमें **पिक्चर** पर क्लिक करें तथा खुलने वाले सब-मेन्यू में **ऑर्गेनाईजेशन** चार्ट पर क्लिक करें।
   अथवा
   ऑर्गेनाईजेशन चार्ट लेआऊट के साथ एक नयी स्लाईड इन्सर्ट करें। यदि आप दूसरी विधि का चुनाव करते हैं तो चार्ट को इन्सर्ट करने के लिए लोअर बॉक्स पर डबल-क्लिक करें। उपरोक्त दोनों में से किसी भी स्थिति में माईक्रोसॉफ्ट ऑर्गेनाईजेशन चार्ट खुल जाएगा।
2. जब माईक्रोसॉफ्ट ऑर्गेनाईजेशन चार्ट खुल जाएगा तो स्क्रीन पर बहुत सारे बॉक्सेस प्रदर्शित होने लगेगें। प्लेस होल्डर टेक्स्ट को अपनी सूचना से बदलने के लिए प्रत्येक बॉक्स पर क्लिक करें।

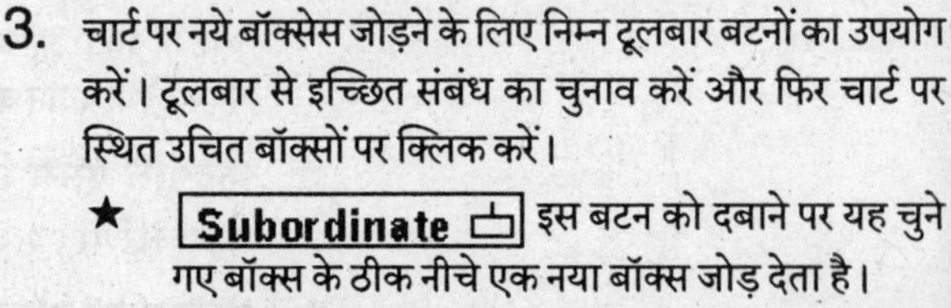

3. चार्ट पर नये बॉक्सेस जोड़ने के लिए निम्न टूलबार बटनों का उपयोग करें। टूलबार से इच्छित संबंध का चुनाव करें और फिर चार्ट पर स्थित उचित बॉक्सों पर क्लिक करें।

★ **Subordinate** इस बटन को दबाने पर यह चुने गए बॉक्स के ठीक नीचे एक नया बॉक्स जोड़ देता है।

★ **Co-worker** इस बटन को दबाने पर यह, चुने हुए बॉक्स के ठीक क्रमशः बांये और दांये भाग पर नये बॉक्सों को जोड़ देता है।

★ **Manager** इस बटन को दबाने पर यह, चुने हुए बॉक्स के ठीक उपर एक नया बॉक्स जोड़ देता है।

★ **Assistant** इस बटन को दबाने पर यह, चुने हुए बॉक्स के नीचे एक शाखित बॉक्स को जोड़ देता है।

नोट्स :
★ आप कलर स्कीम डायलॉग बॉक्स के फिल कलर को बदलते हुए चार्ट के कलर को बदल सकते हैं।

4. दिख रहे टेक्स्ट के फान्ट को बदलने के लिए **टेक्स्ट** टूल [A] पर क्लिक करें।
5. डिस्प्ले को ज़ूम (बड़ा करके) करके देखने के लिए **ज़ूम** टूल पर क्लिक करें।
6. चार्ट पर के किसी बॉक्स पर राईट-क्लिक करने पर, या बॉक्सेस मेन्यू से **बॉक्सेस** को चुनने पर आपको चुने हुए बॉक्स या बॉक्सों को फारमेट करने की सुविधा प्राप्त हो जाती है।

Cut
Copy
Paste

Color...
Shadow ▶

Border Style ▶
Border Color
Border Line Style ▶

7. उपर चित्र में दिए गए अन्तिम तीन विकल्पों को किसी लाईन पर राईट-क्लिक करके या मेन्यू में से **लाईन्स** पर क्लिक कर चुनी गई लाईनों पर भी आरोपित किया जा सकता है।
8. आप **टेक्स्ट** मेन्यू का उपयोग करते हुए टेक्स्ट के फान्ट, कलर और अलाईन्नमेन्ट को चुन सकते हैं।
9. **स्टाईल्स** मेन्यू चार्ट के लिए विभिन्न ले आऊटों को चुनने की सुविधा प्रदान करता है।
10. माईक्रोसॉफ्ट ऑर्गेनाईजेशन चार्ट को बन्द करने के लिए **फाईल** मेन्यू पर क्लिक कर उसे खोल लें और उसमें **क्लोज एण्ड रिटर्न टू प्रेजेन्टेशन** कमाण्ड पर क्लिक कर दें। इससे एक संदेश के द्वारा आपसे यह पूछा जाएगा कि चार्ट को बन्द करने से पूर्व क्या आप इसे अपडेट करना चाहते हैं? चार्ट को अपने प्रेजेन्टेशन पर इन्सर्ट करने के लिए **यस** पर क्लिक करें, या चार्ट को बिना इन्सर्ट किए अपने प्रेजेन्टेशन पर वापस जाने के लिए **नो** पर क्लिक करें (नो पर क्लिक करने पर यह चार्ट को भी डिलीट कर देता है)।
11. किसी चार्ट को एडिट करने के लिए उस पर सीधे डबल-क्लिक करें, इससे माईक्रोसॉफ्ट ऑर्गेनाईजेशन चार्ट पुनः ओपन हो जाएगा।

सेव एस वेब पेज

पॉवर प्वाईन्ट की सेव एस वेब पेज विशिष्टता किसी प्रेजेन्टेशन को एक HTML डॉक्यूमेन्ट के रुप में सेव करना आसान बनाता है ताकि उसका उपयोग वर्ल्ड वाईड वेब या इन्ट्रानेट पर एक वेब पेज के रुप में किया जा सके।

नोट्स :

★ HTML का पूरा नाम है ; हाईपर टेक्स्ट मार्कअप लेन्वेज।

★ पॉवर प्वाईन्ट के अधिकांश फान्ट्स तथा स्टाईलों को HTML उपयोग हेतु तैयार किया जाता है। इसीलिए प्रेजेन्टेशन को एक वेब पेज के रुप में एक बार सेव कर लेने पर थोड़ी बहुत (यदि कुछ हो तो) रिफारमेटिंग की आवश्यकता पड़ सकती है।

★ अपने वेब पेज को इन्टरनेट या किसी इन्ट्रानेट पर पब्लिश करने से पहले हमेंशा किसी वेब ब्राऊजर पर उसका प्रिव्यू देख लें। आपके द्वारा उपयोग में लाए जा रहे वेब ब्राऊजर पर निर्भर करते हुए कुछ आयटमें एडजस्ट हो सकती हैं या कुछ हद तक अस्त-व्यस्त (Askew) दिखाई पड़ सकती है।

1. कोई प्रेजेन्टेशन को तैयार करें या फिर ओपन करें।
2. अब **फाईल** मेन्यू पर क्लिक कर उसमें **सेव एस वेब पेज** कमाण्ड पर क्लिक कर दें।
3. खुलने वाले **सेव एस** डायलॉग बॉक्स में फाईल का प्रकार स्वतः ही **सेव एस टाईप** बॉक्स में वेब पेज (*.htm; *.html) सेट हो जाएगा। यह फाईल को विभिन्न ऑपरेटिंग सिस्टमों पर पढ़े जा सकने की सुविधा प्रदान करता है।

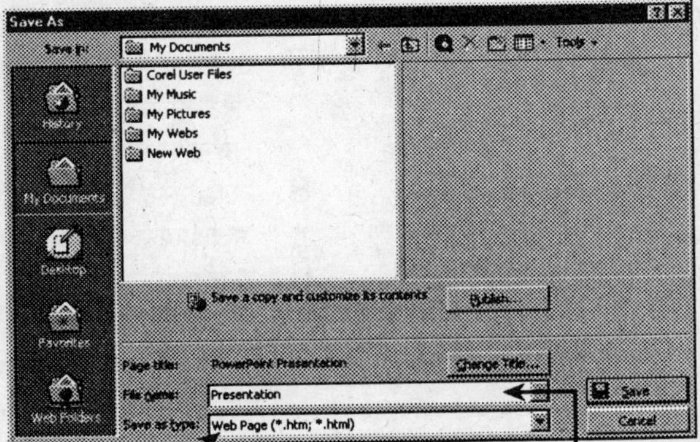

4. अब **फाईल नेम** बॉक्स पर क्लिक करें और फिर वहां एक नाम टाईप करें।
5. अब इस डायलॉग बॉक्स में दिए गए **सेव** बटन  पर क्लिक कर दें।

अगले पृष्ठ पर जारी

हाईपरलिन्क्स

पॉवर प्वाईन्ट आपको अपने प्रेजेन्टेशन में हाईपरलिन्क्स तैयार करने की सुविधा देता है ताकि यह देखने वालों को वर्तमान प्रेजेन्टेशन में वेब पेज, अन्य फाइलों, या अन्य स्लाईडों से लिन्क कर सके।

नोट्स :

- ★ किसी हाईपरलिन्क को इन्सर्ट करने के लिए की-बोर्ड शार्टकट **कन्ट्रोल + K** है।
- ★ एक वेब एड्रेस को URL (यूनीफॉर्म रिसोर्स लोकेटर भी कहा जाता है)।
- ★ हाईपरलिन्क, ईमेजों एवं टेक्स्ट को लिन्क करने के लिए HTTP (हाईपर टेक्स्ट ट्रांसफर प्रोटोकॉल) का उपयोग करता है।
- ★ इन्सर्ट हाईपरलिन्क डायलॉग बॉक्स पर दिया गया **क्रिएट न्यू डॉक्यूमेन्ट** विकल्प आपको एक ही समय में एक नया पॉवर प्वाईन्ट डॉक्यूमेन्ट तैयार करने तथा उस पर एक लिन्क एसाईन करने की सुविधा प्रदान करता है।
- ★ इन्सर्ट हाईपर लिन्क डायलॉग बॉक्स पर दिया गया ई-मेल एड्रेस विकल्प आपको एक ई-मेल एड्रेस के लिए एक लिन्क तैयार करने की सुविधा प्रदान करता है।

किसी वेब पेज या फाईल को लिन्क करना

1. स्लाईड या आऊटलाईन व्यू में, कोई प्लेस होल्डर या टेक्स्ट बॉक्स में से टेक्स्ट की एक स्ट्रिंग का चुनाव करें।
   अथवा
   कोई स्लाईड ऑब्जेक्ट, जैसे एक पिक्चर, क्लिप ऑर्ट इमेज या ऑटोशेप्स द्वारा तैयार बटन या अन्य ड्राईन्ग टूल्स का चुनाव करें।
2. **इन्सर्ट हाईपरलिन्क** डायलॉग बॉक्स में पहुंचने के लिए **इन्सर्ट** मेन्यू पर क्लिक करें उसमें **हाईपरलिन्क** पर क्लिक कर दें।
3. अब **एक्जिस्टिंग फाईल ऑर वेब पेज** बटन 

   पर क्लिक कर दें।
4. **टाईप द फाईल ऑर वेब पेज नेम** टेक्स्ट बॉक्स में वेब पेज एड्रेस को टाईप करें, या आप जिस फाईल को लिन्क करना चाहते हैं, उस फाईल का नाम और वह फाईल आपके सिस्टम में कहां पर है, उसे टाईप करें।

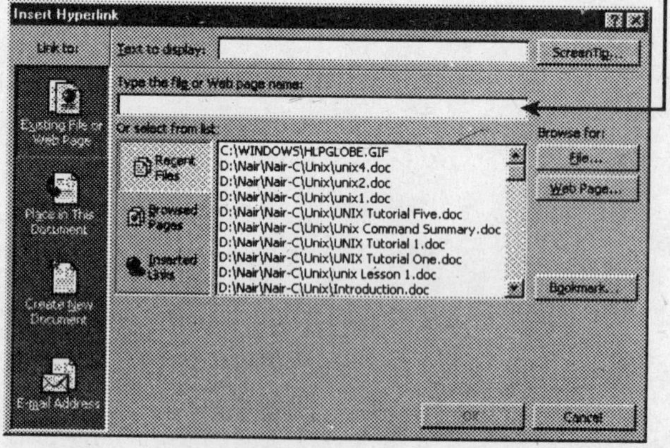

या

किसी शार्टकट लिस्ट से चुनने के लिए उस पर क्लिक करें, और फिर अभी-अभी एसेस किए गए किसी वेब साईट या फाईल पर क्लिक करें।

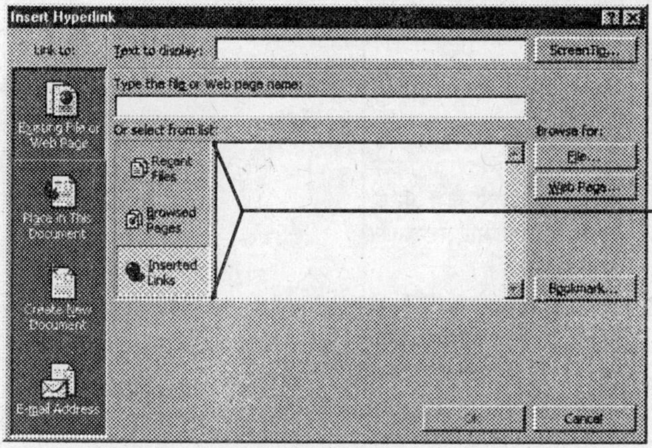

या

इन्टरनेट या जुड़े हुए इन्ट्रानेट पर से किसी फाईल को सलेक्ट करने के लिए **वेब पेज** बटन Web Page... पर क्लिक करें।

या

अपने सिस्टम पर, डिस्क पर, या जुड़े हुए नेटवर्क पर उपस्थित किसी फाईल को सलेक्ट करने के लिए **फाईल** बटन File... पर क्लिक करें।

5. अब चुनी गई स्लाईड पर हाईपरलिन्क को इन्सर्ट करने के लिए डायलॉग बॉक्स पर दिए गए **ओ.के.** बटन OK पर क्लिक करें।
6. यदि हाईपरलिन्क तैयार करने के लिए टेक्स्ट का उपयोग किया गया होगा तो यह अब अण्डरलाईन हो जाएगा एवं एक अलग रंग में दिखाई पड़ेगा, जो यह सूचित करता है कि यह एक लिन्क है।

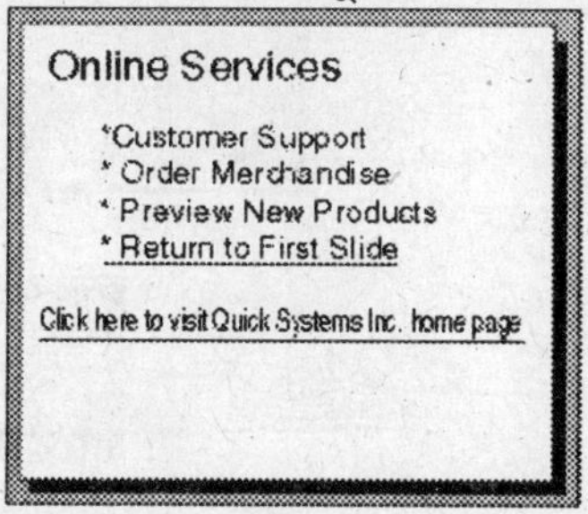

हाईपरलिन्क्स

(पिछले पेज से जारी)

नोट्स :

★ हाईपरलिन्क्स को किसी टेक्स्ट की एक स्ट्रिंग (प्लेस होल्डर या टेक्स्ट बॉक्स पर उपस्थित) या किसी स्लाईड ऑब्जेक्ट जैसे बटन, पिक्चर या क्लिपआर्ट पर एसाईन किया जा सकता है।

★ हाईपरलिन्क्स को स्लाईड या आऊटलाईन व्यू में तैयार किया जा सकता है लेकिन यह केवल तभी सक्रिय (एक्टिवेट) होता है, जब स्लाईड शो रन हो रहा होता है।

वर्तमान प्रेजेन्टेशन में किसी दूसरी स्लाईड पर क्लिक करना

1. स्लाईड या आऊटलाईन व्यू से, एक प्लेस होल्डर या टेक्स्ट बॉक्स में से टेक्स्ट की एक स्ट्रिंग का चुनाव करें।

   या

   कोई स्लाईड ऑब्जेक्ट, जैसे पिक्चर, क्लिपआर्ट इमेज, या ऑटोशेप्स के साथ या अन्य ड्राईन्ग टूल्स से बनाए गए बटन को सलेक्ट करें।

2. **इन्स्र्ट हाईपरलिन्क** डायलॉग बॉक्स में पहुंचने के लिए पहले **इन्स्र्ट** मेन्यू पर क्लिक करें, फिर उसमें **हाईपरलिन्क** पर क्लिक कर दें।

3. डायलॉग बॉक्स में दिए गए **प्लेस इन दिस डॉक्यूमेन्ट** पर

क्लिक करें और फिर वर्तमान प्रेजेन्टेशन में किसी स्लाईड को सलेक्ट करें।

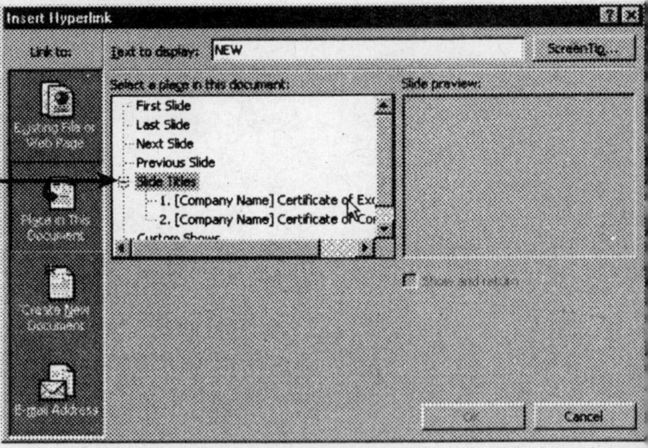

अथवा

a. **इन्स्र्ट हाईपरलिन्क** डायलॉग बॉक्स में **एक्जिस्टिंग फाईल ऑर वेब पेज** बटन

पर क्लिक करें।

b. अब **बुकमार्क** बटन Bookmark... पर क्लिक करें और फिर किसी स्लाईड को लिन्क करने के लिए उसे सलेक्ट करें।

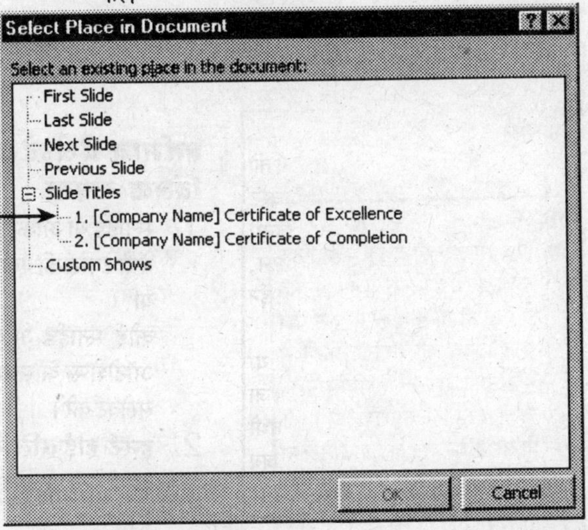

4. स्लाईड को स्वीकार करने के लिए **ओ. के.** बटन OK पर क्लिक करें ।

5. चुनी गई स्लाईड पर अब **हाईपरलिन्क** को इन्स्र्ट करने के लिए **ओ. के.** बटन OK पर क्लिक करें।

वेब पेज प्रिव्यू

वेब पेज प्रिव्यू विकल्प आपको HTML फाईल के रुप में सेव किए गए, किसी पॉवर प्वाईन्ट डॉक्यूमेन्ट के प्रिव्यू को देखने की सुविधा देता है लेकिन इसके लिए आपको एक वेब ब्राऊजर एप्लीकेशन को लान्च करना पड़ेगा।

File → Web Page Preview

1. किसी प्रेजेन्टेशन को HTML फाईल के रुप में सेव करें (इसके लिए सेव एस वेब पेज शीर्षक में देखें)।
2. अब **फाईल** मेन्यू पर क्लिक कर उसे खोल लें एवं उसमें **वेब पेज प्रिव्यू** कमाण्ड पर क्लिक कर दें।
3. ऐसा करने पर आपके सिस्टम का डिफॉल्ट (पूर्व निर्धारित) वेब ब्राऊजर एप्लीकेशन प्रारंभ हो जाएगा एवं वर्तमान प्रेजेन्टेशन अब एप्लीकेशन विन्डो में दिखाई देने लगेगा।

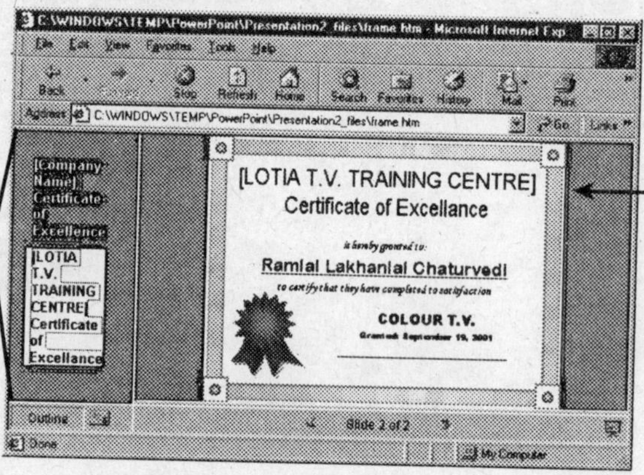

4. प्रेजेन्टेशन पर उपस्थित सभी स्लाईडों का शीर्षक (टाईटल) विन्डों के बांये भाग में सूचीबद्ध हो जाएगा।
5. प्रत्येक टाईटल एक हाईपरलिन्क होता है। किसी स्लाईड विशेष पर लिन्क होने के लिए उससे संबंधित टाईटल पर क्लिक करें।

नोट्स :

★ यदि आप अपने वेब पेज के प्रिव्यू को देखने में कठिनाईयों का अनुभव कर रहे हों तो **फाईल** मेन्यू में **वेब पेज प्रिव्यू** को सलेक्ट करने से पूर्व अपने ब्राऊजर एप्लीकेशन को चालू करने की कोशिश करें।

★ किसी प्रेजेन्टेशन को इन्टरनेट या किसी इन्ट्रानेट पर पब्लिश करने से पूर्व, उसके प्रिव्यू को हमेंशा एक से अधिक ब्राऊजर एप्लीकेशन पर अवश्य देखें। आपके द्वारा उपयोग में लाए जा रहे वेब ब्राऊजर के आधार पर कुछ आयटमें थोड़ी सी अस्त-व्यस्त (askew) दिखाई पड़ सकती है और हो सकता है कि थोड़ा बहुत एडजस्टमेन्ट करने की आवश्यकता पड़े।

★ आपके द्वारा बनाये गए वेब पेज को लॉन्च करने से संबंधित महत्त्वपूर्ण बातों की जानकारी के लिए अपने इन्टरनेट सर्विस प्रोवाईडर या नेटवर्क एडमिनीस्ट्रेटर (यदि आप इन्ट्रानेट का उपयोग कर रहे हैं तो) से सम्पर्क करें)।

अगले पृष्ठ पर जारी

ट्रान्जिशन

ट्रान्जिशन वह स्पेशल इफेक्ट (विशेष-प्रभाव) है जो स्लाईड शो के दौरान एक स्लाईड से दूसरी स्लाईड में मूव करते समय उत्पन्न होता है।

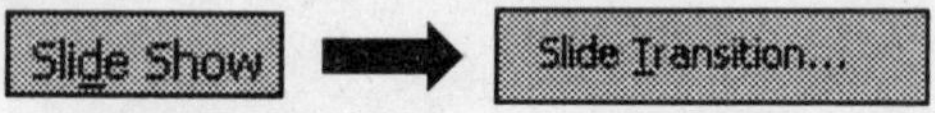

नोट्स :

★ स्लाईड सार्टर व्यू में एक आईकान, जो यह दर्शाता है कि किसी ट्रान्जिशन को आरोपित किया गया है, वह आईकान स्लाईड के अन्तर्गत दिखाई पड़ता है।

★ ट्रान्जिशन के प्रभाव का नमूना देखने के लिए स्लाईड आईकॉन पर क्लिक करें।

स्लाईड व्यू या आऊटलाईन व्यू में

1. पहले **स्लाईड शो** मेन्यू पर क्लिक कर उसे खोल लें एवं फिर उसमें **स्लाईड ट्रान्जिशन** पर क्लिक करें। इससे स्लाईड ट्रान्जिशन डायलॉग बॉक्स खुल जाएगा।
2. इस डायलॉग बॉक्स के **इफेक्ट** बॉक्स में ट्रान्जिशन के प्रभाव को दिखाने के लिए एक पिक्चर होता है पर यह पिक्चर सेट करने के पूर्व तक ही रहता है।
3. किसी इफेक्ट को चुनने के लिए 

डॉप-डाऊन लिस्ट पर क्लिक करें।
4. उचित ऑप्शन बटन पर क्लिक कर इफेक्ट की गति का चुनाव करें।
5. स्लाईड के ऑटोमेटिक ट्रान्जिशन के लिए **ऑटोमेटिक आफ्टर** चेक बॉक्स पर क्लिक करें एवं वहां दिए गए बॉक्स में उस समय सीमा की प्रविष्टि करें जितने समय के बाद ट्रान्जिशन ऑटोमेटिक किया जाना है अथवा अगर आप चाहते हैं कि ट्रान्जिशन माऊस क्लिक करने पर हो तो **ऑन माऊस क्लिक** चेक बॉक्स पर क्लिक कर दें।

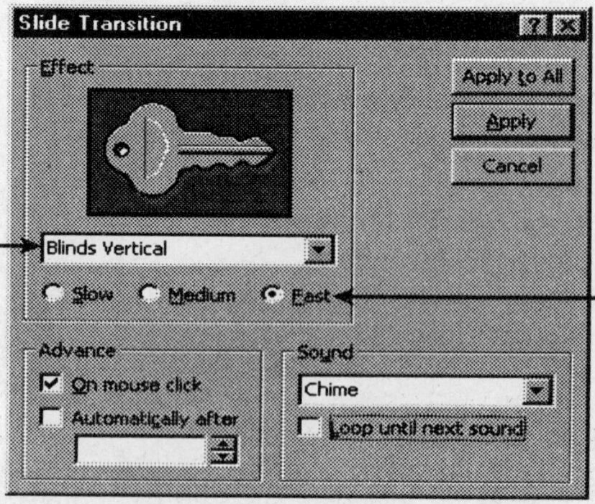

नोट्स :

★ ट्रान्जिशनों को किसी भी व्यू में आरोपित किया जा सकता है, फिर भी इन्हें स्लाईड सॉर्टर व्यू में आरोपित किया जाना सबसे सरल एवं सबसे तेज होता है।

★ एक से अधिक स्लाईडों का चयन करें ताकि वे सभी स्लाईड सॉर्टर व्यू में एक समान ट्रान्जिशन इफेक्ट ग्रहण कर सके, इसके लिए प्रत्येक स्लाईड पर क्लिक करने के दौरान **शिफ्ट** बटन को दबाकर रखें।

6. ट्रान्जिशन पर आवाज आरोपित करने के लिए साऊण्ड ड्रॉप-डाऊन लिस्ट बॉक्स [Chime ▾] पर क्लिक करें (आवाज केवल तभी सुनाई देगी जब स्लाईड शो जिस कम्प्यूटर पर रन हो रहा है उस पर उचित हार्डवेयर उपस्थित होगें)।

7. ट्रान्जिशन सेटिंग्स को सम्पूर्ण प्रेजेन्टेशन पर आरोपित करने के लिए **एप्लाई टू ऑल** बटन [Apply to All] पर क्लिक करें।

   अथवा

   ट्रान्जिशन सेटिंग्स को केवल चुनी गयी स्लाईड्स पर आरोपित करने के लिए **एप्लाई** बटन [Apply] पर क्लिक करें।

   अथवा

   ट्रान्जिशन को आरोपित किए बगैर प्रेजेन्टेशन पर वापस लौटने के लिए **केन्सल** बटन [Cancel] पर क्लिक करें।

स्लाईड सॉर्टर व्यू से

1. स्लाईड सॉर्टर व्यू में, स्लाईड सॉर्टर टूलबार पर स्लाईड **ट्रान्जिशन** बटन  शामिल होता है। इस बटन पर क्लिक करें। इससे स्लाईड ट्रान्जिशन डायलॉग बॉक्स खुल जाएगा।

2. स्लाईड सॉर्टर टूलबार पर किसी इफेक्ट को सलेक्ट करने के लिए स्लाईड ट्रॉन्जिशन इफेक्ट्स ड्रॉप-डाऊन लिस्ट पर क्लिक करते हुए किसी ट्रान्जिशन को बदल या जोड़ सकते हैं।

प्रिसेट एनिमेशन

पॉवर प्वाईन्ट का एनिमेशन फीचर, स्लाईड शो प्रेजेन्टेशन के दौरान, ऑब्जेक्ट्स तथा टेक्स्ट विशेष को एनिमेट कर कर सकने की सुविधा प्रदान करता है। पॉवर प्वाईन्ट का प्रिसेट एनिमेशन ऑप्शन, आपको चौदह एनिमेशन सेटिंग्स में से चुनाव कर सकने की सुविधा प्रदान करता है।

Slide Show → Preset Animation

नोट्स :

★ किसी स्लाईड शो के चलते रहने के दौरान एनिमेशन इफेक्ट को केवल पूर्ण व्यू में ही देखा जा सकता है।

★ स्लाईड मिनीएचर के अन्तर्गत दिख रहे एनिमेशन आईकान पर क्लिक करते हुए, स्लाईड सॉर्टर व्यू के अन्दर एनिमेशन सेटिंग के प्रिव्यू को देखा जा सकता है।

★ पॉवर प्वाईन्ट के पिछले संस्करणों में, एनिमेशन फीचर को बिल्ड्स फीचर के नाम से जाना जाता था।

1. स्लाईड पर एक समय में एक ऑब्जेक्ट को एनिमेट करने की लिए स्लाईड व्यू के दौरान किसी ऑब्जेक्ट पर क्लिक करें।

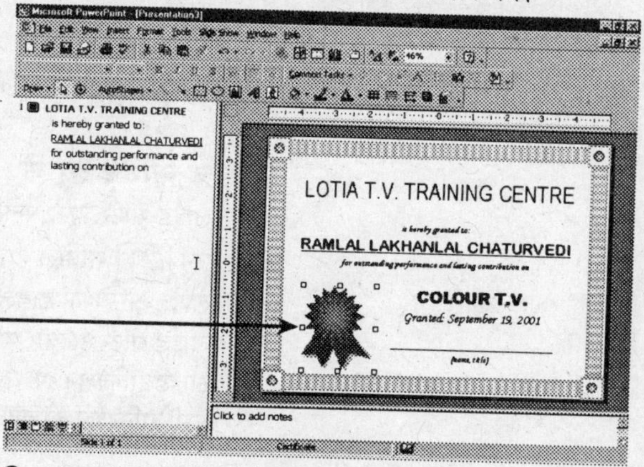

2. किसी स्लाईड पर एक बार में बहुत सारी ऑब्जेक्ट्स को एनिमेट करने के लिए (उसी एनिमेशन इफेक्ट का उपयोग करते हुए) स्लाईड सॉर्टर व्यू में एक या एक से अधिक स्लाईडों को सलेक्ट करें।

नोट : केवल प्लेस होल्डरर्स एवं बैकग्राऊण्ड ऑब्जेक्ट्स ही एनिमेशन इफेक्ट को ग्रहण कर सकते हैं। स्लाईडों पर जोड़े जाने वाले अतिरिक्त ऑब्जेक्ट्स को अलग से ही एनिमेट करना पड़ेगा।

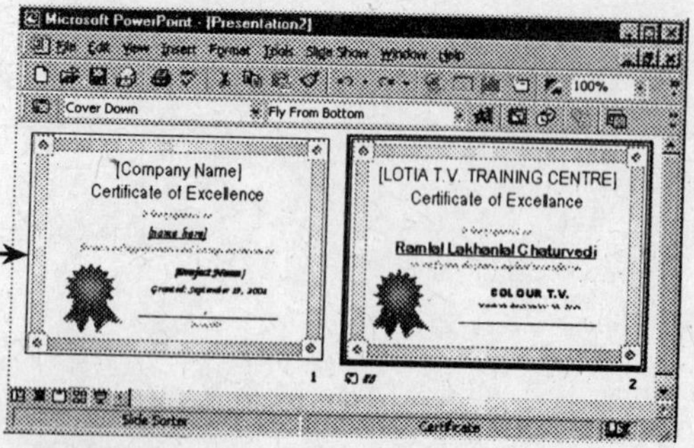

नोट्स :

★ एनिमेशन को स्लाईड में प्लेस होल्डर्स, टेक्स्ट, बॉक्सेस, पिक्चर्स, क्लिपआर्ट इमेजेस, ड्राईन्ग्स या किसी अन्य ऑब्जेक्ट्स पर आरोपित किया जा सकता है।

★ आप टाईटल स्लाईड या ब्लेन्क स्लाईड पर प्रिसेट एनिमेशन को आरोपित नहीं कर सकते हैं।

★ स्लाईड पर स्थित एक, या स्लाईड पर स्थित सभी ऑब्जेक्ट्स को एनिमेट करने के लये चुना जा सकता है।

3. **स्लाईड शो** मेन्यू पर क्लिक करें एवं उसमें **प्रिसेट एनिमेशन** पर क्लिक करें। खुलने वाले सब-मेन्यू में से निम्नलिखित एनिमेशन विकल्पों का चुनाव करें;

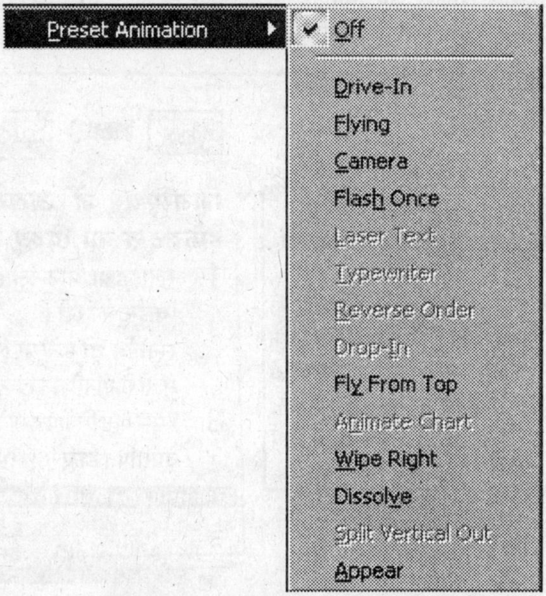

4. एनिमेशन प्रभाव को देखने के लिए, **स्लाईड शो** मेन्यू पर क्लिक करें एवं फिर उसमें एनीमेशन प्रिव्यू पर क्लिक करें।

एनिमेशन को ऑफ करना

1. एनिमेशन को ऑफ करने के लिए एनिमेट की गई ऑब्जेक्ट को स्लाईड व्यू में सलेक्ट करें।

   अथवा

   स्लाईड सॉर्टर व्यू में सम्पूर्ण स्लाईड को सलेक्ट करें।

   नोट : यदि आपने ऑब्जेक्ट्स पर प्रिसेट एनिमेशन को अलग-अलग एसाईन किया है तो आपको स्लाईड व्यू में उन इफेक्टों को अलग-अलग हटाना पड़ेगा।

2. **स्लाईड शो** मेन्यू पर क्लिक करें एवं उसमें **प्रिसेट एनिमेशन** पर क्लिक कर दें।

3. खुलने वाले सब-मेन्यू में **ऑफ** पर क्लिक करें।

स्लाईड शो को देखना

एक बार आपके प्रेजेन्टेशन के पूर्ण हो जाने एवं सभी स्लाईड शो विकल्पों के सेट हो जाने के बाद, आप शो को प्रदर्शित कराने के लिए तैयार हो जाते हैं। पॉवर प्वाईन्ट स्लाईड शो ट्रान्जिशन्स, एनिमेशन, और अन्य इफेक्टों को देखने के विभिन्न तरिके प्रदान करता है।

नोट्स :

- ★ स्लाईड शो व्यू चालू करने का की-बोर्ड शॉर्टकट **F5** बटन है।
- ★ जब स्लाईड शो चल रहा हो तो उस समय शो से बाहर निकलने के लिए **एस्केप** बटन दबाएं या किसी भी स्लाईड पर राईट-क्लिक करें, एवं खुलने वाले शार्टकट मेन्यू में **एन्ड शो** पर क्लिक कर दें।

मिनीएचर में अलग-अलग प्रत्येक स्लाईड के इफेक्ट्स का प्रिव्यू देखना

1. स्लाईड या आऊटलाईन व्यू में, इच्छित स्लाईड के अन्दर इन्सर्शन प्वाईन्ट को रखें।
2. **स्लाईड शो** मेन्यू पर क्लिक कर उसे खोलें, फिर दिखाई देने वाली सूची में एनिमेशन प्रिव्यू पर क्लिक करें।
3. इससे एक मिनीएचर विन्डो दिखने लगेगी और चुनी गई स्लाईड पर आरोपित किए गए सभी इफेक्ट्स दिखाई देने लगेगें।

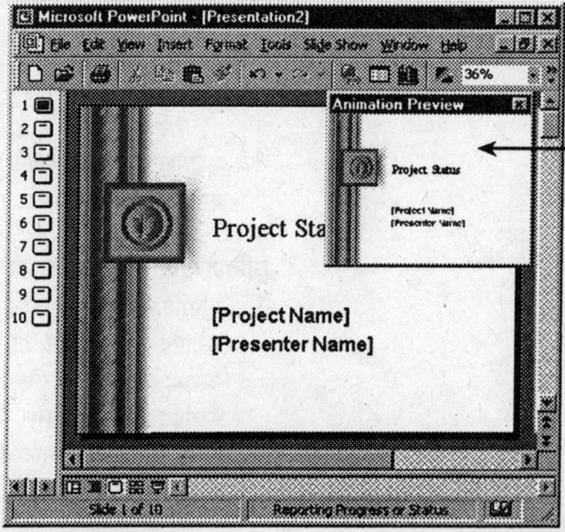

4. किसी दूसरी स्लाईड की सेटिंग्स को देखने के लिए दूसरी स्लाईड पर क्लिक करें।

फुल स्क्रीन में अलग–अलग प्रत्येक स्लाईड के इफेक्ट्स का प्रिव्यू देखना

1. स्लाईड या आऊटलाईन व्यू में, कर्सर को इच्छित स्लाईड के अन्दर रखें।
2. स्क्रीन के नीचे भाग (बॉटम) पर दिए गए **स्लाईड शो** व्यू बटन  पर क्लिक करें।
3. अब यदि आप माऊस पर क्लिक करते हैं या की-बोर्ड पर के एरो-बटनों (तीर के निशान वाले बटनों) को दबाते हैं, तो स्लाईड शो, चुनी गई स्लाईड से आगे की ओर चलने लगता है।

सम्पूर्ण स्लाईड शो को शुरू से देखना

1. किसी प्रेजेन्टेशन को ओपन करें।
2. किसी भी व्यू या किसी भी चुनी हुई स्लाईड से, **स्लाईड शो** मेन्यू पर क्लिक करने के बाद **व्यू शो** पर क्लिक करें।

   अथवा

   व्यू मेन्यू पर क्लिक करने के बाद **स्लाईड शो** पर क्लिक करें।
3. स्लाईड शो में आगें बढ़ने के लिए माऊस से क्लिक करें।

   अथवा

   किसी स्लाईड, या फिर किसी ऑब्जेक्ट या टेक्स्ट के एनिमेशन इफेक्ट को आगे बढ़ाने के लिए की-बोर्ड पर दिए गए **अप एरो** बटन या **राईट एरो** बटन का उपयोग करें जबकि रिपिट करने के लिए की-बोर्ड पर दिए गए **डाऊन एरो** बटन या **लेफ्ट एरो** बटन का उपयोग करें।

   अथवा

   यदि स्लाईड की टाईमिंग को सेट किया गया होगा, तो प्रेजेन्टेशन अपने आप आगे बढ़ते जाएगा।

आऊटलुक

माईक्रोसॉफ्ट आफिस की शेड्युलिंग एवं ऑर्गेनाईजेशन एप्लीकेशन आपको केलेण्डर, जर्नल (समाचार-पत्रिका), कान्टेक्ट लिस्ट, टास्क लिस्ट एवं नोट्स सहित प्रदान की जाती है। आऊटलुक, ऑन लाईन सर्विस या एक वर्कप्लेस नेटवर्क के द्वारा, ई-मेल को तैयार तथा मैनेज करता है।

आऊटलुक के कम्पोनेन्ट पूरी तरह से इन्टीग्रेटेड होते हैं, इसलिए उदाहरण के लिए आप किसी मीटिंग को शेड्युल करने के लिए ई-मेल भेज सकते हैं एवं ऐसा करने पर इस मीटिंग का अपाईन्टमेन्ट (Appointment) अपने आप आपके केलेण्डर पर दिखाई देने लगेगा। आऊटलुक सही मायने में नेटवर्क वाले वातावरण के लिए उपयोगी है, जहां यह, इसे उपयोग करने वालों के कार्यों के बीच तालमेल बैठाने का कार्य करता है।

उदाहरण के लिए, इसका उपयोग किसी मीटिंग को तय करने के लिए पारस्परिक सुविधापूर्ण समय (Mutually Convienient Time) को खोजने के लिए किया जा सकता है। या फिर इसका उपयोग, टीम के सदस्यों को कार्य निर्धारित करने और फिर उनके द्वारा किए जा रहे कार्यों की प्रगति पर नजर रखने के लिए भी किया जा सकता है।

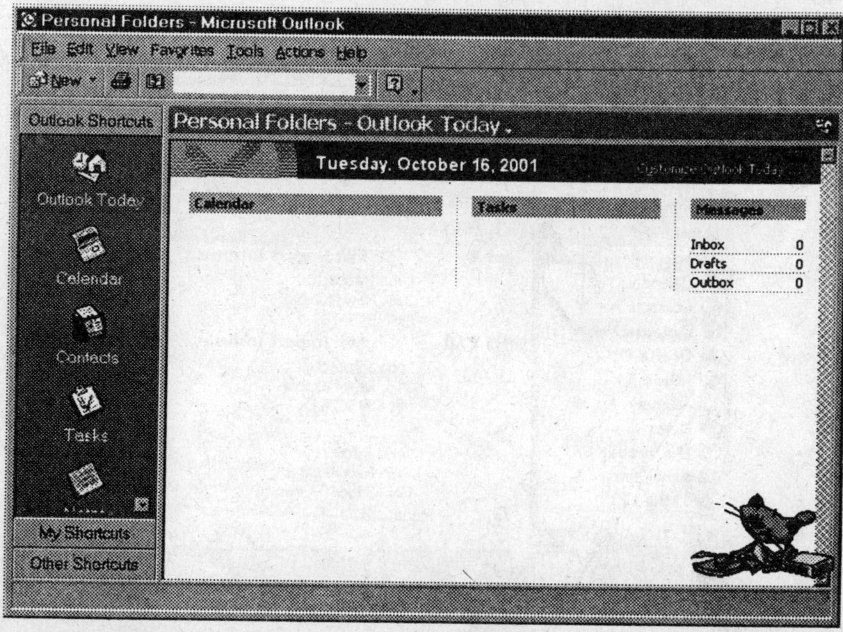

फोल्डर लिस्ट का उपयोग करना

इसका उद्देश्य यह है कि आऊटलुक से बाहर निकले बिना ही सामान्य फाईल मेनेजमेन्ट कार्यों को पूर्ण करना। आऊटलुक के फोल्डरों, या आपके हार्ड डिस्क पर उपस्थित किसी भी दूसरे फोल्डरों के कन्टेन्ट के साथ कार्य करने के लिए आऊटलुक में दिए गए फोल्डर लिस्ट का उपयोग करें।

1. यदि आवश्यक हो, तो फोल्डर लिस्ट को प्रदर्शित कराने के लिए - पहले **व्यू** मेन्यू पर क्लिक करें एवं उसमें **फोल्डर लिस्ट** पर क्लिक कर दें। ऐसा करने पर फोल्डर लिस्ट वर्तमान फोल्डर के कन्टेन्ट्स को दिखाती है।
2. किसी फोल्डर के कन्टेन्ट्स को देखने के लिए फोल्डर लिस्ट में उस फोल्डर पर क्लिक कर दें।

उदाहरण : यदि आप आऊटलुक में हैं तो फोल्डर लिस्ट, आऊटलुक के फोल्डरों को दिखाएगी। आऊटलुक विन्डो वर्तमान फोल्डर पर मौजूद आयटमों को दिखाएगी। नीचे दिया गया उदाहरण "डिलीटेड आयटम्स" फोल्डर के कन्टेन्ट्स को दिखा रहा है क्योंकि फोल्डर लिस्ट में "डिलीटेड आयटम्स" को सलेक्ट किया गया है।

नोट्स :-

★ आऊटलुक से बाहर निकले बिना फाईलों को ओपन, कॉपी, डिलिट या फिर मेनेज करें।

★ आऊटलुक में फाईल मेनेजमेन्ट ठीक उसी तरह से होता है जिस तरह से विन्डोज एक्सप्लोरर में फाईल मेनेजमेन्ट किया जाता है। फाईल आपरेशन कमाण्ड्स जैसे कि प्रिन्टिंग, कॉपी, मूविंग इत्यादि के लिए शार्टकट मेन्यू को खोलने के लिए फाईलों एवं फोल्डरों पर राईट-क्लिक करें।

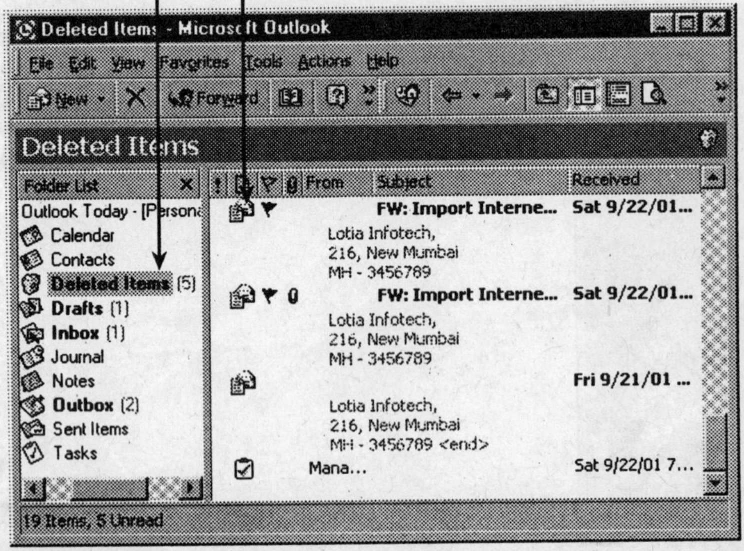

नोट्स :

★ स्क्रीन पर अधिक जगह बनाने के लिए आप आऊटलुक विन्डो में से फिल्ड्स (जैसे कि फाईल टाईप) को हटा सकते हैं। ऐसा करने के लिए, कॉलम हेडिंग पर राईट-क्लिक करें एवं खुलने वाले शार्टकट मेन्यू में **रिमूव दिस कॉलम** पर क्लिक करें।

3. आऊटलुक से बाहर, आपके हार्ड डिस्क पर उपस्थित फोल्डरों के कन्टेन्ट्स को प्रदर्शित कराने के लिए :
   a. आऊटलुक बार में दिए गए **अदर शार्टकट्स** बटन Other Shortcuts पर क्लिक करें।
   b. आऊटलुक बार पर उपस्थित फोल्डर्स ग्रुप में उस फोल्डर या ड्राईव पर क्लिक करें जिसे आप देखना चाहते हों। ऐसा करने पर आऊटलुक, फोल्डर लिस्ट में सलेक्ट किए गए फोल्डर या ड्राईव के कन्टेन्ट्स को दिखाता है।
   c. फोल्डर लिस्ट में उस फोल्डर या ड्राईव पर क्लिक करें जिसे आप देखना चाहतें हों। अब आऊटलुक विन्डो में चुने गए फोल्डर या ड्राईव के कन्टेन्ट्स दिखाई देने लगेंगे।

नोट : किसी फोल्डर के कन्टेन्ट को दूसरी विन्डो में देखने के लिए, फोल्डर पर राईट-क्लिक करें और खुलने वाले शार्टकट मेन्यू में **ओपन** पर क्लिक कर दें।

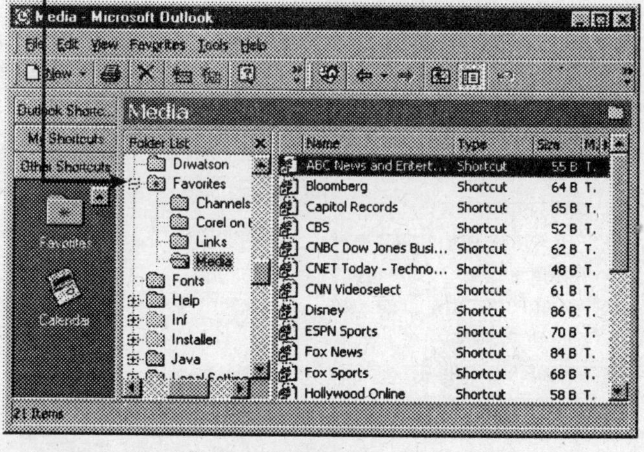

4. फाईलों को मेनेज करने के लिए आप जिस विधि का उपयोग विन्डोज एक्सप्लोरर में करते हैं उसी विधि का उपयोग यहां करें।

उदाहरण : किसी फाईल पर राईट-क्लिक करें और फिर उस फाईल को कॉपी, डिलीट या रिनेम करने के लिए कमाण्ड्स का चुनाव शार्टकट मेन्यू में से करें। किसी फाईल को मूव करने के लिए उसे किसी दूसरे फोल्डर पर ड्रेग करें।

आऊटलुक बार का उपयोग करना

आऊटलुक विन्डो के बांयी तरफ स्थित, आऊटलुक बार का उपयोग आउटलुक के अव्यवों के बीच आने-जाने (नेविगेट करने) के लिए करें।

नोट्स :-

★ आऊटलुक से बाहर निकले बिना अपने कम्प्यूटर पर उपस्थित फाईलों को प्रदर्शित कराने के लिए आऊटलुक बार का भी उपयोग किया जा सकता है। आऊटलुक बार पर स्थित फोल्डरों में आप शार्टकट्स को भी जोड़ सकते हैं।

★ आऊटलुक बार पर आईकानों के तीन अलग-अलग समूह होते हैं। इसमें से आऊटलुक शार्टकट्स समूह का उपयोग आऊटलुक के अव्यवों के बीच स्विच होने के लिए किया जाता है।

★ माय शार्टकट्स आईकानों को प्रदर्शित कराने के लिए आऊटलुक बार पर दिए गए **माय शार्टकट्स** बटन पर क्लिक करें।

★ माय शार्टकट्स समूह मेल अव्यवों के डिफॉल्ट फोल्डरों को दिखाता है। आप मेल में फोल्डर्स तैयार कर सकते हैं तथा अपने मेल को व्यवस्थित करने के लिए मेल मेसेजों को इनबॉक्स से एक फोल्डर पर मूव कर सकते हैं।

★ फोल्डर्स के लिए बनाये गए किसी भी शॉटकट्स को आप माय शार्टकट्स ग्रुप में जोड़ सकते हैं।

किसी अन्य आऊटलुक अव्यव पर जाने के लिए इनमे से किसी एक आईकान पर क्लिक करें।

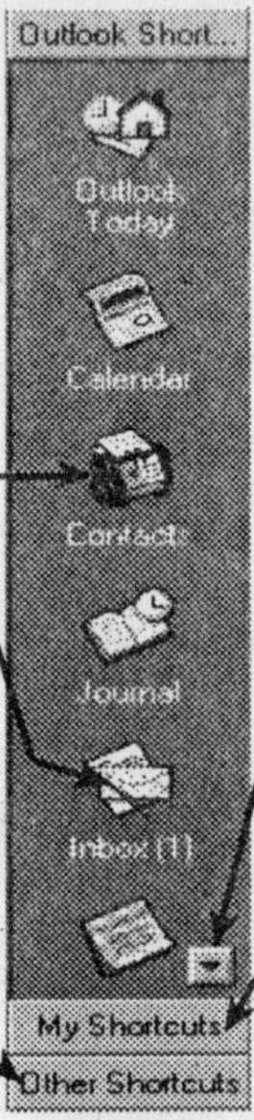

अव्यव आईकान्स पर उपर-नीचे स्क्रॉल करने के लिए ▲ यां ▼ पर क्लिक करें।

अपने कम्प्यूटर पर उपस्थित फाईलों तथा फोल्डरों को ब्राऊज करने के लिए **Other Shortcuts** पर क्लिक करें।

आऊटलुक बार पर मेल ग्रुप को प्रदर्शित कराने के लिए **My Shortcuts** पर क्लिक करें।

इनबॉक्स फोल्डर, आपके द्वारा प्राप्त किए गए संदेशों को जमा रखता है।

आऊटबॉक्स उन संदेशों को जमा रखता है जिसे आप ने तो भेज दिए हैं लेकिन उसे आऊटलुक ने अभी तक सम्प्रेषित नहीं किया है।

ड्राफ्ट्स फोल्डर उन मेसेजों को स्टोर करके रखता है जिस पर आप अभी भी कार्य कर रहे हैं तथा वह भेजे जाने के लिए अभी तैयार नहीं हुआ है।

सेन्ट आयटम्स आपके द्वारा भेजे जा चुके संदेशों की प्रतियां जमा रखता है।

डिलीटेड आयटम्स उन संदेशों को जमा रखता है जो अभी तक स्थाई रुप से डिलीट नहीं हुए हैं। यह माईक्रोसॉफ्ट विन्डोज के रिसायकल बिन या मेकेनटोश सिस्टम के ट्रेश की तरह ही है।

नोट्स :

★ आऊटलुक के पुराने संस्करणों में माय शार्टकट्स ग्रुप को मेल ग्रुप के नाम से जाना जाता था। इसलिए आप इस ग्रुप को रिनेम कर सकते हैं।

★ अदर शार्टकट्स ग्रुप में, आऊटलुक से बाहर की डिस्क तथा फोल्डरों के शार्टकट्स मौजूद होते हैं। डिफॉल्ट सेटिंग के द्वारा अदर शार्टकट्स ग्रुप में माय कम्प्यूटर आईकान तथा पर्सनल एवं फेवरिट्स फोल्डरों के शार्टकट्स उपस्थित होते हैं।

★ जब आप अदर शार्टकट्स ग्रुप में किसी फोल्डर को सलेक्ट करते हैं तो आऊटलुक विन्डो में उस डिस्क या फोल्डर के कन्टेन्ट दिखाई देने लगते हैं।

★ आऊटलुक के फोल्डरों से बाहर के फोल्डरों के फोल्डर शार्टकट् को आप अदर शार्टकट्स ग्रुप में जोड़ सकते हैं।

अपनी हार्ड डिस्क के कन्टेन्ट को ब्राऊज करने के लिए माय कम्प्यूटर आईकान का उपयोग करें।

आपके द्वारा बनाये गए डॉक्यूमेन्ट के लिए माय डॉक्यूमेन्ट फोल्डर एक डिफॉल्ट फोल्डर है।

फेवरिट्स फोल्डर, आपकी पसंदीदा वेबसाईट्स के शार्टकट्स को जमा रखती है।

इन्ट्रानेट पर पब्लिक फोल्डर्स आईकॉन का उपयोग अपने हार्ड-डिस्क पर उपस्थित शेयर्ड फोल्डरों को ओपन करने के लिए करें।

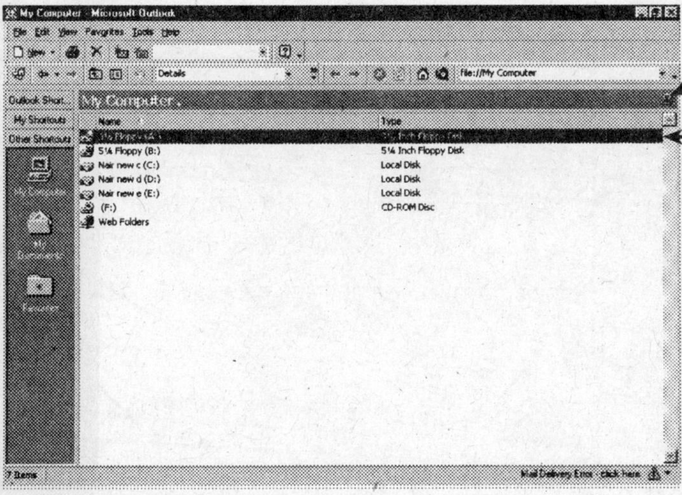

फोल्डर बार पर जब आप एक आईकॉन पर क्लिक करते हैं, तो आऊटलुक विन्डो में उस ड्राईव या फोल्डर के कन्टेन्ट्स दिखाई देने लगते हैं।

किसी ड्राईव या फोल्डर के कन्टेन्ट्स को डिस्प्ले कराने के लिए एक आईकॉन पर डबल-क्लिक करें।

आऊटलुक टुडे

अपने दिन या अपने सप्ताह को एक नजर में देखने के लिए आऊटलुक टुडे पर जांए फिर एक ही विन्डो में अपाइन्टमेन्ट्स टास्क एवं मेल मैसेजेस से संबंधित सूचनाओं को देखें।

नोट्स :

★ आउटलुक टुडे, आपके द्वारा निर्धारित विभिन्न आऊटलुक अव्यवों से सूचनाओं को दिखाता हैं। उदारहण के लिए आप चुन सकते हैं कि डिस्प्ले में टास्क को शामिल करना है या नहीं।

★ आऊटलुक टुडे विन्डो में दी गई हाईपरलिन्क्स और आईकान्स पर क्लिक करते हुए आप शीघ्रता आउटलुक टुडे से किसी दूसरे आऊटलुक अव्यव पर जा सकते हैं।

1. **व्यू** मेन्यू पर क्लिक कर उसे खोल लें एवं उसमें **गो टू** पर क्लिक करें तथा खुलने वाले सब-मेन्यू में **आऊटलुक टुडे** पर क्लिक करें।

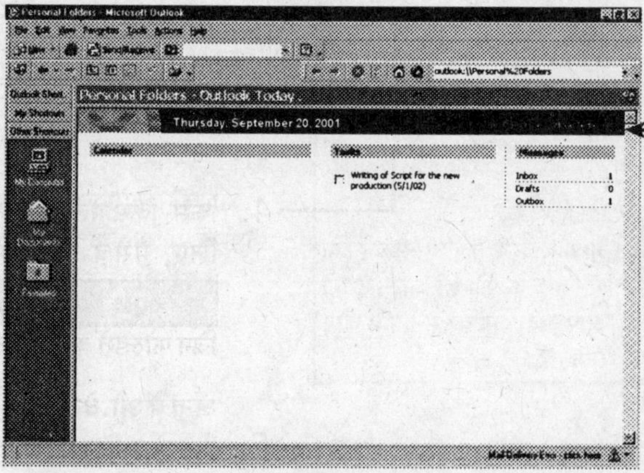

2. **कस्टमाईज आऊटलुक टुडे** पर क्लिक करें। अब आऊटलुक विन्डो में कस्टमाईजेशन विकल्प दिखाई देने लगेगें।

नोट्स :

★ आऊटलुक, वर्तमान सप्ताह या आपके द्वारा चुने गए दिनों के संबंध में सूचनाओं को प्रदर्शित करता है।

3. यदि आप चाहते है कि जब कभी आप आऊटलुक को चालू करें तो उस समय आऊटलुक टुडे विन्डो दिखाई दे तो इसके लिए **स्टार्ट अप** चेक बॉक्स पर क्लिक कर उसे सलेक्ट कर लें।

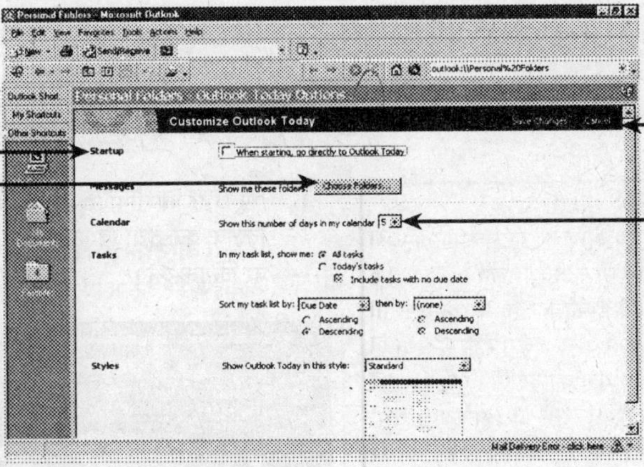

4. किस-किस मेल फोल्डर को प्रदर्शित कराना है यह चुनने के लिए, मैसेज एरिया में दिए गए **चुस फोल्डर्स** बटन Choose Folders... पर क्लिक करें और फिर जिन-जिन फोल्डरों को शामिल करना हो उन्हें सलेक्ट कर लें और अन्त में **ओ.के.** बटन OK पर क्लिक कर दें।
5. डिस्प्ले के लिए केलेण्डर एरिया में दिनों की संख्या को सलेक्ट करें या टाईप कर दें। आऊटलुक टुडे का यह एरिया आपके अपाईन्टमेन्टों को सूचीबद्ध करता है।
6. टास्क का प्रदर्शन कैसा होना चाहिए इसका चुनाव करें।
7. आऊटलुक विन्डो के लिए एक लेआऊट का चुनाव **स्टाईल्स** लिस्ट से करें।
8. बाहर निकलने के लिए **सेव चेन्जेस** बटन Save Changes या **केन्सल** बटन Cancel पर क्लिक करें। अब आऊटलुक टुडे विन्डो आपके द्वारा किए गए कस्टमाईजेशनों को दिखाता है।

केलेण्डर : एक अपाईन्टमेन्ट तैयार करें

एक अपाईन्टमेन्ट बुक को मेन्टेन करने तथा प्रत्येक अपाईन्टमेन्ट से पूर्व आपको सूचित करने के लिए एक रिमाईन्डर को सेट करने के लिए केलेण्डर का उपयोग करें।

1. केलेण्डर विन्डो में **न्यू अपाईन्टमेन्ट** बटन New पर क्लिक करें या **कन्ट्रोल + N** बटनों को दबाएं, अथवा
अपाईन्टमेन्ट डेट पर क्लिक करें और समय पर डबल-क्लिक करें। इससे अपाईन्टमेन्ट डायलॉग बॉक्स में तारीख व समय प्रविष्ट हो जाएगें।

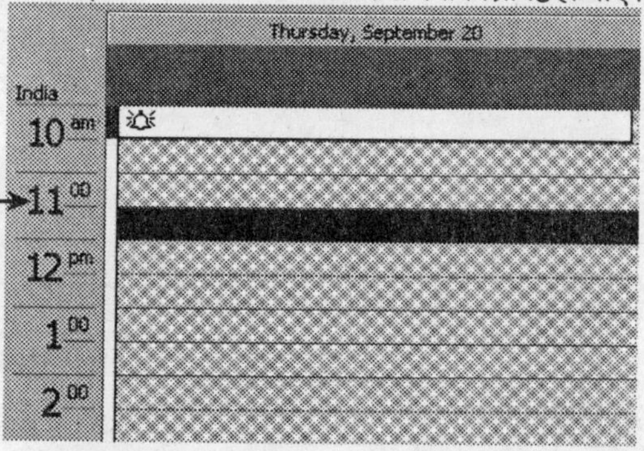

2. **सब्जेक्ट** बॉक्स में सब्जेक्ट तथा **लोकेशन** बॉक्स में लोकेशन टाईप करें।

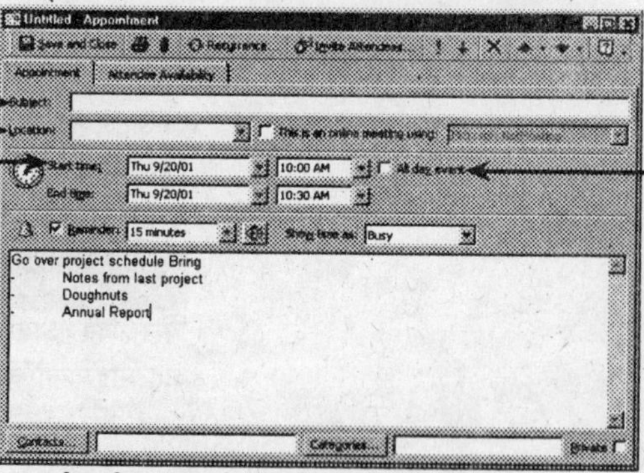

3. **स्टार्ट टाईम** बॉक्स में अपाईन्टमेन्ट की तारीख चुनें।
4. पूरे दिन का समारोह चुनने के लिए **ऑल डे इवेन्ट** पर क्लिक करें।
नोट : जब **ऑल डे इवेन्ट** को चुना जाता हैं तो डायलॉग बॉक्स पर से टाईम फिल्ड हट जाता है।

नोट्स :

- ★ जब आप आऊटलुक का उपयोग किसी नेटवर्क जिसमें केलेण्डर एक शेयर्ड फोल्डर है, पर करते हैं तो आप अन्य वर्कग्रुप के सदस्यों के शुड्यूल को देख कर एवं एक ऐसे टाईम जिसमें भाग लेने वाले सभी सदस्य उपलब्ध हों, को चुनकर शीघ्रता से एक मीटिंग को आयोजित कर सकते हैं।
- ★ यदि आप नेटवर्क पर अपने केलेण्डर को शेयर कर रहे हैं तो इसे हमेंशा अप-टू-डेट रखें ताकि नेटवर्क पर मौजूद दूसरे सदस्य उस पर निर्भर रह सकें।
- ★ आप, अपने अपाईन्टमेन्ट्स को व्यवस्थित करने के लिए आऊटलुक केटेगोरिज का उपयोग कर सकते हैं। उदाहरण के लिए, आप किसी प्रोजेक्ट-विशेष के सभी अपाईन्टमेन्टों को प्रोजेक्ट केटेगोरी निर्धारित कर सकते हैं।

नोट्स :

★ पहले से मौजूद किसी अपाईन्टमेन्ट के ही समय पर यदि आप कोई अन्य अपाईन्टमेन्ट तय करेगें तो आऊटलुक अपाईन्टमेन्ट डायलॉग बॉक्स में **Conflicts with another appointment on your calender** संदेश प्रदर्शित कर आपको इसकी सूचना देगा।

5. चालू होने (स्टार्ट) तथा समाप्त होने (एन्ड) के समय को सलेक्ट या टाईप करें।

6. इच्छानुसार निम्नलिखित में से कोई एक रिमाईन्डर का चुनाव करें;

   ★ रिमाईण्डर को डिसेबल करने के लिए रिमाईण्डर चेक बॉक्स पर क्लिक कर उसे डिसलेक्ट करें।

   ★ अपाईन्टमेन्ट से पहले रिमाईण्डर टाईम को बदलने के लिए **रिमाईण्डर** ड्रॉप-डाऊन लिस्ट से समय को सलेक्ट करें।

   ★ अपाईन्टमेन्ट से पहले निर्धारित किए गए टाईम पर कोई आवाज सुनाने के लिए **साऊण्ड** बटन  पर क्लिक करें।

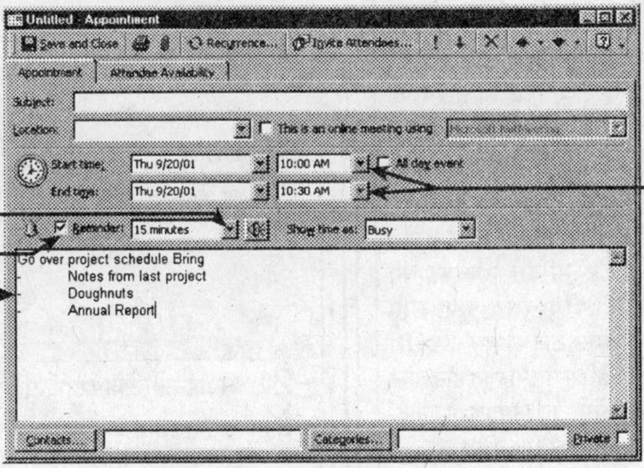

7. टेक्स्ट बॉक्स में अपने कमेन्ट्स (टिप्पणीयां) टाईप करें।

   नोट : टेक्स्ट के फान्ट को बदलने, पैराग्राफ को अलाईन करने और टेक्स्ट पर बुलेट्स जोड़ने के लिए **फारमेट** पर क्लिक करें।

8. इच्छानुसार अपाईन्टमेन्ट पर एक या एक से अधिक केटेगोरिज निर्धारित करने के लिए **केटेगोरीज** बटन Categories... पर क्लिक करें।

9. अब विन्डो के उपरी भाग में स्थित टूलबार पर दिए गए **सेव एण्ड क्लोज** बटन Save and Close पर क्लिक कर दें।

केलेण्डर : एक रिकरिंग (बार-बार आने वाला Recurring) अपाईन्टमेन्ट तैयार करना

लगातार रुप से आने वाले अपाईन्टमेन्टों की एक सीरिज बनाएं। रिकरिंग अपाईन्टमेट्स अक्सर मीटिंग्स होती हैं, जैसे कि एक मीटिंग प्रत्येक शुक्रवार दोपहर 2 बजे निर्धारित है। आऊटलुक, सीरिज पर के प्रत्येक अपाईन्टमेन्ट को अलग-अलग तैयार करती है, फिर उन सभी को आपके केलेण्डर पर जोड़ देती है।

नोट्स :

★ यदि रिकरिंग अपाईन्टमेन्ट एक मीटिंग है तथा मीटिंग को शेड्युल करने एवं मीटिंग में उपस्थित होने वालों को निमंत्रित करने का उत्तरदायित्व यदि आपको दिया गया है तो मीटिंग के लिए कहे जाने पर आप अपाईन्टमेन्ट को सेटअप कर सकते हैं।

★ एक अपाईन्टमेन्ट की बजाय एक मीटिंग रिक्वेस्ट का उपयोग करते हुए आप आऊटलुक का उपयोग मीटिंग में उपस्थित होने वाले लोगों को निमंत्रण भेजने के लिए कर सकते हैं।

★ एक रिकरिंग अपाईन्टमेन्ट तैयार करना एक सामान्य अपाईन्टमेन्ट तैयार करने के ही समान है। विकल्प भी वही हैं, अन्तर केवल इतना ही है कि जब आप एक रिकरिंग अपाईन्टमेन्ट को तैयार करते हैं, तो अपाईन्टमेन्ट के डेट/टाईम को अपाईन्टमेन्ट रिकरेंस डायलॉग बॉक्स का उपयोग करते हुए सेट करते हैं।

1. **अपाईन्टमेन्ट रिकरेंस** डायलॉग बॉक्स को खोलने के लिए पहले **एक्शन्स** मेन्यू पर क्लिक करें फिर उसमें **न्यू रिकरिंग अपाईन्टमेन्ट** पर क्लिक कर दें।

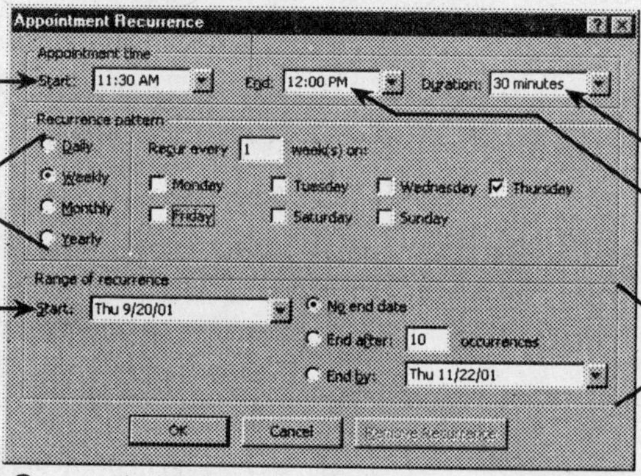

2. अपाईन्टमेन्ट के **स्टार्ट** टाईम को टाईप या सलेक्ट करें।
3. अपाईन्टमेन्ट के खत्म होने के समय को **एन्ड** बॉक्स में टाईप या सलेक्ट करें, अथवा
   अपाईन्टमेन्ट की समयावधि को **ड्युरेशन** बॉक्स में सलेक्ट करें, ऐसा करने पर आऊटलुक आपके लिए अपाईन्टमेन्ट के समाप्त होने के समय गणना स्वयं ही कर लेता है।
4. यह चुनें कि रिकरिंग अपाईन्टमेन्ट बार-बार किस प्रकार प्रस्तुत होगा। आपके द्वारा चुनी गई फ्रिक्वेन्सी के लिए रिकरेंस पैटर्न ऑप्शन्स को सेट करें।
   नोट : आपके द्वारा चुनी गई फ्रिक्वेन्सी (जैसे कि डेली, विकली, इत्यादि) के आधार पर रिकरेंस पैटर्न ऑप्शन्स बदलते रहते हैं।
5. रिकरिंग अपाईन्टमेन्टों की सीरिज में प्रथम अपाईन्टमेन्ट की तारीख निर्धारित करने के लिए **स्टार्ट** बॉक्स में चालू होने की तारीख को टाईप या सलेक्ट करें।
6. अब यह निर्धारित करें कि अपाईन्टमेन्ट कब समाप्त होनी चाहिए।

> **नोट्स :**
> ★ आप रिकरिंग अपाईन्टमेन्ट के एक अकेले नमूने (केवल किसी एक अपाईन्टमेन्ट) को एडिट कर सकते हैं। उदाहरण के लिए यदि एक तारिख विशेष की मीटिंग एक अलग कमरें में तय की जाती हैं।
> या
> यदि मीटिंग का कमरा स्थाई रुप से बदल दिया गया हो तो आप सीरिज पर स्थित सभी अपाईन्टमेन्टों को बदल सकते हैं।

7. अब **अपाईन्टमेन्ट** डायलॉग बॉक्स को खोलने के लिए **ओ.के.** 

पर क्लिक कर दें। इससे अपाईन्टमेन्ट डायलॉग बॉक्स रिकरिंग अपाईन्टमेन्ट के लिए शेड्युल को दिखाने लगेगा।

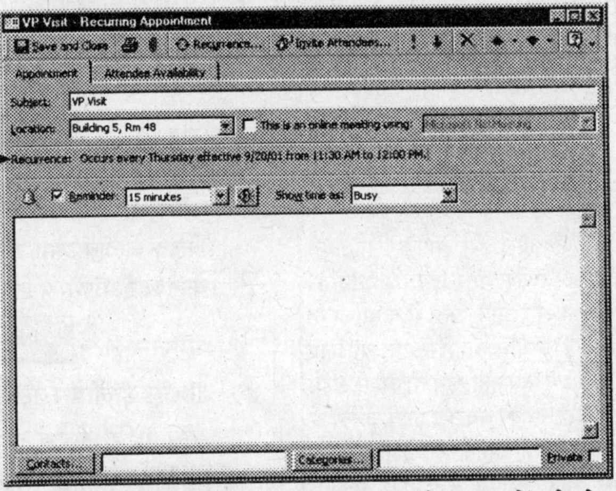

8. ईच्छानुसार अपाईन्टमेन्ट डायलॉग बॉक्स में ऑप्शनों को सेट करें। स्टार्ट और एन्ड टाईम को छोड़कर बाकी फिल्डों को पूर्ण करें। स्टार्ट और एन्ड टाईम फिल्ड को अपाईन्टमेन्ट डायलॉग बॉक्स में सेट किया जा चुका हैं।
9. यह सब हो जाने के बाद टूलबार पर दिए गए **सेव एण्ड क्लोज** बटन 

पर क्लिक कर दें।

नोट : केलेण्डर विन्डो में एक रिकरेंस सिम्बॉल, रिकरिंग अपाईन्टमेन्टों को दर्शाता है।

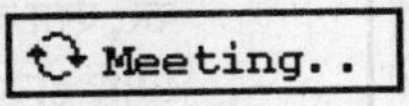

केलेण्डर : अपने केलेण्डर पर छुट्टी के दिनों को जोड़ना

अपने Day Calendar पर छुट्टी के दिनों व नामों को प्रदर्शित करायें। हॉलीडेस एक प्रकार का ऐसा अवसर (इवेन्ट) होता है जो आपके समय की अवस्था को नहीं बदलता है। आपका समय अब भी अपाईन्टमेन्ट के लिए मुक्त के रुप में दिखाई पड़ता है।

नोट्स :

★ यदि हॉलीडेस आपके लिए लम्बे अवकाश वाले दिन (वेकेशन डे) हैं और आप दफ्तर से बाहर जा रहे हैं अर्थात अपाईन्टमेन्ट के लिए उपलब्ध नहीं रहेंगे तो अपने टाईम स्टेटस को बदल दें ताकि केलेण्डर आपको अनुपलब्ध दर्शा सके।

★ मानक छुट्टीयों के दिनों के अलावा आऊटलुक कुछ ऐसे महत्वपूर्ण दिनों को भी दर्शाता है जिन्हें छुट्टी के दिन के रुप में नहीं जाना जाता है। जैसे टैक्स डे (15 अप्रैल), टिर्चस डे (5 सितम्बर) इत्यादि।

1. **ऑप्शन्स** डायलॉग बॉक्स को खोलने के लिए **टूल्स** मेन्यू पर क्लिक करें एवं उसमें **ऑप्शन्स** पर क्लिक करें।
2. **केलेण्डर ऑप्शन्स** डायलॉग बॉक्स को खोलने के लिए **केलेण्डर ऑप्शन्स** बटन [Calendar Options...] पर क्लिक करें।
3. अब **एड हॉलीडेस** बटन [Add Holidays...] पर क्लिक करें। इससे **एड हॉलीडेस टू केलेण्डर** डायलॉग बॉक्स खुल जाएगा।

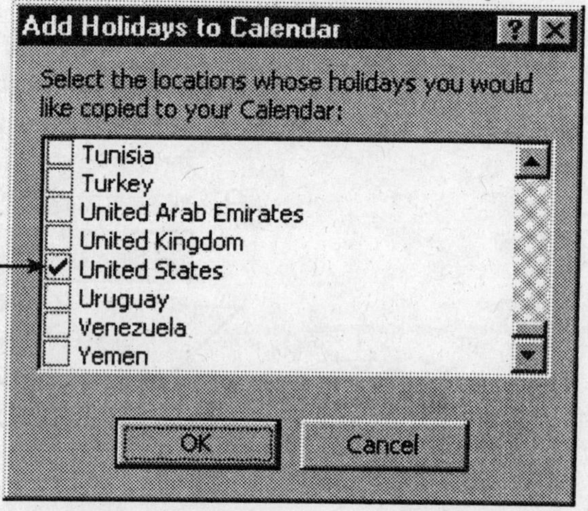

4. आपको अपने केलेण्डर पर जिस हॉलीडेस को जोड़ने की ईच्छा हो उस हॉलीडेस पर क्लिक करें। आप अपने केलेण्डर पर एक से अधिक हॉलीडेस की केटेगोरी को जोड़ सकते हैं।
5. अब ओ.के. [OK] पर क्लिक कर दें। इससे आऊटलुक निर्देशित किए गए हॉलीडे फाईलों को इम्पोर्ट करता है और फिर केलेण्डर ऑप्शन्स डायलॉग बॉक्स को पुनः प्रदर्शित करता है।
6. डायलॉग बॉक्सों को क्लोज (बंद) करने के लिए **ओ.के.** [OK] पर दो बार क्लिक करें।

नोट्स :

★ यदि हॉलीडे, वेकेशन डे (लम्बे अवकाश वाले दिन) है तो आप अपने समय को व्यस्त समय या दफ्तर से बाहर के रुप में प्रदर्शित करने के लिए हॉलीडे को एडिट कर सकते हैं। आप इस पर कुछ टिप्पणी भी जोड़ सकते हैं।

★ हॉलीडे एक प्रकार का इवेन्ट है। आप इवेन्ट डायलॉग बॉक्स में हॉलीडे को एडिट कर सकते हैं।

हॉलीडे को एडिट करना

1. उस दिन को प्रदर्शित कराएं जिस दिन पर हॉली डे दिखाई पड़ रहा है।

   नोट : किसी तारीख-विशेष पर जाने के लिए **कन्ट्रोल + G** बटनों को दबाएं। अब जिस तारीख पर जाना चाहते हैं उसे टाईप या सलेक्ट करें।

2. **इवेन्ट** डायलॉग बॉक्स को खोलने के लिए हॉली डे बैनर पर डबल क्लिक करें।

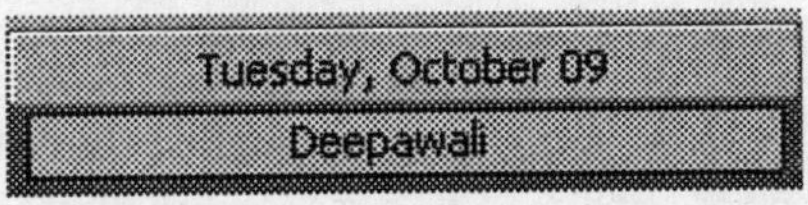

3. ईच्छानुसार विकल्पों को बदलें।
4. अब टूलबार पर दिए गए **सेव एण्ड क्लोज** बटन  पर क्लिक कर दें।

किसी हॉली डे को अपने केलेण्डर से हटाना

1. उस दिन को प्रदर्शित करायें जिस दिन पर हाली डे दिखाई पड़ रहा है।

   नोट : किसी तारीख-विशेष पर जाने के लिए **कन्ट्रोल + G** बटनों को दबाएं। अब जिस तारीख पर जाना चाहते हैं उसे टाईप या सलेक्ट करें।

2. हॉली डे बैनर पर राईट-क्लिक करके शार्टकट मेन्यू को ओपन करें।

   नोट : बैनर, हॉली डे का शीर्षक होता है।

3. अब शार्टकट मेन्यू में **डिलीट** पर क्लिक कर दें।

केलेण्डर : एक साप्ताहिक या मासिक शेड्युल को प्रिन्ट कराना

अपने पुरे सप्ताह या माह भर का शेड्युल प्रिन्ट करायें। इस प्रकार की रिपोर्ट तैयार करने के लिए डे/वीक/मन्थ व्यू एवं वीकली /मन्थली स्टाईल का उपयोग करें।

नोट्स :

★ किसी ऐसे केलेण्डर को प्रिन्ट करायें जो निर्देशित किए गए सप्ताहों तथा महीनों को समाहित रखता है।

★ आप प्रति पेज एक या दो सप्ताह या एक या दो महीनों को प्रिन्ट करा सकते हैं।

★ आप अपनी रिपोर्ट पर टास्क पेड को शामिल कर सकते हैं तथा अपने केलेण्डर के प्रत्येक पेज पर एक ऐसी जगह जोड़ सकते हैं जहां पर आप नोट्स लिख सकें।

1. केलेण्डर पर जाने के लिए, पहले **व्यू** मेन्यू पर फिर **गो टू** एवं फिर खुलने वाले सब-मेन्यू में **केलेण्डर** पर क्लिक करें।
2. आवश्यकतानुसार डे/वीक/मन्थ व्यू पर स्विच होने के लिए पहले **व्यू** मेन्यू पर फिर **करन्ट व्यू** पर एवं फिर खुलने वाले सब-मेन्यू में **डे/वीक/मन्थ** पर क्लिक कर दें।
3. **प्रिन्ट** बटन पर क्लिक करें या **कन्ट्रोल + P** बटनों को दबाएं, इससे **प्रिन्ट** डायलॉग बॉक्स खुल जाएगा।

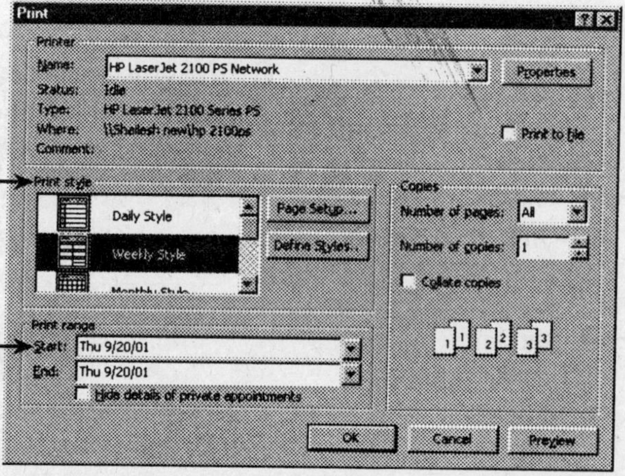

4. **प्रिन्ट स्टाईल** में **वीकली स्टाईल** या **मन्थली स्टाईल** का चयन करें।
5. सप्ताह या महीने की रेन्ज को निर्देशित करने के लिए **प्रिन्ट रेन्ज** बॉक्स में **स्टार्ट** एवं **एन्ड** तारीखों को सेट करें।
6. अब **पेज सेट अप** बटन Page Setup पर क्लिक करें इससे **सेटअप** डायलॉग बॉक्स खुल जाएगा।

नोट्स :

★ वीकली स्टाईल, प्रत्येक सप्ताह के लिए एक या दो पेज का रिपोर्ट तैयार करता है। मन्थली स्टाईल प्रत्येक महीने के लिए एक या दो पेज का रिपोर्ट तैयार करता है।

★ विभिन्न प्रकार की स्टाईलों का उपयोग करते हुए आप रेन्जों के कई प्रकारों को प्रिन्ट करा सकते हैं। उदाहरण के लिए, डेली स्टाईल का उपयोग करते हुए आप तीन महीनों के दिनों को प्रिन्ट करा सकते हैं। मन्थली स्टाईल में आप केवल एक दिन को प्रिन्ट नहीं करा सकते हैं। विभिन्न स्टाईलों का प्रयोग कर उनके प्रभावों की जांच करें।

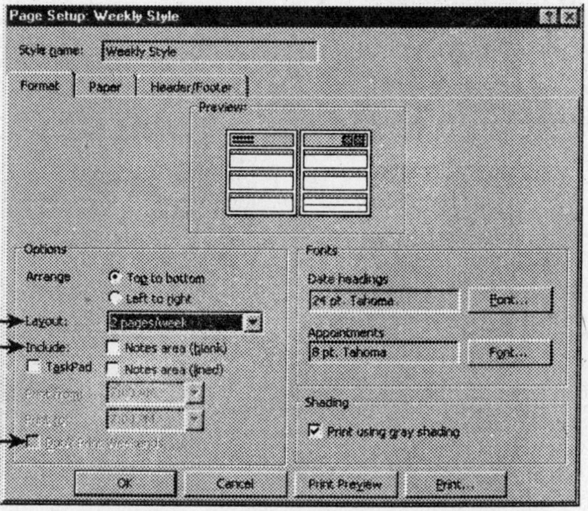

7. एक महीना/एक सप्ताह की रिपोर्ट कितने पेजों (एक या दो पेजों) में प्रिन्ट होनी चाहिये, इसे निर्देशित करने के लिए किसी **लेआऊट** विकल्प का चयन करें। आपके द्वारा चुने गए लेआऊट का नमूना प्रिव्यू बॉक्स दिखाई देने लगेगा।

8. आवश्यकतानुसार रिपोर्ट में जिन अन्य सूचनाओं को शामिल करना हों उन्हें सलेक्ट कर लें।

   नोट : टास्क पैड और/या नोट्स एरिया को रिपोर्ट में जोड़े जाने पर वह पेज में अतिरिक्त स्थान घेरता है। अपने रिपोर्ट का प्रिव्यू देखकर यह सुनिश्चित करें कि वह उपयोग किए जाने के लिए ज्यादा अव्यवस्थित तो नहीं हो गया है।

9. यह निर्देशित करें कि सप्ताहांत (वीक एण्ड) को आप अपने रिपोर्ट में शामिल करना चाहते हैं या नहीं।

10. आपके द्वारा चुनी गई रिपोर्ट की स्टाईल से संबंधित अन्य कोई विशेष विकल्प हो तो उन्हें सेट करें।

    नोट : ये विकल्प आपके द्वारा उपयोग में लायी जा रही स्टाईल के आधार पर बदल सकते हैं। आप जिन विकल्पों को सलेक्ट करते हैं उनका प्रभाव देखने के लिए प्रिन्ट प्रिव्यू का उपयोग करें। किसी विकल्प का स्क्रीन पर विवरण देखने के लिए डायलॉग बॉक्स के किनारे भाग पर दिए गए [?] पर क्लिक करें और फिर उस विकल्प पर क्लिक कर दें।

11. पेपर की साईज को बदलने के लिए **पेपर** टैब का उपयोग करें।

12. इच्छानुसार हेडर और फुटर पर सुधार करें।

13. रिपोर्ट को देखने के लिए **प्रिन्ट प्रिव्यू** बटन [Print Preview] पर क्लिक करें।

14. प्रिन्ट डायलॉग बॉक्स में वापस लौटने के लिए पेज सेटअप डायलाग बॉक्स में **प्रिन्ट** बटन [Print...] पर या प्रिन्ट प्रिव्यू में **प्रिन्ट** बटन [Print...] पर क्लिक करें।

15. प्रिन्टिंग शुरु कर देने के लिए **ओ.के.** [OK] पर क्लिक करें।

केलेण्डर : रिमाईण्डर विकल्पों को सेट करना

रिमाईण्डर विकल्पों के लिए प्रारंभिक सेटिंग्स को अपाईन्टमेन्ट डायलॉग बॉक्स और रिकरिंग अपाईन्टमेन्ट डायलॉग बॉक्स पर निर्देशित करें। जब आप कोई अपाईन्टमेन्ट को तैयार कर रहे होते हैं या उसे एडिट कर होते हैं उस वक्त आप प्रत्येक अपाईन्टमेन्ट के लिए रिमाईण्डर विकल्प को बदल सकते हैं।

नोट्स :

★ यह विधि यह बताती है कि नये अपाईन्टमेन्ट्स में रिमाईण्डर विकल्पों को किस तरह सेट किया जाता है। उदाहरण के लिए जब आप आऊटलुक को इन्स्टाल कर रहे होते हैं तो उस समय सेट कर सकते हैं कि रिमाईण्डर अपाईन्टमेन्ट के 15 मिनट पहले दिखाई दें। आप रिमाईण्डर टाईम को अपाईन्टमेन्ट के 5 मिनट पहले दिखाई देने के लिए या रिमाईण्डरों को पुरी तरह से प्रदर्शित करने की भी सेटिंग कर सकते हैं।

1. **ऑप्शन्स** डायलॉग बॉक्स को खोलने के लिए **टूल्स** मेन्यू पर क्लिक करें एवं उसमें **ऑप्शन्स** पर क्लिक करें।
2. रिमाईण्डरों को डिसेबल करने के लिए **डिफॉल्ट रिमाईण्डर** चेक बॉक्स पर क्लिक कर उसे क्लीयर कर दें।

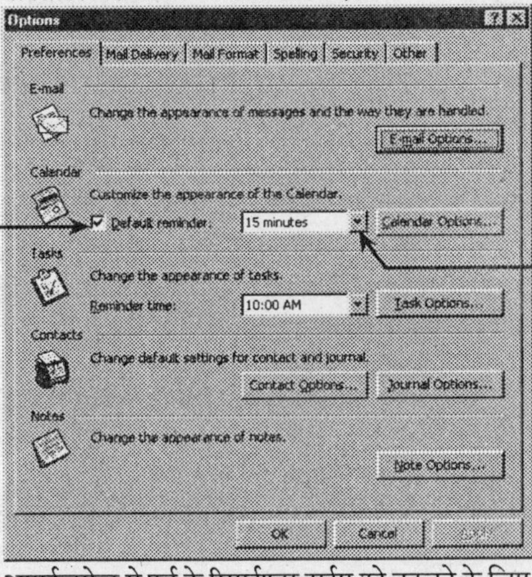

3. अपाईन्टमेन्ट से पूर्व के रिमाईण्डर टाईम को बदलने के लिए ड्रॉप-डाऊन लिस्ट बॉक्स से समय अन्तराल का चयन करें।
4. आवश्यकतानुसार रिमाईण्डर साऊण्ड या रिमाईण्डर डायलॉग बॉक्स को ऑन या ऑफ करने के लिए,
   a. **अदर** टैब पर क्लिक करें।
   b. **एडवान्स्ड ऑप्शन्स** बटन [Advanced Options...] पर क्लिक करें। इससे एडवान्स्ड ऑप्शन्स डायलॉग बॉक्स खुलेगा।
   c. **रिमाईण्डर ऑप्शन्स** बटन [Reminder Options...] पर क्लिक करें। इससे रिमाईण्डर ऑप्शन्स डायलॉग बॉक्स खुलेगा।
   d. रिमाईण्डर डायलॉग बॉक्स को डिसेबल करने के लिए **डिस्प्ले द रिमाईण्डर** चेक बॉक्स पर क्लिक कर उसे क्लीयर कर दें।

नोट्स :

★ अपाईन्टमेन्ट के पूर्व रिमाईण्डर टाईम की सेटिंग करने के अतिरिक्त आप रिमाईण्डर साऊण्ड या रिमाईण्डर डायलॉग बॉक्स को डिसेबल भी कर सकते हैं। रिमाईण्डर के लिए तय किए गए समय पर रिमाईण्डर डायलॉग बॉक्स दिखाई देने लगता है। डिफॉल्ट सेटिंग के कारण, रिमाईण्डर टाईम आते ही आऊटलुक, रिमाईण्डर डायलॉग बॉक्स को दिखाता है तथा एक आवाज को प्ले करने लगता है।

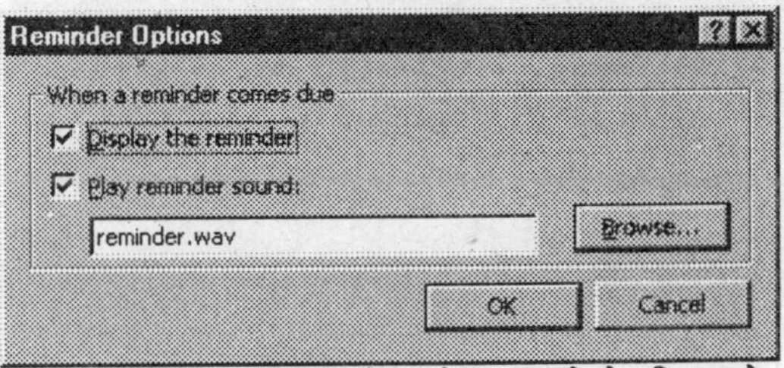

e. रिमाईण्डर साऊण्ड को डिसेबल करने के लिए **प्ले रिमाईण्डर साऊण्ड** चेक बॉक्स पर क्लिक कर उसे क्लीयर कर दें।

f. रिमाईण्डरों के लिए किसी आवाज को प्ले कराने के लिए, आप जिस साऊण्ड को प्ले कराना चाहते हों उस साऊण्ड फाईल का पाथ नेम टाईप करें, अथवा साऊण्ड फाईल को सलेक्ट करने के लिए **ब्राऊज** बटन [Browse...] पर क्लिक करें।

g. ऑप्शन्स डायलॉग बॉक्स पर वापस आने के लिए **ओ.के.** बटन [OK] पर दो बार क्लिक करें।

5. ऑप्शन्स डायलॉग बॉक्स को बन्द करने के लिए **ओ.के.** [OK] पर क्लिक कर दें।

किसी रिमाईण्डर का जवाब देना

रिमाईण्डर डायलॉग बॉक्स में किसी विकल्प का चयन करें।

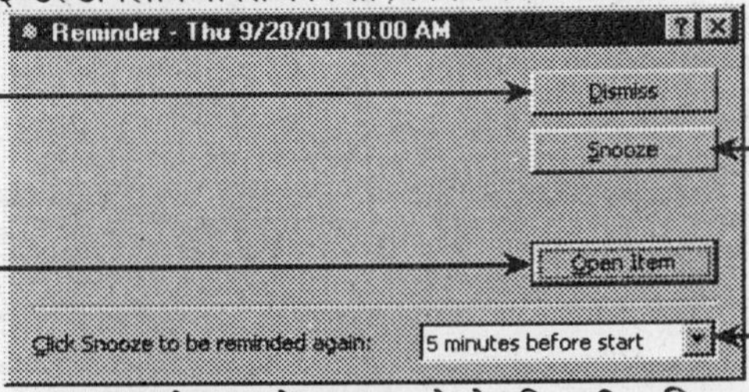

★ रिमाईण्डर को बन्द करने के लिए **डिसमिस** बटन [Dismiss] पर क्लिक करें।

★ क्लिक स्नूज टू बी रिमाईण्डेड अगेन लिस्ट बॉक्स में दिए गए समय के बाद आपको पुनः रिमाईण्ड कराने के लिए **स्नूज** बटन [Snooze] पर क्लिक करें। आप लिस्ट से विभिन्न समयअन्तरालो को चुन सकते हैं। निर्देशित किए गए समय के बीत जाने पर रिमाईण्डर पुनः स्क्रीन पर दिखाई देने लगेगा।

★ अपाईन्टमेन्ट डायलॉग बॉक्स को खोलने के लिए **ओपन आयटम** बटन [Open Item] पर क्लिक करें।

कान्टेक्ट : किसी कान्टेक्ट को जोड़ना

कान्टेक्ट (सम्पर्क) से संबंधित एड्रेस, फोन नम्बर, ई-मेल एड्रेस एवं अन्य सूचनाओं की प्रविष्टि करें। कान्टेक्ट (सम्पर्क) व्यापारिक या व्यक्तिगत हो सकता है।

नोट्स :

★ आप फोन नम्बर में एक्सटेन्शन को भी शामिल कर सकते हैं जैसे कि 524068 x 439 । एक्सटेन्शन से पूर्व x या Ext. अवश्य लिखें ताकि ऑटो डायलिंग के समय आऊटलुक एक्सटेन्शन नम्बर को इग्नोर कर सके।

★ अन्तर्राष्ट्रिय फोन नम्बरों को कन्ट्री कोड के साथ शुरु करें।

★ जब आप कोई फोन नम्बर, फैक्स नम्बर और/या कोई ई-मेल एड्रेस को शामिल करते हैं तो आऊटलुक इस कान्टेक्ट को एड्रेस बुक में जोड़ देता है। एड्रेस बुक से कान्टेक्ट सलेक्ट करते हुए आप शीघ्रता-पूर्वक फैक्स को भेज सकते हैं, या मेल मैसेज को एड्रेस कर सकते हैं।

1. **न्यू कॉन्टेक्ट** बटन  पर क्लिक करें या कान्टेक्ट्स विन्डो में **कन्ट्रोल + N** बटनों को दबाएं।
   अथवा
   फाईल मेन्यू में क्लिक कर उसमें **न्यू** पर एवं फिर खुलने वाले सब-मेन्यू में **कान्टेक्ट** पर क्लिक करें अथवा आऊटलुक में कहीं पर से भी **कन्ट्रोल + शिफ्ट + C** बटनों को दबाएं।
   इससे कान्टेक्ट डायलॉग बॉक्स खुल जाएगा।

2. **फुल नेम** बटन  पर क्लिक करें। इससे चेक फुल नेम डायलॉग बॉक्स खुल जाएगा।

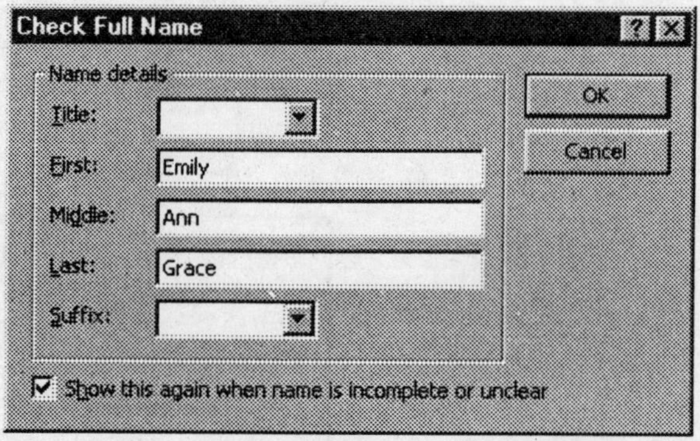

3. फर्स्ट, लास्ट, टाईटल अन्य नाम से संबंधित सूचनाओं को टाईप करें।

4. अब ओ.के. बटन  पर क्लिक कर दें। आप यहां जिस नाम को जोड़ रहे हैं वह कान्टेक्ट डायलॉग बॉक्स में जुड़ जाता है।

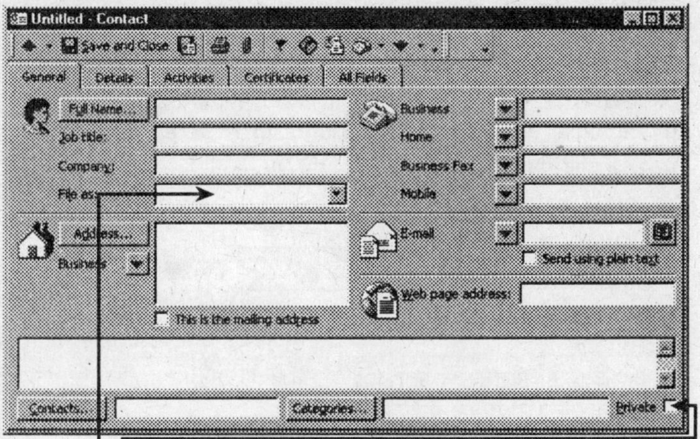

नोट्स :

★ यदि आप किसी कान्टेक्ट को कोई केटेगोरी निर्धारित करते हैं तो केटेगोरी विन्डो में आप कान्टेक्ट्स को केटेगोरी के अनुसार व्यवस्थि कर सकते हैं एवं कान्टेक्ट्स के लिए जर्नल प्रविष्टियों को केटेगोरी के अनुसार व्यवस्थित कर सकते हैं।

5. कान्टेक्ट डायलॉग बॉक्स में कान्टेक्ट की सूचना प्रविष्ट करें। अधिकांशः फिल्ड्स स्वतः समझ में आने वाली होती है । यहां इनके लिए कुछ टिप्स दिए जा रहे हैं ;

★ **फाईल एस** बॉक्स में उस नाम को सलेक्ट करें जिसके अन्तर्गत आप कान्टेक्ट को फाईल करना चाहते हों। इस सूचना के आधार पर आऊटलुक कान्टेक्टों को फाईल करता है। इसलिए यहां किया गया चुनाव निर्धारित करता है कि बाद में कान्टेक्ट किस फाईल के अन्तर्गत स्टोर होगा।

★ प्रविष्टि के लिए दूसरे प्रकार के एड्रेस (जैसे होम एड्रेस) को चुनने के लिए **एड्रेस** बटन के अन्तर्गत ड्रॉप-डाऊन एरो ▾ पर क्लिक करें। आप ज्यादा से ज्यादा तीन एड्रेसों को प्रविष्ट कर सकते हैं।

★ किसी भी एक फोन नम्बरों के बाद दिए गए ड्रॉप-डाऊन एरो ▾ पर क्लिक करें और फिर एक से अधिक फोन नम्बरों को प्रविष्ट करने के लिए एक फोन टाईप (जैसे होम फैक्स, पेज, कार, इत्यादि) का चुनाव करें।

★ जब अन्य दूसरे लोग कान्टेक्ट सूचना को एसेस कर रहे हों और यदि आप चाहते हों कि यह कान्टेक्ट पब्लिक फोल्डर्स में दिखाई न दें तो **प्राईवेट** को सलेक्ट करें।

★ कान्टेक्ट को एक या एक से अधिक केटेगोरी निर्धारित करने के लिए **केटेगोरिज** बटन Categories... पर क्लिक करें।

6. और अधिक सूचनाओं को प्रविष्टि कराने के लिए डायलॉग बॉक्स की अन्य टैबों का उपयोग करें। उदाहरण के लिए डिटेल्स टैब में कान्टेक्ट के बारे में व्यक्तिगत सूचनाओं जैसे जन्मदिन, वर्षगांठ की तारीख इत्यादि के लिए बहुत सी फिल्ड्स शामिल हैं।

7. **सेव एण्ड क्लोज** बटन Save and Close पर क्लिक करें। अथवा कान्टेक्ट को सेव करने एवं दूसरे अन्य कान्टेक्ट को जोड़ने के लिए **सेव** बटन पर क्लिक करें।

कान्टेक्ट्स : किसी कान्टेक्ट को कॉल करना

किसी कान्टेक्ट के फोन नम्बर को आपके लिए आऊटलुक द्वारा डायल करने के लिए ऑटो डायल का उपयोग करें। आऊटलुक, फोन कॉल के बारे में सूचनाओं (जैसे कान्टेक्ट का नाम एवं फोन कॉल में लगा कुल समय) को रिकार्ड करने के लिए स्वतः ही एक जर्नल प्रविष्टि (Journal Entry) को तैयार कर लेता है।

नोट्स :

★ आऊटलुक से डायल करने के लिए आपके कम्प्यूटर पर एक मॉडेम का लगा होना आवश्यक है।

★ एक लाईन पर फैक्स, मॉडेम और वाईस मेल का उपयोग करने के लिए यदि आप एक स्विचिंग डिवाईस का उपयोग कर रहे हैं तो यह विधि तब तक कार्य नहीं करती जब तक डायलिंग के बाद स्विचर आपको वाईस मोड में स्विच होने की अनुमति नहीं देता है।

★ आऊटलुक में कहीं पर से भी आप स्पीड डायल लिस्ट में फोन नम्बरों को ऑटो डायल कर सकते हैं। अन्य नम्बरों को डायल करने के लिए आपको कान्टेक्ट्स विन्डो में रहना पड़ेगा।

1. आप जिस कान्टेक्ट को कॉल करना चाहते हैं उसे कान्टेक्ट्स विन्डो में सलेक्ट करें।

   अब टूलबार में **न्यू कॉल** बटन  पर क्लिक कर दें।

   अथवा

   स्पीड डायल लिस्ट में किसी कान्टेक्ट को कॉल करने के लिए आऊटलुक में कहीं पर से भी **कन्ट्रोल + शिफ्ट + D** बटनों को दबाएं।

2. डायल करने से पूर्व यदि आवश्यक हो तो न्यू कॉल डायलॉग बॉक्स में दिए गए निम्न विकल्पों को सेट करें ;

   a. यदि स्पीड डायल लिस्ट का उपयोग कर रहें हैं तो आप जिस कान्टेक्ट को कॉल करना चाहते हैं उसे सलेक्ट करें।

   नोट : कान्टेक्ट्स विन्डो में यदि आप क्रान्टेक्ट का चुनाव करते हैं, तो आपके लिए यह फिल्ड फिल हो जाती है।

   b. यदि कान्टेक्ट के लिए एक से अधिक फोन नम्बर्स उपलब्ध हों तो आप जिस नम्बर को कॉल करना चाहते हैं उस नम्बर को सलेक्ट करें।

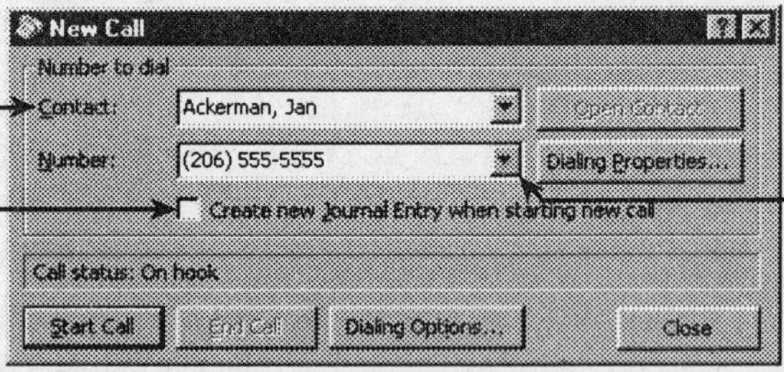

   c. यदि आप कॉल से संबंधित सूचना को एक जर्नल प्रविष्टि (Journal Entry) में रिकार्ड करना चाहते हों तो **क्रिएट न्यू जर्नल एन्ट्री** चेक बॉक्स को सलेक्ट करें।

नोट्स :

★ आऊटलुक के द्वारा फोन नम्बर के डायल कर लेने के बाद हेन्ग अप बटन **Hang Up** पर क्लिक करते हुए इसे आप कभी भी डिस्कनेक्ट कर सकते हैं।

★ कॉल के लिए यदि आपने एक जर्नल (Journal Entry) को तैयार किया होगा तो आऊटलुक डायलिंग के बाद टाईमर को स्टार्ट करता है। **पॉज टाईमर** बटन **Pause Timer** पर क्लिक करते हुए आप कभी भी इस क्लॉक (घड़ी) को रोक सकते हैं। इस क्लॉक को पुनः शुरु करने के लिए **स्टार्ट टाईमर** बटन **Start Timer** पर क्लिक करें।

नोट्स :

★ आपके द्वारा अन्तिम बार ऑटो डायल किए गए फोन नम्बर को आऊटलुक स्टोर करके रखता है। किसी कान्टेक्ट को शीघ्रता से रिडायल (पुनः डायल) करने के लिए, इस विधि का उपयोग अभी-अभी डायल किए गए नम्बरों की सूची से एक नम्बरों की सूची से एक नम्बर को सलेक्ट करने के लिए करें।

d. कान्टेक्ट डायलॉग बॉक्स में कान्टेक्ट के बारे में सूचना को देखने के लिए **ओपन कान्टेक्ट** बटन Open Contact पर क्लिक करें।

e. कॉल से संबंधित विशेष प्रापर्टीज जैसे कि कॉलिंग कार्ड इन्फर्मेशन अपने वर्तमान लोकेशन से किसी आऊट साईड लाईन को कैसे एसेस करना है, इत्यादि को सेट करने के लिए **डायलिंग प्रापर्टीज** बटन Dialing Properties... पर क्लिक करें।

f. स्पीड डायल लिस्ट में कान्टेक्ट्स के लिए विकल्पों को सेट करने के लिए **डायलिंग ऑप्शन्स** बटन Dialing Options... पर क्लिक करें।

3. फोन नम्बर को डायल करने के लिए **स्टार्ट कॉल** बटन Start Call पर क्लिक करें।
4. अब टेलीफोन सेट के हेण्ड सेट (रिसीवर) को उठायें। इसके बाद **टॉक** बटन **Talk** पर क्लिक करें। अब आप हेण्डसेट के द्वारा बातचीत कर सकते हैं।
5. जब कॉल समाप्त हो जाए तब हेण्डसेट (रिसीवर) को रख दें।
6. न्यू कॉल डायलॉग बॉक्स को खोलने के लिए विन्डोज के टास्क बार में दिए गए **न्यू कॉल** बटन New Call... पर क्लिक करें।
7. टाईमर को रोकने के लिए **एन्ड कॉल** बटन **End Call** पर क्लिक कर दें।
8. आऊटलुक यदि कॉल के लिए एक जर्नल प्रविष्टि (Journal Entry) तैयार कर रहा है तो जर्नल एन्ट्री में **सेव एण्ड क्लोज** बटन Save and Close पर क्लिक करें।

किसी कान्टेक्ट को रिडायल (पुनः डायल) करना

1. कान्टेक्ट्स विन्डो में पहले **एक्शन्स** पर फिर **कॉल कान्टेक्ट** पर एवं फिर **रिडायल** पर क्लिक करें।
2. आप जिस नम्बर को डायल करना चाहते हैं उसे सलेक्ट करें।
3. पिछली विधि के तीसरे चरण से आगे बढ़ें।

कान्टेक्ट्स : ड्राईविंग डायरेक्शन्स प्राप्त करना

यह माईक्रोसॉफ्ट एक्सपीडिया मेप्स वेब साईट को खोलता है एवं एक मैप (नक्शे) को प्रदर्शित करता हैं। इस नक्शे पर आपके वर्तमान कान्टेक्ट का पता (एड्रेस) दिखाई देते रहता है। इस वेब पेज से आप दूसरे ऐसे अन्य वेब पेजों पर जा सकते हैं जो कान्टेक्ट एड्रेस तक पहुंचने के लिए आपको ड्राईविंग डायरेक्शन प्रदान करते हैं।

नोट्स :

★ इस विधि से कार्य करने के लिए आपके कम्प्यूटर पर इन्टरनेट एक्सप्लोरर का इन्स्टाल होना जरुरी है तथा आपके पास एक इन्टरनेट सर्विस का भी होना आवश्यक है। जब आप किसी मैप (नक्शे) को डिस्प्ले कराते हैं तो इन्टरनेट एक्सप्लोरर शुरु होकर वेब से जुड़ जाता है एवं फिर अब यह कान्टेक्ट एड्रेस के लिए माईक्रोसॉफ्ट एक्सपीडिया मैप्स को खोजता है एवं मिल जाने पर उन्हें डिस्प्ले कर देता है।

1. कान्टेक्ट विन्डो में उस कान्टेक्ट पर डबल क्लिक करें जिसे आप खोलना चाहते हैं। इससे कान्टेक्ट डायलॉग बॉक्स खुल जाएगा।
2. कान्टेक्ट डायलॉग बॉक्स में **एक्शन्स** मेन्यू पर क्लिक कर उसे खोल लें एवं उसमें से **डिस्प्ले मैप ऑफ एड्रेस** पर क्लिक कर दें।

अथवा

डिस्प्ले मैप ऑफ एड्रेस बटन  पर क्लिक करें।

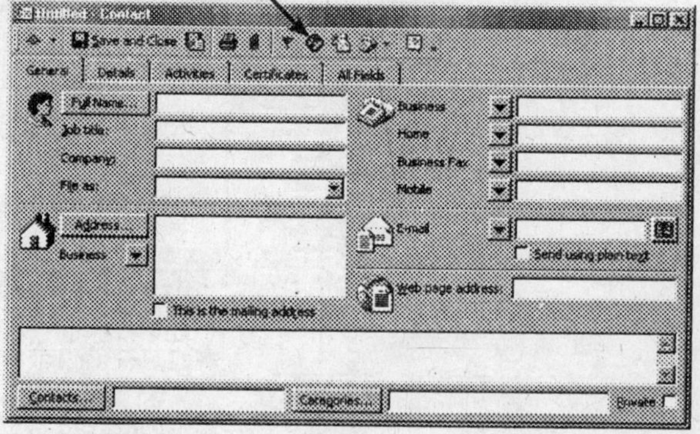

इससे इन्टरनेट एक्सप्लोरर शुरु हो जाएगा एवं माईक्रोसॉफ्ट एक्सपीडिया वेब साईट को कान्टेक्ट के एड्रेस को नक्शे सहित डिस्प्ले करने लगेगा।

नोट्स :

★ जब आप वेब साईट पर होते हैं तो आप किसी अन्य एड्रेस के लिए ड्राईविंग डायरेक्शन प्राप्त कर उन्हें देख सकते हैं। एक्सपीडिया साईट पर बहुत से एड्रेस उपलब्ध हैं।

3. अपनी आवश्यकतानुसार सूचनायें प्राप्त करने के लिए वेब पेज का उपयोग निम्नानुसार करें ;

★ किसी अन्य एड्रेस को खोजने के लिए **चेन्ज सर्च** लिन्क पर क्लिक करें और फिर आप जिस एड्रेस को खोजना चाहते हैं उस एड्रेस को प्रविष्ट करें।

★ मैप को बड़ा करने एवं और अधिक विवरण देखने के लिए या मैप से बाहर निकलकर एड्रेस के चारों ओर के और अधिक एरिया को देखने के लिए जूम लेवल टूल्स का उपयोग करें।

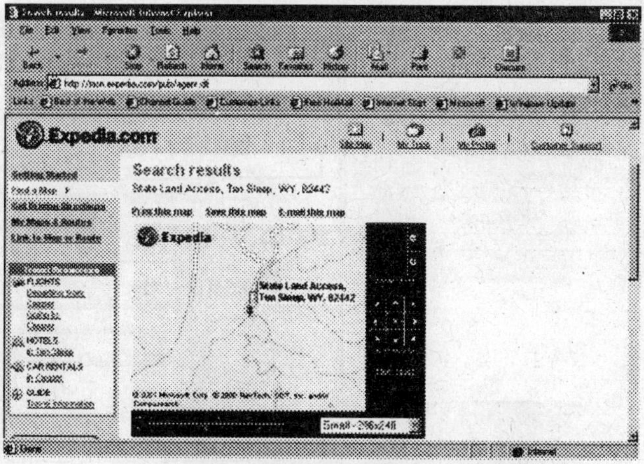

★ अन्य वेब पेजों (जो एड्रेस के शहर या लोकेशन को बताता हो) पर जाने के लिए लोकल हाईलाईट्स कॉलम में किसी लिन्क पर क्लिक करें।

★ पेज को प्रिन्ट करने के लिए **प्रिन्ट** बटन 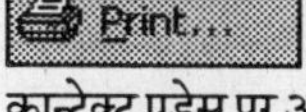

पर क्लिक करें।

★ कान्टेक्ट एड्रेस पर आप के द्वारा निर्देशित किए गए एड्रेस के बारे में विस्तृत जानकारी प्राप्त करने के लिए **ड्राईविंग डायरेक्शन्स** बटन पर क्लिक करें।

4. जब यह सब पूर्ण हो जाए तो इन्टरनेट एक्सप्लोरर से बाहर निकलने के लिए **फाईल** मेन्यू पर क्लिक कर उसे खोल लें फिर वहां दिखाई देने वाली सूची में **क्लोज** कमाण्ड पर क्लिक कर दें।

कान्टेक्ट्स : स्पीड डायल लिस्ट को मेन्टेन करना

आऊटलुक ऑटो डायल फीचर का उपयोग करते हुए बार-बार कॉल किए जाने वाले फोन नम्बरों की एक सूची तैयार करें। आऊटलुक में कहीं पर से भी आप स्पीड डायल लिस्ट में उपस्थित नम्बर के लिए आऊटलुक कॉल कर सकते हैं। फोन नम्बर को डायल करने के लिए आपको कान्टेक्ट विन्डो में वापस जाना नहीं पड़ता है।

नोट्स :

★ स्पीड डायल लिस्ट की प्रत्येक प्रविष्टि में एक कान्टेक्ट नेम एवं एक फोन नम्बर हो सकता है। लिस्ट में किसी कान्टेक्ट के लिए एक से अधिक फोन नम्बरों को जोड़ने के लिए आपको प्रत्येक फोन नम्बर के लिए एक अलग एन्ट्री तैयार करनी पड़ेगी।

1. **कन्ट्रोल + शिफ्ट + D** बटनों को दबाएं। इससे न्यू कॉल डायलॉग बॉक्स खुल जाएगा।

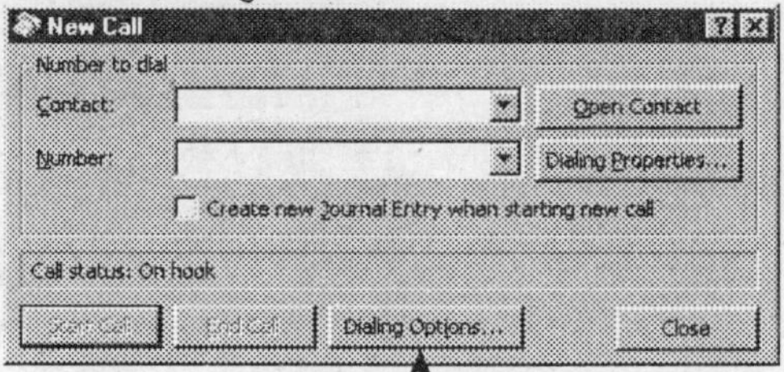

2. **डायलिंग ऑप्शन्स** बटन  पर क्लिक करें। इससे डायलिंग ऑप्शन्स डायलॉग बॉक्स खुल जाएगा। यही डायलॉग बॉक्स स्पीड डायल लिस्ट को समाहित रखता है।

3. डायलॉग बॉक्स के **नेम** फिल्ड में कान्टेक्ट का नाम प्रविष्ट करें।

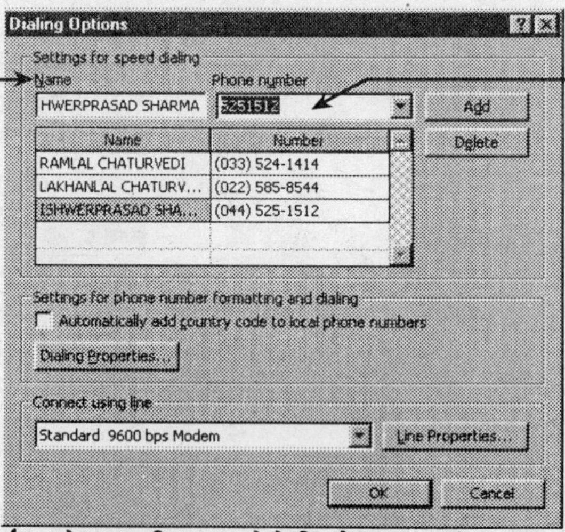

4. **फोन नम्बर** फिल्ड पर जाने के लिए **टैब** बटन दबाएं। आऊटलुक इस कान्टेक्ट के लिए डिफॉल्ट फोन नम्बरों को प्रदर्शित करता है।

नोट्स :

★ आऊटलुक, स्पीड डायल लिस्ट को **एक्शन्स** मेन्यू के अन्तर्गत **कॉल कान्टेक्ट** में **स्पीड डायल** सब-मेन्यू में जोड़ देता है।

5. यदि किसी कान्टेक्ट के लिए बहुत सारे फोन नम्बर हैं तथा इस कान्टेक्ट के लिए प्रदर्शित हो रहे नम्बर से अलग किसी नम्बर को यदि आप स्पीड डायल लिस्ट में जोड़ना चाह रहे हों तो फोन नम्बर ड्रॉप-डाऊन एरो पर क्लिक कर इच्छित नम्बर को सलेक्ट करें।

   नोट : एक अकेले कान्टेक्ट के लिए बहुत सारे फोन नम्बरों को जोड़ने के लिए प्रत्येक फोन नम्बर के लिए लिस्ट में एक नयी एन्ट्री तैयार करें।

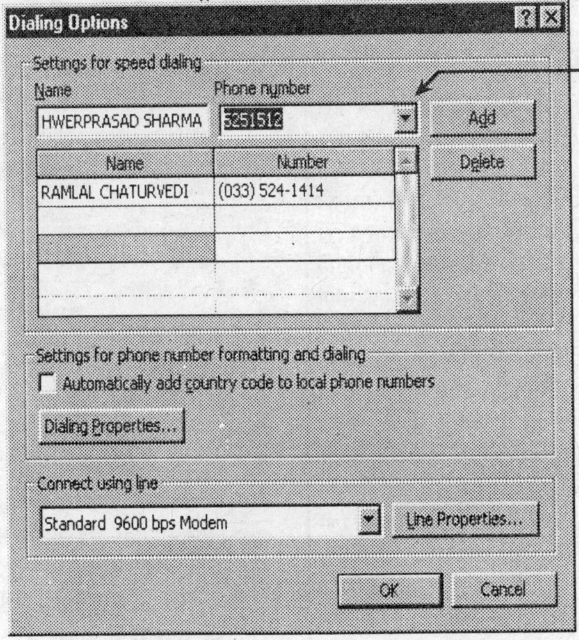

6. अब कान्टेक्ट को स्पीड डायल लिस्ट में जोड़ने के लिए **एड** बटन Add पर क्लिक करें।
7. इच्छानुसार स्पीड डायल लिस्ट में और अधिक कान्टेक्ट्स जोड़ने के लिए चरण क्रमांक 3 से 6 तक को दुहरायें।
8. **ओ.के.** बटन OK पर क्लिक करें।
9. **न्यू कॉल** डायलॉग बॉक्स में अब **क्लोज** बटन Close पर क्लिक कर दें।

ई–मेल : एक व्यक्तिगत वितरण सूची बनाएं

बहुत सारे ई-मेल एवं फैक्स एड्रेसों की एक वितरण सूची लिस्ट तैयार करके व उनका नामकरण करके, आप उन्हें ई-मेल को प्राप्तकर्ताओं के पूरे समूह को भेज सकते हैं।

नोट्स :

★ यदि आप अक्सर एक ही मेल मैसेज अलग-अलग व्यक्तियों के समूह को भेजते हैं तो एक व्यक्तिगत वितरण सूची (पर्सनल डिस्ट्रीब्यूशन लिस्ट) तैयार कर लें। उदाहरण के लिए आप अपने वर्कग्रुप के सदस्यों का एक समूह तैयार कर सकते हैं, एक प्रोजेक्ट विशेष पर कार्य कर रहे व्यक्तियों की टीम का समूह तैयार कर सकते हैं या भोजन पर अक्सर मिलने वाले दोस्तों का एक समूह तैयार कर सकते हैं।

★ आऊटलुक के पिछले संस्करणों में आपने एक पर्सनल एड्रेस बुक या एक ग्रुप डिस्ट्रीब्युशन लिस्ट का उपयोग किया है। आऊटलुक 2000 में इन्हें पर्सनल डिस्ट्रीब्युशन लिस्ट्स से बदल दिया गया है। अपने पर्सनल एड्रेस बुक का उपयोग करने के लिए आप के लिए आप उन्हें आऊटलुक 2000 में इम्पोर्ट कर सकते हैं।

1. **फाईल** मेन्यू पर क्लिक करें एवं उसमें न्यू कमाण्ड पर क्लिक करें तथा खुलने वाले सब-मेन्यू में **डिस्ट्रीब्युशन लिस्ट** पर क्लिक करें। इससे डिस्ट्रीब्युशन लिस्ट डायलॉग बॉक्स खुल जाएगा।

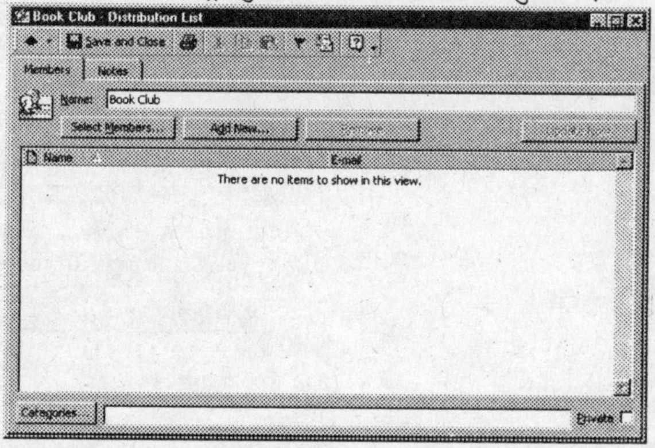

2. नयी डिस्ट्रीब्युशन लिस्ट के लिए नाम टाईप करें। (जैसे लंच, बंच, एडिटर्स, X-प्रोजेक्ट्स, इत्यादि)।
3. उन सदस्यों को जोड़ने के लिए जो आपके एड्रेस बुक या कान्टेक्ट लिस्ट में सूचीबद्ध नहीं हैं ;
   a. **एड न्यू** बटन 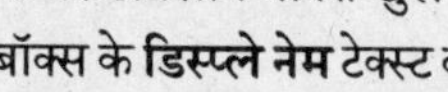 पर क्लिक करें। इससे एड न्यू मेम्बर डायलॉग बॉक्स खुल जाएगा।
   b. इस डायलॉग बॉक्स के **डिस्प्ले नेम** टेक्स्ट बॉक्स में वह नाम टाईप करें जो डिस्ट्रीब्युशन लिस्ट में प्रदर्शित कराना है।

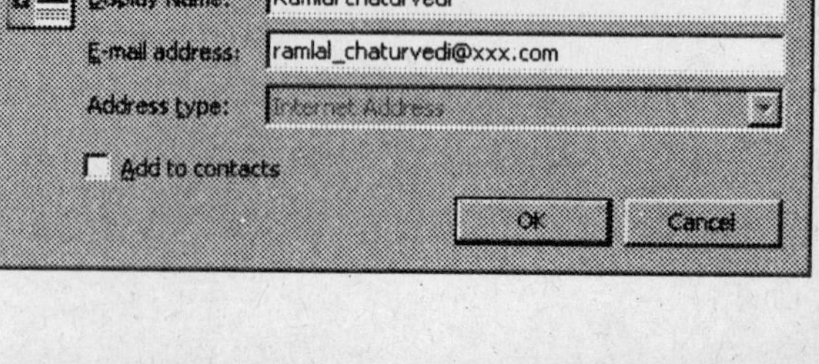

नोट्स :

★ पर्सनल डिस्ट्रीब्युशन लिस्ट, कान्टेक्ट्स एड्रेस बुक में स्टोर रहती हैं।

c. **ई-मेल एड्रेस** टेक्स्ट बॉक्स में ई-मेल एड्रेस टाईप करें एवं **एड्रेस टाईप** टेक्स्ट बॉक्स में एड्रेस के प्रकार का चुनाव करें।

नोट : आऊटलुक को यदि ई-मेल के केवल एक रुप में ही (जैसे इन्टरनेट ओनली या एक्सचेन्ज ओनली) उपयोग करने के लिए सेट किया गया होगा तो उपरोक्त विकल्प उपलब्ध नहीं होगा।

d. आवश्यकतानुसार कान्टेक्ट लिस्ट में व्यक्ति को जोड़ने के लिस्ट **एड टू कान्टेक्ट्स** को सलेक्ट करें।

e. अब **ओ. के.** बटन OK पर क्लिक कर दें।

4. कान्टेक्ट्स लिस्ट या एड्रेस बुक से सदस्यों के समूह को सलेक्ट करने के लिए :

a. **सलेक्ट मेम्बर्स** बटन Select Members... पर क्लिक करें। इससे **सलेक्ट मेम्बर्स** डायलॉग बॉक्स खुल जाएगा।

b. जिन कान्टेक्ट्स लिस्ट या एड्रेस बुक को देखना चाहते हैं, उसे सलेक्ट करें।

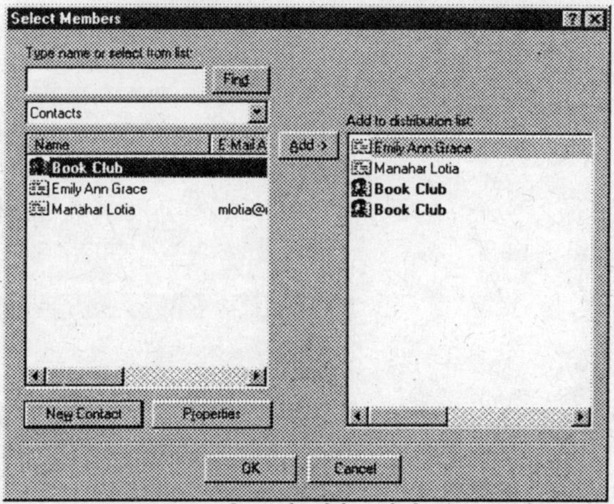

c. डिस्ट्रीब्युशन लिस्ट में जोड़े जाने के लिए कान्टेक्ट्स का चुनाव करें। बहुत से नामों को सलेक्ट करने के लिए प्रत्येक नाम पर क्लिक करते समय **कन्ट्रोल** बटन दबा कर रखें।

d. अब **एड** बटन Add -> पर क्लिक करें। इससे सलेक्ट किए गए नाम लिस्ट में जुड़ जाएगें।

e. अब डिस्ट्रीब्युशन लिस्ट डायलॉग बॉक्स पर वापस लौटने के लिए **ओ. के.** बटन OK पर क्लिक करें।

5. डिस्ट्रीब्युशन लिस्ट को सेव करके डायलॉग बॉक्स को बन्द करने के लिए **सेव एण्ड क्लोज** बटन Save and Close पर क्लिक करें।

ई–मेल : मेल मैसेज को तैयार करना एवं उसे भेजना

एक नया मेल मैसेज तैयार करें। एड्रेस बुक से एक या एक से अधिक प्राप्तकर्त्ताओं को सलेक्ट करें और फिर मैसेज को भेज दें।

नोट्स :

★ आपके द्वारा चुनी गयी मैसेज डिलीवरी सेटिंग के अनुसार ही आऊटलुक, मैसेजों को नेटवर्क पर प्रसारित करता है। मैसेजों को तुरन्त भेजने या सभी संदेशों को भेजने और रिसीव (प्राप्त) करने के लिए एक कमाण्ड जारी करते तक रोकने के लिए आप आऊटलुक को सेट कर सकते हैं।

1. **न्यू मेल मैसेज** बटन New पर क्लिक करें या मेल विन्डो में **कन्ट्रोल + N** बटनों को दबाएं।
   अथवा
   पहले **फाईल** पर फिर **न्यू** पर एवं फिर **मेल मैसेज** पर क्लिक् करें।
   अथवा
   आऊटलुक में कहीं पर से भी **कन्ट्रोल + शिफ्ट + M** बटनों को दबाएं।
   इससे मैसेज डायलॉग बॉक्स खुल जाएगा।

2. मैसेज के प्राप्तकर्ताओं को सलेक्ट करने के लिए **टू** बटन To -> पर क्लिक करें। इससे **सलेक्ट नेम्स** डायलॉग बॉक्स खुल जाएगा।
   नोट : आप प्राप्तकर्त्ताओं के नाम को सलेक्ट करने के बजाय उन्हें टाईप कर सकते हैं। यदि आप नामों को टाईप करते हैं तो चरण क्रमांक 4 को छोड़ दें।

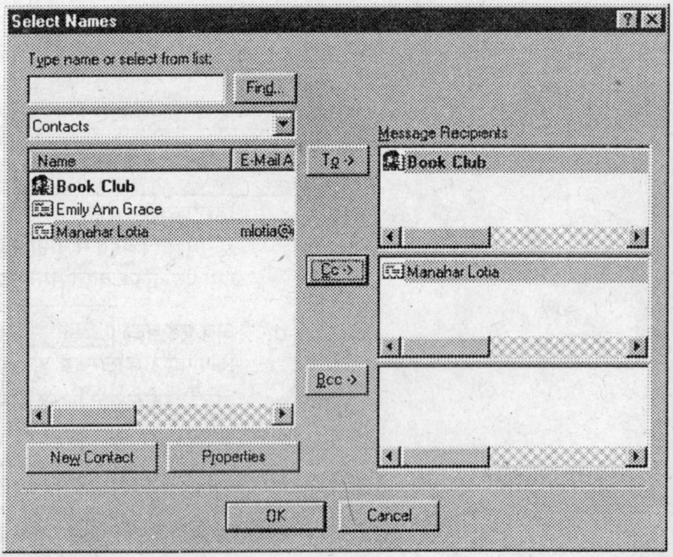

नोट्स :

★ किसी मैसेज के ट्रांसमिट हो जाने के बाद वह मैसेज सेन्ट आयटम फोल्डर पर चला जाता है। इस फीचर को आप डिसेबल कर सकते हैं। ऐसा करने पर आऊटलुक ट्रांसमिट हो चुके मैसेज को स्टोर करने के बजाय उसे डिलीट कर देता है। वैसे भी मैसेजों कों कुछ समय तक के लिए उसे सेव करके रखना ज्यादा अच्छा होता है ताकि आप उसे बाद में देख सकें या उसे केटेगोरी के अनुसार फाईल कर सकें। इससे आपके पास अपनी टिप्पणियों (कमेन्ट्स) का एक रिकार्ड रहेगा। इसके अतिरिक्त इन्टरनेट सर्वर की किसी त्रुटि के कारण यदि मैसेज डिलीवर नहीं हो पाता है तो आप मैसेज को पुनः भेज सकेंगे।

3. मैसेज के प्राप्तकर्त्ताओं को सलेक्ट करने के लिए :

   a. आवश्यकतानुसार ड्रॉप-डाऊन एरो ▼ पर क्लिक करके किसी अन्य एड्रेस बुक को सलेक्ट करें।

   b. अब प्राप्तकर्त्ता के नामों पर क्लिक करें।

      नोट : एक से अधिक नामों को सलेक्ट करने के लिए **कन्ट्रोल** बटन को दबाएं तथा अगले नाम पर क्लिक कर दें।

   c. सलेक्ट किए गए नामों को प्राप्तकर्त्ताओं के रुप में जोड़ने के लिए **टू** बटन [To ->] पर क्लिक करें।

      अथवा

      सलेक्ट किए गए नामों को कार्बन कॉपी प्राप्तकर्त्ताओं के रुप में जोड़ने के लिए **कार्बन कॉपी** बटन [Cc ->] पर क्लिक करें।

      अथवा

      सलेक्ट किए गए नामों को ब्लाईन्ड कार्बन कॉपी प्राप्तकर्त्ताओं के रुप में जोड़ने के लिए **ब्लाईन्ड** कार्बन कॉपी बटन [Bcc ->] पर क्लिक करें।

   d. आवश्यकतानुसार और अधिक प्राप्तकर्त्ताओं को जोड़ने के लिए चरण क्रमांक a से पुनः दुहरायें।

   e. अब **ओ. के.** बटन [OK] पर क्लिक कर दें। इससे मैसेज डायलॉग बॉक्स खुल जाएगा।

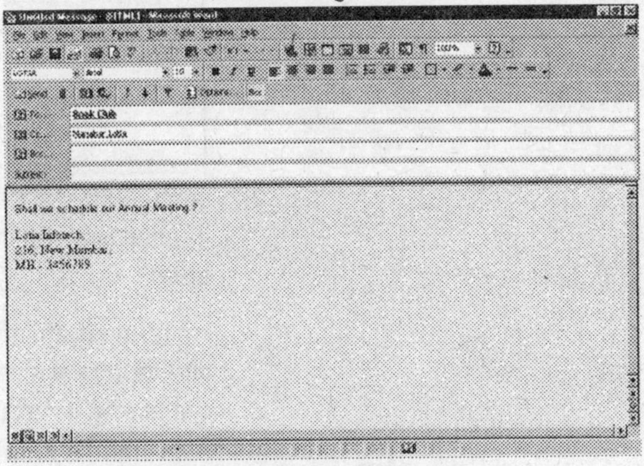

4. सब्जेक्ट टेक्स्ट बॉक्स में मैसेज का विषय टाईप करें।
5. अब दिए गए एरिया में मैसेज के टेक्स्ट को टाईप करें।
6. मैसेज को भेजने के लिए **सेण्ड** बटन [Send] पर क्लिक करे दें।

ई-मेल : मैसेज को आगे बढ़ाना (फारवर्ड करना)

जब आप किसी मेल मैसेज को प्राप्त (रिसीव) करते हैं, तो आप इस मैसेज की एक कॉपी किसी दूसरे व्यक्ति को भेज सकते हैं। किसी मैसेज को आगे बढ़ाते (फारवर्ड करते) समय आप उस मैसेज में कोई कमेन्ट (टिप्पणी) भी जोड़ सकते हैं।

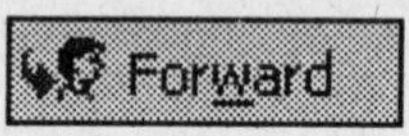

1. आप जिस मैसेज को आगे बढ़ाना (फारवर्ड करना) चाहते हैं उस मैसेज को ओपन करें।
2. **फारवर्ड** बटन 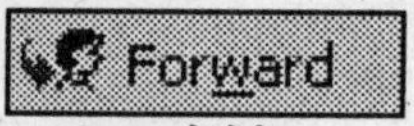 पर अब क्लिक करें।
   - ★ मैसेज के उपरी भाग में मैसेज का टाईटल (शीर्षक) जुड़ जाता है एवं टाईटल के पहले "FW" शब्द जुड़ जाता है। इससे प्राप्तकर्त्ता को पता चल जाता है कि यह एक फारवर्डेड (आगे बढ़ाया गया) मैसेज है।

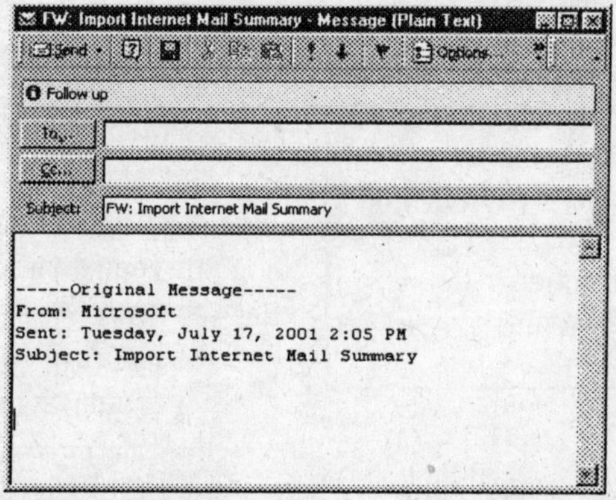

3. इस मैसेज को आप जिन प्राप्तकर्त्ताओं को फारवर्ड करना चाहते हैं, उन प्राप्तकर्त्ताओं के ई-मेल एड्रेसों को टाईप करें।
   अथवा
   सलेक्ट नेम डायलॉग बॉक्स को टू बटन 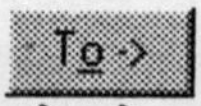 पर क्लिक कर खोलें एवं प्राप्तकर्त्ताओं को सलेक्ट करें। सलेक्ट नेम डायलॉग बॉक्स में प्राप्तकर्त्ताओं को सलेक्ट करने में सहायता प्राप्त करने के लिए "**ई-मेल : मेल मैसेज को तैयार करना एवं उसे भेजना**" शीर्षक देखें।
4. इच्छानुसार मैसेज पर कमेन्ट्स (टिप्पणियां) टाईप करें।
5. अब **सेण्ड** बटन 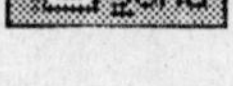 पर क्लिक कर दें।

नोट्स :-

★ जब आप किसी मैसेज को फारवर्ड करते हैं, तो उस मैसेज पर ओरिजनल हैडर मैसेज पर ओरिजनल हैडर जुड़ जाता है। इस तरह अब प्राप्तकर्त्ता देख सकता है कि ओरिजनल मैसेज को किसने भेजा था, इस मैसेज को किसने रिसीव किया, एवं यह भी देख सकता है कि इसे कब भेजा गया था।

★ मेल मैसेजों को कई प्राप्तकर्त्ताओं को भेजा जा सकता है।

नोट्स :

★ जब आप किसी मैसेज को भेजते हैं तो आप अपने इस मैसेज के किसी भी उत्तर को किसी दूसरे ई-मेल एड्रेस पर बुला सकते हैं। उदाहरण के लिए यदि आप जानते हैं कि आप किसी दूसरे कम्प्यूटर पर किसी दूसरे मेल एकाऊन्ट पर रहेंगें तो इस महत्वपूर्ण मैसेज के उत्तर को सुनिश्चित तौर पर प्राप्त करने के लिए यह निर्देशित करें कि इस मैसेज के उत्तर को किस एकाऊन्ट पर प्राप्त किया जाना है।
अथवा
आप इस उत्तर को आपके द्वारा चुने गए किसी अन्य व्यक्ति के पास भी भेज सकते हैं।

★ आप प्राप्त होने वाले उत्तरों को कई एड्रेसों पर प्राप्त कर सकते हैं। उदाहरण के लिए यदि आपके पास दो मेल एकाऊन्ट्स है तो आप भेजे जाने वाले उत्तरों को अपने दोनों मेल एकाऊन्ट्स पर बुला सकते हैं।

★ आप प्राप्त उत्तरों को एक ग्रुप डिस्ट्रीब्युशन लिस्ट पर नहीं भेज सकते हैं।

किसी मैसेज के उत्तर (रिस्पान्स) को ऑटोमेटिकली फारवर्ड करना

1. कोई मैसेज तैयार करें।
2. **मैसेज ऑप्शन्स** डायलॉग बटन [Options...] पर क्लिक करें। इससे मैसेज ऑप्शन्स डायलॉग बॉक्स खुल जाएगा।

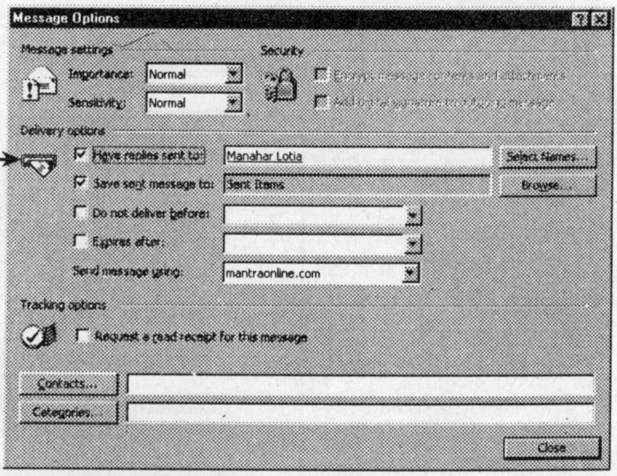

3. **हैव रिप्लाईस सेण्ड टू** चेक बॉक्स पर क्लिक कर इसे सलेक्ट करें। इससे आऊटलुक इस टेक्स्ट बॉक्स में आपके वर्तमान ई-मेल एड्रेस को प्रविष्ट कर देता है।

   नोट : आप मैसेज को एक से अधिक प्राप्तकर्त्ता को फारवर्ड कर सकते हैं। आप इस पर अपने वर्तमान ई-मेल एड्रेस तथा अन्य दूसरे एड्रेसों को जोड़ सकते हैं ताकि मैसेज के रिप्लाई (उत्तर) को सभी एड्रेसों पर भेजा जा सके।

   नोट : यदि नाम बॉक्स की चौड़ाई से ज्यादा हो गए हैं तो स्क्रॉल करने के लिए की-बोर्ड के लेफ्ट एवं राईट एरो बटनों का उपयोग करें।

4. उस ई-मेल एड्रेस को टाईप करें जिस पर आप मैसेज के रिप्लाई (उत्तर) को ऑटोमेटिकली भेजना चाहतें हैं।
   अथवा
   जिस एड्रेस पर आप रिप्लाई को भेजना चाहते हैं यदि वह एड्रेस आपके एड्रेस बुक पर सूचीबद्ध है तो उस एड्रेस को सलेक्ट करने के लिए **सलेक्ट नेम्स** बटन [Select Names...] पर क्लिक करें।
5. **क्लोज** बटन [Close] पर क्लिक कर दें।
6. जब मैसेज पूर्णतः तैयार हो जाए तब **सेण्ड** बटन [Send] पर क्लिक कर दें।

ई–मेल : किसी मैसेज के साथ कोई फाईल को भेजना

जब आप किसी मेल मैसेज को भेजते हैं तब उसके साथ किसी फाईल को भी भेज सकते हैं। मैसेज में, यह अटैच की गई फाईल एक आईकान के रुप में दिखाई पड़ती है। प्राप्तकर्त्ता, फाईल को ओपन करने के लिए उस आईकान पर डबल-क्लिक कर सकता है या एक शार्टकट मेन्यू को प्रदर्शित कराने के लिए आईकान पर राईट- क्लिक कर सकता है।

नोट्स :

★ आप किसी एक अकेले मेल मैसेज में कई फाईलों को भेज सकते हैं। मैसेज विन्डो पर प्रत्येक फाईल एक आईकान के रुप में दिखाई पड़ती है।

★ मैसेज प्राप्तकर्त्ता फाईल को ओपन करने के लिए फाईल आईकान पर डबल-क्लिक कर सकता है। ऐसा करने पर यह उस प्रोग्राम को ओपन कर देता है जिस पर यह फाईल तैयार हुई है। यदि प्राप्तकर्त्ता के पास वह प्रोग्राम इन्स्टाल नहीं है तो आऊटलुक सलाह देता है कि इस अटैच की गई फाईल को ओपन करने के लिए किस प्रोग्रामं का उपयोग किया जाना चाहिये।

1. मेल मैसेज टेक्स्ट बॉक्स के उस स्थान पर कर्सर को ले जांए जिस स्थान पर अटैच की गई फाईल को दर्शाने वाले आईकान को आप दिखाना चाहते हैं।

2. **इन्स्र्ट** मेन्यू पर क्लिक करके उसे खोल लें तथा उसमें **फाईल** कमाण्ड पर क्लिक करें।

   अथवा

   इन्स्र्ट फाईल बटन  पर क्लिक कर दें। इससे इन्स्र्ट फाईल डायलॉग बॉक्स खुल जाएगा।

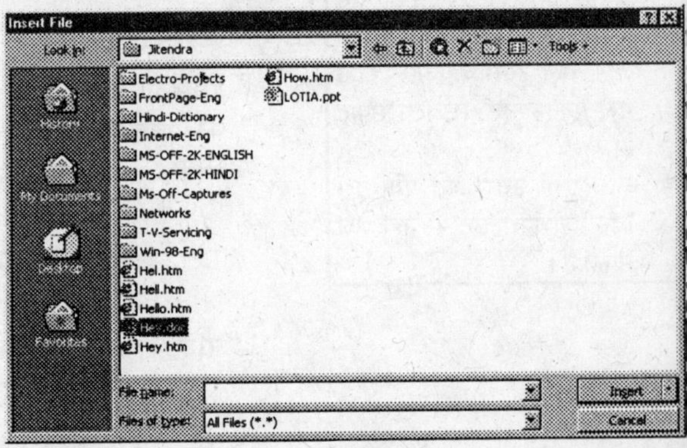

3. आप जिस फाईल को भेजना चाहते हैं वह फाईल जिस फोल्डर में है उस फोल्डर को खोलने के लिए **लुक इन** लिस्ट का उपयोग करें।

4. अब भेजे जाने वाली फाईल को सलेक्ट करें और फिर **इन्सर्ट** बटन [Insert ▾] पर क्लिक कर दें।

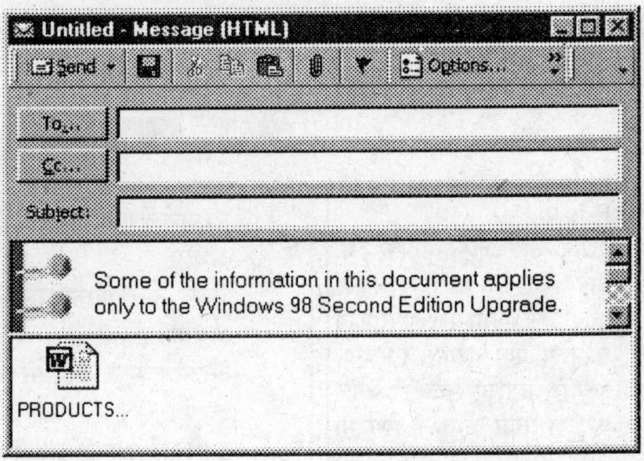

5. इच्छानुसार अन्य फाईलों को अटैच करने के लिए चरण क्रमांक 2 से 4 तक को दुहरायें।
6. जब मेल मैसेज पूरी तरह तैयार हो जाए तब **सेण्ड** बटन [Send] पर क्लिक कर दें।

नोट : अटैच की गई किसी फाईल को हटाने के लिए उस फाईल के आईकान पर राईट-क्लिक करें एवं खुलने वाले शार्टकट मेन्यू में **रिमूव** पर क्लिक कर दें।

नोट्स :

★ अटैच की गई फाईल मैसेज के एक भाग के रुप में सेव होती है। प्राप्तकर्त्ता इस फाईल को ओपन कर इसे एक अलग फाईल के रुप में भी सेव कर सकता है। (इसके लिए मैसेज विन्डो में **फाईल** मेन्यू के अन्तर्गत **सेव अटैचमेन्ट्स** कमाण्ड का उपयोग करना होगा) अन्यथा यह अटैच की गई फाईल मेल मैसेज के साथ डिलीट हो जाएगी।

★ प्राप्तकर्त्ता इस अटैच फाईल को बिना ओपन किए भी उसे सेव कर सकता है। इसके लिए उसे फाईल आईकान पर राईट-क्लिक करते हुए खुलने वाले शार्टकट मेन्यू में से **सेव एस** को चुनना होगा।

जर्नल : जर्नल एन्ट्री बनाना

जर्नल एन्ट्री किसी एकल एक्टिविटी (गतिविधि) से संबंधित सूचनाओं को स्टोर करता है। इस विधि का उपयोग, ऐसी गतिविधियों (एक्टिविटीस) के लिए एक जर्नल एन्ट्री तैयार करने के लिए करें जिसे आऊटलुक आपके लिए ऑटोमेटिकली रिकार्ड नहीं कर सकता हो।

1. **न्यू जर्नल एन्ट्री** बटन  पर क्लिक करें,
   अथवा
   जर्नल विन्डो में **कन्ट्रोल + N** बटनों को दबाएं।
   अथवा
   आऊटलुक में कहीं पर से भी **कन्ट्रोल + शिफ्ट + J** बटनों को दबाएं।
   इससे जर्नल एन्ट्री डायलॉग बॉक्स खुल जाएगा।
2. एन्ट्री के विवरण के लिए कोई विषय **सब्जेक्ट** टेक्स्ट बॉक्स में टाईप करें।

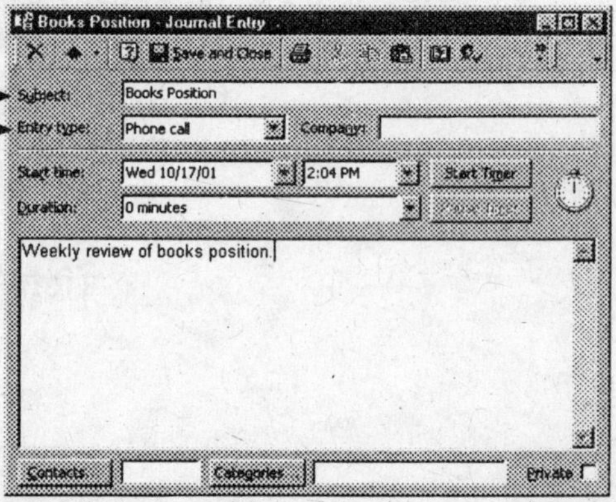

3. **एन्ट्री टाईप** टेक्स्ट बॉक्स में एन्ट्री के प्रकार का चयन करें।
4. यदि एक्टिविटी के साथ एक कान्टेक्ट जुड़ा हुआ है तो उस कान्टेक्ट के नाम को टाईप करें या **कान्टेक्ट्स** बटन  पर क्लिक कर कान्टेक्ट्स लिस्ट से चयन करें।
5. इच्छानुसार नोट्स या विवरण प्रविष्ट करें।
6. यदि आप आऊटलुक केटेगोरिज का उपयोग कर रहे हैं तो **केटेगोरिज** बटन 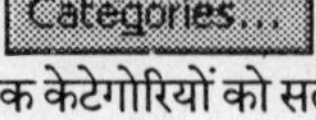 पर क्लिक करें और फिर एक या एक से अधिक केटेगोरियों को सलेक्ट करें।

नोट्स :

★ यद्यपि आऊटलुक आपके द्वारा अपने कम्प्यूटर पर किए जा रहे कार्यों जैसे किसी फाईल पर कार्य करना या एक मेल मैसेज भेजना, इत्यादि के लिए स्वतः ही जर्नल एन्ट्रीयां तैयार करता है फिर भी आप कुछ अन्य प्रकार की एक्टिविटीज के लिए मेन्यूअली जर्नल एन्ट्रीयां तैयार कर सकते हैं। उदाहरण के लिए, यदि आप किसी प्रिन्टेड रिपोर्ट को पढ़ रहे हैं या किसी बिल योग्य एक्टिविटीज (Billable Activities) को ट्रैक कर रहे हैं तो आपको एक एन्ट्री तैयार करनी पड़ेगी।

★ जब आप किसी एक्टिविटी को शुरु करते ही एक जर्नल एन्ट्री तैयार करते हैं तो आउटलुक के द्वारा आप अपने कार्य के समय को रिकार्ड कर सकते हैं और यदि आप अपने कार्य से अस्थाई तौर पर दूर हो जाते हैं तो उस टाईम की सेटिंग के लिए आप टाईमर को पॉज और रिज्यूम भी कर सकते हैं।

नोट्स :

★ जनरल एन्ट्रीज को यदि आप केटेगोरी निधारित करते हैं तो जर्नल एन्ट्रीज को आप केटेगोरी के अनुसार ग्रुप करके देख सकते हैं।

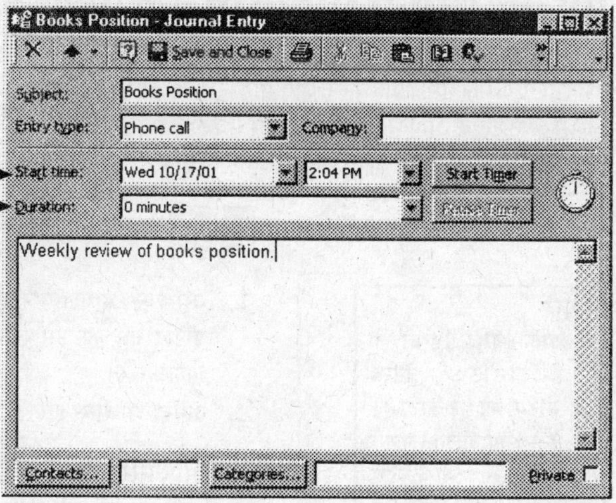

7. यदि आप किसी ऐसी एक्टिविटी को रिकार्ड कर रहे हैं जिसे आप पहले ही समयबद्ध कर चुके हैं तो **स्टार्ट टाईम** और **ड्युरेशन** बॉक्स में शुरु होने के समय तथा समय अन्तराल की प्रविष्टि करें। उसके बाद **सेव एण्ड क्लोज** बटन Save and Close पर क्लिक कर दें।

अथवा

एक्टिविटी को समयबद्ध करने के लिए,

a. **स्टार्ट टाईमर** बटन Start Timer पर क्लिक करें।

b. एक्टिविटी को पूर्ण करें।

c. यदि आप एक्टिविटी से अस्थाई रुप से दूर होते हैं तो टाईमर को वहीं पर रोकने के लिए **पॉज टाईमर** बटन Pause Timer पर क्लिक करें और फिर आप जब कभी कार्य को पुनः शुरु करने को तैयार हों तो **स्टार्ट टाईमर** बटन Start Timer पर क्लिक कर टाईमर को पुनः चालू कर दें।

d. जब कार्य समाप्त हो जाए तो **सेव एण्ड क्लोज** बटन Save and Close पर क्लिक कर दें। इससे आऊटलुक टाईमर को रोक देता है और इस एक्टिविटी में लगे समय की मात्रा को **ड्युरेशन** बॉक्स में प्रविष्ट कर देता है।

जर्नल : ऑटोमेटिक जर्नल एन्ट्री करना

ऑटोमेटिक जर्नल एन्ट्री आपके कम्प्यूटर पर चल रही एक्टिविटी का एक रिकार्ड होता है। एक टास्क रिक्वेस्ट भेजना, एक मेल मैसेज प्राप्त करना और माईक्रोसॉफ्ट वर्ड डॉक्यूमेन्ट पर कार्य करना, ये सभी ऐसी एक्टिविटीज हैं जिसे आऊटलुक आपके लिए रिकार्ड कर सकता है। आपके द्वारा निर्देशित की गई सभी एक्टिविटीज के लिए आऊटलुक ऑटोमेटिक जर्नल एन्ट्रीयां तैयार करता है।

नोट्स :

★ यदि विधि डिफॉल्ट ऑटोमेटिक जर्नल सेटिंग्स को सेट करता है। इन्हें आप अलग-अलग प्रत्येक आयटमों के लिए बदल सकते हैं। उदाहरण के लिए, जब आप कोई मेल मैसेज को भेजते हैं तब आप यह निर्देशित कर सकते हैं कि मैसेज की ऑटोमेटिक जर्नल एन्ट्री तैयार करना है या नहीं।

★ जर्नल एन्ट्री से संबंधित सूचनाओं जैसे - केटेगोरी या नोट्स इत्यादि को जोड़ने के लिए, आप ऑटोमेटिक जर्नल एन्ट्री को सुधार सकते हैं।

1. **ऑप्शन्स** डायलॉग बॉक्स को खोलने के लिए **टूल्स** मेन्यू पर क्लिक कर उसे खोल लें तथा उसमें **ऑप्शन्स** पर क्लिक करें।
2. **जर्नल** ऑप्शन्स डायलॉग बॉक्स को खोलने के लिए **जर्नल ऑप्शन्स** बटन  पर क्लिक करें। इस डायलॉग बॉक्स में उन एक्टिविटीज की सूची होती है जिन्हें आप ऑटोमेटिकली रिकार्ड कर सकते हैं।

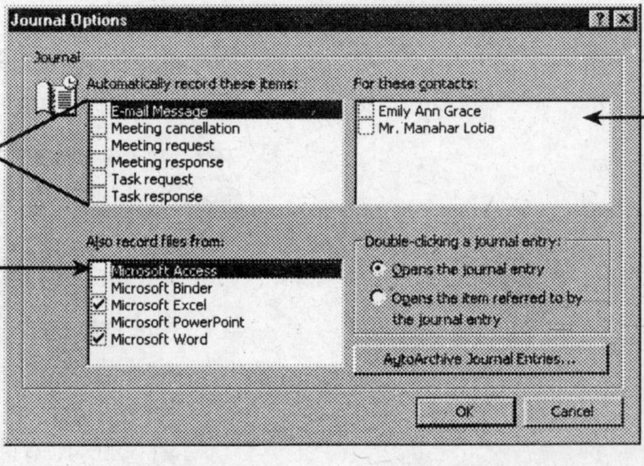

3. आप जिस-जिस प्रकार की एक्टिविटी को रिकार्ड करना चाहते हैं उन्हें सलेक्ट करें।
4. आप जिन कान्टेक्ट्स के लिए एक्टिविटी को रिकार्ड करना चाहते हैं उन कान्टेक्ट्स को सलेक्ट करें।

नोट : जब आप आऊटलुक में कोई नया कान्टेक्ट जोड़ते हैं तो इस कान्टेक्ट के लिए ऑटोमेटिक जर्नल एन्ट्री को रिकार्ड करने के लिए आपको विकल्प प्राप्त होता है । ऐसा करते हुए आप इस कान्टेक्ट-विशेष के लिए जब कभी कोई ई-मेल मैसेज या टास्क रिक्वेस्ट इत्यादि को भेजते हैं तो उसके लिए आप एक जर्नल एन्ट्री तैयार कर लेते हैं । आप इस कान्टेक्ट-विशेष के लिए सभी जर्नल एन्ट्री को देख सकते हैं।

5. जर्नल ऑप्शन्स डायलॉग बॉक्स में दिए गए आफिस 2000 के प्रोग्रामों को सलेक्ट करें ताकि आप जब कभी इन प्रोग्रामों पर तैयार डॉक्यूमेन्ट पर कार्य करें तो आऊटलुक उनके लिए आटोमेटिक जर्नल एन्ट्रीयां तैयार कर सकें।
6. डायलॉग बॉक्सों को बन्द करने के लिए **ओ.के.** बटन 

पर दो बार क्लिक करें।

टास्क : रिकरिंग टास्क बनाएं

रिकरिंग टास्क, आयटमों के बार-बार दुहराये जाने वाले कार्य होते हैं। रिकरिंग टास्क के उदाहरण के अन्तर्गत, प्रत्येक दो सप्ताह में एक स्टेटस रिपोर्ट सबमिट (प्रस्तुत या जमा) करना या प्रत्येक छह महीनों में एक कान्टेक्ट को कॉल करना इत्यादि आ सकते हैं। आपको केवल एक ही रिकरिंग टास्क को तैयार करने की आवश्यकता है और फिर आवश्यकतानुसार आऊटलुक दूसरी अगली टास्क को तैयार करता है।

नोट्स :

★ आऊटलुक दो प्रकार की रिकरिंग टास्क बनाता है ;

1. दिन-विशेष पैटर्न पर आधारित टास्क जैसे प्रत्येक महीने के तीसरे शनिवार या प्रत्येक अगले शुक्रवार पर तय की गई टास्क। जब कोई रिकरिंग टास्क, ड्यू (Due) हो जाती है (अर्थात् निकल जाता है) तो आऊटलुक अगले ड्यू डेट की गणना करके अगली रिकरिंग टास्क को तैयार कर देता है।
2. पिछली टास्क की पूर्णता पर निर्भर टास्क : इसके अन्तर्गत आऊटलुक अगली रिकरिंग टास्क तब तैयार करता है जब आप वर्तमान टास्क को पूर्ण हो चुके के रुप में मार्क करते हैं। आप जिस तारीख पर टास्क को पूर्ण होने के रुप में मार्क करते हैं उस तारीख का उपयोग अगली रिकरिंग टास्क के लिए ड्यू डेट (Due Date) की गणना करने के लिए किया जाता है।

1. टास्क डायलॉग बॉक्स को खोलने के लिए **न्यू टास्क** बटन  पर क्लिक करें, अथवा
टास्क विन्डो में **कन्ट्रोल** + **N** बटनों को दबाएं।

2. टास्क के विषय को **सब्जेक्ट** टेक्स्ट बॉक्स पर टाईप करें। टास्क लिस्ट में यह सब्जेक्ट एक टाईटल के रुप में दिखाई देगा।

3. अब टास्क रिकरेन्स डायलॉग बॉक्स को खोलने के लिए टास्क **रिकरेन्स** बटन  पर क्लिक करें।

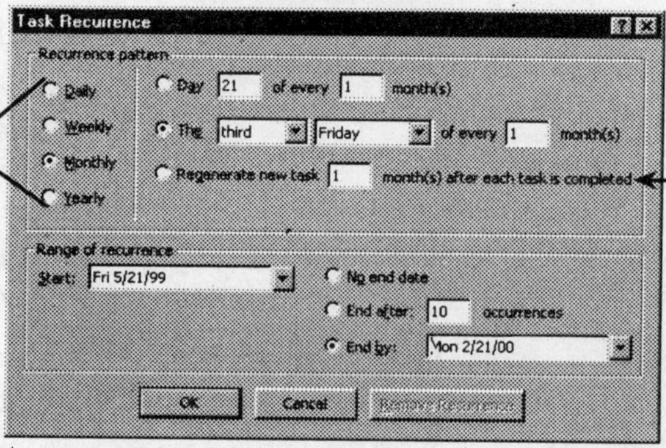

4. अब टास्क के बार-बार आने की आवृत्ति (फ्रिक्वेन्सी) चुनें।

नोट : आपके द्वारा चुनी गयी फ्रिक्वेन्सी के आधार पर रिकरेन्स शेड्युल को सेट करने के लिए उपयोग होने वाले विकल्प बदले हुए हो सकते हैं। उपर दिए गए उदाहरण में मन्थली रिकरेन्स पैटर्न पर उपलब्ध विकल्पों को दिखाया गया है।

5. यह निर्धारित करें कि आप किस प्रकार की रिकरिंग टास्क बनाना चाहते हैं। पिछली टास्क की पूर्णता पर निर्भर करने वाली रिकरेन्स पैटर्न को तैयार करने के लिए **रिजनरेट न्यू टास्क** पर क्लिक कर उसे चुन लें। आऊटलुक, आपके द्वारा दी गई ड्यू डेट (Due Date) पर प्रथम रिकरिंग टास्क बना देगा।

अथवा

नोट्स :

★ रिकरिंग टास्क की श्रंखला में आपको किसी एक टास्क को स्किप करने की आवश्यकता पड़ सकती है। उदाहरण के लिए यदि मासिक समाचार पत्र लिखना एक टास्क है एवं यह समाचार पत्र जनवरी महीने में प्रकाशित नहीं हो सका है तो इस स्थिति में आप जनवरी महीने के लिए टास्क को स्किप कर सकते हैं।

★ ऐसा करने पर आऊटलुक उस (स्किप की गई) टास्क को मिटा देता है एवं अगली रिकरिंग टास्क को बनाना शुरु कर देता है।

निर्देशित किए गए समय अन्तराल में एक नयी टास्क को स्वतः ही बनाने के लिए चुनी गई फ्रिक्वेन्सी के लिए विकल्पों को सेट करें।

नोट : रिकरेन्स पैटर्न विकल्प, सलेक्ट की गई फ्रिक्वेन्सी के आधार पर बदलते रहते हैं।

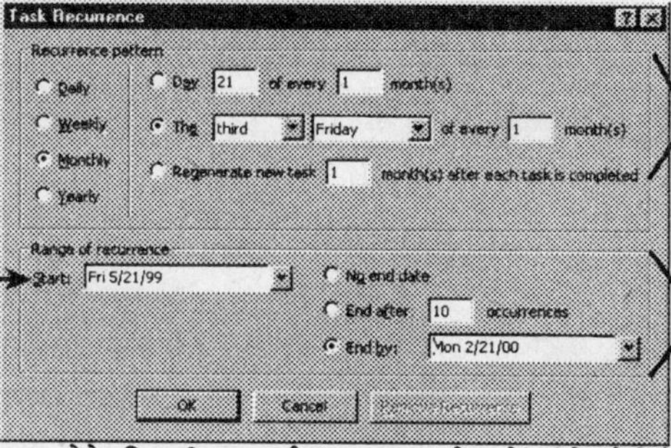

6. चालू होने की तारीख **स्टार्ट** बॉक्स पर टाइप करें या डेट नेविगेटर केलेण्डर से दिनांक को चुनने के लिए ▾ पर क्लिक करें।

   नोट : आऊटलुक, रिकरिंग टास्क की श्रंखला में पहली टास्क को **स्टार्ट** बॉक्स में निर्देशित की गई तारीख से तैयार करता है।

7. आवश्यकतानुसार, वह तारीख चुनें जब आऊटलुक रिकरिंग टास्क बनाना बन्द कर दे। आप यह निर्धारित कर सकते हैं कि टास्क, दी गई तारीख से या टास्क की एक निश्चित संख्या पूरी हो जाने के बाद बनना बन्द हो जाए।

   नोट : यदि **रिजनरेट न्यू टास्क** को सलेक्ट किया गया होगा तो आप टास्क को समाप्त करने की तारिख को **एण्ड बाई** के द्वारा सेट नहीं कर सकते हैं।

8. टास्क डायलॉग बॉक्स पर वापस लौटने के लिए अब **ओ. के.** बटन OK पर क्लिक कर दें।

   नोट : टास्क डायलॉग बॉक्स में ड्यू डेट बॉक्स, टास्क की अगली प्रस्तुती की तारीख पर सेट होगा।

9. आवश्यकतानुसार, टास्क डायलॉग बॉक्स की अन्य फिल्ड्स को सेट करें। इसके लिए "**टास्क : टास्क बनाना**" शीर्षक देखें।

   नोट : डेट फिल्ड्स को न बदलें, ये फिल्ड्स रिकरेन्स पैटर्न के अनुसार सेट रहती हैं।

10. **सेव एण्ड क्लोज** बटन Save and Close पर क्लिक करें।

किसी रिकरिंग टास्क को स्किप करना

1. किसी रिकरिंग टास्क को ओपन करें।
2. **एक्शन्स** मेन्यू पर एवं उसमें **स्किप ऑकरेन्स** पर क्लिक करें।
3. अन्त में **सेव एण्ड क्लोज** बटन Save and Close पर क्लिक करें।

टास्क : टास्क बनाना

टास्क ऐसी एकल एक्शन आयटम है जो या तो निदेर्शित तारीख-विशेष या फिर एक अनिर्देशित समय पर पूर्ण होता है। प्रोजेक्ट के अन्तर्गत प्रत्येक एक्शन आयटम के लिए एक टास्क तैयार करें। इसके बाद आप उस प्रोजेक्ट के पूर्ण होते तक टास्कों की प्रगति का निरीक्षण कर सकते हैं।

Actions → Task Ctrl+Shift+K

नोट्स :

★ केलेण्डर के टास्क पैड पर भी टास्क दिखाई पड़ती हैं।

★ वे टास्क जिनकी ड्यू डेट (पूर्ण होने की तारीख) निकल चुकी है लेकिन जिन्हें ड्यू डेट पर पूर्ण हो चुके के रुप में मार्क नहीं किया गया हैं वे टास्क लिस्ट में लाल रंग में दिखाई पड़ती हैं।

★ आपके द्वारा निर्देशित की गई तारीख तथा समय पर आपको रिमाईण्डर का आऊटलुक डिस्प्ले प्राप्त होगा।

★ ओनर वह व्यक्ति होता है, जो टास्क के लिए वर्तमान में उत्तरदायी होता है। आप इस फिल्ड को नहीं सुधार सकते हैं।

1. टास्क विन्डो में **न्यू टास्क** बटन [Task] पर क्लिक करें या **कन्ट्रोल + N** बटन दबाएं, अथवा
   आऊटलुक में कहीं पर से भी **फाईल** मेन्यू पर क्लिक कर उसे खोल लें एवं उसमें **न्यू** पर क्लिक करें। अब खुलने वाले सब-मेन्यू में **टास्क ऑप्शन्स** पर क्लिक करें, अथवा
   कन्ट्रोल + शिफ्ट + K बटनों को दबाएं।
   इससे टास्क डायलॉग बॉक्स खुल जाएगा।
2. **सब्जेक्ट** टेक्स्ट बॉक्स में टास्क का विषय टाईप करें। टाईप किया गया विषय, टास्क विन्डो की टास्क लिस्ट और केलेण्डर के टास्क पैड पर दिखाई देगा।

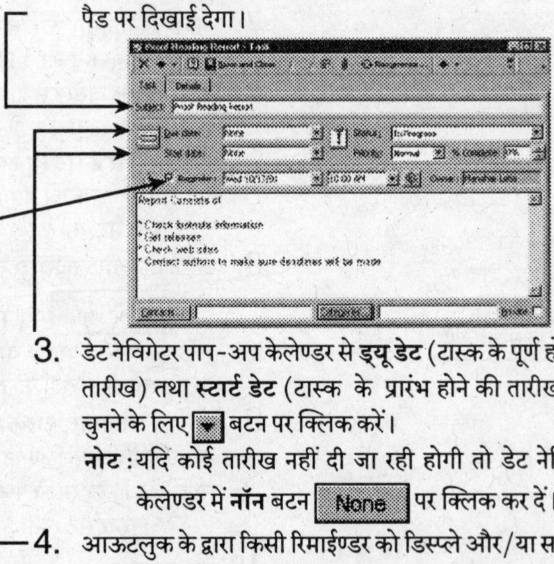

3. डेट नेविगेटर पाप-अप केलेण्डर से **ड्यू डेट** (टास्क के पूर्ण होने की तारीख) तथा **स्टार्ट डेट** (टास्क के प्रारंभ होने की तारीख) को चुनने के लिए [▼] बटन पर क्लिक करें।
   नोट : यदि कोई तारीख नहीं दी जा रही होगी तो डेट नेविगेटर केलेण्डर में **नॉन** बटन [None] पर क्लिक कर दें।
4. आऊटलुक के द्वारा किसी रिमाईण्डर को डिस्प्ले और/या साऊण्ड कराने के लिए ;
   a. रिमाईण्डर को एनेबल करने के लिए **रिमाईण्डर** चेक बॉक्स पर क्लिक करें अन्यथा डिसेबल करने के लिए इस चेक बॉक्स को क्लीयर कर दें।
   b. यदि रिमाईण्डर को एनेबल किया गया है तो उसे आऊटलुक के द्वारा डिस्प्ले और/या साऊण्ड कराने के लिए तारीख व समय का चयन करें।

नोट्स :

★ उच्च प्राथमिकता (High Priority) वाली टास्क आपका ध्यान आकर्षित करने के लिए डिटेल्ड लिस्ट व्यू में लाल रंग के एक्सक्लामेशन प्वाईन्ट (Exclamation Point) के साथ दिखाई पड़ती हैं। निम्न प्राथमिकता (Low Priority) वाली टास्क नीले रंग के डॉऊन एरो के साथ दिखाई पड़ती हैं।

★ आऊटलुक जब किसी टास्क को पूर्ण होने में लगे समय की गणना करता है तो वह घण्टों को सप्ताहों में बदल देता है। इसके लिए वह 40 घण्टे के कार्य को 1 सप्ताह के बराबर मानता है।

★ यदि आप प्रत्येक टास्क को कोई केटेगोरी निर्धारित करते हैं तो आप टास्कों को प्रोजेक्ट्स के रुप में ऑर्गेनाईज कर सकते हैं। प्रत्येक प्रोजेक्ट्स के लिए एक केटेगोरी तैयार करें एवं उचित प्रोजेक्ट को टास्क निर्धारित करें। यदि आप बाय केटेगोरी व्यू में टास्क लिस्ट को प्रदर्शित करा रहे हैं तो आप प्रत्येक प्रोजेक्ट की सभी टास्क को देख सकते हैं।

c. रिमाईण्डर साऊण्ड को प्ले कराने के लिए उसे सेट करने हेतु **साऊण्ड** बटन पर क्लिक करें। रिमाईण्डर साऊण्ड डायलॉग बॉक्स में रिमाईण्डर साउण्ड को प्ले कराने के लिए **प्ले दिस साऊण्ड** को सलेक्ट करें या रिमाईण्ड साऊण्ड को बन्द करने के लिए **प्ले दिस साऊण्ड** को डिसलेक्ट करें। जो साऊण्ड प्ले होने वाला है आप उस साऊण्ड को बदल सकते हैं। अब **ओ.के.** बटन OK पर क्लिक कर दें।

5. यदि आप किसी टास्क को शुरु कर चुके हैं तो **स्टेट्स:** लिस्ट बॉक्स से विकल्प का चुनाव करें। आप यह भी निर्धारित कर सकते हैं कि टास्क कितने प्रतिशत पूर्ण हो चुका है।
6. प्रायोरिटी बॉक्स में टास्क की प्राथमिकता अर्थात् **प्रायोरिटी** हाई, नार्मल, लो का चुनाव करें।
7. टेक्स्ट बॉक्स में अपने कमेन्ट्स टाईप करें। फान्ट बदलने, पैराग्राफ के अलाईग्नमेन्ट को बदलने या बुलेट्स को जोड़ने के लिए **फारमेट** पर क्लिक करें।
8. टास्क को एक या एक से अधिक केटेगोरी निर्धारित करने के लिए **केटेगोरिज** बटन Categories... पर क्लिक करें।
9. शेयर किए गए फोल्डरों पर टास्क को हाईड करने के लिए डायलॉग बॉक्स के सबसे नीचे दांये किनारे पर दिए गए **प्राईवेट** चेक बॉक्स पर क्लिक कर उसे सलेक्ट कर लेवें।
10. और अधिक विकल्पों को प्रदर्शित कराने के लिए **डिटेल्स** टैब पर क्लिक कर उसे सामने ले आयें।

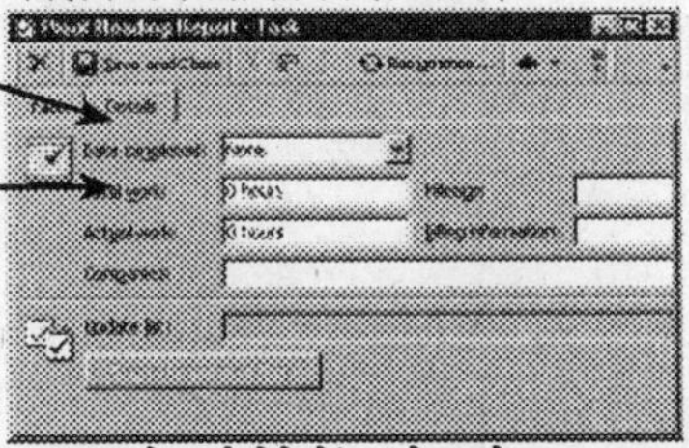

11. टास्क को पूर्ण होने में लगने वाले कुल अनुमानित घण्टों को **टोटल वर्क** बॉक्स पर टाईप करें।

    नोट : जब आप टास्क को सेव करते हैं तब आऊटलुक इन घण्टों को दिनों या सप्ताहों में बदल देता है।

12. आवश्यकतानुसार, माईलेज, बिलिंग कान्टेक्ट एवं कम्पनी इन्फर्मेशन को उनके लिए दिए गए बॉक्सों में टाईप करें।
13. यह सब हो जाने के बाद **सेव एण्ड क्लोज** बटन Save and Close पर क्लिक कर दें।

इन्टीग्रेशन

आफिस 2000 के प्रत्येक टूल्स का आप बिल्कुल अलग-अलग उपयोग कर सकते हैं या प्रोफेशनली आकर्षक दिखाई देने वाले डॉक्यूमेन्ट तैयार करने के लिए आप इन टूल्सों का उपयोग एक साथ भी कर सकते हैं। उदाहरण के लिए वर्ड में बनायी गयी रिपोर्ट को आप एक्सेल में बने चार्ट्स एवं ग्राफ के द्वारा या पॉवर प्वाईन्ट में बनी स्लाईड्स के द्वारा और भी आकर्षक बना सकते हैं। माईक्रोसॉफ्ट आफिस को इस तरह से डिजाईन किया गया है कि वह सभी कम्पोनेन्ट्स (अव्यवों) के साथ एक साथ कार्य कर सके ताकि आप अलग-अलग एप्लीकेशनों को आसानी से इन्टीग्रेट कर सकें।

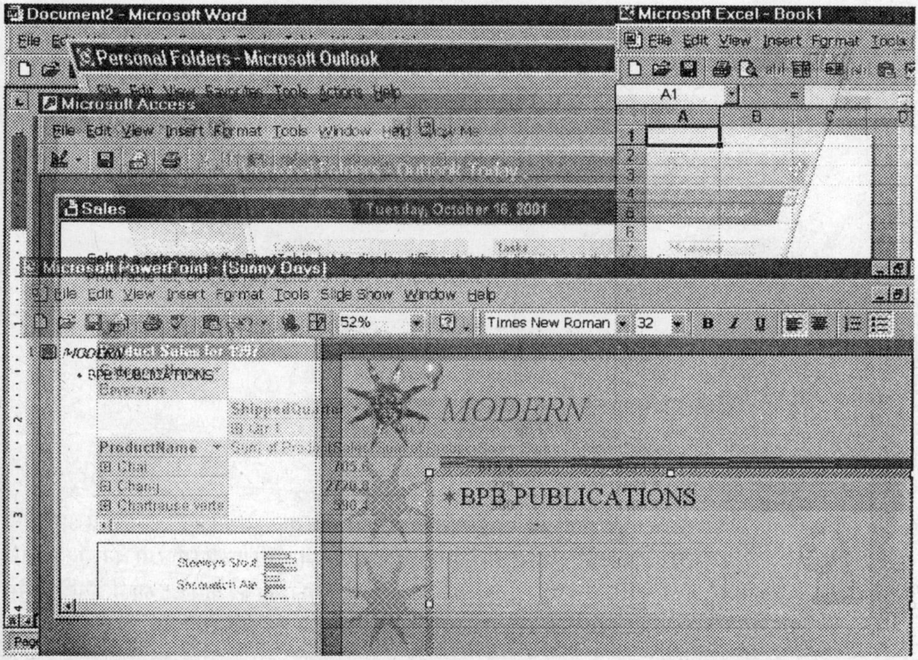

अलग-अलग एप्लीकेशनों की फाईलों का उपयोग करना

माईक्रोसॉफ्ट आफिस आपको बहुत सारी फाईलों पर एक साथ कार्य करने की सुविधा देता है । ये सभी फाईलें किसी एक ही एप्लीकेशन की हो सकती है या ये फाईलें भिन्न-भिन्न एप्लीकेशनों से हो सकती हैं। उदाहरण के लिए आप किसी खुले हुए वर्ड डाक्यूमेन्ट एवं किसी एक्सेल वर्कशीट के बीच आना जाना कर सकते हैं।

नोट्स :

★ वास्तविक रुप से एक बार में आप कितनी फाईलों का उपयोग कर सकते हैं यह इस बात पर निर्भर करता है कि आपके कम्प्यूटर के पास कितनी मैमोरी है।

★ जब आप किसी नयी एप्लीकेशन को चालू करते हैं तो आफिस आपको कार्य करने के लिए फुल-स्क्रीन या मेक्जिमाईज्ड विन्डो प्रदान करता है।

1. विन्डों को छोटा करने (मिनिमाईज) करने के लिए मेन्यू बार के उपरी दांये किनारे पर दिए गए मिनीमाईज बटन _ पर क्लिक करें।

2. मिनीमाईज्ड की गई विन्डो स्क्रीन के नीचे के भाग में टास्क बार पर विन्डो बटन के रुप में दिखाई पड़ती है।
3. इस बटन पर क्लिक करके आप खुली हुई फाईल को उस प्रोग्राम जिस पर आपने इस फाईल को बनाया है, पर खोल सकते हैं।

एक ही समय में विभिन्न प्रोग्रामों की फाईलों को देखने के लिए

1. टास्क बार पर राईट-क्लिक करें।
2. आप जिस व्यू को अधिक पसंद करते हों, उस व्यू ऑप्शन का चयन करें। व्यू ऑप्शन के अन्तर्गत आपको **केसकेड, टाईल हारिजन्टली** एवं **टाईल वर्टिकली** इत्यादि विकल्प प्राप्त होते हैं।

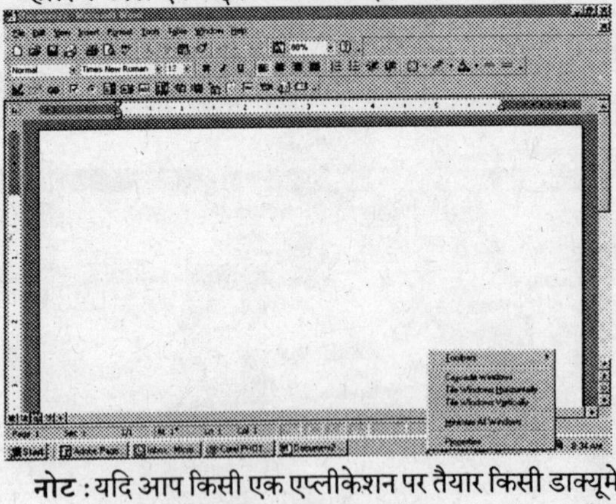

नोट : यदि आप किसी एक एप्लीकेशन पर तैयार किसी डाक्यूमेन्ट के एक भाग को किसी दूसरी एप्लीकेशन पर बने डॉक्यूमेन्ट में कॉपी कर रहें हों तो फाईलों को केसकेड रुप में जमायें। इससे आपको कॉपी करने में आसानी होगी।

किसी डाटाबेस को किसी एक्सेस फाईल पर एक्सपोर्ट करना (भेजना)

किसी एक्सेस डाटाबेस पर सेव की गई सूचनाओं को सारांशित (Summarize) एवं विश्लेषित (Analyze) करने के लिए आप एक्सेल वर्कबुक का उपयोग कर सकते हैं। यह कार्य एक्सेस से डाटा को एक्सेल पर भेजते या एक्सपोर्ट करते हुए पूर्ण किया जा सकता है।

Tools → Office Links → Analyze It with MS Excel

नोट्स :

★ यदि आप किसी डाटाबेस से नयी वर्कबुक फाईल तैयार करना चाहते हों तो ऐसा करने के लिए एक्सपोर्टिंग का उपयोग करें।

1. उस एक्सेस फाईल को ओपन करें जिसे आप एक्सपोर्ट करना चाहते हैं।
2. टेबल को सलेक्ट (हाईलाईट) करें।
3. **टूल्स** मेन्यू पर क्लिक कर उसे खोल लें एवं उसमें **ऑफिस लिन्क्स** पर क्लिक करें तथा खुलने वाले सब-मेन्यू में **एनालाईज इट विथ एम एस एक्सेल** पर क्लिक करें।
4. इससे डाटाबेस टेबल एक्सेल में खुल जाएगा।

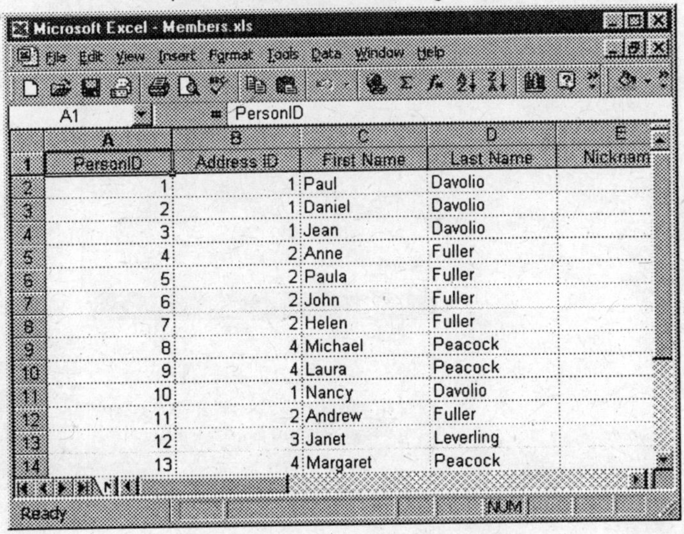

	A	B	C	D	E
1	PersonID	Address ID	First Name	Last Name	Nicknam
2	1	1	Paul	Davolio	
3	2	1	Daniel	Davolio	
4	3	1	Jean	Davolio	
5	4	2	Anne	Fuller	
6	5	2	Paula	Fuller	
7	6	2	John	Fuller	
8	7	2	Helen	Fuller	
9	8	4	Michael	Peacock	
10	9	4	Laura	Peacock	
11	10	1	Nancy	Davolio	
12	11	2	Andrew	Fuller	
13	12	3	Janet	Leverling	
14	13	4	Margaret	Peacock	

5. वर्कशीट फाईल का नामकरण कर उसे सेव कर दें।

किसी पॉवर प्वाईन्ट प्रेजेन्टेशन को वर्ड डॉक्यूमेन्ट पर एक्सपोर्ट करना (भेजना)

एक सम्पूर्ण पॉवर प्वाईन्ट प्रेजेन्टेशन को किसी वर्ड डॉक्यूमेन्ट पर एक्सपोर्ट किया जा सकता है ताकि स्लाईड्स एक ही नजर में दिखाई दें।

File → Send To

नोट्स :

★ यदि आप केवल एक ही स्लाईड को वर्ड डॉक्यूमेन्ट पर लाना चाहते हैं तो **कॉपी, पेस्ट स्पेशल, पेस्ट** लिन्क विधि का उपयोग करें। जब आप इस विधि का उपयोग करते हैं तो डाटा, लिन्क हो जाता है।

1. उस पॉवर प्वाईन्ट प्रेजेन्टेशन को खोल लें जिसे आप वर्ड पर एक्सपोर्ट करना चाहते हैं।
2. पहले **फाईल** मेन्यू पर एवं फिर उसमें **सेण्ड टू** पर क्लिक करें तथा खुलने वाले सब-मेन्यू में **माईक्रोसॉफ्ट वर्ड** पर क्लिक करें।

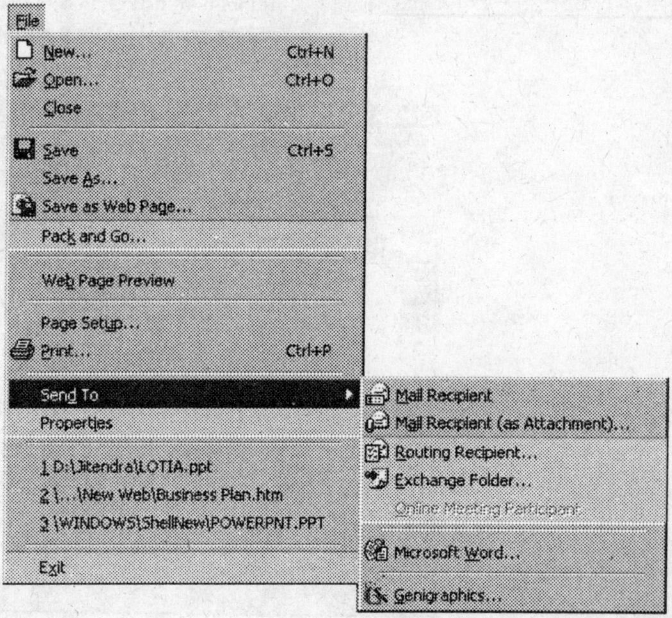

नोट्स :

★ केवल एक ही स्लाईड को कॉपी करने के लिए आपको स्लाईड सॉर्टर व्यू में रहना पड़ेगा।

3. राईट-अप (Write Up) डायलॉग बॉक्स से मनचाहे लेआऊट विकल्पों का चयन करें।

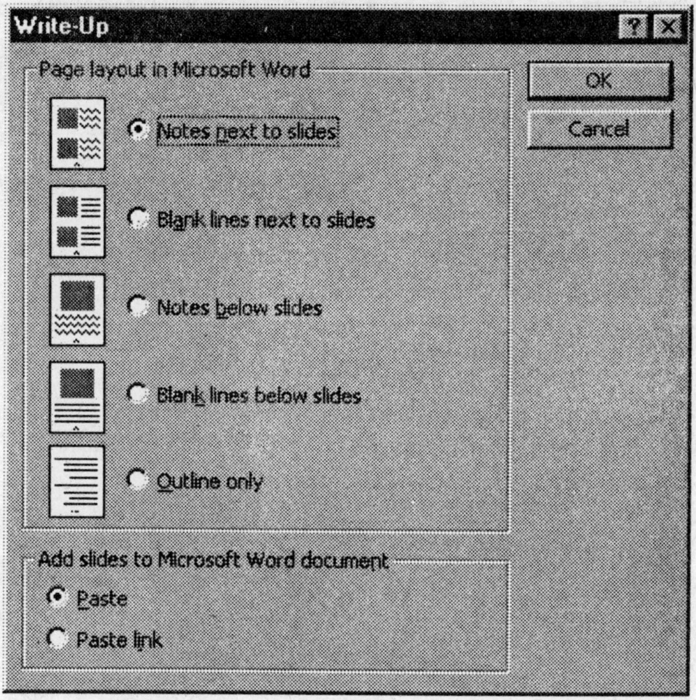

4. आवश्यकतानुसार **पेस्ट लिन्क** विकल्प का चयन करें। इस विकल्प को चुने जाने पर जब आप वर्ड में पॉवर प्वाईन्ट ऑब्जेक्ट पर क्लिक करेंगे तो पॉवर प्वाईन्ट के टूलबार्स तथा मेन्यू दिखाई देने लगेंगे।

5. अब **ओ. के.** बटन 

पर क्लिक कर दें।

सूचनाओं को आऊटलुक से अन्य आफिस प्रोग्रामों पर एक्सपोर्ट करना (भेजना)

यह विधि आउटलुक फाईलों को दूसरी एप्लीकेशनों पर उपयोग करने के लिए उन्हें एक्सपोर्ट करने की सुविधा प्रदान करती है।

नोट्स :

★ यदि आप वर्ड या पॉवर प्वाईन्ट में उपयोग हेतु किसी फाईल को एक्सपोर्ट कर रहे हैं तो क्रिएट ए फाईल ऑफ टाईप विकल्पों से टैब सेपरेटेड वेन्यूस या कॉमा सेपरेटेड वेन्यूस फिल्ड का चयन करें।

1. पहले **फाईल** मेन्यू पर एवं फिर उसमें **इम्पोर्ट एण्ड एक्सपोर्ट** कमाण्ड पर क्लिक करें।

2. **चुस एन एक्शन टू परफार्म** सूची में से **एक्सपोर्ट टू अ फाईल** पर क्लिक करें और फिर **नेक्स्ट** बटन [Next >] पर क्लिक कर दें।

नोट्स :

★ एक बार किसी एक्सपोर्ट के पूर्ण हो जाने के बाद उसे अन डू नहीं किया जा सकेगा।

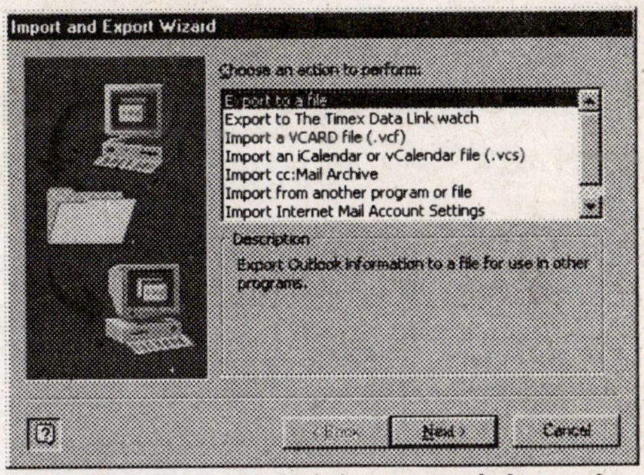

3. जिस फोल्डर से आप एक्सपोर्ट करना चाहते हैं उस फोल्डर का चुनाव **सलेक्ट फोल्डर टू एक्सपोर्ट फ्रॉम** से करें और फिर **नेक्स्ट** बटन Next > पर क्लिक कर दें।

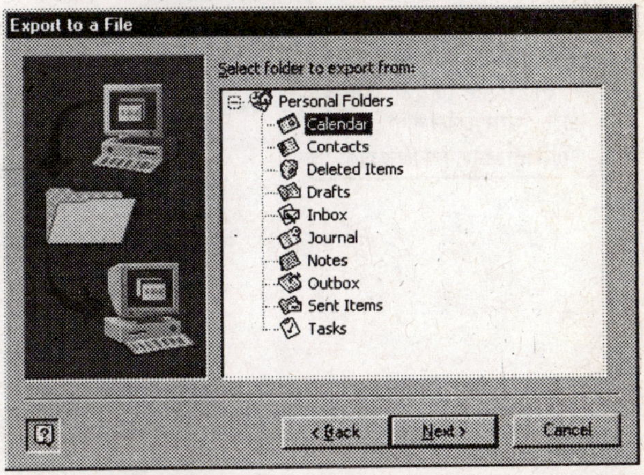

4. बनायी जा रही फाईल के प्रकार का चुनाव करें एवं फिर **नेक्स्ट** बटन Next > पर क्लिक करें।

5. एक्सपोर्ट की जा रही फाईल को आप जिस रुप में सेव करना चाहते हैं उस नाम को **सेव एक्पोर्टेड फाईल्स एस** पर टाईप करें या **ब्राऊज** बटन Browse... पर क्लिक करें और उसके बाद **नेक्स्ट** बटन Next > पर क्लिक कर दें।

6. **एक्सपोर्ट टू अ फाईल** डायलॉग खुल जाता है जो कि आपके द्वारा बताये जाने वाले एक्शनों को नोट करते रहता है। एक्सपोर्ट की क्रिया को शुरु करने के लिए अब **फिनिश** बटन Finish पर क्लिक करें।

किसी एक्सेल वर्कशीट फाईल को वर्ड डॉक्यूमेन्ट के साथ इन्टीग्रेट करना (मिलाना)

एक एक्सेल चार्ट या वर्कशीट, वर्ड डॉक्यूमेन्ट पर एक सपोर्टिंग या विजुअल (दिखाई पड़ने वाला) डॉक्यूमेन्टेशन जोड़ सकता है।

नोट्स :

★ वह फाईल जिस पर से आप डाटा को लेते हैं वह सोर्स फाईल कहलाती है एवं जो फाईल डाटा को ग्रहण करती है वह डेस्टिनेशन फाईल कहलाती है। उदाहरण के लिए यदि आप किसी एक्सेल चार्ट को वर्ड में तैयार किसी रिपोर्ट पर इन्टीग्रेट कर रहे हैं तो एक्सेल फाईल, सोर्स फाईल होगी एवं वर्ड फाईल डेस्टिनेशन फाईल होगा।

1. एक्सेल सोर्स फाईल को ओपन करें।
2. कॉपी किए जाने वाले वर्कशीट या चार्ट एरिया को सलेक्ट कर उसे हाईलाईट करें।
3. अब **एडिट** मेन्यू पर क्लिक कर उसे खोल लें उसमें **पेस्ट** कमाण्ड पर क्लिक करें, अथवा **कन्ट्रोल** + **C** बटनों को दबाएं।
4. वर्ड फाईल (अर्थात् डेस्टिनेशन फाईल) को ओपन करें एवं इन्सर्शन प्वाईन्ट को खोली गई वर्ड फाईल के उस स्थान पर रखें जिस स्थान पर आप सोर्स फाईल को इन्सर्ट कराना चाहते हैं।
5. **एडिट** मेन्यू पर क्लिक करें एवं उसमें पेस्ट स्पेशल पर क्लिक करें। इससे **पेस्ट स्पेशल** डायलॉग बॉक्स खुल जाएगा।

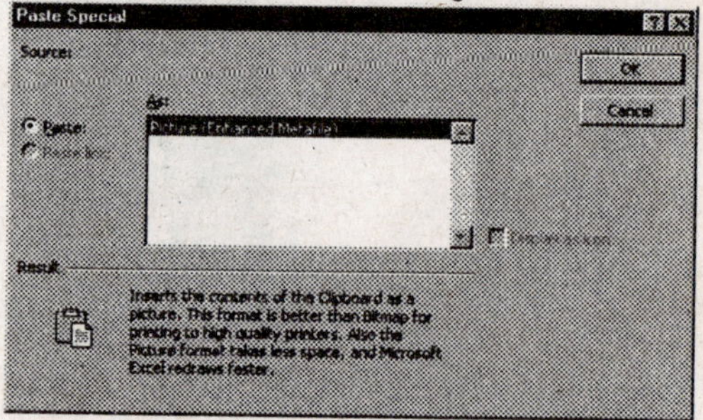

6. इस डायलॉग बॉक्स के **एस लिस्ट** बॉक्स में से माईक्रोसॉफ्ट एक्सेल वर्कशीट ऑब्जेक्ट को सलेक्ट कर लें।
7. इच्छानुसार **पेस्ट लिन्क** पर क्लिक करें। इस विकल्प को चुनने पर सोर्स फाईल में किसी भी प्रकार की एडिटिंग करने से डेस्टिनेशन फाईल पर रखी गयी ऑब्जेक्ट स्वतः ही अपडेट हो जाती है।
8. अब **ओ.के.** बटन 

पर क्लिक करें।

नोट : पेस्ट, पेस्ट स्पेशल के उपयोग करने की विधि आपको सोर्स मटेरियल को बिना बदले वर्ड पर ही एक्सेल के चार्ट या वर्कशीट में सुधार करने की सुविधा प्रदान करता है। जब चार्ट पर डबल-क्लिक की जाती है तब एक्सेल के मेन्यू एवं टूलबार्स दिखाई देने लगते हैं। अब आप एक्सेल ऑब्जेक्ट से बाहर क्लिक करते हुए वर्ड डॉक्यूमेन्ट पर वापस जा सकते हैं।